영국과 이슬람

이슬람 원년부터 현재까지의 역사

Martin Pugh 지음
이민경 옮김

명인문화사

영국과 이슬람: 이슬람 원년부터 현재까지의 역사

제1쇄 펴낸 날 2024년 9월 30일

지은이	Martin Pugh
옮긴이	이민경
펴낸이	박선영
주 간	김계동
디자인	전수연
교 정	김유원

펴낸곳	명인문화사
등 록	제2005-77호(2005.11.10)
주 소	서울시 송파구 백제고분로 36가길 15 미주빌딩 202호
이메일	myunginbooks@hanmail.net
전 화	02)416-3059
팩 스	02)417-3095

ISBN	979-11-6193-091-6
가 격	28,000원

ⓒ 명인문화사

....

BRITAIN AND ISLAM: A HISTORY FROM 622 TO THE PRESENT DAY
Martin Pugh

ⓒ 2019 by Martin Pugh

Originally published by Yale University Press

Korean language edition published by Myung In Publishers, Copyright ⓒ 2024

국내외 저작권법에 의거하여 복사제본과 PPT제작 등 **무단 전재**와 **무단 복제**를 **금지**합니다.

차례

서문 • iv

1장　이슬람: '기독교의 분파'? • 1
2장　십자군 전쟁의 신화들 • 35
3장　종교개혁의 영향 • 57
4장　인도와 앵글로-무슬림의 밀월관계 • 89
5장　영국과 이슬람 쇠퇴의 관리 • 121
6장　빅토리아 시대, 이슬람, 진보사상 • 153
7장　이슬람 – 서구화 아니면 오리엔탈리스트? • 195
8장　세계대전과 오스만제국의 재건 • 235
9장　제2차 세계대전 이후 이슬람, 민주주의, 민족주의 • 281
10장　무슬림과 영국 국가 정체성의 위기 • 313
11장　이슬람 혐오증 • 345
12장　영국 주류 속 무슬림 • 385

　주 • 423
　참고문헌 • 439
　찾아보기 • 445
　저자소개 • 459
　역자소개 • 460

서문

"분명히 영국은 자신이 현재 세계 최대의 모하메드 제국이라는 사실을 잊고 있는 것 같다."

빅토리아 시대 여행가이자 탐험가인 리처드 버튼 경Sir Richard Burton의 번역서 『아라비안 나이트The Arabian Nights』(1886년)의 서문에 있는 이 말은, 수십 년이 지난 지금까지도 불편한 반향을 일으키고 있다. 1947년부터 1970년대까지 영국은 놀라울 정도로 짧은 기간에 제국을 포기했고, 적어도 표면적으로는 일반 대중 사이에 놀라울 정도로 정신적 충격이나 논란이 거의 없었다. 그러나 여기에는 부정적 측면도 있었다. 영국인들은 제국의 소멸을 슬퍼하지 않았고, 1950년대에는 제국에 대해 거의 잊어버렸지만, 나중에 제국이 그들에게 다시 돌아왔을 때 받아들이기 힘들어했다. 제국의 상실은 지난 40년~50년 동안 영국의 국가 정체성을 드러내는 여러 측면 중 하나일 뿐이었다. 영국과 무슬림의 관계는 그 희생양 중 하나였다. 2017년 많은 영국의 모스크들이 이슬람에 대해 조금이라도 배울 수 있도록 장려하기 위해 '개방의 날'을 선언하는 것이 바람직하다고 생각했다. 그러나 이것은 오늘날 이 문제 전체가 엄청난 무지, 오해, 편견으로 가려져 있다는 사실을 슬프게 반영하고 있는 것이다. 이러한 현상 중 가장 심각한 증상에는 대중 언론의 무슬림에 대한 정기적인 왜곡보도, 일부 소수 무슬림의 잘못을 모든 무슬림의 잘못으로 비난하는 경향, 유럽을 전복시키려 한다는 이슬람 혐오 서적의 출판, 반이슬람 정당으로서 영국독립당UKIP의 존속 등이 있다.

이러한 배경에서 이 책은 편견을 바로잡기 위한 교육적인 책으로서, 일반 독자들, 특히 비이슬람교도 독자를 대상으로 세상을 바라보는 올바른 시각을 제공하기 위해 집필되었다. [혹자는] 종종 역사는 반복되지 않는다고 주장한다. 그러나 역사가 똑같이 반복되지는 않는다고 말하는 것이 더 정확할 것이다. 19세기에 영국이 두 번, 20세기와 21세기에 러시아와 미국이 잇따라 아프가니스탄을 침공한 것을 보면, 역사에 무지한 정치인들에 의해 같은 순환이 반복되고 있다는 것을 쉽게 알 수 있다. 영국에서 중세 십자군에 의한 반이슬람 선전은 빅토리아 시대에 복음주의 부흥의 영향과 무슬림 특히 투르크인의 충격적인 풍자화를 그린 글래드스톤W.E. Gladstone과 같은 정치인들의 필요에 의해 부활하였다. 최근에는 이슬람을 진보의 장애물로 간주했던 빅토리아 시대의 우려가 어리석은 미국 대통령과 학자들에 의해 문명간 갈등 conflict-of-civilisaions 이론으로 부활하고 있으며, 몇몇 무지한 영국 총리에 의해 반복되고 있다. 심지어 유럽연합EU 탈퇴 여부에 대한 국민투표 캠페인에서 보리스 존슨Boris Johnson이 약 7천만 명의 터키인들이 유럽연합 회원이 될 것이라고 주장하며 유권자들을 겁주려 했을 때에는 빅토리아 시대 프로파간다의 희미한 메아리가 들리는 것 같았다!

이슬람과 서방 국가 사이의 어려운 관계는 많은 사람들이 이 주제를 탐구하도록 영감을 주었다. 예를 들어, 압둘 라우프Imam Feisal Abdul Rauf가 미국의 관점에서 저술한 『이슬람은 무엇이 옳은가?*What's Right with Islam?*』를 들 수 있다. 영국인의 관점에서 볼 때 이 접근 방식이 특별히 그럴듯해 보이지 않기 때문에 나는 이 방식이 자극적이라고 생각한다. [라우프의] 이 책은 미국이 세계에 준 선물이 자유 자본주의라는 가정에서 출발하여 결과적으로 이슬람이 자본주의보다는 사회주의에 가깝다는 생각을 전혀 고려하지 않는 매우 미국적인 책이다! 저자는 심지어 미국 사회를 아브라함 윤리의 현대식 표현으로 묘사하기도 하는데, 이는 다소 과장된 표현으로 보인다. 미국 사회가 이슬람적이라는 그의 주장은 미국 사회의 종교성을 상기시키는데, 이는 서유럽 선진국에서는 매우 이례적인 것이다. 이와는 대조적으로, 유럽은 종교로부터 대부분 해방되었고, 특히 영국은 세속적인 사회가 되었다. 이러한 상황은 무슬림이 영국의 습관과 전통에 적응하는 과정에서 자신의 가치관을 유지하는 것이 비교적 쉽다는 점에서 도움이 될 수 있다. 그러나 또 다른 한편으로는 영국을 기독교 국가로 주장하며 부활하는 이슬람의 위협으로부터 영국성을 수호해야 한다고 주장하는 사람들에게 그 근거를 제공한다는 점에서 복잡한 문제이기도 하다.

우선, 본서는 십자군 전쟁과 관련된 광신적인 선전에서부터 개신교 종교개혁에 영감을 받아 이루어진 무슬림 국가들과의 실용적인 협력, 18세기 이슬람과 기독교 사이의 광범위한 공통점에 대한 인식, 그리고 19세기 초 오스만제국의 형태로 이슬람의 수호자 역할을 한 영국의 모습에 이르기까지 이슬람 창시 이후 1,400년 동안, 영국과 무슬림의 관계가 얼마나 급변했는지 설명하려는 소박한 시도를 담고 있다.

특히 영국이 인도, 파키스탄, 방글라데시, 이라크, 오스만제국, 요르단, 팔레스타인, 레바논, 이집트, 수단의 국경을 재조정하고, 정책을 통제하며 통치자를 바꾸려고 시도하는 등, 이슬람 세계에 얼마나 오랫동안 간섭해 왔는지 인식할 필요가 있다. 그 결과, 우리는 거의 항상 역효과를 낳는 것으로 판명된 이슬람 국가에 대한 간섭이라는 위험한 중독에 2세기에 걸쳐 빠져들었다. 이러한 습관은 오늘날에도 정치인, 외교관, 전문가들 사이에 뿌리 깊게 남아 있으며, 적어도 부분적으로는 현대 테러리즘에 책임이 있다고 할 수 있다.

역사적인 시각은 이슬람에 대한 명백한 오해를 바로잡는 데에도 도움이 된다. 오늘날 우리가 중동과 북아프리카의 매우 제한된 일부 국가에서의 이슬람에 집착하고 있는 것은 이해할 수 있는 부분이다. 그러나 세계에서 가장 큰 무슬림 국가는 종교에 대해 유연한 접근 방식과 민주적 관행으로 유명한 인도네시아이다. 이 책은 또한 인도에 대해서도 많은 관심을 기울이고 있다. 버튼이 영국을 위대한 제국이라고 불렀을 때, 적어도 18세기에 이슬람 세력이었던 인도를 염두에 두고 있었다는 사실을 기억해야 한다. 오늘날 약 2억 명의 무슬림이 살고 있는 독립국가 인도는 세계 최대의 이슬람 사회 중 하나이지만, 이슬람에 대한 논의에서 그다지 두드러지게 등장하지는 않는다. 그 결과 이슬람 혐오주의자들은 이슬람이 민주주의와 양립할 수 없다는 생각과는 다르게 60년 이상 인도의 무슬림이 자유 민주주의를 실천해 왔다는 사실을 간과하는 경향이 있다.

나는 역사학자로서 과거 이슬람 사회가 서구화와 근대화에 어느 정도 참여했는지, 영국으로부터 도움보다는 방해를 받았던 이슬람이 과거의 자유 민주주의를 얼만큼이나 수용했는지 보여줌으로써 무슬림의 경험을 보다 진실된 관점으로 바라보려고 노력하였다. 나는 영국이 이슬람 세계의 문제에 끊임없이 개입하고, 완전히 역효과가 되어 버린 이슬람 국가의 국경을 재조정하는 현대적 역할을 수행하게 된 배경으로서 제1차 세계대전의 중요성을 강조하고자 한다.

나는 1950년대 이후 영국에서 무슬림이 겪은 경험이 1890년대 이후 유대인 등 초기 이민자들의 경험과 유사하지만, 빅토리아 시대 말기와 전간기에 절정에 달했던 영국의 국가 정체성이 거의 완전히 붕괴되는 고통의 기간을 겪고 있기 때문에 더 복잡한 측면이 있다고 설명한다.

이 책은 외부의 적을 식별해야 한다는 필요성을 동일하게 반영하고 있는 이슬람 혐오적 선동이 세계대전 중 반유대주의 선동과 얼마나 유사한지를 보여줌으로써 역사적 맥락에서 이에 대해 살펴본다. 또한, 윈터발Winterval에 대한 공포와 같은 일부 부조리한 상황을 포함하여 지난 30년간의 이슬람 혐오 문헌의 과장 및 오류를 폭로한다.

마지막으로, 이 책은 정치인들의 연설과 신문 지면을 채우고 있는 끊임없는 부정적인 어조를 교정하고자 한다. (『가디언Guardian』과 『옵저버Observer』의 명예로운 예외를 제외하고). 이를 위해, 무슬림들이 경제, 스포츠, 정치, 그리고 오늘날 우리 사회의 특징인 셀럽 문화에 참여함으로써 이미 영국 주류 사회의 일부로 편입하는 데 성공한 방식을 살펴본다. 신문에는 잘 나오지 않지만, 우리는 영국에서 무슬림과 비무슬림 공동체가 조용히 사회적으로 통합되는 과정을 목격할 수 있으며, 이는 다문화주의에 대한 논란을 거의 무의미하게 만들고 있다.

마틴 퓨
슬레일리, 헥섬, 노섬벌랜드

1장

이슬람: '기독교의 분파'?[1]

선지자 모하메드Mohammed*는 서기 570년경 아라비아반도의 메카에서 태어났다. 부모님이 일찍 돌아가신 후, 그는 할아버지와 삼촌의 슬하에서 자랐다. 메카는 예멘에서 북쪽으로 시리아를 향해 이어지는 헤자즈 지역의 주요 무역로에 위치해 있었다. 그는 아라비아반도의 무역에 경험이 많아서 미망인 카디자Khadija**에게 고용되어 물품을 관리하는 일을 맡았고, 나중에 그녀와 결혼해 7명의 자녀를 낳았다. 전해지는 기록에 의하면, 이 결혼은 평등한 결혼이었던 것 같다. 모하메드는 그녀에게 정서적으로 의존했고, 그녀가 살아있는 동안에는 다른 아내를 두지 않았으며, 그녀는 그의 천재성을 가장 먼저 알아본 사람이었다.[2] 모하메드는 비록 사색을 많이 하는 청년으로 알려지긴 했지만, 40세가 되던 610년에 가브리엘 천사로부터 자신이 '하느님의 전령(傳令)'이라는 첫 계시를 받기 전까지 새로운 종교를 창시하려는 기미를 전혀 보이지 않았다. 계시는 632년 그가 죽을 때까지 계속되었지만, 공개적으로 설교를 시작한 것은 613년이 되어서였다.

---

*   역자 주) 이슬람교의 창시자로서 무하마드(Muhammad), 마호메트(Mahomet) 등으로도 불린다.
** 역자 주) 선지자 모하메드의 최초의 아내가 된 부유한 미망인으로 모하메드와의 사이에 파티마(Fatima)를 낳았다.

이 단계에서 그는 유일신, 모든 사람에 대한 선의의 행사와 가난한 자에 대한 배려, 그리고 심판의 날에 기다리고 있는 공포에 대해 강조하였다. 대부분 다신론자였던 현지 아랍인들은 유대인과 기독교인들의 사상을 잘 알고 있었는데, 이들을 알 알-키탑ahl al-kitab 또는 '책의 백성People of the Book'*이라 불렀다. 아랍인들은 기독교와 유대교를 자신들의 사고 및 가치관과 분리되거나 별개의 신앙이라고 여기기보다는 부족마다 차이를 나타내는 것이라고 여겼다. 그들은 이러한 전통 중 일부가 자신들의 사고와 양립할 수 있다고 생각했고, 따라서 모두가 아브라함 가문의 일원이기 때문에 개종에 대한 특별한 압박을 느끼지 않았다. 아랍인들은 계시 문서의 생각을 추앙하였고 일부는 다신교가 지배하는 사회에서 아랍 유일신론의 필요성을 느꼈다.[3] 메카의 지역 사회와 분쟁을 겪은 후, 모하메드 일족은 그를 보호하는 것을 철회하였다. 622년 그와 그의 추종자들은 메디나로 피신했는데, 이 사건을 히즈라Hijrah로 기념하여 622년을 이슬람 달력의 첫해로 삼고 있다. 모하메드는 메디나를 거점으로 하여 메카와 아라비아반도 전역에 대한 지배력을 확장하였다.

❋   ❋   ❋

기독교인이 이 새로운 선지자에 대해 처음 들었을 때, 그의 가르침이 완전히 새로운 종교라기보다는 기독교 내에서 변형된 것이거나 이단

---

*   역자 주) 일반적으로 이전의 경전 형태의 계시에 의해 인도되었다고 간주하는 종교(코란에서는 유대교, 기독교, 사비안교, 조로아스터교를 가리킴)의 추종자를 지칭하는 이슬람 용어이다.

이라고 생각하는 경우가 많았다. 오늘날 이 사실은 일반적으로 잘 알려져 있지 않은데, 이러한 견해에 대한 충분한 근거가 존재한다. 처음에 모하메드 자신은 새로운 종교의 창시를 주장하지 않았으며, 오히려 추종자들을 복음서 연구로 인도하고 있다고 주장하였다. 모하메드는 유대인과 기독교인들 사이에서 자랐으며, 특히 그의 주요 영적 스승이 네스토리우스파 기독교인Nestorian Christian이었기 때문에 필연적으로 그들의 영향을 받을 수밖에 없었다. 이교도들이 다수의 신을 숭배하는 사회에서 유대교, 기독교, 이슬람교는 유일신에 대한 공통된 믿음으로 차별화되었다. 그들은 전능한 유일신을 믿었기 때문에 당시 아라비아-시리아의 많은 사회에서 선호했던 신화나 악마와 정령을 폄하하였다. 세 공동체 모두 아브라함의 전통과 구약성서에 근거한 '책의 백성'이었다. 아브라함은 유대교, 기독교, 이슬람교 모두의 시조이자 창시자였다. 따라서 무슬림Muslim*은 유일신에 대한 그의 믿음을 받아들이고, 이삭, 야곱, 모세를 거쳐 예수를 포함하는 선지자의 계보를 숭배하였다. 그들에게 모하메드는 예언자 계보의 마지막 인물로 등장했으며, 그의 임무는 '책의 백성'에게 최종적인 해석을 해주는 것이었다. "오늘 나는 너희를 위해 너희의 종교를 완성했고 너희들에 대한 나의 축복을 완성했다"[4]는 이 해석의 결과로 모든 사람은 교리에 대한 논쟁을 중단하고 선한 일에 집중할 수 있었다.

따라서 세 종교의 신봉자들은 종교적 사상과 그들이 살았던 지역 및 시대를 특징짓는 문화적 태도와 사회적 습관 측면에서 많은 공통점을 갖고 있었다. 그 결과, 오늘날 그들의 문화적 관습이 종종 특정 종

---

*　역자 주) 원래의 뜻은 '복종의 행위를 취하는 사람'을 의미하지만, 일반적으로 유일신 알라를 믿는 이슬람교도를 총칭한다.

교의 제재를 받는 것으로 (잘못) 간주하는 경우가 많다. 공통 문화의 한 예로 이슬람 시대 이전부터 중동에서 권위의 상징이었던 머리카락에 대한 유대인, 기독교인, 무슬림의 접근 방식이 비슷하다는 점을 들 수 있다. 남성 무슬림의 경우, 수염을 길러 권위의 상징으로 삼고 여성 및 비신자와 구별하는 것이 관행이었다. 유대교와 초기 기독교에서 여성은 남편을 제외한 모든 남성에게 머리카락을 숨겼다. 또 다른 예로는 이슬람이 출현하기 훨씬 전부터 중동 국가에 존재했던 하렘harem*을 들 수 있다. 이슬람이 기존 사회에 대한 통제권을 확대해 가면서 보통 하렘을 채택하였다. 이는 코란Qur'an에서 여성의 정숙함을 칭찬하는 정도로 정당화되었지만, 하렘은 본질적으로 사회적 지위와 부의 상징이었으며 그 가정의 여성은 일할 필요가 없음을 표시하는 것이었다.

유대인들은 기원전 2천년 말에 출현한 이래로 우상 숭배를 거부하고 유일신을 믿으며 하느님이 시나이산에서 모세에게 계시한 히브리어 성경과 율법에 집중하는 것으로 잘 알려져 있다. 유대인과 무슬림은 둘 다 계시, 예언, 사탄의 존재를 믿는다. 두 공동체는 정결한 음식을 먹고 돼지고기와 조개류를 피하며 세례, 할례, 금식, 중매 결혼을 실천하고, 신체 윤곽이 드러나지 않도록 단정한 옷을 입으며 고리대금업을 반대하였다.[5] 이 간략한 도안(圖案)으로부터 유대교와 유대인 문화가 이슬람 사회에서 상당 부분 재등장했음을 알 수 있다. 메디나에

---

* 역자 주) '금지된', '신성한', '불법의', '불가침의' 등을 뜻하는 아랍어 '하림(harīm)'에서 온 말로, 본래 '경배하는 곳' 또는 '신성한 장소'를 일컬으며 일반인 출입이 금지되었거나 엄격한 통제 아래 있는 곳, 특정인의 출입이나 특정 행동이 금지된 장소라는 뜻이지만, 흔히 이슬람 사회에서 부인들이 거처하는 방을 가리키는 명칭이다.

정착했을 때 모하메드는 유대인들에게 호의적으로 받아들여질 것을 기대했고, 예루살렘을 향해 기도를 바치는 등, 유대인의 여러 관습을 채택하였다. 그러나 유대인들이 자신의 주장을 거부하자, 이러한 관습을 수정하고 예루살렘 대신에 메카를 기도의 방향으로 도입하였다. 수세기에 걸쳐 유대인들은 이슬람 통치 아래서 공정한 대우를 받았고, 기독교 서방 국가에서의 처우와 비교해 볼 때 잘 지내며 번성하였다.

초기 무슬림들은 자신들이 유대-기독교 전통에 속해 있음을 솔직하게 인정하였다. 코란에는 천지 창조, 아담과 이브, 노아의 홍수, 이집트 탈출 등 기독교인들에게 친숙한 성경의 많은 이야기가 포함되어 있다. 무슬림들은 스스로 세 부분으로 구성된 전통에 속한다고 생각하는데, 그 첫 번째 단계는 3천년 전 유대인과 함께 시작된다. 그 후, 기독교는 원래 유대교의 한 종파가 개선된 버전으로 등장하며, 초기 기독교인들은 유대교와 관련해 자신들을 정의하였다. 마지막 세 번째 단계에서 이슬람교는 기독교를 대체하는 순수하고 단순화된 형태로 등장한다. 무슬림은 기독교인이 본래 종교의 일부가 아니었던 여러 가지 의심스러운 개념, 추론, 오해들을 종교적 실천 영역에 도입했다고 믿었기 때문에 이것이 필요하다고 느꼈다. 이슬람은 더 진실하고 단순하며 엄격한 형태로의 복귀와 명확한 설명을 제공하였다. 이것은 특히 16세기부터 17세기 프로테스탄트 종교개혁 중 많은 기독교인이 환영했던 견해이기도 하다 (비록 그것이 그리스도의 신성에 관해 핵심적인 불일치가 있다는 것을 간과하는 것이었지만).

그러므로 당연히 초기 이슬람은 선교 운동이 아니었다. 이슬람교도와 기독교도 사이에 영구적인 적대감이 존재하지 않는다고 인식했으며, 무슬림이 유대인이나 기독교인과 결혼할 수 있다는 것을 수용하였다. 모하메드 자신도 기독교인들이 그의 모스크mosque(이슬람교의 예배 및 집회 장소로 이용되는 이슬람 사원 – 역자 주)에서 예배드리는 것을 허용하였다.[6] 무슬림 통치 아래에서 유대인과 기독교인은 예배의 자유를 누릴 수 있었다. 비록 그들에게 세금이 부과되기는 했지만, 이슬람이 대체한 이전의 비잔티움제국의 세금보다는 가벼웠다. 기독교인들은 성지순례를 할 수 있었고, 카이로와 코르도바로 유학 갈 수 있었으며, 이슬람 국가 정부의 주요 직위에 오르는 일이 흔했다. 결과적으로 초기 이슬람 시대에 일부 기독교 순교자들이 있었음에도 불구하고, 이슬람-기독교 관계는 11세기 말 십자군이 도래하기 전까지는 일반적으로 좋았다.

그뿐만 아니라, 이슬람은 기독교의 특징인 광범위한 신학을 발전시키지 않았기 때문에 기독교에서 이슬람교로의 개종은 비교적 간단했다. 이슬람은 하느님에 대한 믿음, 헌신적인 실천, 지성을 통해서만 이해할 수 있는 거의 추상적인 개념이라고 주장하였다. 개종을 위한 첫 번째 단계는 증인 앞에서 신앙 고백을 낭독함으로써 신의 뜻에 대한 순종을 보여주는 것이었다. 이것은 이슬람교의 다섯 가지 기본 규칙 가운데 첫 번째, 즉 '중추적 핵심'으로, '알라 외에 다른 신은 없으며, 모하메드는 알라의 사도'라는 신앙 고백이었다. 두 번째 핵심은 복종의 행위로서 새벽, 정오, 오후, 해질녘, 일몰 후, 하루 다섯 번 행해지는 기도였다. 신자들은 기도하기 전에 손, 발, 얼굴을 씻고, 일반적으로 흠이 있는 기도용 매트를 사용했는데, 이것은 하느님만이 완전하다는 것을 상기시키기 위해 고안된 것이었다. 보통, 기도는 공동으로 진행되었고, 금요일 정오에는 모스크에서 진행되었다. 그러나 개인적으로 또는 공공장소에서 개별적으로 수행할 수도 있다. 모스크에서는 메카를 향한 기도의 적절한 방향이 벽면에 움푹 파인 공간niche으로 표시되어 있다. 세 번째 의무는 신자들이 일반적으로 소득이나 재산의 2.5%를 기부하여 자선사업에 사용해야 하는 것이다. 네 번째 의무는 이슬람력 9월 라마단Ramadan 동안 일출부터 일몰까지 금식하는 것이다 (날짜는 천문 관측에 의해 결정). 이 시간은 성찰과 기도의 기회이며, 특히 가난한 사람들에게 후하게 베푸는 시간이다. 해질녘에 무슬림들은 금식을 해제하면서 가벼운 식사를 하고, 그 후 가족들이 모여 더 큰 식사를 한다. 라마단은 며칠 동안 지속되기도 하는 축제(이드 알-피트르Eid al-Fitr)로 마치게 된다. 그러나 라마단은 병자, 노인, 임산부, 최근 출산한 사람, 유아, 수험생, 여행자 등은 금식을 면제받는 등 많은 예외를 허용하기 때문에 생각보다는 더 유연하다.[7] 마지막 의무로서 건강하고 여유가 있는 신자들은 일생에 한 번 메카로 성지순례를 해야 하는데, 1880년 당시 2만 5천 명~20만 명이었던 성지순례자는 1960년대, 1970년대, 1980년대에 크게 증가하여 2000년에는 130만 명에 이르렀다.[8] '하지Haji'(메카 순례를 마친 이슬람교도를 가리킴 - 역자 주)는 이슬람 공동체의 재결합과 인간 평등의 이념을 축하한다.

무슬림은 기독교인과 마찬가지로 일련의 격변에 앞서 모든 인간이 하느님 앞에 서서 죄와 덕행을 평가받는 심판의 날을 믿는다. 오늘날 일부 무슬림 학자들은 현대 사회의 도덕적 타락이 심판의 날이 가까워졌다는 징후라고 생각하고 있다 (많은 기독교인, 특히 미국에서 그렇게 생각하고 있듯이). 코란에는 신자들이 심판 후 낙원으로 가서 후리houris*로 알려진 신성한 시녀들의 시중을 포함한 관능적이고 영적인 기

---

* 역자 주) (독실한 무슬림에게 약속된) 천상의 미녀. 천국에 들어간 사람들에게 시중드는 여자 동료, 영원한 처녀를 말한다.

쁨, 호화로움, 편안함, 만족을 누리게 된다는 다음 단계에 대한 다양한 묘사가 포함되어 있다. 이교도는 영원히 지옥에 떨어지지만, 불순종하는 신자는 죄의 경중에 따라 일정 기간만 지옥에 가게 된다. 이러한 믿음은 이슬람 및 기독교를 다른 종교들과 구별시키는 것이다. 예를 들어, 힌두교도는 지옥이라는 개념을 완전히 끔찍한 것으로 생각한다. 무슬림은 기독교인과 마찬가지로 다양한 모습으로 예고되는 부활을 기대한다. 무슬림에게 이것은 신앙의 순수성을 회복하고 무슬림을 불의로부터 해방시킬 지도자인 '마흐디Mahdi'(구세주 – 역자 주)의 출현을 포함한다. 이후 인류는 심판을 위해 모이게 되고, 하느님이 나타나 예수와 모하메드를 포함한 모든 선지자들이 그의 곁에서 각자 정당한 자리를 차지하게 된다.

　무슬림들은 하느님이 여러 선지자와 사자를 통해 자신의 뜻을 인간에게 전달했고, 그 뜻이 현재 코란 또는 '암송recitation'의 형태로 남아있는 것이라고 믿는다. 이것을 영원하고 완전하고 오류 없는 하느님의 말씀으로 간주한다. 신약성경과 거의 같은 분량의 코란은 114장으로 구성되어 있으며, 각 장의 길이는 3절부터 286절까지 다양하다. 코란은 모하메드에게 내려진 계시를 나타내며, 그의 추종자들이 기억하고 모하메드 사후 수집되어 650년경 제3대 칼리프caliph*인 우스만Uthman의 지시에 따라 아랍어로 기록된 것이다. 모하메드는 문맹이었다고 널리 알려져 있기 때문에 코란은 그의 (유일한) 기적이라고 여겨진다. 일부 학자들은 그의 직업이 상인이었기에 글을 읽고 쓰는 능력이 필요했을 것으로 추정하여 그가 직접 썼다고 주장하기도 한다. 1000년대

---

*　역자 주) 예언자 모하메드의 뒤를 이어 이슬람 공동체를 통치하는 모든 일을 관장하는 이슬람 제국의 최고 통치자를 가리킨다.

에 페르시아어판, 1100년대에는 라틴어 번역본이 출판되기는 했지만 많은 무슬림은 이 책이 다른 언어로 번역될 수 없다고 생각하였다. 아랍어판만이 코란이다. 이슬람 신앙에는 선지자의 언행과 행동을 기록한 순나Sunna(모하메드의 언행에 관한 기록에 바탕을 둔 이슬람교의 전통 율법을 말함 - 역자 주)라는 추가적인 보충 자료가 있어 코란에서 해결되지 않은 문제들에 대한 지침을 제공한다. 순나는 모하메드까지 거슬러 올라가는 구전으로 구성된 방대한 컬렉션인 하디스hadith*이다. 하디스는 많은 증인들의 증언에서 비롯된 것이기 때문에 그 신뢰성에 대해 많은 논란이 있으며, 실제로 일부 무슬림들은 하디스를 부정하고 코란에서만 지침을 찾는 것을 선호하기도 한다.

그러나, 비록 코란이 권위 있는 책이긴 하지만 다른 해석도 가능하다. 특정 주제에 대해 일관성이 없는 경우도 있다. 예를 들어, 알코올 금지는 일반적으로 절대적인 것으로 여겨지지만, 모하메드의 초기 메시지에는 포함되지 않았었다. 다소 모호한 표현이지만, 코란에는 "신자들아, 당신이 무슨 말을 하는지 알기 전에 술에 취한 상태로 예배에 오면 안 된다"는 구절이 있다. 또한, 한 하디스는 "회개하지 않는 무슬림에게는 내세에서 포도주를 마시는 보상을 받지 못할 것"이라고 주의를 준다.[9] 파키스탄의 철학자 라만Fazlur Rahman(1919~1988)과 같은 후대의 일부 무슬림은 문자 그대로의 해석이 계시가 있었던 시대와 장소에서만 유효하기 때문에 이를 부정하기도 했다.[10] 라만은 무슬림이 이슬람의 정신을 이해하고 현대 상황에 적용하기 위해서는 계시의 역사적 맥락을 연구해야 한다고 주장했다. 그는 이러한 접근방법을 통해

*** 역자 주) 예언자 모하메드의 말씀과 관행을 기록한 것으로, 코란에 버금가는 권위로 간주되며 이슬람법과 도덕 및 신학의 원천이 되어 왔다.

무슬림이 현대 세계가 겪고 있는 문제에 더 잘 대처할 수 있을 것이라고 생각했다.

❋ ❋ ❋

초기에 무슬림과 기독교인 사이에 광범위한 공통점이 있었음에도 불구하고, 당연히 몇 가지 차이점이 있었다 (비록 기독교인 자신들 사이에서의 차이점보다 크지 않았을 수도 있지만). 무슬림은 예수를 위대한 선지자 중 한 명으로 존경했으나, 신의 아들로 여기지는 않았다. 심지어 선지자인 자신도 신성한 인물로 보지 않았고, 하느님이 자신을 나타내도록 계시한 또 다른 '메시아' 또는 메신저(사자)로 여겼다. "모하메드는 그 이전에 많은 예언자들이 왔다 간 것처럼 한갓 선지자였다".[11] 무슬림은 또한 기독교의 삼위일체 개념도 일신교의 중요한 원칙에서 벗어난 것으로 의심했다. 이 역시 많은 기독교인이 수락한 비판이었다. 마찬가지로 대다수의 무슬림은 성인의 개념을 일신교와 모순되는 것으로 부정하고, 성인 숭배를 미신으로 간주했다. 비록 무슬림은 기독교인이나 유대인과 마찬가지로 아담을 최초의 인간으로 인지했지만, 아담이 인류에게 원죄를 전가했다는 주장은 거부했다. 그들의 견해는 아담과 이브가 회개하였고 신은 그들을 용서했다는 것이다.[12] 무슬림에게 원죄의 개념은 '절망의 교리'였다. 왜냐하면, 종교적 중개자에게 고백할 필요 없이 진정한 회개를 통해 개인이 구원을 얻을 수 있다고 생각하기 때문이다.

또한, 이슬람에서는 교회에서 볼 수 있는 정교한 위계질서나 사제직이 발달하지 않았다. 신자와 하느님 사이에는 어떠한 사제도 개입하지 않았다. 기도는 이맘imam(이슬람에서 예배를 인도하는 성직자 – 역자 주)이 인도했지만, 이맘은 선량하고 지식이 있는 무슬림이면 누구나 될 수 있었고, 반드시 사제일 필요는 없었다. 또한, 울레마ulema, 또는 울라마ulama라는 '지식의 사람들men of knowledge'이라 불리는 인물들이 존재했다. 그러나 이맘, 아야톨라ayatollah, 뮬라mullah, 무프티mufti를 통칭하는 이 칭호는 경칭일 뿐 어떤 공식적인 지위나 직책을 나타내는 것이 아니었다. 울레마는 종교법을 해석하고, 의견(파트와fatwas라고 부르는)을 발표하고, 학교에서 가르치기도 했다. 8세기부터 13세기까지 울레마는 영향력 있는 교육받은 엘리트가 되었고 교육, 정치, 법률문제에서 중요한 역할을 담당하였다. 이후, 울레마는 이슬람 사회의 변화에 반대 세력을 형성하기도 했고, 특히 서구식 혁신 과정에서 [권위가] 훼손되었을 때, 결과적으로 서방세계의 지배에 대한 저항을 주도하기도 하였다. 파트와는 무프티가 내놓은 법적 견해로, 권위는 있지만, 법적 구속력은 없었다. 그 기원은 학교가 적고 문맹률이 높았으며 이슬람의 원리를 잘 설명할 수 있을 정도로 코란에 대한 충분한 지식을 가진 사람이 극소수에 불과했던 초창기로 거슬러 올라간다. 파트와는 종종 개인적인 판결을 내리는 경우가 많았고, 분쟁이 발생하면 여러 당사자가 각기 다른 무프티를 임명해 다른 파트와를 받기도 했다. 그러나 때로는 1876년 오스만제국의 한 술탄이 파트와에 의해 폐위당했던 것처럼 전쟁이나 국내 정책과 같은 중대한 문제를 다루기도 했다. 유럽 지배하에서 파트와는 불신자들에 대항하여 사람들을 동원하는 데 사용되기도 했다.

그러나 이슬람은 비교적 단순하고 간단했음에도 불구하고 다양한 종파와 신념을 발전시켰다. 모하메드가 무슬림이 파벌로 나뉘어서는 안 된다고 경고했음에도 불구하고 말이다. 모하메드는 632년 세상을 떠나기 전 후계자로 아부 바크르Abu Bakr를 지명했다. 아부 바크르는 아랍 전통에 따라 새로운 지도자는 공동체의 합의를 통해 탄생해야 한다고 규정했다. 그를 계승한 제2대 칼리프 우마르Umar는 시리아와 팔레스타인까지 무슬림의 지배를 확대하였다. 그러나 644년 우마르가 사망한 후 그 역할이 우스만에게 갔는데, 이는 선지자의 의붓아들 중 한 명이자 모하메드와 가장 가까운 혈통으로 여겼던 알리Ali를 배척하는 것이어서 논란이 되었다. 우스만이 사망한 후 656년 알리가 선출됐지만 661년 살해당하여 이슬람교에 영구적인 분열이 남게 되었다. 오늘날 수니파Sunnis로 알려진 무슬림은 전체 무슬림의 80%를 차지하고 있는 반면, 알리를 지지하고 그의 후계자를 찬탈자로 여기는 시아파Shias는 이라크, 아랍 남부, 인도아대륙에 다수가 존재하나 현재의 이란, 예멘, 아제르바이잔에서만 다수파를 형성하고 있다. 전통적으로 수니파는 이슬람의 보수적인 분파로, 시아파는 보다 혁명적인 분파로 간주된다. 시아파는 마흐디, 즉 '선택받은 자'(종말에 앞서 무슬림을 통합하기 위해 신의 인도로 지상에 보내진 지도자)의 출현을 기대하고 있으며, 제국주의 세력은 시아파를 현상 유지에 위협적인 존재로 여긴 바 있다.[13] 또 다른 분파인 알라위파Alawites는 '알리의 지지자'를 의미하며 1021년에 창설되어 현재 시리아, 레바논, 터키에 집중되어 있다. 이슬람 내에서 극단주의자로 간주하는 알라위파는 부활과 재림 사상을 비롯해 기독교와 많은 것을 공유하며 주현절Epiphany, 성령강림절Pentecos, 부활절 등 기독교 축제를 기념한다.

이슬람의 중요한 분파 중 하나인 수피즘Sufism은 8세기부터 외적 표현보다는 내면의 영적 삶에 더 집중하고자 하는 무슬림들 사이에서 발전했다. 부분적으로는 정통 수니파 이슬람교의 엄격하고 권위주의적인 성격에 대한 반작용으로 생겨났다. 특히 시골의 무슬림들에게 감성적으로 큰 호소력을 가졌다. 수피교도들은 현세의 쾌락으로부터 영적으로 벗어나 도덕적이고 거룩한 길을 따르려 노력하였다. 그들은 하느님에 대한 압도적인 사랑과 신비로운 체험을 통해 하느님과 결합된다는 생각을 추구했으며, 이는 일종의 거룩한 중독에 빠지는 결과를 초래했다. 일부는 의식적인 무아지경의 춤(빙빙도는 데르비쉬dervish)을 추거나 뜨거운 석탄 위를 걷거나 못이 깔린 침대에 누워 이를 달성하기도 한다. 수도회로 조직된 수피교도들은 대학과 마드라사madrasa('학교' 또는 '학당' – 역자 주)를 설립해 학습과 문화의 핵심적인 주체가 되었다. 수피파는 많은 성인을 지정하고, 그들의 무덤을 순례하는 조직을 만들었는데, 이는 일반 무슬림들 사이에서 큰 인기를 얻었다.[14] 그러나 정통 무슬림들에게 수피파의 모하메드에 대한 극단적 숭배는 그에게 초자연적인 자질을 부여하는 것처럼 보였고, 그 결과 나중에 많은 사람들이 미신으로 간주하여 이슬람을 청산하려고 노력하게 만들었다.

❋ ❋ ❋

이슬람과 기독교의 공통 기원에도 불구하고 이슬람은 특히 여성, 일부다처제, 성행위, 성욕, 노예 신분, 지하드jihad* 등의 문제와 관련하여

---

* 역자 주) 원래 신의 길을 따라가기 위해 정신적, 육체적인 측면에서 헌신적으로 최선을 다해 노력한다는 뜻이지만, 자신 속에 또는 사회에 이슬람교의 신앙을 전파하거나 방어하기 위한 이교도와의 전쟁을 의미하기도 한다. 성년 남자의 이슬람교도는 이슬람법에 정해진 바에 따라 의무적으로 지하드에 참가하게 되어 있다.

서양 세계에서 오랫동안 오해되거나 왜곡되어 왔다. 오늘날 서양인들은 이슬람교가 출생, 카스트, 부, 인종적 차이를 인정하지 않는 비교적 평등주의적인 종교라는 사실을 거의 알지 못한다. 실제로 이슬람은 특권을 비이슬람적인 것으로 규탄하지만, 시간이 지남에 따라 엘리트나 귀족의 출현을 막지는 않았다. 이슬람 개종자들은 평등주의를 신선한 변화로 느끼는 경우가 많았다. 이 정신에 따라 오늘날 많은 이슬람 국가들이 사회주의적 이슬람주의 정책을 채택하고 있다. 이슬람은 항상 남성과 여성, 신자와 불신자, 노예와 자유인의 차이를 인정해 왔지만, 역사적으로 다른 사회에 비해 특히 여성과 노예에 대한 차별이 상대적으로 적었다. [따라서] 이슬람 교훈과 실천 안에서의 다양성과 미세한 차이를 이해하고 잘못된 오해를 풀어가는 것이 중요하다.

　영국인들이 노예제도를 진정한 맥락에서 이해하는 것은 항상 어려운 일이었다. 그들은 오랫동안 영국이 노예무역으로 막대한 이익을 얻었다는 사실에는 눈을 감는 경향이 있었고, 이후 노예무역 반대 운동과 빅토리아 시대 아프리카 이슬람 지역에서 벌어진 노예무역 근절에 대한 노력을 강조하는 것을 선호하였다. 사실 이슬람법은 노예제도를 인정했지만(코란에서 인정했기 때문에 쉽게 폐지할 수 없었다), 서유럽과 같은 제도는 아니었다. 이슬람의 지배 아래서 노예는 특정 권리를 누렸고, 노예의 주인은 일정한 의무를 졌다는 점에서 노예의 지위는 고대나 19세기 미국보다 훨씬 더 나은 것이었다. 노예를 해방시키는 것은 코란에서 공덕을 쌓는 행위로 인정되어 7년이 지나면 해방되는 것이 일반적이었다. 또한, 노예의 자녀도 자유인으로 태어났다.[15] 노예 출신이라는 낙인은 거의 없었고, 몇몇 뛰어난 노예들은 이슬람 사회에서 높은 지위에 오르기도 했다. 여기에는 오스만제국에서 술탄의 병사가 된 예니체리janissaries와 이집트의 통치자가 된 맘루크족 Mamluks이 포함된다. 시간이 지남에 따라 노예제도는 꾸준히 약화되었다. 오스만제국은 1830년 기독교인 노예를 해방시켰고 1857년에는 노예무역을 금지하였다. 1846년 튀니스Tunis 총독은 노예에 대한 비참한 처우가 본질적으로 비이슬람적이며 무슬림에 의한 무슬림의 노예화는 이슬람 율법에 따라 불법이라는 이슬람의 정당성을 내세워 (대부분 흑인) 노예들을 해방시켰다. 이 행동은 다른 사람들이 따라야 할 선례가 되었다. 사우디아라비아와 예멘은 가장 오랫동안 노예제도를 존속시키다가 1962년이 되어서야 노예제도를 폐지하였다.

이슬람은 처음부터 무슬림의 형제애와 가족이라는 두 기본 공동체를 중요시하였다. 이슬람은 가족생활을 중심으로 하고 있어 본질적으로 서유럽의 사회 관행과 대체로 일치하는 전통적이고 보수적인 사회였다. 가족은 전통적인 아랍인 부족 공동체와 나중에 서유럽 사회의 특징이 된 개인주의적 가족 사이의 중간 지점에 있는 핵심 구성체였다. 이러한 맥락에서 여성의 지위는 가부장적 사회에서 아라비아-시리아 기존 문화의 연장선상에 있었다. 즉, 여성은 남성 가문에 종속되었고, 남편에게 복종해야 하며 남편에게 징계를 받을 수 있었다.

한편, 이슬람 교리에는 여성 교육을 금지하는 내용이 없으며, 여성 교육에 대한 반대도 이슬람의 사상이 아니라 지배적인 사회적 태도를 반영한 것이다. 실제로 전통적인 아랍 사회의 맥락에서 이슬람은 여성 혐오를 비난하고, 신생아 여아살해를 금지하며, 결혼으로 돈이 생기면 가사 노동의 대가를 아내에게 주어야 한다고 주장하였다. 19세기까지 서유럽에서 누리지 못했던, 여성의 재산권을 보장하는 진보적이고 개혁적인 성격을 띠고 있었다. 가부장적인 아랍 사회에서는 남자가 사망할 경우, 그의 재산은 부친 쪽 가장 가까운 남성 친척에게 넘어갔다. 그러나 코란은 이를 바꾸어 아내, 딸, 자매, 할머니, 모두 일정한 비율의 상속분을 받고 나머지가 손위 남성에게 주어지는 명확한 상속 지침을 마련하였다.[16) 여성의 몫은 남성의 절반에 불과했기 때문에 공평에 미치지는 못했지만(또한, 모든 여성이 자신의 권리를 알고 있지는 못했다), 결과적으로 부의 분배는 기독교 사회보다는 더 평등하게 이루어졌다. 이혼 후, 아내는 전남편으로부터 재산분할을 받는 것이 인정되었다. 코란은 재산에 관한 한 여성에게 어떠한 강요도 금지하였다. 여성은 결혼지참금을 관리할 수 있었으며 자유롭게 거래할 수 있었다.[17) 따라서 여성들은 희망하면 자유롭게 사업을 운영할 수 있었다 (모하메드의 아내 카디자가 그랬듯이).

반면에 공공장소에서 여성에게 기대되는 행동은 불분명하며, 근거가 일관되지 않고 모호했기 때문에, 여성에게 은둔과 베일 착용 의무가 있었는지 여부는 불확실하다. 초기 무슬림 공동체는 베일을 쓰고 주변 사회로부터 격리하는 은둔을 포함한 특정 사회적 관습을 물려받았다. 코란에는 모하메드 자신의 아내가 베일을 썼다고 언급되어 있지만, 이것이 일반적인 규정이 아니라 방문객으로 가득 차 혼잡한 집에서 아내에게 프라이버시를 주기 위한 특별한 규정이었는지는 분명하지 않다. 아라비아에서는 관습이 매우 다양했으며 여성에게 정숙하고 단정한 옷차림을 권장했지만 무슬림 여성은 반드시 베일을 써야 한다는 명확한 규정은 없었다. 실제로 이 관습은 중세 이후, 특히 부유한 도시 가정에서 확산되었고, 시골 지역과 사막에서는 훨씬 덜 일반적인 것이었다. 일반화하기는 어렵지만, 결론부터 말하자면 여성 복장은 엄격한 종교적 현상이라기보다는 주로 관습과 문화의 문제였다. 그것은 사회마다 달랐고 시간이 지남에 따라 많은 변화가 있었다. 변화는 오랜 기간에 걸쳐 다양한 상황에 맞추어 점진적으로 이루어졌다. 예를 들어, 현재 이스탄불에서는 여성들이 서양의 패션부터 부르카까지 다양한 복장을 취하고 있는 모습을 볼 수 있다. 1970년대 후반 인도 북부의 알리가르 무슬림 대학Aligarh Muslim University 일부 여학생들은 매일 아침 베일을 쓰고 집을 나서 인력거를 타고 이동하다가 대학에 도착하는 도중에 베일을 벗고, 하루 종일 베일을 벗고 지내다 집으로 돌아가는 길에는 이 과정을 반대로 반복하고 있었다.[18] 무슬림 국가 중 가장 보수적인 현대 사우디아라비아에서 일부 여성들은 국내에서는 베일을 착용하지만, 해외에서는 베일을 벗고 다닌다. 나이든 여성은 두꺼운 베일을 착용하지만, 젊은 여성은 얼굴이 훤히 보일 정도로 얇은 베일을 사용한다.

코란에서는 여성에게 낮은 지위가 주어졌다.

> 알라께서 그들[남성]의 일부를 다른 이[여성]보다 뛰어나게 만들었고, 여성이 남성 재산 일부를 소비하기 때문에 남성은 여성을 책임진다. 그러므로 의로운 여성들은 순종하며 알라께서 지키신 보이지 않는 것을 지켜야 한다. 그리고 당신에게 반항할 것으로 우려되는 여성들은 훈계하고 침대에서 떠나게 하고 [때로] 구타할 수 있다.[19]

초기 이슬람은 기독교와 마찬가지로 여성을 지지와 위로의 원천으로 여겼다. 코란에는 "하느님이 너희를 위해 너희 가운데서 짝을 창조하셨으니 너희는 그들과 함께 평온하게 살아라"라는 구절이 있다. 또한, 코란은 남성이 부양할 수 있다면 최대 4명의 아내를 가질 수 있도록 허용하였다. 그러나 이것은 기존 관행에 대한 제한이었다. 더욱이 여러 명의 아내를 거느리는 것은 전쟁으로 인해 많은 미망인이 생겨 남녀 인구 불균형이 초래된 후에 나타난 것이었다.[20] 이러한 상황에서 결혼과 가족의 형성이 이상적으로 달성되려면 일부다처제가 바람직해 보였다. 그러나 일부다처제는 특수한 상황에서만 적합한 편의적인 문화적 현상이었으며 대부분의 결혼은 일부일처제로 이루어졌다. 시간이 지남에 따라 관행이 바뀌었고 현대에 이르러서는 무슬림 남성이 아내를 여럿 두는 경우는 드물어졌다. 터키는 1926년에 일부다처제를 완전히 폐지하였다.

무슬림에게 결혼은 종교적 의식이라기보다는 계약으로 간주되었다. 하디스 또한 여성의 동의 없이는 절대 결혼할 수 없다고 주장하고 있다. 가문 간 결속을 위한 수단으로 결혼을 주선할 수는 있지만, 이것은 이슬람에서 인정하지 않는 강제 결혼과는 다르다. 이슬람은 어린 나이의 소녀와 약혼하는 것을 허용했지만, 신부가 결혼식을 올릴 준비가 되기 전에 남편에게 신부를 넘기는 것은 금지되어 있다. 부부는 쌍방 합의하에 이혼할 수 있으며, 여성은 학대, 유기, 양육 불이행 등의 혼인 위반을 입증함으로써 법정에서 이혼을 얻어낼 수 있다. 남편은 또한 전처에 대한 책임이 있는데, "이혼한 여성에게 적절한 생활비를 제공해야 한다. 이는 의인에게 부과된 의무"라는 것을 규정하고 있다.[21]

성에 대한 태도는 무슬림과 기독교인 사이에 오해를 불러일으키는 원인 가운데 하나이다. 처음부터 무슬림은 기독교가 성에 대해 반대하는 편향에 가까운 문제가 있는 반면, 이슬람은 더 정직하고 솔직한 접근 방식을 가지고 있다고 여겼다. 서유럽의 순결주의puritanism에 관한 추정과는 달리 코란은 성에 대한 인간의 욕구를 전적으로 인정하고 성경에서처럼 이브가 은총에서 타락한 것을 비난하지 않는다. 이슬람교는 성적 욕구를 충족시키는 것이 긍정적인 선이며 결혼 생활 안에서 누려야 할 것이라고 가르쳤고, 공개적인 성적 노출은 악이며 결혼 생활을 훼손시키는 것이라고 했다. 따라서 무슬림의 낙원 개념에는 관능적이고 성적인 삶이 포함되었으며 섹스는 이슬람 사회의 유머와 시의 한 요소가 되어 음경과 질에 대한 유머러스한 이름을 만들어내기도 하였다.[22] 반대로 독신주의는 자연스럽지 않은 것으로 여겨져 순나에서는 권장하지 않는다. 가톨릭이 독신주의를 기독교에 도입한 것은 인간을 관능적인 존재로 만드신 하느님의 역사를 거스르는 시도를 의미하기 때문에 항상 비뚤어지고 이해할 수 없는 것으로 간주하였다.

현대에 들어 서유럽식 자유주의가 확대되면서 이슬람교는 동성애를 혐오한다는 평판을 얻었다. 기독교 역시 대부분의 역사에서 동성애를 혐오했으며, 특히 아프리카를 비롯한 일부 지역에서는 여전히 동성애를 혐오하고 있기 때문에 이러한 특징은 이슬람교의 유대교-기독교적 뿌리를 분명히 보여주는 것이다. 그러나 동성애 혐오에 대한 권위에 대해서는 많은 이견과 불확실성이 존재한다. 성경과 마찬가지로 코란은 롯과 그의 아내, 소돔 사람들의 이야기를 자주 언급한다. 하지만, 이것이 무엇을 의미하는지 명확하지 않다고 일부 해석가들은 주장한다. 코란의 구절은 동성애를 정죄하는 것으로 인용될 수 있다. 그리고 하디스의 일부에서는 "선지자가 동성애를 부자연스럽고 간음과 같은 범죄라고 말했다"라고 전한다 "너희는 주님이 너희를 위해 창조한 아내를 버리고 남성에게로 가느냐? 안된다, 너희는 범법자의 백성이 되리라."[23]

반면에 일부 무슬림은 동성애에 대한 언급이 직접적이지 않고 우회적이며 동성 간 성관계가 비난 없이 언급되어 있다고 주장한다. 또한,

하디스에 기록된 내용 중 상당 부분이 출처의 진위가 의심스럽고 어떤 경우에는 문화에서 비롯된 것이지 이데올로기가 아니라고 주장한다.[24] 코란의 현대적 해석에 따르면 성적 지향에 관계없이 모든 상황에서 욕망과 강요를 비난하며 반대한다. "너희는 여성 대신 남성에게 정욕적으로 접근하며, 오히려 지나치게 방탕한 백성이다." 따라서 롯에 대한 이야기는 동성애에 관한 것이 아니라 강간과 공격성의 형태로 나타나는 남성의 성에 대한 비판이며, 롯의 아내에 대한 정죄는 그녀의 부정에 대한 것이었다.[25]

오늘날 동성애에 대한 이슬람의 관점에 대해 어떤 결론이 내려지든, 이슬람 사회에서의 관행은 전혀 다른 문제이다. 아랍어, 페르시아어, 터키어로 된 동성애적 시에서는 남성이 소년을 칭찬하고 구애하고, 사랑을 표현하고, 그들의 아름다움을 찬양하고, 관계를 발전시키는 것이 전적으로 허용되었다. 동성애라는 단어는 분명히 없었지만 '아름다움에 대한 감성'으로 표현되어 있다.[26] 일반적으로 여성과의 성관계는 주로 번식 목적(기독교 교회에서도 취한 견해)이고 소년과의 성관계는 쾌락을 위한 것이라고 여겼다. 그러나 이 역시 이슬람 전통이 성관계의 주된 정당성을 출산으로 보지 않았고, 선지자 자신도 성관계는 즐거움이라고 가르쳤다는 점에서 논란이 되고 있다.[27] 유럽인과 무슬림이 무역과 해적 행위로 자주 접촉하게 된 근대 초기에 서유럽의 관찰자들은 종종 남성 간의 성관계가 특히 북아프리카에서 흔하다고 주장하였다. 이러한 보고는 주로 포로들의 노예화와 밀접한 관련이 있었다. 바르바리아Barbary 해적에게 붙잡힌 젊은 남성들이 부유한 무어족에게 팔려가 주인의 시종과 요리사 역할을 하면서 침대를 공유했다고 전해진다.[28] 노예의 몸값을 요구하는 청원서에는 무어인들이

"포로들을 자주 괴롭힌다"고 쓰여 있고, 1677년 트리폴리 주재 잉글랜드 영사 베이커Thomas Baker는 그곳에서 동성애가 꽤 허용되는 일이라고 기술했다.[29] 일반화하기는 분명히 어렵지만, 19세기에 동성애 혐오가 점점 심해진 유럽 사회보다 이슬람 사회가 동성 관계에 더 관대했던 것으로 나타난다.

❋ ❋ ❋

오늘날 서방세계의 관찰자들은 이슬람의 관습과 사회적 관행만큼이나 국가, 법률, 테러리즘 등 이슬람의 정치적 특징에 대해 많은 우려를 표하고 있다. 지하드를 기독교의 '거룩한 전쟁holy war' 또는 십자군 개념과 편하게 연결시키는 경우가 있는데 그것은 잘못된 것이다. 사실 지하드는 단순히 '분투' 또는 무언가를 성취하기 위해 고통을 감내하는 것을 의미한다. 따라서 7세기~8세기에 지하드는 개인적 순수성을 달성하기 위한 내적 투쟁이었다.[30] 코란에서 전쟁에 사용되는 세 가지 단어는 하르브harb, 키타르qitar, 지하드이다. 그러나 지하드는 거의 사용되지 않으며 적이나 불신자에 대한 공격에는 사용되지 않는다. 초기 무슬림들은 정기적으로 전쟁을 벌이는 부족들에 둘러싸여 있었기 때문에 스스로를 방어해야 했지만, 전투의 필요성은 특정한 상황에서만 발생했다.[31] 결과적으로 지하드는 비잔티움과 스페인 국경 인근 지역에서 수행되었다. 다르 알-이슬람Dar al-Islam으로 알려진 무슬림 영토에서는 불신자에 대한 관용이 있었지만, 무슬림 통치권 밖의 영토인 다르 알-하르브Dar al-Harb에서는 전 세계가 이슬람을 받아들일 수 있도록 확장해야 한다는 집단적이고 신성하게 부여된 의무가 존재했다. 그러나 이는 가르침과 좋은 모범을 통해 달성할 수 있었고 반드시 전쟁을 통해 이루어질 필요는 없었다.

시간이 지나면서 무슬림이 전 세계를 개종시킬 수 없다는 것이 분명해지자 지도자들은 비무슬림들을 어떻게 다룰지 재고하기 시작했다. 다르 알-이슬람이 아닌 남아시아에서 소수 무슬림의 존재는 이슬람 통치에 대한 전통적인 사고를 복잡하게 만들었고, 무슬림과 비신자 간 갈등이 영원히 지속될 것이라는 가정은 약해졌다. 공격적인 비신자(이슬람으로 개종하도록 권유해야 하는)와 구분하여, 선제 공격을 하지 않고 납세에 동의한 '책의 백성'은 자유롭게 자신의 종교를 유지할 수 있었다.

무굴제국이 멸망한 후 영국령 인도와 같이 이슬람이 실제로 후퇴한 곳에서는 나중에 복잡한 문제가 발생했다. 이러한 지역의 무슬림들은 보통, 전쟁을 하기보다는 비무슬림의 권위를 인정했다. 어떤 한 적과 동맹을 맺어 다른 적과의 거래에 도움을 받고자 했던 실용적인 무슬림 통치자들은 코란에 있는 불신자들과의 휴전의 증거와 메카 군대와 화친한 선지자 자신의 실천을 그 근거로 삼았다.

또 다른 문제는 통합하라는 명령에도 불구하고, 이슬람 세계가 스스로 각 국가들로의 분할을 고집한 것이다. 아랍제국은 이미 700년대 초부터 분열되기 시작했다. 이 과정은 유럽 국가들의 식민 통치하에서 가속화되었고 국제법에 대한 이슬람 사상을 재검토하는 시도를 촉발시켰다. 식민주의의 압력에 대응하여 일부 무슬림은 인도인 아흐마드 칸Sayyid Ahmad Khan이 처음 주장한 '지하드에 대한 변명적 해석apologetic interpretation of jihad'을 발전시켰다. 이 해석에 따르면 박해나 침략에 저항하기 위해서만 전투는 정당화된다. 아흐마드 칸은 일부 무슬림이 참여한 1857년 인도 반란Indian Mutiny의 배경을 고려할 때, 영국이 무슬림이 자유롭게 종교를 실천할 수 있도록 허용했기 때문에 이들에 대해 지하드를 벌일 이유가 없다고 주장했다. 더 나아가 대부분의 현대 무슬림 국가들은 코란이 세계를 다르 알-이슬람과 다르 알-하르브로 나눈다는 전통적 견해를 부정하고, 전쟁을 정당화하기 위해 지하드를 사용하려는 생각을 포기했다. 이들은 다른 국가의 주권을 인정하면서도 상징적인 목표로서 이슬람의 통일이라는 개념을 유지하였다. 이슬람은 도덕적 또는 영적 대의를 위한 순교의 중요성을 인정하지만, 영광과 명성을 추구하는 순교자는 비난한다. 수니파 무슬림은 고의로 순교를 추구하는 것을 자살과 같은 행위로 간주하여 특히 비판한다. 그러나 시아파 무슬림은 초기 순교자들의 긴 명단을 기리고 그들의 성지를 순례하는 등 다른 견해를 갖고 있다.

    기독교 사회와 비교할 때 이슬람의 가장 두드러진 특징은 국가의 역할이다. 초기 기독교 공동체가 겪은 박해는 그들에게 종교와 세속 권위를 분리하는 강한 전통을 만들어주었다. 물론 일부 통치자, 특히 신권에 의한 통치를 주장하는 왕들이 이를 수정하려고 시도했지만, 이러한 생각은 강력한 반발을 불러왔고 퇴출 대상이 되었다. 기독교 공동체는 대체로 "그러므로 카이사르의 것은 카이사르에게, 하느님의 것은 하느님에게 바치라"는 성경의 말씀을 그대로 따랐다. 그 결과 기독교인에게 교회는 단순한 건물 이상의 큰 조직적인 역할을 담당하게 되었다. 그에 반해 유대인과 무슬림에게 회당이나 모스크는 본질적으로 예배를 위한 건물일 뿐이었다. 그 결과 무슬림은 서유럽에서처럼 세속주의라는 개념을 발전시키지 못했고, 이슬람에서는 종교와 세속적 권위는 분리되지 않았다. 중세 시대의 유력한 일부 무슬림들은 국가를 경시하고 심지어 황제가 부여한 관직을 거절하기도 하였다.

이러한 전통은 무슬림의 정체성에 중요한 영향을 미쳤다. 기독교인들은 대개 정치적인 측면을 중시하는 반면, 무슬림들은 다른 모든 충성심을 초월하는 정체성의 기초로서 종교에 더 많이 의존했다.[32) 무슬림들은 나중에야 자신들을 투르크인이나 페르시아인 또는 이집트인으로 정의하고 민족주의적이고 애국적인 충성심을 표명하기 시작했다. 그 결과 대부분의 무슬림 국가는 안정된 중앙 정부가 부재했고 수용 가능한 정권교체 수단을 발전시키지 못했다. 이슬람 국가의 통치 기관은 칼리페이트Caliphate로 알려져 있다. 이 기관은 모하메드에 의해 선택되어 권위를 인정받은 사람인 칼리프에 의해 주재되었다. 하지만, 칼리프 자신은 영적인 힘이 없었으며 단지 선지자의 유산을 유지하는 의무만 있었다. 모하메드의 이상을 충실히 따랐던 '올바르게 인도된 칼리프'로 알려진 최초의 네 명의 칼리프는 모두 선지자와 개인적으로 친척 관계에 있었다. 그러나 초창기부터 후계자 계승에 대한 분쟁이 일어났다. 이슬람의 확장과 함께 9세기에 이르러 칼리프는 그 중심성을 잃었고, 11세기에는 셀주크튀르크가 칼리프를 주변화시키고 술탄이 세속적 최고 권력자로 부상하였으며, 1290년 이후 오스만제국에서는 술탄이 사실상 칼리프가 되었다. 1924년에는 아타튀르크Ataturk(케말 퍄샤로 알려진 터키공화국 초대 대통령 – 역자 주)가 마침내 칼리프 직위를 완전히 폐지하였다.

이러한 세속주의 경시를 보완한 것이 이슬람 율법 또는 샤리아Sharia*

---

* 역자 주) 코란과 모하메드의 가르침에 기초한 이슬람의 법률로, 예배·순례·장례 등에 관한 의례적인 규범에서부터 혼인, 상속, 계약, 소송 및 비 이슬람교도의 권리와 의무, 범죄·형벌·전쟁 등 법적 규범(무아마라트)까지도 명시되어 있다.

인데, 이는 '신이 인간들이 걷기를 바라는 길'이라는 의미를 갖고 있다. 서유럽 기독교 국가에서 법은 국가에 의해 결정되고 집행되며 국가 및 이웃과의 관계를 규제하지만, 이슬람에서 샤리아는 신과의 관계와 양심을 포함한다. 이슬람 율법은 개인에게 구속력이 있지만 국가가 강제하지는 않으며, 샤리아의 조항들은 이슬람 영토 내에 거주하는 무슬림에게 적용되지만 비무슬림 국가에서는 적용되지 않는다. 샤리아는 인간이 옳고 그름을 분별할 수 없으므로 안내가 필요하다는 생각을 반영하고 있으며, 따라서 율법은 신성하고 영원하다.[33] 세속적인 서양의 법은 사회의 변화를 반영하여 변화하는 경향이 있는 반면, 이슬람법은 중세 시대까지 불법 성관계, 허위 고발, 음주, 절도, 강도 등을 포함하여 종교에 반하는 범죄를 결합하여 경직적으로 적용되었다. 그러나 1917년부터 오스만제국의 무슬림들은 이슬람법을 개혁하기 시작했고, 아라비아반도를 제외하고 샤리아는 가족법, 상속 및 증여에 국한되었다. 20세기 동안 대부분의 무슬림 국가들이 유럽 모델과 세속적 법원을 기반으로 민법과 형법을 제정하였다. 튀니지와 이집트 같은 국가들은 샤리아를 대부분 폐지했으며 인도와 파키스탄은 샤리아를 국가의 세속 법원 시스템으로 흡수하는 경향이 있다.[34]

 이슬람과 관련된 주요 사상에 대해 본 글은 한 가지 중요한 사실을 강조하는 데 일조한다. 일반적으로 이슬람은 엄격하고 영원한 것으로 여겨지지만, 여러 가지 면에서 분명히 변화하고 적응해 왔다는 것이다. 예를 들어, 노예는 더 이상 당연시되지 않으며, 모든 곳에서 여성이 남성보다 열등한 존재로 취급되는 것은 아니다. 수세기 동안 무슬림 국가는 술탄이나 군주에 의해 올바르게 통치되어야 한다고 여겨졌으나, 이러한 개념은 명시적으로 승인된 적이 없으며 대부분의 무슬림 국가는 군주제를 포기하였다. 유대인, 기독교인, 무슬림은 공통의 문화적 배경에서 출발하여 각기 다른 방식으로 자신의 기원에서 벗어나고 있다. 그러나 무슬림이 항상 그리고 모든 면에서 가장 느리게 변화해왔던 것은 아니다. 예를 들어, 2017년까지만 해도 정통 유대교인들은 비행기에서 여성의 옆자리에 앉는 것을 거부했다 (이런 이유로 이스라엘 국영 엘 알 항공사는 여성 승객의 좌석을 자주 이동시킨다).

❈   ❈   ❈

이슬람과 기독교가 처음부터 큰 종교적 적대관계에 있었다는 생각은 십자군 전쟁이 낳은 가장 큰 오류 중 하나이다. 이 신화의 기원에 대해서는, 페르시아제국을 제외하고 비잔티움, 프랑크 왕국, 폴란드, 헝가리 등 다양한 기독교 세력에 의해 이슬람 확장이 제약을 받았던 초기 이슬람 세계를 지리적, 정치적 맥락에서 살펴보는 것이 가장 적절하다. 그러나 이는 종교적 차이를 반영하는 것이 아니며, 632년 모하메드가 사망했을 때 이슬람은 아마도 세계에서 가장 역동적인 문명이었다고 할 수 있을 것이다. 다음 세기에 이슬람의 눈부신 확장은 종교적, 사회적 불만으로 분열된 비잔티움제국과 페르시아제국의 전반적인 쇠퇴에 힘입은 바가 컸다. 비잔티움 통치에 억눌려 있던 많은 사람들은 아랍의 침략을 환영했다. 기독교인, 유대인, 사마리아인 모두 그들에게 도움을 주었고, 특히 세금 측면에서 무슬림 정권이 덜 부담이 된다는 것을 인지하게 되었다.

   그러나 이슬람이 빠르게 확산하게 된 주된 이유는 전통적으로 서로를 공격하는 데 많은 에너지를 쏟았던 아라비아반도 부족들에게 있다.

이슬람은 이들에게 무슬림 형제애라는 개념을 소개했으며, 메디나와 메카에서 승리를 거둔 선지자는 다른 부족들에게도 동맹을 확대했다. 일단 신자가 된 부족들은 공격성을 외부로 돌렸고, 이슬람은 그 범위를 비약적으로 확장할 수 있었다. 이것은 전문 군대 없이도 달성되었다. 아랍 전사들은 자신들의 성공을 신이 준 영감의 증거라고 믿었다. 이러한 세력의 출현은 이미 아랍에서 [이슬람의] 뚜렷한 추세에 활력을 불어넣었다는 점에서 시기적절한 것이었다. 아랍인들은 단결의 필요성을 느꼈고, 더 높은 형태의 종교에 대한 열망은 이미 유대교, 기독교 및 지역 부족의 다른 선지자들의 등장으로 나타났다.[35] 사실상 모하메드는 기존 세력에 집중하여 아랍인들 사이에서 민족의 부흥을 가져왔다.

모하메드의 직계 후계자 두 명은 아라비아, 팔레스타인, 시리아, 메소포타미아, 소아시아, 페르시아 전역에서 이슬람 세력을 확장했다. 636년 요르단에서 3만 명의 무슬림이 10만 명의 비잔티움군대를 물리친 야르무크Yarmuk 전투는 전환점이 되었다. 638년 예루살렘을, 640년에는 시리아를 점령한 무슬림은 642년부터 이집트로 진출하여 북아프리카 해안을 따라 천천히 북아프리카로 퍼져나갔다. 현재의 리비아, 튀니지, 알제리, 모로코를 거쳐 709년에는 지브롤터 해협을 건너 스페인까지 점령했다. 마침내 아랍 군대는 732년 푸아티에Poitiers 전투에서 프랑스의 저지를 받았고 759년에는 피레네산맥 이남으로 철수하였다. 한편, (동)로마제국의 수도 콘스탄티노폴리스에 대한 공격은 적어도 1453년까지는 격퇴되기는 했지만, 이슬람 세력은 664년까지 아프가니스탄 전역으로, 712년에는 신드Sind까지 동쪽으로 진출했다. 인도로의 추가적인 진출은 986년 펀잡 지역이 합병될 때까지 막혔지만, 이후 군대, 상인, 선교사들이 결합하여 1290년까지 갠지스강 평야를 따라 인더스 계곡에서 비하르Bihar와 벵골까지 이슬람의 영향력을 확장하였다.

코란의 연민과 자비의 메시지는 아프리카에서 널리 받아들여져 9세기에는 상업적 교류를 통하여 말리와 나이지리아 등 멀리 남쪽으로까지 전파되었다. 인도의 구자라트 출신 무슬림 상인들은 1290년에 수마트라와 말레이반도까지 이슬람을 동쪽으로 확장하는 데 도움을 주었고, 이후 자바, 몰루카, 보르네오, 필리핀까지 확장하게 되었다. 인도네시아에서 이슬람은 힌두교, 불교 및 기타 현지 종교와 상호 작용하여 하이브리드 버전을 만들어냈다. 인도네시아 사람들은 수피즘에도 매우 매력을 느꼈다. 힌두 사회는 카스트에 따라 사람들을 구분했던 반면, 이슬람은 모든 신자를 동등한 위치에 두었기 때문에 하위 계층에 속한 사람들에게 매우 매력적이었다. 인도네시아는 이슬람 세계의 중심에서 멀리 떨어져 있었기 때문에 — 20세기 이전에는 메카로 순례를 떠나는 사람이 거의 없었다 — 인도네시아의 이슬람은 독자적으로 발전하여 현지 지역 사회의 관용적이고 여유로운 특성을 갖게 되었다.

초기 이슬람의 확장은 주로 우마이야Umayyad 왕조[661~750]의 지도자들이 수도 다마스쿠스에서 주도한 아랍의 업적이었다. 그러나 아바스Abbasid 왕조(750~936) 시기에 그 성격이 변하였다. 이 시기에는 개종이 중시되기 시작했고, 이는 강압보다는 새로운 종교의 강력한 매력에 의한 설득에 의존한 것이었다. 유럽에서의 개종은 스페인에서 이슬람 통치의 특별한 특징이었다. 한편, 이슬람의 중심은 시리아로부터 762년에 창건된 새로운 수도 바그다드로 옮겨졌다. 이곳에서 아바스 왕조는 전제 군주적인 칼리프와 상업, 행정, 토지 소유 계층으로 구성된 비아랍계 지배 엘리트가 이끄는 번영하는 정교한 제국을 발전시켰다. 페르시아의 영향권에 가까웠던 바그다드는 농업이 발달한 메소포타미아 계곡과 여러 무역로의 교차점에 자리 잡고 있었다. 아바스 왕조하에서 이슬람 문명은 농업, 산업, 상업, 문화 분야에서 번성했다. 100만 명의 인구를 가진 바그다드는 세계 최대의 도시 중 하나로 성장했다. 매년 여러 번 수확을 가능하게 한 윤작, 새로운 관개 기술, 새로운 과일과 사탕수수 개발 등을 포함하는 많은 혁신이 이루어졌다. 이 시스템의 혜택을 받은 비무슬림인 디미족Dhimmis은 비록 2등 시민이었지만 자유롭게 종교 생활을 할 수 있었고, 재산권을 누리며 국가에 고용될 수 있었다. 그러나 서유럽은 아직 교회 밖의 사람들에게 이렇게 관대하지 않았다.

11세기와 12세기에 걸쳐 이슬람 세계는 중앙아시아 투르크계 민족인 셀주크족의 새로운 침략을 받았다. 셀주크족은 1055년 바그다드를 점령하고 이슬람교로 개종하였다. 그 후 1300년부터 오스만제국이라는 새로운 투르크 세력이 탄생했다. 처음에는 서쪽의 비잔티움 영토를 공격했지만 1300년대 후반에는 무슬림 영토를 점령하고 셀주크족을 오스만제국으로 흡수하여 1600년까지 계속 확장해 갔다.

원래 아랍제국의 주요 문화 중심지는 다마스쿠스였지만 시간이 지남에 따라 바그다드뿐만 아니라 카이로, 콘스탄티노폴리스, 코르도바가 더 큰 중심지로 발전했다. 바그다드의 건설과 동시에 제지술이 도입되면서 공공 도서관이 성장하고 고전 작품을 아랍어로 번역하는 프로그램이 시작되었다. 이 과정은 200년 동안 지속되었으며, 무슬림뿐만 아니라 그리스인과 기독교인들도 이 다문화 제국의 일원으로 이 작업을 수행했다.

9세기와 10세기 동안 무슬림 통치자들은 이슬람으로 개종한 맘루크족으로 알려진 노예 병사들에게 의존하게 되었다. 1250년 이후 맘루크족은 이집트와 인근 지역을 통치했다. 그러나 그들은 기근과 흑사병으로 약해져 1517년 오스만제국에 밀려났다. 카이로는 알-아즈하르al-Azhar로 유명해졌는데 알-아즈하르는 970년에 모스크로 건설되었지만, 이후에는 대학이자 아랍-이슬람 학문의 중심지로 발전했다. 알-아즈하르에는 정식 입학 절차나 과정, 학과, 시험이 없었다. 중동, 아프가니스탄, 인도, 아프리카 일부 지역에서 온 학생들은 종교적 기부금으로 지원을 받았다.

　이슬람-기독교 문명의 성공은 기독교인과 무슬림이 같은 모스크-교회에서 예배를 드릴 수 있는 '세계의 장식'으로 알려진 코르도바에서 잘 드러난다. 코르도바의 많은 이가 강압 때문이 아니라 이슬람의 매력에 빠져 이슬람으로 개종했다. 최전성기의 코르도바에는 인구 50만 명, 유명한 대학, 1,600개의 모스크, 900개의 공중목욕탕, 가로등 및 많은 도서관이 있었고, 칼리프 아브드 알-라흐만Abd al-Rahman 도서관에는 40만 권의 장서가 있었다고 전해진다.[36] 도시 이외의 지역에서도 스페인 국민은 무슬림 통치자들의 관용과 평등주의의 혜택을 받았으며, 이는 보다 공평한 토지 분배로 나타났다. 아랍인들은 쌀, 감귤류, 설탕, 면화와 같은 농작물 외에도 도자기, 직물, 종이, 비단, 광업 등을 발전시켰다. 8세기에 베르베르족과 아랍 이민자들이 그랬듯이, 침공과 함께 진입한 많은 군대는 현지에 남아 현지인과 결혼했다. 시칠리아에서도 비슷한 문화적 교류가 일어났는데, 아랍인들은 목화, 오렌지, 사탕수수, 대추야자, 오디 등과 이를 위해 필요한 관개 시설과 같은 유형의 것뿐만 아니라 지역 방언에 많은 단어들을 유산으로 남겼다. 노르만족이 섬을 정복했을 때, 아랍의 영향을 억압하기보다는 수용하며 아랍 건축, 군인, 행정가를 활용하였다. 심지어 그들은 아랍 시와 글귀가 새겨진 동전을 주조하기도 하였다. 여행자들은 팔레르모에서 현지 기독교인들이 아랍어를 구사하고 무슬림처럼 옷을 입는다고 언급하기도 하였다. 결과적으로 시칠리아는 이슬람 지식을 서유럽으로 전파하는 또 하나의 경로가 되었다.

아테네와 비잔티움에서 도피한 학자들은 이러한 이슬람 중심지의 분위기가 반지성주의와 이단으로 몰릴 두려움이 없는 편안하고 환영하는 분위기라는 것을 알게 되었다. 칼리프 알-마문al-Ma'mun(813~833)은 자신들의 종교문서 이외에는 볼 필요가 없다고 생각하는 무슬림 그룹과 마주하게 되면서, 지방 총독들에게 명하여 모든 현지 학자들을 소환하여 코란이 하느님의 말씀이 아니라 만들어졌다는 것을 받아들이도록 했다. 이에 저항하는 사람에게는 가혹한 처벌이 가해졌다. 8세기 이후부터 특히 중세 시대를 통해 이러한 이슬람 중심지들은 그리스인들로부터 계승된 지식을 보존하고, 천문학, 화학, 의학, 수학, 철학, 광학, 해부학, 공학, 지리학 등 여러 분야에서 그 지식을 확장했다. 특정 분야에서의 발전에는 심장을 통한 혈액 순환의 발견, 지구 둘레의 계산(2만 2,400마일로 오차가 22마일에 불과함), 천연두와 홍역의 증상 규명, 빛이 물체에서 눈으로 이동하는 것이지 그 반대가 아님을 인식한 것, 수술, 전염병 및 정신 질환을 다루는 현대 병원의 개발과 더불어 비행, 대수 및 이차 방정식에 관한 이론 등이 포함된다.[37] 9세기와 10세기에 무슬림 수학자들은 인도 수학의 개념을 받아들여 다루기 불편한 로마 숫자 대신 아라비아 숫자와 십진법, 분수, 알고리즘, 대수 및 기하학을 기반으로 오늘날 사용되는 숫자 체계를 만들었다. 또한,

중세 무슬림 사회에서 연금술은 최고조에 도달하여, 종종 마술로 여겨지긴 했지만, 현대 화학의 기초를 마련하였다. 무슬림 연금술사들은 실험에 대한 정확한 기록을 남김으로써 과학적 방법을 개척했고, 이것은 나중에 표준적인 절차가 되었다. 무슬림에게 우주론(또는 우주에 대한 연구)은 물리적, 영적 세계 모두를 포용하므로 사실상 세계를 창조하고 질서를 세우는 하느님의 목적을 이해하려는 수단이었다. 이슬람 과학자들은 최초로 관측소를 건설하고 삼각법을 활용하여 태양과 지평선 사이의 각도를 측정하는 등, 중세 시대에 발전된 천문학을 사용하던 천문학에서의 선구자였다. 천문학은 이슬람 예배에서 중요한 역할을 담당했는데, 특히 매일 기도 시간을 확인하고 일출과 일몰 시각을 결정하는 데 도움을 주는 동시에 단식 기간에 영향을 미쳤기 때문에 무슬림에게 천문학은 특히 중요했다.

아랍인들은 특히 스페인, 시칠리아, 프랑스 남부, 비잔티움 등과도 상업적 교류를 즐겼다. 그 결과 유럽은 커피, 체스, 치약에서 식물원(장미, 튤립 등의 식물 포함), 공공 도서관, 대학과 병원에 이르기까지 다양한 제품과 기관을 확보하게 되었다. 알코올 증류에 대한 지식은 또 다른 혜택이었다. 예를 들어, 처음에는 강장제나 약으로 간주하던 노간주 열매juniper berries로 맛을 낸 맑은 증류주(진의 원조)는 1055년경 바그다드 대학에서 서유럽의 수도원으로 퍼져나가는 과정에서 등장하였다. 술alcohol, 대수algebra, 연금술alchemy, 항아리jar, 무기고arsenal, 면화cotton, 커피coffee와 같이 친숙한 영어 단어들은 아랍어 어원에서 파생되었다. 이슬람과 서방 간의 이러한 광범위한 지적, 경제적 접촉은 십자군 전쟁 이후 크게 폄하되었지만, 기독교인들의 유럽에 깊은 문화적 영향을 미친 것은 분명하다.

2장

십자군 전쟁의 신화들

수 세기에 걸쳐 이슬람이 확장하는 동안 잉글랜드는 유럽 북서쪽 변방에서 상대적으로 눈에 띄지 않았다. 4세기까지만 해도 런던, 요크, 콜체스터에 주교단이 세워졌지만, 기독교는 널리 퍼져 있지 않았다. 401년~402년 로마 로마군이 철수한 후 잉글랜드는 여러 앵글로색슨 왕국으로 나뉘었고, 한동안 웨일스, 아일랜드, 스코틀랜드 일부를 제외하고는 기독교가 거의 소멸한 상태였다. 침략의 시기로 인해 교회 생활은 주교, 큰 건물, 수도원 또는 교육기관도 거의 없이 소박하게 진행되었다. 하지만 597년 그레고리우스 교황이 앵글로색슨족에게 전도 사명을 수행하도록 어거스틴Augustine(당시 안드레아스 수도원 원장 - 역자 주)을 파견하면서 로마의 영향력과 조직화된 교회 제도가 잉글랜드로 확장되는 전환점이 마련되었다. 모하메드가 이슬람교를 창시하기 불과 몇 년 전인 6세기에도 잉글랜드에서는 기독교로의 개종이 여전히 진행되고 있었다. 7세기에 이르러 잉글랜드는 기독교 왕국인 머시아, 노섬브리아, 웨섹스의 지배를 받게 되었고, 10세기에는 웨섹스 휘하로 대부분 통합되었다. 이 초기의 시기에도 색슨족 통치자들은 이슬람의 대두를 인식하고 있었던 것으로 보인다. 757년 머시아의 왕이 된 오파Offa는 영국 무역에 대한 통제권을 주장하며 샤를마뉴의 화폐와 일치하도록 화폐개혁을 단행했고, "알라 외에는 신이 없다"는 문구가 새겨진 금화를 발행하기도 했다. 그는 캔터베리 대주교와 사이가 좋지 않았기 때문에 (새로운 대주교직을 만들려고 시도함에 따라) 종교 문제에서 자신의 권위를 내세우려는 동기가 있었을 것이다.

캔터베리 초대 대주교로서의 기반을 바탕으로 어거스틴은 지중해 학문의 영향력을 잉글랜드에 소개하기 시작했다. 주교들은 어거스틴, 성 윌프레드St. Wilfred, 성 비드Venerable Bede로부터 받은 교리를 수용하고 로마의 권위를 존중했다. 특히 어거스틴은 아담과 이브에 대한 성경의 기록과 에덴동산의 파괴적 상실을 초대 교회의 중심 주제로 삼았다. 기독교인들은 아담의 죄와 사탄의 악에 대한 유혹에 초점을 맞추었지만, 그 책임을 주로 이브에게 돌렸고, 이로 인해 교회에서 수 세기에 걸친 여성 혐오가 시작되었다.[1] 이것은 아담의 죄를 강조하기보다 아담의 역할을 하느님의 선지자로 파악한 이슬람과는 대조를 이루는 것이었다. 무슬림에게 아담의 잘못은 인류가 고통받아야 할 범죄가 아니며, 비난받아야 한다면 그것은 아담과 이브가 똑같이 나눠야 할 몫이었다. 로마의 영향으로 잉글랜드 기독교인들은 무슬림과 멀어진 반면, 일부 수도회는 이슬람 정신에 훨씬 가까워졌다. 예를 들어, 초기 시토 수도회Cistercians는 우상, 그림, 유색 유리를 멀리하는 단순하고 엄격한 접근 방식을 채택했다.

1066년 노르만의 정복으로 잉글랜드의 왕들이 프랑스의 많은 지역을 통치하고 가톨릭이 지적 생활을 지배하면서 유럽 대륙과 더욱 긴밀한 관계를 맺게 되었다. 그럼에도 불구하고, 잉글랜드는 지리적으로 이슬람 세계와 멀리 떨어져 있었다. 이슬람을 이단 운동으로 인식하는 것 외에 이슬람에 대한 직접적인 지식은 거의 없었다. 메카나 메디나를 방문하고 메카 순례 의식인 하즈Hajj*에 참여했다고 주장하는 몇몇 선전가들을 제외하면 메카나 메디나를 방문한 사람도 거의 없었다. 아라비아 반도는 유럽인들에게 거의 완전히 알려지지 않은 채로 남아 있었다. 1503년 이탈리아 사람인 디 바르테마Ludovico di Varthema가 처음으로 하즈에 참여한 것으로 알려져 있다. 하지만 16세기까지만 해도 대부분의 기록은 전해들은 말에 근거한 간접적인 것이었다. 성 비드와 같은 잉글랜드 학자들은 성경에서 '사라센Saracens'에 대한 약간의 지식을 얻을 뿐이었다. 비드는 사라센족이 아브라함의 두 번째 아내 하갈Hagar의 아들 이스마엘의 후손이라고 말했지만, 하갈은 '종노비 여성bonds-woman'이었으므로 선지자를 포함한 모든 사라센은 비천한 기원을 가진 것으로 간주하였다. 8세기의 다른 기독교인들과 마찬가지로 비드는 무슬림의 개종을 바랐지만, 선교 활동은 거의 이루어지지 않았다. 동시대 사람들은 기독교인들이 죄가 너무 많아 새로운 신자를 끌어들일 수 없다는 것에 동의하고 있었다.[2]

이슬람을 이해하기 위해 가장 직접적으로 살펴볼 수 있는 곳은 이슬람-기독교 문화의 중심지인 스페인과 시칠리아였다. 그곳에서 아랍인의 언어, 사상, 문화를 공통적으로 수용하고 무슬림 통치 아래 번영을 누렸던 기독교인들을 방문한 경험 덕분에 이슬람은 대체로 긍정적인 시각으로 받아들여졌다. 잉글랜드의 학자들은 코르도바와 톨레도, 이후에는 바그다드까지도 여행을 하였고, 기독교 순례자들은 예루살렘을 방문할 수 있었다. 그들은 유럽의 다른 지역으로 전해진 그리스어 문서들을 번역한 이슬람 학자들의 작업으로부터 도움을 받았

---

* 역자 주) 메카의 성지를 순례하며 종교적 의례에 참가하는 일로 모든 무슬림에게 부과된 기본적인 종교 의무 중 하나이다. 정규적인 순례를 마친 자를 하지(Haji)라고 부른다.

다. 12세기에 이 지역을 방문한 영국인 중에는 바스의 아델라드Adelard of Bath, 스콧Michael Scot, 몰리의 다니엘Daniel of Morley, 브라운Thomas Brown 등이 있었으며, 브라운은 심지어 카이드 브룬Kaid Brun이라는 이슬람 신분을 선택하기도 했다.[3] 1143년경, 케튼의 로버트Robert of Ketton는 클루니 수도원장이었던 베드로Peter the Venerable 원장의 지시로 코란의 첫 번역 작업을 수행했다. 제목은 『사이비 선지자 무함마드의 종교The Religion of Muhammad the Pseudo-prophet』였다. 이슬람의 영향력이 커지는 것을 우려한 베드로는 반이슬람 선전을 위해 자세한 정보가 제공되기를 바랐다. 이 번역본은 오류투성이였지만, 1649년 좋은 영역본이 등장할 때까지 표준 버전으로 사용되다가 1734년 세일George Sale의 번역본으로 대체되었다.

그러나 적어도 몇몇 기독교인들은 이슬람에 대한 충분한 지식을 갖고 있었기 때문에 일부 오해를 바로잡을 수 있었다. 1140년대에 프라이징의 오토Otto of Freising는 다음과 같은 이유로 '무슬림 우상'에 대한 기록들은 그 가능성이 매우 낮다고 언급했다.

> 모든 사라센 사람들이 유일한 하느님을 숭배하고 구약성경의 율법과 할례 의식을 받는 것으로 알려져 있다. 또한, 그들은 그리스도나 사도들을 공격하지 않는다. 예수 그리스도가 하느님 또는 하느님의 아들이라는 것을 부인하고 유혹자 마호메트를 지고하신 하느님의 위대한 선지자로 존경하는 이 한 가지만으로 그들은 구원과 거리가 멀다.[4]

1460년 교황 피우스 2세는 다음과 같이 인정했다.

기독교인과 무슬림 사이에는 많은 공통점이 있다. 세상의 창조주이

신 유일한 하느님, 신앙의 필요성에 대한 믿음, 상과 벌이 있는 이생의 삶, 영혼 불멸, 신구약 성경의 공통 사용 등, 이 모든 것이 공통 기반이다. 우리가 유일하게 다른 것은 하느님의 본성에 관한 것이다.[5]

중세 시대의 잉글랜드는 무슬림과 다른 생각들도 공유하였다. 코란과 기독교 성서에서 모두 비난받은 고리대금 금지를 예로 들 수 있다. 수 세기 동안 고리대금업은 부도덕한 행위로 여겨져 왔다. 잉글랜드인들은 노르만 정복 이후 잉글랜드에 정착한 유대인을 고리대금업자로 활용함으로써 이를 회피했다. 그들은 현금이 필요한 왕들에게 악용되었고 경제가 침체했을 때 대중의 비난을 받았다. 반면에 고리대금업은 영국의 번영을 뒷받침하는 대외 무역의 기반이었기 때문에 특히 16세기에는 필요악으로 여겨졌다. 따라서 1571년 고리대금업 금지법은 고리대금업 자체를 금지하지는 않았지만 대출 이자를 10%로 제한하였다. 그러나 무역의 확대로 대부업자들이 이자율을 높이려는 유혹에 놓이자 1581년에 추가 규제 법령이 발포되었다.[6] 늘 그렇듯이 기독교인과 무슬림은 같은 입장에서 출발하여 비슷한 신념을 고백했지만, 자신들의 원칙과 타협하는 방법들을 찾아내곤 하였다.

❋ ❋ ❋

기독교인들은 코란 번역본이 있음에도 불구하고 이슬람에 대한 객관적이고 이성적인 시각을 갖기가 점점 더 어려워졌다. 그 이유는 중세 교회에서 기독교 이단에 대한 우려가 커졌기 때문이었다. 이러한 맥락에서 이슬람은 이단 중에서도 최악의 이단으로 간주될 수밖에 없었다. 잉글랜드는 본질적으로 대륙의 세력이면서 지적으로는 가톨릭 국가였기 때문에 유럽 가톨릭교회의 우려와 이슬람 세계에 대한 집착에 거의 필연적으로 영향을 받을 수밖에 없었다. 그 결과 중세에는 무슬림들을 흔히 — 어리석게도 — 이교도로 간주했고, 선지자는 이단자/위험한 분열주의자 또는 사기꾼/우상/거짓 신으로 묘사되었다. 그는 악마의 영감에 이끌려 기독교 세계를 분열시키려는 이단의 도구로 묘사되었다. 초서Chaucer는 『율법의 사나이 이야기The Man of Law's Tale』에서 적대적인 시각을 반영하여 모하메드를 '우리의 선지자 마훈Mahoun our prophete'이라고 지칭하는데, 이것은 그 시대의 전형적인 모습이었다. 샤를마뉴 대제가 사라센과 벌인 전쟁을 다룬 중세의 로망스[문학장르]에서는 모하메드의 황금빛 이미지가 자주 등장했고, 대중의 상상 속에는 모하메드가 거짓 약속으로 추종자들을 파멸로 이끄는 악마로 그려졌다.

그의 초기 생애에 대한 표준적인 이야기는 여러 가지 가상의 에피소드를 중심으로 전개되었다. 그의 속임수 능력의 증거로서 그는 부유한 과부를 속여 결혼했다고 한다. 천사 가브리엘이 그에게 왔을 때 눈이 부시게 되어 낙상병으로 고통받아야 했다고 한다. 그는 하얀 비둘기를 어깨에 앉히고 자신의 귀에서 곡식을 따도록 가르쳤다고 한다. 그는 자신을 따르는 사람들이 얻게 될 번영과 풍요를 상징하기 위해 황소 뿔에 우유와 꿀이 담긴 항아리를 걸어놓았다고 한다.[7] 유포된 것 중 가장 정교하게 꾸며진 터무니없는 이야기 중 하나는 모하메드가 로마에서 추기경으로 살면서 교황이 되고자 했지만, 실패하자 교회를 떠나 다른 경쟁 종교를 창설하여 복수를 했다는 것이다. 비극 중에서 가장 끔찍한 것은 그의 죽음을 묘사하는 것이다. 그는 간질 발작이나 중독으로 사망했으며 그의 시신은 돼지에게 먹혔다고 전해졌다. 또 다른 이야기로는 그의 시신이 퇴비 더미에 30일 동안 방치되어 있다가 철제

관에 담겨 메카 사원 지붕으로 옮겨져 네 개의 자철석 사이에서 공중에 매달렸다는 설이 있다.

이 기괴한 설명들은 이슬람이 중세 유럽에 제기한 수수께끼를 잘 보여주는 것들이다. 두 종교의 광범위한 공통점으로 인하여 이슬람이 실제로 기독교의 진화된 한 단계인지 또는 이슬람이 심지어 세상의 종말을 예고하고 있는 것인지에 대한 주요 질문들이 제기되었다. 이슬람이 전 세계로 퍼져나가는 데 성공하자 기독교가 우월한 세계 문명이라는 주장이 다소 의심스러워 보인다는 불편한 사실이 부각되었다. 이슬람이 번성하는 세계는 중세 유럽의 자기만족에 진정한 도전을 제기하였다. 대부분 농업 중심, 봉건적인 수도원 중심 사회가 이제 역동적이고 지적으로 활력이 넘치는 종교와 마주하게 된 것이다. 어떻게 대처하는 것이 최선일까? 이슬람이 기독교인들이 그들의 종교를 실천하고 성지순례를 할 수 있도록 허용함으로써 기독교인들을 수용할 준비가 되어있다는 사실은 궁극적인 이슬람의 승리에 대한 불안한 자신감을 드러내었다. 따라서 선지자를 사기꾼으로 규정하고, 이슬람을 악마의 작품으로 저주하고, 기독교 국가들을 동원하여 이슬람의 정치 군사적 힘에 대항하고 싶은 유혹이 너무 커지게 되었다.

❋   ❋   ❋

잉글랜드는 지역적으로 너무 멀리 떨어져 있어 이슬람의 확장에 직접적인 영향을 받지 않았지만, 잉글랜드의 통치자들은 불가피하게 대륙의 문제에 영향을 받을 수밖에 없었다. 759년부터 이미 기독교 유럽은 이슬람의 급격한 확장에 저항하기 시작했고, 특히 스페인에서 심하게 나타났다. 그해 아랍군은 푸아티에 전투에서 패배한 후 피레네산맥 너머로 철수했다. 950년에는 아라곤, 나바레, 카스티야가 기독교 통치국으로 회복되었다. 그러나 코르도바의 칼리프에 대한 스페인의 재정복[국토회복운동Reconquista]은 1212년 톨로사Tolosa에서 아랍군이 패배한 이후에야 가속화되었으며, 결국 1492년 기독교군이 그라나다를 무너뜨리면서 종결되었다. 이로써 그라나다에서 번성했던 놀라운 아랍-스페인 문명의 역사가 막을 내리기 시작했다. 관용적인 이슬람 사회는 편협한 기독교로 대체되었다. 1492년 이후 무슬림들은 기독교로 개종할지 아니면 추방당할지 선택의 기로에 서게 되었다. 결국, 약 300만 명이 안달루시아를 떠났지만, 그 과정에서 그들은 안달루시아의 문화와 학문을 지중해, 북아프리카, 중동 전역에 전파하는 데 기여했다.

한편, 동쪽에서는 이슬람이 계속 확장하였다. 셀주크튀르크제국은 1025년 발칸 반도와 그리스, 아나톨리아 전역을 거쳐 페르시아 서부 지역까지 확장한 비잔티움제국에 도전했다. 1071년 만지케르트Manzikert에서 두 세력이 만났을 때 셀주크족은 비잔티움군대를 격파하고 아나톨리아를 가로질러 콘스탄티노폴리스를 향해 이동하기 시작했다. 결국 1095년, 비잔티움 황제 알렉시우스 1세Alexius I는 소아시아 및 시리아 북부에 대한 지배권을 회복하고 국내 입지를 강화하고자 서유럽 강대국들에게 셀주크튀르크에 대항하기 위한 원조를 요청했고, 이것이 십자군 전쟁의 시작이 되었다. 그러나 이 위대한 계획은 시작부터 일관성이 결여되어 있었다. 왜냐하면, 표면적으로는 무슬림으로부터 예루살렘을 탈환하는 것이 제1차 십자군의 목표였음에도 불구하고 알렉시우스는 이에 전혀 관심이 없었기 때문이다. 서방 십자군, 특히 노르만족은 비잔티움을 경멸하고 혐오했기 때문에 비잔티움을 돕고 싶지 않았다. 그럼에도 불구하고 1095년 11월 교황 우르바누스 2세Urban II는 클레르몽 공의회Council of the Church at Clermont에서 알렉시우스를 지지하며 예루살렘 회복을 위한 성전(聖戰)을 시작하자고 강력히 호소했다. 이 전쟁은 참가자들에게 일종의 속죄로 간주되어야 했다. 그 결과 1096년 제1차 십자군 전쟁이 시작되어 예루살렘을 다시 정복하고 1099년 무슬림 대학살이 자행되었으며 레반트 해안을 따라 트리폴리, 안티오키아, 에데사 등지에 몇 개의 십자군 국가가 형성되었다.

종교적 열정에 이끌린 것뿐만 아니라 사리사욕과 기회주의에 이끌려 십자군 전쟁은 곧 습관처럼 되어 버렸다. 1145년~1149년에 제2차 십자군 원정이 일어났다. 그러나 1186년 살라딘Saladin이 이끄는 무슬림 군대가 십자군 영토를 포위하고 있었다. 1187년, 그들은 십자군 군대를 전멸시키고 예루살렘을 탈환하였으며 십자군은 이 패배로부터 완전하게 회복하지 못하게 되었다. 이로 인해 1188년~1192년 제3차 십자군 전쟁이 발발하였다. 이 전쟁은 잉글랜드가 참여한 가장 주목할만한 사건 가운데 하나였다. 1189년 7월 헨리 2세의 사망으로 왕위에 오른 리처드 1세('사자심왕The Lionheart')는 10년 동안 재임했는데, 이 기간 다소 야만적이긴 했지만 십자군 운동의 가장 효과적인 지도자로 급부상했다. 1191년에 그는 몇 주 만에 휴전협정을 파기하고 무슬림 포로 2,700명을 처형하기도 했다.

십자군 전쟁은 비용이 많이 드는 사업이었다. 리처드는 십자군 자금 조달을 위해 런던을 매각하겠다고 선언했는데, 첫해에 전체 연간 수입의 70%가 십자군 전쟁에 소모되었다. 그는 제3차 십자군 원정을 위한 함대를 준비하는 데에만 1만 4,000파운드(2만 1,000마르크)를 지출했다. 십자군 원정에 필요한 자금은 일반적으로 수입, 재산, 이윤에 세금

을 부과하여 조달하였다. 당시 헨리 2세는 '살라딘 십일조Saladdin Tithe'
로 알려진 이윤세를 도입했다. 이는 왕실과 의회의 합의를 통해 이루
어졌으며 향후의 전쟁에 유용한 선례를 남겼다.

　리처드의 노력에도 불구하고 제3차 십자군 전쟁은 교착 상태로 끝
났고, 교황 인노켄티우스 3세는 1201년~1204년에 제4차 십자군 전
쟁을 요청하게 되었다. 제5차 십자군 전쟁은 1217년~1229년에 시작
되었다. 그러나, 1229년에서 1244년 사이에 예루살렘에 대한 기독교
통치가 잠시 회복되긴 했지만, 십자군의 통제는 여전히 불안정했고 팔
레스타인 연안 지역에만 국한되었었다. 이 시점에서 역사가들은 십자
군 수를 세지 못하기 시작하는데, 팔레스타인에 파견된 소규모 십자군
이 너무 많았기 때문이기도 했지만, 주된 이유는 프랑스 남부, 스페인,
발트해 연안, 이집트 등 세계 다른 지역으로부터 출발한 십자군이 점
점 더 늘어났기 때문이다.

❇　❇　❇

십자군 전쟁은 잉글랜드인의 정체성에 지울 수 없는 흔적을 남겼다. 십
자군 전쟁은 영웅적인 에피소드를 형성하고, 잉글랜드의 상징적인 인
물을 탄생시켰으며, 잉글랜드의 상징으로 붉은 십자가가 채택되고, 나
중에 빅토리아 시대에 부활하게 될 이야기들을 만들어냈다. 그러나 사
실 십자군은 이슬람 세계의 역사보다 유럽 역사에서 훨씬 더 큰 비중으
로 등장하고 있다. 그리고 유럽에서도 십자군의 영향은 종교개혁에서
18세기에 이르는 기간에 대부분 사라졌다. 더욱이 이 주제에 대한 한
저명한 역사가의 말처럼, "십자군 전쟁에 대한 지식으로 대중에게 전

달된 대부분의 내용은 오해의 소지가 있거나 거짓이다."[8] 따라서 십자군 전쟁의 중요성은 여러 가지 면에서 엄격하게 검증되어야 한다.

가장 분명한 것은 십자군 운동이 실패로 끝났다는 것이다. 1291년 제8차 십자군 전쟁까지 십자군 운동은 일시적으로 예루살렘의 통제권을 되찾았을 뿐 시리아를 제외하고는 이슬람의 진격을 되돌리거나 성지에 영구적인 입지를 구축하는 데는 실패했다. 아나톨리아 전역으로 퍼져나간 투르크족의 목표는 개종보다는 이슬람 세력을 확장하는 것이었다. 그들은 기독교인과 유대인이 이슬람 통치를 받아들이는 한, 자신의 종교를 실천할 수 있도록 허용해야 한다는 이슬람의 생각을 따랐다. 이러한 전통은 개종을 원하는 사람은 누구든 받아들인다는 것을 의미했고, 이슬람은 비교적 받아들이기 쉬운 종교였다. 아나톨리아 무슬림의 대부분은 유목민 개종자의 후손으로, 아라비아의 무슬림보다 종교적 실천을 더 쉽게 받아들였다. 따라서 투르크족은 현지 기독교 성인과 현지 기독교 관습을 쉽게 채택하였다. 또한, 이슬람교로 개종하면 세금이 감소하고 영향력이 커지는 이점이 있었다.

십자군 전쟁은 실패했을 뿐만 아니라, 비잔티움제국이 남동 유럽에서 투르크족 세력의 확장에 맞서 기독교인을 보호할 수 있는 능력을 상실하게 만들었다는 점에서 결국 비잔티움제국의 쇠퇴를 가져왔고, 심지어 기독교 세계를 약화시켰다는 주장도 제기되고 있다. 이것은 부분적으로는 침략자들이 이슬람 세계에 대항하여 연합 전선을 형성하지 않았기 때문이었다. 1204년 십자군은 비잔티움제국을 침공하여 콘스탄티노폴리스를 점령한 후, 1261년까지 라틴제국Latin Empire을 건설하기도 했다. 심지어 잉글랜드 왕들 사이에서도 교황의 호소에 대한 반응은 매우 다양했다. 우리는 리처드 1세의 십자군 전쟁에 대한 열정에 대해 잘 알고 있지만, 그는 전형적인 경우와는 거리가 멀었다. 제1차 및 제2차 십자군 전쟁에 대한 잉글랜드의 기여는 미미했다. 예를 들어, '루퍼스Rufus'(1087~1100)로 알려진 윌리엄 2세는 종교적인 경건함이 전혀 없었고 매우 회의적인 견해를 가지고 있었다. 캔터베리 대주교 안셀름Anselm과 협력하여 그는 실제로 국민들과 심지어 성직자조차 제1차 십자군 전쟁에 참여하는 것을 금지하였다.

오늘날 유능하고 지적인 통치자로 평가받는 존 왕King John(1199~1216)도* 그의 형인 리처드에 비해 십자군 전쟁에 대한 열의가 훨씬 적었다. 이는 교황 인노켄티우스 3세와의 성직자 임명 및 수입에 대한 분쟁이 반영된 것이었다. 이론적으로는 잉글랜드가 로마에 예속되어 있었지만 실제로는 왕과 왕실이 이러한 문제를 통제했다. 인노켄티우스는 존 왕의 캔터베리 대주교 임명에 이의를 제기하였고, 존 왕이 세금을 더 걷으려 했던 영국 성직자들과 수도원의 편을 들었으며 결국 1209년 존 왕을 파문했다.[9] 내부 반란과 유럽의 침략을 두려워한 존 왕은 1213년 모로코의 술탄에게 사절단을 파견하여 군사적 지원을 요청하며 이슬람교로 개종할 의사가 있음을 전했다. 이 계획은 실패로 돌아갔지만, 16세기 튜더 왕조의 대륙 세력에 대항해 이슬람 세력을 끌어들이려는 정책의 전조가 되었다는 점에서 흥미롭다. 헨리 8세는 의식적으로 존 왕의 대의를 받아들였다. 이런 맥락에서 볼 때, 높은 세금으로 인해 인기가 없었고 유급 용병에 의존했던 존 왕이 십자군 전쟁을 피하려 한 것은 놀라운 일이 아니다. 그는 대헌장Magna Carta을 받

---

* 역자 주) 존 왕에 대한 이러한 표현은 마그나 카르타(Magna Carta) 합의를 이르게 한 많은 결점을 가졌던 왕으로 평가하는 현재의 부정적 역사 평가와는 달리, 존 왕의 긍정적인 면을 나타내려 한 저자의 의도를 보게 한다.

아들일 의무가 있기 직전인 1215년에 상징적으로 십자가를 졌지만, 이는 단순히 국내 입지를 강화하기 위한 냉소적인 책략으로 여겨진다.

일반적으로 십자군 전쟁에 참여하게 된 동기는 세속적인 동기와 종교적인 동기가 혼합된 것이었다. 성직자들은 자유계약직free agent이 아니었고 13세기까지 성직자의 역할은 미미했다. 서약을 했어도 실제로 성지로 떠나지 않은 사람도 있었고, 어떤 이들은 상관의 지시에 따라 출정하였다.[10] 다른 십자군병들은 형벌이나 참회의 의미로 파견되거나 고국에서 보복을 피하기 위해 난민으로 가기도 했다 (그들 중 일부는 왕에 의해 몇 년 동안 추방된 사람도 있었다). 물질적인 이유도 있었는데, 일부는 재산을 잃었기 때문에 떠난 경우였다. 그러나 (고향에서는 제한된 기회를 가졌던) 차남들이 성지에서 부를 쌓을 가능성에 이끌렸다는 생각은 이젠 예전보다 덜 중요하게 여겨지고 있다.[11]

전반적으로 십자군은 이슬람 문화에 그다지 관심이 없었고, 이슬람 문화가 분명히 더 문명화되고 세련되고 도시화된 사회를 대표했음에도 불구하고, 대부분 주변부에 머물러 있었다. 성지 자체에서는 십자군의 영향이 적었다. 팔레스타인 해안의 십자군 영토에 살던 사람들이 식량 공급을 의존했던 현지 주민들과 협력했기 때문이다. 또한, 11세기부터, 기독교 상인, 특히 베네치아인들은, "사라센에게 무기, 철, 목재를 공급하는, 신앙이 없고 불경스러운 기독교인들을 파문하겠다"는 위협이 반복되었음에도 불구하고, 무슬림에게 물자를 지원하였다.[12] 프랑스인들 또한 일찍부터 적과 통상 관계를 발전시켰는데, 이는 16세기 오스만제국과의 공식적인 군사 협력의 서막이었다. 사회적, 상업적 접촉의 결과로 일부 기독교인이 결혼을 통해 아랍 인구와 동화되어 그들의 취향과 습관을 받아들인 사례도 있다. 결국 전쟁은 짧은 계절적인 사건처럼 끝났고, 침략자들은 현지 사회와 타협하는 습관을 기르며 오랜 기간 평화를 누릴 수 있었다. 유럽인들은 하늘거리는 긴 가운을 입고, 안뜰과 분수대, 정원이 있는 동양식 가옥을 즐기고, 심지어 정기적으로 목욕을 즐겼다. 이러한 모든 것을 기독교 광신도들은 사탄과 결탁한 것으로 비난하였다.

무엇보다도 십자군 전쟁은 본래의 목적과 일관성을 급속하게 잃어갔다. 교황들은 새로 모집한 군대를 자신의 적을 공격하는 데 사용하면서 십자군을 쉽게 남용했다. 게다가 1202년~1204년 제4차 십자군 전쟁이 발발했을 때에는 기독교 이단자와 반체제 인사들에 대한 대항으로 그 방향이 변하기도 했다. 가장 악명높은 사례는 1209년~1229년 동안 프랑스 랑그독 지역에서 카타리파Cathars를 상대로 벌인 '알비 십자군Albigensian Crusade'이며, 이 [십자군]은 노골적인 난폭한 토지강탈자로 변질되었다. 사실상 이 십자군 전쟁은 수천 명의 기독교인과 이교도들을 학살한 프랑스 왕의 정복 전쟁에 해당한다고 할 수 있다.

특별히 유대인에 대항하기 위해 십자군 전쟁이 시작된 것은 아니지만, 유대인은 십자군에 대항하는 자로 비난받으며 기독교에 도전하는 존재로 인식되면서 급속히 간접적인 희생자가 되었다. 1096년, 최초의 십자군이 라인강 계곡을 지나면서 유대인 학살을 시작했고, 쾰른과 마인츠와 같은 도시에서는 모든 유대인이 살해되었다고 전해진다. 이는 곧 십자군이 지나간 땅에서 습관이 되어버렸다. 예루살렘에서 그들은 (이슬람교에서는 보호받을 가치가 있다고 여겨지던) 유대인들을 무슬림과 함께 학살하였다. 1189년~1190년 동안 잉글랜드의 여러 도시에서도 반유대주의 폭동과 학살이 발생했다. 물론 반유대주의는 십자군 운동보다 수년 앞서 있었지만, 십자군 운동은 모든 곳에서 유대인에 대한 폭력적인 공격을 합법화했다. 유대인이 그리스도를 죽였기 때문에 모든 유대인이 책임을 져야 한다는 이유에서였다. 유대인들을 동정하고 일반적으로 종교적 극단주의를 싫어했던 루퍼스William Rufus('얼굴이 붉은 왕'이라는 별명을 가졌던 윌리엄 2세를 가리킴 – 역자 주)는 십자군의 광신주의와 무질서한 규율이 불행한 결과를 가져올 것이라고 예견했다. 1290년, 유대인들은 에드워드 1세에 의해 잉글랜드에서 추방당했다.

결국 왕실 수뇌부의 영향 때문에 십자군 전쟁은 일련의 제국주의적 영토 강탈로 악화되었다. 십자군은(성지에 특별히 가깝지는 않지만) 리스본을 점령했으며, 1191년 리처드 왕의 배가 항로를 이탈해 키프로스에 도착했을 때, 그는 그 섬의 점령을 결정하였고, 1571년까지 그 섬은 기독교의 영향 아래 남게 되었다. 1202년, 제4차 십자군 전쟁 중 유럽군은 베네치아인들에게 배와 보급품을 지불할 충분한 자금을 모금하지 못했다. 이로 인해 유럽군은 달마티아의 항구 자라Zara(오늘날의 자다르Zadar)가 십자군이었던 헝가리 왕이 통치하는 기독교 도시였음에도 불구하고 이를 베네치아가 점령하도록 도와주는 대가로 채무를 유예해주는 베네치아의 제안을 받아들였다.

이러한 행동은 십자군 전쟁을 점점 더 일관성 없고 기회주의적인 운동으로 변질시켰다. 십자군 전쟁을 이슬람과 기독교 간의 거대한 이데올로기의 갈등 또는 두 문명 간의 전쟁으로 보는 시각 자체가 완전히 터무니없는 것은 아니더라도 매우 과장된 것임을 드러내 주는 것이었다. 어쨌든 14세기 말이나 15세기 초 유럽의 강대국들은 너무 분열되고 혼란스러워져 있었다. 예를 들어, 영국과 프랑스는 백년전쟁을 치르고 있었으며, 헝가리와 폴란드만이 오스만제국에 대항하는 새로운 십자군 전쟁을 이끌 준비가 되어 있었다. 그러나 1396년, 1444년, 1448년 세 차례의 십자군 전쟁은 모두 재앙으로 판명되었고, 사실상 십자군 전쟁의 종말을 고하였다. 유럽은 비잔티움의 나머지 지역과 발칸 반도를 포기하고 헝가리, 크로아티아, 폴란드를 취하였다.

❋ ❋ ❋

십자군 전쟁이 이슬람 세계에 미친 영향은 무엇이었는가? 십자군 공격의 동기에 대해서는 많은 불확실성이 존재한다. 십자군 전쟁은 일반적으로 종교적 성격이나 '공식적인' 성전으로 생각되지 않았다. 기껏해야 스페인과 시칠리아에 대한 기독교 진출의 일부로 여겨졌을 뿐이다. 일부 무슬림들은 기독교인들과 같은 논리로 주장하며, 콘스탄티노폴리스나 로마에 맞서 진격하도록 유도하려는 신의 형벌 또는 신앙을 시험하는 신성한 시련이라고 생각하였다.[13] 초기 십자군 전쟁은 시리아 사람들 사이에 지하드에 대한 열정이 거의 없었고, 특히 침략자의 표적이 된 지역에서 무슬림들 사이에 단결이 전혀 없었다는 점에서 이점(利點)을 누렸다. 나중에 지휘력과 공조가 개선되긴 했지만, 십자군 전쟁은 결코 이슬람 세계 전체와 대적한 것이 아니었다.[14] 살라딘은 자신의 영토를 내부적으로 통합하고 다른 무슬림과 싸우는 데 더 많은 시간과 노력을 보냈다. 어쨌든 이슬람은 1220년부터 칭기즈칸이 이끈 몽골의 진격과 이어진 14세기 후반의 티무르가 이끈 공격, 그리고 1402년 오스만 술탄 바야지드Bayazid의 패배에 훨씬 더 큰 우려를 하였다. 그러나 몽골인들이 이슬람교로 개종하면서 위협은 완화되었고 몽골인들은 이슬람 사회에 동화되었다. 반세기 만에 몽골의 통치는 무너지고 오스만제국은 다시 일어섰다.

그 후 이슬람은 현재의 알제리와 모로코, 예멘과 이라크, 사하라 사막 이남 아프리카를 거쳐 가나까지 급속도로 확장되었다. 1453년 오스만 술탄 메흐메트 2세는 콘스탄티노폴리스를 함락시켰고 비잔티움을 멸망시켰으며, 아나톨리아, 그리스, 발칸 반도까지 투르크의 영토를 확장시켰다. 16세기 초에도 확장은 계속되어 술탄 셀림 1세는 1516년 알레포와 다마스쿠스를 점령하고 1517년 이집트를 점령했다. 그 후 오스만은 1526년 모하츠Mohacs 전투에서 헝가리를 격파하고 1529년 비엔나를 포위했다. 1542년에는 투르크가 헝가리를 점령하면서 동유럽 전역으로 진행되던 기독교 왕국의 확장에 놀라운 반전이 일어나게 되었다.

그러나 오스만제국은 페르시아의 사파비제국과의 갈등으로 인해 국력이 분산되는 경향이 있었고, 바다에 대한 지배력이 약하다는 두 가지 약점을 가지고 있었다. 1571년 기독교 연합군과의 레판토 해전에서 패배하면서 투르크의 지배권은 동부 지중해로 제한되었지만, 이마저도 2년 동안 지속된 일시적인 좌절에 불과했다. 이후 500년 동안 이슬람은 십자군 전쟁이 시작되었을 때와 마찬가지로 서유럽 기독교 사회에 큰 위협으로 남았다. 1683년에서 1699년 사이에 오스트리아 및 폴란드와의 전쟁에서 큰 실패를 겪은 후에야 오스만제국은 마침내 방어적이 되었다.

이데올로기 차원에서 무슬림들은 십자군이 자신들의 땅을 육체적, 영적으로 오염시켰다고 믿었다. 그들은 십자가에 대한 숭배를 우상 숭배와 일탈로 간주했다. 십자군 전쟁은 예수를 성육신한 하느님으로 믿는 기독교 신앙에 대한 극단적인 비판과 예수 탄생 이야기에 대한 비난을 불러일으켰다. "그들은 … 그들의 신이 한 여자의 사생활에서 나왔고 여자가 그들의 신에 의해 임신했다고 믿는다. … 이것을 믿는 사람은 미쳤다."[15] 더 일반적으로 십자군은 성에 대한 도덕성이 결여되어 있고 여성의 미덕에 대한 관심이 부족한 천박하고 더럽고 문명화되지 않은 사람들로 여겨졌다. 무슬림들은 매일 목욕탕에 갔고, 시간이 지나면서 일부 기독교인들은 그들을 따라하기 시작했다. 그러나 무슬림들은 그들이 음모를 유지하고 있다는 사실에 충격을 받았다.[16] 한편, 기독교인들은 개선의 여지가 있어 보였고, 어쨌든 그들 사이의 여러 조약에 따른 오랜 평화의 시기 동안 그들과 거래할 필요가 있었다. 중요한 장기적 영향은 알렉산드리아와 아크라를 통해 유럽과 레반트Levant(서아시아에서 동지중해 지역을 가리킴 - 역자 주) 사이의 무역을 촉진하는 것이었다. 비록 교황은 파문시킨다고 위협하며 유럽인이 이슬람교도와 무역하는 것을 금지하려고 했지만, 이것은 이슬람법하에서 허용되는 것이었다. 무역의 이익이 너무 매력적이었기 때문에 금지시키는 것은 실패하였다.[17] 유럽은 향신료와 명반alum을 원했고 무슬림은 그 대가로 목재와 철을 원했다.

❋ ❋ ❋

실패에도 불구하고 십자군 전쟁은 14세기, 15세기, 심지어 16세기까지 산발적으로 계속되었다. 그러나 십자군 전쟁은 주로 통치자가 존경심을 얻거나 열정을 불러일으키거나 국내 문제로부터 관심을 돌리기 위해 채택한 명목상의 전략에 불과했다. 예를 들어, 1511년까지도 헨리 8세는 모로코 술탄에 대항하여 스페인의 페르디난드 국왕에게 지원군을 파견했다. 헨리는 이 지원을 '십자군'이라는 명칭으로 위엄을 하사했지만, 그는 십자군이 신성한 목적을 달성하는 데 도움이 되리라고 전혀 믿지 않았다. 그 원정은 단순히 실용적인 정책의 일환일 뿐이었다. 잉글랜드군은 카디스에 정식으로 도착해 현지 와인을 너무 많이 마시고 마을을 파괴하기까지 하였다. 페르디난드는 그들을 귀국시키고 대신 모로코 술탄과 조약을 체결했다. 이 원정은 시작보다는 종결의 의미가 더 큰 사건이었다.

한편, 기독교 내에서 이단의 발전은 중세 말기 이슬람에 대한 비난을 더욱 악화시키는 역할을 하였다. 루터Martin Luther는 투르크의 진격을 기독교인들의 잘못을 벌하기 위해 신이 내린 재앙으로 해석한 많은 사람 중 한 명이었다. 그 결과 그는 '투르크인들과 전쟁을 벌이는 것은 그들을 통해 우리의 죄를 벌하시는 하느님께 반역하는 것'이라는 이유로 새로운 십자군 전쟁을 조직하는 시도를 비난했다.[18] 그는 기독교인들이 오스만제국을 공격하기 전에 자신의 분열에 대처해야 한다고 생각했다. 그러나 루터는 또한 이슬람의 오류를 반박할 수 있도록 이슬람에 대한 정보가 널리 퍼지기를 원했다. '무함마드의 책이 공개되고 모든 부분이 철저하게 검토되면 모든 경건한 사람들은 악마의 광기와 간계를 더 쉽게 이해할 수 있을 것'이라는 [의도에서였다].

비록 오스만제국에 대한 지속적인 두려움과 중세 기사들의 영웅주의에 대한 찬사가 전통적인 태도를 유지하도록 했지만, 인문주의 학문이 십자군 전쟁에 대해 보다 객관적인 시각을 고무시킨 것은 16세기였다. 십자군 시대의 중요성은 특히 엘리자베스 여왕의 통치 동안 동지중해와의 장기적인 상업 및 사회적 접촉, 그리고 무엇보다도 개신교 종교개혁의 영향으로 감퇴하였다. 놀랄 것도 없이, 후대의 역사가들은 십자군 전쟁에 대해 혹독한 평가를 하였다. 이미 17세기 초 이러한 견해는 베이컨Francis Bacon에 의해 예견되었다. 그는 십자군 전쟁을 '모자 대신 머리에 깃털을 꽂은 정신나간 사람들의 만남'이라고 폄하했다.[19] 18세기에는 오스만제국의 후퇴로 인해 보다 느긋한 접근 방식이 장려되었고, 반성직주의anti-clericalism는 중세 기독교의 광신주의에 대한 비난으로 이어졌다. 흄David Hume은 십자군 전쟁을 '어느 시대에서나 나타나는 인간의 어리석음을 가장 잘 보여주는 기념비'라고 비난했다. 그리고 기번Edward Gibbon은 십자군 전쟁을 '성스러운 광기의 에피소드'로, 이를 지지했던 사람들은 '인간성과 이성이 결핍된 사람들'이라고 일축했다.[20] 19세기 초가 되어서야 중세주의medievalism, 낭만주의, 복음주의에 대한 새로운 관심으로 십자군 전쟁을 고귀한 사업으로 보는 전통적인 견해가 부활하였다. 그러나 십자군 전쟁 연구의 가장 저명한 현대 역사가 중 한 명인 런시만 경Sir Steven Runciman은 이 운동 전체를 '하느님의 이름으로 행해진 긴 기간의 편협한 행위로서 성령에 대한 죄악'이라고 비난했다.[21] 20세기 일부 논평가와 정치인들이 주장한 것처럼, 실제로 '문명의 충돌clah of civilisztions'은 없었으며, 오히려 일련의 추악한 권력 투쟁과 측정하기 어려운 이득을 위한 자원 낭비가 있었다고 할 수 있다.

3장
종교개혁의 영향

헨리 8세의 통치 기간(1509~1547)에 이미 십자군 전쟁과 관련된 이슬람 사회에 대한 적대적인 시각은 약화되었다. 튜더 시대의 상인들은 베니스, 이스탄불, 북아프리카 해적 등 강대국과 경쟁하는 데 어려움을 겪었지만, 오스만제국과 페르시아에서 '터키 카펫'과 이슬람 디자인의 벽지, 비단, 설탕, 면화, 와인, 대황rhubarb과 같은 신기한 물건 등 고급품을 수입하는 데 성공하였다. 1560년대에는 모로코에서만 매년 250톤의 설탕이 들어왔다. 궁정에서는 터키산 실크와 벨벳 옷, 터번과 시미타scimitars의 착용이 국왕을 비롯한 남성들 사이에서 유행하게 되었다. 우리가 튜더 스타일이라고 생각하는 것 대부분은 사실 오스만제국으로부터 영감을 받은 것이다. 튜더가 이슬람에 특별히 관대했던 것은 아니지만 투르크인, 무어인, 사라센인, 오스만인, 페르시아인, 마호메트인 등 다양한 이름으로 불렸던 사람들을 실용적으로 대하였다.[1] 많은 유럽 상인들은 이슬람과의 공통점을 인식하고 이슬람 사회의 특징인 절주, 규율, 관용을 높이 평가했다. 그들은 또한 훌륭한 문명에 대한 존중을 보여줄 의무가 있다고 느꼈다. 이슬람 영토 밖으로 식민지나 영향력을 행사할 수 있는 영역을 개척하는 데에는 문제가 없었다. 유럽인들은 자신들과 교역하는 북아프리카 무슬림들이 자신들을 무시하여, 예를 들어, 같은 잔으로 마시는 것을 거부하는 것을 알아챌 수 있었다. 그들은[무슬림들은] 극심한 추위 때문에 하얗게 탈색된 피부와 부도덕해 보이는 꽉 끼는 옷차림에 대해서도 좋지 않게 평가하였다.[2]

　이슬람과 기독교의 문명 충돌이라는 생각을 불식시키는 데 있어 상업만큼이나 중요한 것은 16세기의 개신교 종교개혁이었다. 1531년 헨리 8세가 로마와 단교한 이후, 잉글랜드는 종교개혁을 통해 이후 300년간에 걸쳐 가톨릭의 두 강대국인 스페인과 프랑스와 장기간의 투쟁을 이끌게 된다. 장기적인 효과는 잉글랜드를 개신교의 선두세력으로 자리매김하는 것이었다. 그러나, 더 즉각적인 효과는 잉글랜드에게 그러한 투쟁이 이슬람에 비해 훨씬 더 큰 위협을 가하는 것이어서 십자군 활동의 근거를 효과적으로 무너뜨렸다는 것이다. 이러한 상황에서 이슬람 제국은 실제로 유럽 외교에서 중요한 균형 요소가 되었다. 헨리[헨리 8세]가 16세기에 이슬람 세력을 상대할 준비가 되어있던 것은 결코 이상한 일이 아니었다. 프랑스의 프랑수아 1세와 잉글랜드의 여왕 엘리자베스 1세(1570년 교황 비오 5세Pius V에 의해 파문당함)는 이슬람과의 협력 정책을 훨씬 더 발전시켰다. 프랑수아는 오스만의 술탄과 함께, 신성로마제국의 황제 카를 5세, 헝가리의 왕 루이스Lewis를 공통의 적으로 여겨 대항하였다. 그는 "황제의 권력을 약화시키기 위해 전능한 투르크가 전쟁에 준비되어 있길 바란다는 것을 부인할 수 없다"고 인정했다.[3]

　오스만제국 입장에서는 16세기 그리스도교가 자신들에 대항해 연합할 능력이 없다고 여겨지는 것이 매우 유리했다. 실제로 술탄 술레이만 대제Suleiman the Magnificent(1520~1566)는 콘스탄티노폴리스의 이맘들에게 루터의 성공을 위해 기도하라고 독려했다고 전해진다. 투르크에게는 서부유럽의 주요 동맹국이 신성로마제국에 대한 귀중한 대항 세력을 제공해 주고 있었다. 두 강대국은 외교 협상에 참여하였고 프랑스 대사는 발칸 반도에서 헝가리와 비엔나로 진군을 계획하고 있던 술레이만에게 성대한 환대를 받았다. 술레이만은 또한 프랑스가 전략적 균형을 유리하게 만드는 데 도움이 되도록 투르크 함대를 제공하였고, 1541년 프랑수아는 투르크 함대가 툴롱을 기지로 사용하도록 초청하였다.

이 군사 협력에는 프랑수아가 술레이만에게 카를 5세를 공격하는 동안 헝가리 국왕에 대항해 진격해달라고 솔직하게 요청하는 내용이 포함되었다. 그 결과 1526년 모하츠 전투에서 기독교 세력은 참패했고, 1529년 비엔나 포위the siege of Vienna로 이어졌다. 이 프랑스-투르크의 협력은 수십 년 동안 지속되었다. 프랑수아는 기독교에 대한 배신자로 비난받았지만, 그는 굴하지 않았다. 프랑스와 투르크의 관계에 이데올로기나 종교 요소가 있었다면, 그것은 분명히 강대국간 경쟁의 긴박함과 가톨릭과 개신교 사이의 더 광범위한 갈등에 의해 대체된 것이었다. 이슬람과 기독교 사이에 본질적이거나 영구적인 적대감이 있다는 가정은 16세기와 17세기 내내 지속된 상업, 성지순례, 외교 및 전략 측면에서 이슬람과 기독교 간 오랜 협력으로 인해 더욱 신빙성이 떨어지게 되었다.

엘리자베스 여왕(1558~1603)은 프랑수아처럼 이슬람과 동맹으로 가는 건 피했지만, 이슬람 세력을 키우는 데에는 많은 시간을 할애했다. 왕위에 오른 후, 그녀는 죽은 여동생의 남편인 스페인의 가톨릭 국왕 필리페 2세와의 혼인을 10년간 회피하였고, 교황 비오 5세로부터는 '거짓된 잉글랜드 여왕'이라는 비난을 받았다. 결과적으로, 그녀의 통치는 필리페 [2세]와 교황이 '잉글랜드의 투르크족을 정복'하고 유럽에서의 개신교 이단을 제거하려는 계획을 좌절시키는 것에 좌우되었다. 그러나 엘리자베스 정책의 배경에는 또 다른 우려가 있었다. 항상 자금이 부족했던 엘리자베스는 동지중해의 수익성 높은 무역을 귀중한 상품으로 여겼고, 종교에 대한 실용적인 접근 방식을 통해 이를 추구하는 데 주저함이 없었다. 이를 위해 엘리자베스는 젠킨슨Anthony Jenkinson과 같은 프리랜서 외교관을 활용했는데, 그는 1553년~1554년에 알레포에 도달하였고, 투르크어를 말할 줄은 몰랐지만, 오스만제국의 술탄과 협상하여 잉글랜드를 위한 무역 협정 체결에 성공한 인물이다. 그 후 젠킨슨은 더 힘든 어려움을 발견하게 되는데, 중앙아시아를 거쳐 페르시아로 파견된 그는 잉글랜드산 모직물을 위한 시장이 없다는 사실을 알게 되었다. 1562년 페르시아를 두 번째로 방문했을 때 그는 시아파가 수니파의 오스만제국보다 편안하지 않다는 것을 발견하였다. 그는 이교도이자 불신자로 의심받아서 샤shah(과거 이란의 왕 – 역자 주)의 궁전을 오염시킨 그의 발걸음을 덮기 위해 하인이 모래 양동이를 들고 따라다닐 정도였다.[4] 관계가 개선된 오스만제국의 영향을 받은 샤는 잉글랜드가 두 개의 이슬람 대국의 분열로부터 이익을 얻으려 한다고 생각하여 젠킨슨의 제안을 거부하였다. 전반적으로 두 통치자는 잉글랜드인에 대해 회의적이었으며 다소 무관심했고, 결국 젠킨슨은 소재가 불확실한 모호하고 주변적인 한 섬[나라]을 대표하고 있었다. 이러한 태도는 오늘날 영국인의 자부심에 주요 근간을 이루고 있는 엘리자베스 시대의 잉글랜드를 좀 더 겸손한 시각으로 바라보게 한다.

    이와는 대조적으로, 잉글랜드는 기독교 세력과의 전쟁에서 상호 이익을 분명히 보여주는 모로코와의 교역이 더 쉽다는 것을 알게 된다.

잉글랜드는 모로코의 초석saltpetre(질산칼륨 – 역자 주)공급을 가치있게 여기고 그 대가로 무기를 수출하였다. 1588년 스페인의 무적함대가 패한 후, 스페인 침공의 위험은 감소했다. 하지만, 엘리자베스의 성공은 전진 정책forward policy을 채택하도록 하였다. 1600년, 그녀는 모로코 술탄의 사절단인 알-아누리Muhammad al-Annuri를 성대히 맞이하였다. 표면적으로 사절단은 튜더 왕가의 수요가 많았던 모로코의 설탕 수출을 촉진시키기 위한 것이었으나, 알-아누리는 스페인에 대항하는 개신교-무슬림 군사 동맹을 체결하라는 지시를 받고 있었다. 그 의도는 이슬람-기독교 문명이 발달한 스페인 남부 알-안달루시아를 되찾고, 아메리카와 극동 아시아지역의 스페인 식민지 점령을 위해 공동 작전을 벌이는 침공을 추진하기 위함이었다. 그러나 이 야심찬 계획은 무산되었고 1603년 제임스 1세가 왕위를 계승하면서 폐기되었다.

종교개혁과 대항종교개혁Counter-Reformation으로 분열된 기독교 세계의 상황에서 가톨릭교도들은 사탄이 투르크인들을 이용해 참된 교회에 대항하는 이단자들을 선동하고 있다고 비난했다. 한편, 잉글랜드의 개신교도들은 십자군의 시대를 교황 정치의 계략과 가톨릭 제후들의 야심에 의해 잉글랜드가 길을 잃었던 시대로 간주하며 적대적인 시각으로 바라보는 것이 일반적이었다. 개신교를 비판하는 사람들이 십자군 전쟁은 교황의 권위를 확장하고 기독교 세계에 획일성을 강요하는 수단으로 사용되었다고 생각한 것은 옳았다. 그들은 십자군 전쟁을 자원 낭비이자 진정한 종교적 목적으로부터 벗어난 것으로 보았다. 루터는 하느님이 직접 기독교인들의 죄를 심판하기 위해 투르크군을 보냈다고 주장했고, 개신교도들은 투르크군이 하느님의 도구라고 확신하였다. 실제로 오스만제국의 확장은 교회와 지도자들의 세속주의와 부패에 대한 하느님의 심판을 반영하는 것이었기 때문에 이제는 기독교를 측정하는 기준으로 해석되고 있다.

16세기에는 양측 모두 국익에 부합하는 공통의 기반을 강조하는 데 애를 썼다. 엘리자베스가 모로코의 술탄 알-말리크Abd al-Malik와 회담할 때 이용한 상인 호건Edmund Hogan은 모로코의 술탄이 교황과 종교재판소 때문에 스페인에 적대적이라고 보고했다. 호건은 그[알-말리크]가 '선한 종교와 삶을 영위하고 있는 매우 진지한 개신교 신자이며 … 전하의 왕국에서 사용되는 하느님의 참된 종교에 큰 애정을 품고 있음'을 발견했다고 말했다.[5] 술탄을 사실상 개신교 신자로 묘사하는 것이 매우 낙관적인 것이었지만 무슬림에게 무기를 판매하여 존경받기를 원했던 엘리자베스에게 잘 들어맞는 것이기도 하였다. 오스만제국에 의해 이러한 시각은 보완되었다. 1574년 오스만제국 정부는 루터파 교도들에게 이렇게 말했다.

> 당신들은 우상을 숭배하지 않으며, 교회에서 우상과 초상화와 종을 추방했고, 전능하신 하느님은 한 분이시며, 거룩한 예수님은 하느님의 선지자라고 말함으로써 신앙을 선언하였다 … 그러나 그들이 [교황]이라고 부르는 믿음 없는 사람은 자신의 창조주가 한 분임을 인식하지 못하고, 거룩한 예수에게 신성을 부여하며 자신의 손으로 만든 우상과 그림을 숭배한다.[6]

투르크인들은 루터파를 사실상 무슬림이라고 해석했는데, 그 이유 중 하나는 공통 기반을 존중했기 때문이지만, 기독교 세계 내부의 분열을 강조하는 데 적합했기 때문이기도 했다.

❋ ❋ ❋

이슬람에 대한 보다 냉정한 관점을 장려하는 다른 고려사항도 있었다. 일부 기독교인들에게는 인기가 없었지만 무슬림과 동맹을 맺으면 잉글랜드는 세계에서 가장 강력한 제국들의 지원을 받게 되는 것이었다. 튜더 왕조는 자신들의 시대가 페르시아의 사파비 왕조, 아나톨리아에 기반을 둔 오스만제국, 인도 북부의 무굴제국 등 적어도 위대한 세 개의 이슬람 문명의 발흥에 의해 지배되고 있다는 사실을 무시할 수 없었다. 이 제국들은 근대 세계에서 군사적, 영토적 측면뿐만 아니라, 예술, 건축, 과학, 문학 등 다양한 분야에서 인상적인 문화의 성취를 이루어 근대 초 유럽보다 훨씬 높은 위치를 차지하였다. 서유럽에서는 이 제국들이 어떻게든 항상 쇠퇴하기 마련이며 부상하는 유럽 세력에 자리를 내줄 수밖에 없다는 전통적인 가정이 부활했다. 하지만, 실제로는 이후의 영국, 프랑스, 미국 제국보다 훨씬 더 오래 지속되었음이 밝혀졌다.

17세기 잉글랜드는 찬란한 투르크제국에 대해 '현재 세계의 공포'라고 한 놀스Richard Knolles의 『투르크제국사The Generall Historie of the Turkes』(1603)를 통해 오스만제국에 대해 잘 알고 있었다. 1704년에는 피츠Joseph Pitts의 『모하메트인의 종교와 태도에 대한 진실되고 충실한 설명 A True and Faithful Account of the Religion and Manners of the Mohammetans』이라는 책에서 또 하나의 조심스러운 논의가 등장하였다. 이 시기 잉글랜드의 관찰자들은 반대로, 오스만제국의 허영심과 퇴폐적인 성격을 폄하하고 제국의 멸망이 임박했다는 예측을 했다. 1621년 이스탄불 주재 잉글랜드 대사였던 로 경Sir Thomas Roe은 "이 강력한 제국은 전성기를 지나 빠르게 쇠퇴하고 있다"고 주장했다.[7] 그러나 이미 300년의 역사를 갖고 있던 오스만제국은 300년을 더 존속하였다. 제1차 세계대전으로 인해 역사에서 사라지기 직전까지도 오스만제국은 막강한 세력이었다. 그리고 투르크의 종말은 거의 우연에 가까웠다 — 투르크는 제1차 세계대전 마지막에 가까스로 참전을 선택했지만 패전국 쪽이었기 때문이었다. 1924년 케말 아타튀르크Kemal Ataturk의 결정으로 마침내 제국은 종말을 맞았다.

사파비 왕조에서 특히 1588년부터 1629년까지 통치한 샤 압바스 1세Shah Abbas I의 통치 동안 페르시아는 정치적, 문화적 정점에 이르렀다. 주요 업적으로는 미니어처 회화, 서예, 모스크 건축, 정원 디자인, 상수도 개선, 이스파한Isfahan과 같은 도시의 대대적인 재건 등이 있다. 당시 페르시아의 번영은 중앙아시아에서 실크로드를 통해 도착하는 대량의 상품에 대한 세금과 서유럽인들 사이의 큰 수요로 인해 더욱 촉진되었다. 시아파 무슬림 국가인 페르시아는 16세기 내내 오스만투르크(수니파 무슬림이었던)에 맞서 무력으로 대항했는데, 이러한 적대관계는 유럽이 오스만의 압박에서 벗어나는 데 도움을 주었기 때문에 서유럽에서는 환영받는 일이었다.

1526년 북서쪽 국경을 넘어 펀자브와 갠지스 계곡의 평원을 정복한 무슬림 정복자 중 한 명인 바부르Babur는 델리 부근을 수도로 삼아 무굴제국을 건국하였다. 바부르의 후계자인 후마윤Humayun, 아크바르Akbar, 자한기르Jahangir, 샤 자한Shah Jahan은 16세기 후반과 17세기 후반에 걸쳐 북쪽의 카슈미르에서 동쪽의 벵골, 거의 남쪽 끝에 이르기까지 인도아대륙 전체로 지배력을 확장했다. 무굴제국의 인도 경제는, 부분적으로는 서유럽으로 유입된 많은 금과 은이 인도에서 생산되는 사치품을 찾아 인도로 유입되었기 때문에 번성하였다.[8] 또한, 무굴 통치는 미니어처 초상화를 기반으로 한 예술학교, 명성 높은 정원 조경 스타일, 아그라Agra 근처에 있는 아크바르의 광대한 새 수도 파테푸르 시크리Fatehpur Sikri, 델리에 있는 후마윤의 무덤, 아그라에 있는 샤 자한의 아내를 기리는 타지마할로 절정에 달한 건축 전통을 발전시켰다. 무굴제국은 17세기 프랑스와 잉글랜드군의 집중 공격으로 쇠퇴했지만, 1858년 멸망할 때까지 존속하였다.

무엇보다도 잉글랜드가 이슬람 세계와 깊은 관계를 맺게 된 것은 오스만제국을 통해서였다. 오스만제국은 1299년 오스만 가지Osman Gazi에 의해 건국되어 1453년 콘스탄티노폴리스 점령 이후 최고의 전성기에 도달하였고, 메흐메트 2세부터 술레이만 대제(1446~1566)에 이르기까지 세계에서 가장 강력한 국가가 되었다. 잉글랜드 인구가 당시 450만 명에 불과했던 것에 비해 술레이만 치하 오스만제국은 3개 대륙에 걸쳐 3천만 명이 넘는 인구를 보유하고 있었다. 1600년까지 인구 70만 명이었던 콘스탄티노폴리스는 세계에서 가장 큰 도시였으며, 다른 여러 나라로부터 장인과 예술가들이 모여들었다. 이들은 콘스탄티노폴리스가 도자기, 모스크, 궁전, 하맘hamam(터키식 목욕탕), 시장의 중심지로 발전하는 데 기여하였다. 정기적인 인구의 유입은 콘스탄티노폴리스가 상업 중심지이자 세련된 국제적인 대도시로 성장하게 하였다. 놀랍게도 콘스탄티노폴리스의 인구 40%가 비무슬림이었다. 이들 대부분은 기독교인이었지만, 유대인도 10% 포함되어 있었다. 유대인들은 기업에 대한 자본 제공 및 투자를 통해 경제 발전에 중요한 역할을 하였다. 일반적으로 그들은 기독교 서방국에서 가능했던 것보다 더 편안한 삶을 누렸다. 실제로 술탄 치하에서 제국은 다양한 인종과 종교를 가진 사람들에 대해 관용을 보여준 것으로 잘 알려져 있다. 메흐메트 2세는 종교의 자유를 허용함으로써 이슬람 규율을 엄격하게 준수하였다. 그리스 성직자들에게 세금을 면제하고 그들에게 정교회 운영을 맡겼으며, 교회가 자체 세금을 부과하여 학교와 복지 기금을 마련하도록 허용하였다. 그리스 법원에 결혼과 상속에 대한 권한을 부여하였으며, 오스만 국가의 공직자가 되는 그리스정교의 총대주교 patriarch를 지명하였다.

❀ ❀ ❀

당시 대부분의 잉글랜드인들은 말로Christopher Marlowe, 헨슬로Philip Henslowe, 셰익스피어William Shakespeare 등 엘리자베스 시대와 자코뱅 시대 극작가들의 작품을 통해 간접적으로 무슬림 세계에 친숙해졌다. 수많은 연극에서 그들은 선지자[모하메드]를 포함한 무슬림을 등장시켰다. 그것은 화려하고 극적인 의상과 소품이 많이 필요하다는 장점을 가졌다.[9] 또한, 그 자체로 투르크인에 대한 전통적인 고정관념에 영향을 미치기도 하였다. 셰익스피어의 희곡에서 투르크인은 관능성, 음탕함, 속임수와 연관되는 경향이 있었으며, 엘리자베스 시대 잉글랜드에서 '투르크화 된다'는 말은 이슬람을 받아들이거나 배신하는 것을 의미했다. 이 문구는 『헛소동Much Ado About Nothing』에서도 사용되었는데, 이 작품에서는 매춘부가 되는 것을 암시하였다.[10] 그러나 셰익스피어는 무슬림에 대한 동정적인 시각도 그렸다. 『오텔로Othello』에서 그는 청중에게 "무어인은 변함없이 사랑스럽고 고귀한 성품을 지녔다"고 말했는데, 이는 기만적이고 위선적인 기독교인들과 달리 무슬림은 신뢰할 수 있는 동맹이 된다는 관점을 나타내는 코드이기도 했다. 1596년 잉글랜드가 카디스Cadiz를 공격했을 때 잉글랜드는 북아프리카 무슬림의 지지를 받았다. 이 사건은 셰익스피어의 『베니스의 상인 Merchant of Venice』에서 언급되었는데, 모로코의 왕자는 사실상 포르티아 Portia(엘리자베스를 의미하는)와 어울리는 짝으로 추천되었다.

종교개혁으로 촉발된 반응에도 불구하고 16세기 잉글랜드는 이슬람과 선지자에 대한 중세 시대의 편견과 기괴한 이야기를 그대로 물려받았다. 비평가들은 이슬람을 '잡다한 종교가 뒤섞인 것'이라고 폄하하기를 좋아했고, 일부 방문객들은 오스만 술탄이나 페르시아의 샤가 곧 기독교로 개종할 것이라는 낙관적인 확신을 교황에게 계속 전달했다. 그러나 개신교도들은 로마를 공격하는 방법으로 이슬람과 가톨릭을 비교했기 때문에 종교개혁으로 인해 이슬람에 대한 폄훼는 점점 무뎌졌다. 게다가 이슬람 사회에 대한 터무니없는 주장은 정확한 정보 전달로 인해 점점 더 신뢰를 잃게 되었다. 아랍에 가장 정통한 아랍학자 중 한 명인 셀던John Seldon은 무슬림이 이교도 우상 숭배자라는 흔한 오류를 바로잡았다. "온 세상이 투루크인들이 그들의 종교에 의해 금지된 이미지임을 알고 있다."[11] 1597년, 『투르크제국의 정책The Policy of the Turkish Empire』이라는 제목의 익명의 책은 유일한 하느님에 대한 믿음, 정기적인 기도, 한 달간의 금식, 자선 기부 등 이슬람의 주요 특징을 열거하면서 독자들에게 상당히 정확한 그림을 제공하였다.[12] 1649년에는 '새롭게 잉글랜드식인' 프랑스어로 된 코란 번역본이 등장했지만, 출판사나 번역자의 이름이 없다는 것은 이것이 여전히 체제전복적인 것으로 여겨졌었음을 알려준다.

잉글랜드인들은 주로 지중해 무역을 통해 동방 제국들과 교류하였다. 그러나 일반적으로 성지성전 교회Church of the Holy Sepulchre, 고난의 동산, 감람산, 베들레헴, 여리고, 요르단 계곡, 사해, 시리아, 이집트 등을 방문하는 성지순례도 계속되었다. 대개 방문자들은 바다를 통해 베네치아로 이동한 후 성지나 콘스탄티노폴리스로 향했다. 일부 유럽의 여행객들은 투르크인들을 야만적이고 배신자라는 전통적인 고정관념을 확인했으며, 아나톨리아 및 팔레스타인 전역에서 열악한 도로, 더러운 숙소, 형편없는 음식을 견뎌야 했다 (당시 여행자들이 잉글랜드에서 경험했던 것보다 더 심한 것은 아니었지만).

그러나 이러한 경멸적인 시각에도 불구하고 무슬림과의 광범위한 교류는 좀 더 균형 잡힌 — 심지어 공감하는 — 시각을 형성시켰다. 많은 유럽인은 '목욕에 중독된' 투르크인들의 환대, 예의, 단정함, 청결함에 대해 언급했다.[13] 어떤 이들은 거짓 선지자들로 인해 고통받는 것으로 여겨지는 이슬람과 무슬림 자체를 구별했는데, 무슬림은 유럽 기독교인에 비해 소박하고 절제하며 경건하다고 호의적으로 비교되었다. 투르크 사회에는 게으름뱅이, 학자, 변호사가 적을 뿐만 아니라 경마, 사냥, 매사냥, 애정 오락에 시간을 낭비하지도 않는다고 평가했다. 이러한 특성이 17세기의 청교도적 사고방식에 영향을 미친 것은 분명하다. 이러한 생각들은 서유럽 국가의 방종과 무절제한 규율에 비해 무슬림 사회가 매우 겸손하고 차분하다고 여기는 유럽인들에 의해 최근에 반영된 정서들이기도 하다.[14]

잉글랜드 여행자들은 무슬림들이 커피를 마시며 둘러앉아 즐기는 것을 사회적 차원에서 주목했다. 여행자들은 처음에는 탄 맛이 난다고 생각했지만, 소화에 좋다는 사실을 받아들였다. 16세기 후반이 되어서야 서유럽에서는 커피를 정기적으로 수입할 만한 가치가 있을 만큼 충분한 수요가 생겨났다. 무슬림은 또한 '사라센의 머리', '투르크의 머리' 또는 '예루살렘 여행'이라는 이름을 가진 공공 주택을 통해 잉글랜드 사회에서 틈새시장을 찾았다. 1393년 리처드 2세가 세리들에게 자신의 업종을 나타내는 간판을 달도록 요구하자 일부 업주들은 참신하거나 눈길을 끄는 이름을 찾기 위해 고심했다. 이러한 명칭들이 채택된 것은 성지에서 돌아온 기사들의 귀환 이후였는데, 이들 중 일부는 투르크의 머리 문양을 넣기도 하였다. 세리들은 투르크와의 관계를 이용해 자신의 위상을 높이고자 했던 것이 거의 확실하다.

16세기부터 무슬림 국가와의 또 다른 형태의 접촉은 정원 가꾸기와 아나톨리아 및 동부 지중해에서 식물을 수입하는 것이었다. 이런 식으로 영국인들은 필라델푸스Philadelphus(수국과 고광나무)와 시린가Syringa(라일락)와 같은 관목, 알케밀라, 안개꽃, 헬레보러스helleborus(렌텐lenten장미)와 같은 초본 식물, 부추, 아네모네, 치오노독사chionodoxa(눈의 영광), 콜키쿰colchicums, 가을 크로커스autumn crocus, 시클라멘, 프리틸라리아fritillaries, 무엇보다 튤립 등 특색있는 정원 식물들을 얻게 되었다. 당시 터키에서 자라는 14종의 튤립 중 4종만이 토착종이고 나머지는 실크로드를 통해 중앙아시아에서 들어온 것이었다. 특히 '튤립의 시대'로 알려진 술탄 아흐메드 3세Ahmed III(1703~1730)의 통치 기간에 튤립 재배가 집중되었다. 16세기 중반에 튤립은 독일과 플랑드르에 도달했고, 엘리자베스 여왕 시대에 잉글랜드로 수입되었다. 네덜란드의 개신교 난민들이 가톨릭 박해를 피해 피난을 떠날 때 튤립을 편리하고 귀중한 물건으로 가져갔기 때문에, 당시의 종교적 논란은 튤립의 확산을 가속화시켰다.[15] 1640년대부터 1660년대까지 영국 내전과 왕정복고기에 잉글랜드 애호가들은 귀중한 튤립 구근을 높은 가격에 교환하고 판매했다. 투르크인들은 오늘날의 백합꽃 튤립처럼 꽃대가 좁고 뾰족한 꽃을 선호한 반면, 잉글랜드인들은 둥근 컵 모양의 꽃을 선호했다. 튤립은 관리하기 쉬운 식물로 이 시대의 작은 공원과 영국 정원의 전형적인 화단에 잘 어울렸다. 그러나 튤립은 습하고 서늘한 기후의 영국에서는 자연적으로 발생하지 않았고, 18세기에는 수많은 튤립 학회와 전시회를 통해 실내로 옮겨졌다.

❋ ❋ ❋

이슬람 세계와 접촉할 수 있었던 가장 중요한 기회는 지중해를 통해 소아시아 및 페르시아로 향하는 수익성 높은 무역에 참여하려는 시도였다. 16세기 전반기에 잉글랜드는 베네치아와 제노바의 적대감 때문에, 그리고 북아프리카와 투르크에서 온 해적들의 잦은 선박 공격 때문에 이러한 무역에 거의 참여하지 못했다. 영국인의 한 가지 방법은 무역에 베네치아의 선박을 이용하는 것이었다.

그러나 1559년 이후 러시아 차르의 보카라Bokhara 대표로 고용된 젠킨슨이 이 문제를 해결할 방법을 찾았다. 1561년, 그는 영국 무스코비Muscovy 회사의 명의로 러시아와 영국을 대표하여 보석, 비단, 태피스트리, 카펫 무역을 개척할 목적으로 페르시아에 사절단을 이끌고 갔다. 페르시아 무역은 수익성이 매우 높았기 때문에 잉글랜드 항구와 투르크 간 무역 발전을 사실상 지연시키는 결과를 가져왔다. 그러나 그것은 중앙아시아를 통과하는 위험한 항로와 불확실한 세력과의 거래를 수반하는 것이었다. 페르시아의 지배 종교이자 페르시아인들을 오스만제국의 수니파 무슬림과 대립하게 만든 시아파 이슬람교와 개신교 기독교 사이에 공통점이 많다는 것을 근거로, 잉글랜드인들이 페르시아 상인들과 우호적인 관계를 발전시킬 수 있을 것으로 기대하였다. 그러나 이러한 종교적 유사성에도 불구하고 이 전략은 별다른 성과를 거두지 못했다.

이러한 모든 방법은 1580년대 초 엘리자베스 여왕 정부가 오스만제국의 개척이 더 이상 지체할 수 없을 정도로 중요하다는 사실을 인식하면서 무의미해졌다. 오스만제국은 잉글랜드에게 스페인에 대항할 수 있는 잠재적 동맹국이었고, 지중해의 절반을 지배하고 있어 수익성 있는 무역의 기회를 제공했기 때문이다. 잉글랜드가 오스만제국이 패배한 레판토 전투에 참가하지 않은 것이 유리하게 작용하였다. 투르크에 대한 일반 대중의 편견에 신경 쓸 겨를이 없었던 엘리자베스는 술탄에게 선물과 우정의 편지를 보냈다. 그녀는 개신교 신자로서 자신도 무슬림만큼이나 우상 숭배(가톨릭 신자를 지칭)를 싫어한다는 것을 술탄에게 각인시키기 위해 노력했다. 그리고 나포한 스페인 배에서 조리실 노예로 일하던 무슬림들을 석방해 집으로 돌려보냈다.[16]

공식적인 차원에서, 엘리자베스는 1582년 하본William Harborne을 콘스탄티노폴리스에 파견하여 우호적인 진전을 이루었다. 하본은 여왕의 대표로 활동했지만, 또한 레반트 회사의 직원으로서 급여를 지급받았기 때문에 그녀의 대외 정책은 부분적으로 민간업무 영역에 있기도 했다. 하본은 도착하자마자 모스크에 들어갈 때 신발을 벗으라는 요청을 받고 충격을 받았지만 곧 적응했다. 그는 술탄 무라드 3세Murad III에게 충분히 깊은 인상을 남겼고, 영국 선박의 안전과 무역 및 영사관 설립 권리를 보장받았다. 그는 또한 영국 상인들에게 부과하는 관세를 줄이는 데 성공했다. 1581년 여왕은 '레반트 상인 회사The Company of Merchants of the Levant'에 특허를 발행하여 12년간 독점 무역권을 주는 헌장을 부여했다. 이후 1592년, 이 특허는 갱신되어 53인의 상인들이 이 회사의 후원을 받아 거래하게 되었다. 제임스 1세는 오스만제국에 대해 엘리자베스 여왕보다 회의적이었음에도 불구하고 1605년에 헌장을 갱신하였다. 1620년대에 잉글랜드 상인들은 연간 25만 파운드 상당의 상품을 투르크로 보냈고, 세기 말에는 잉글랜드 전체 무역의 4분의 1이 오스만제국과 거래되었다. 이렇게 해서 잉글랜드와 오스만제국 간의 공식적인 관계가 시작되었고, 복잡한 문제들이 가로놓여 있었음에도 불구하고 이 관계는 400년 동안 지속되었다.

하본은 콘스탄티노폴리스의 첫 번째 공인 대사로서 투르크와 페르시아를 설득하여 평화를 이끌어 내기 위해 노력을 다했다. 그는 또한 술탄을 유혹해 스페인에 대항하는 조약을 맺고자 하였다.

> 내 작은 판단으로는 하느님의 원수 중 하나를 다른 적과 맞서게 하고, 즉 이교도들이 우상 숭배자와 대적하게 하는 것이 하느님께 불쾌감을 주는 일이 아니라고 생각한다. 이는 그들이 다투고 있는 동안 하느님의 백성(프로테스탄트들)이 휴식을 취하고 힘을 얻을 수 있도록 하기 위한 것이다.[17]

그는 콘스탄티노폴리스와 바르바리 해안에 있는 기독교인 노예들을 석방하는 데 자신의 영향력을 사용했다. 또한, 방문자들은 노예 시장을 둘러보며 노예를 풀어주기 위해 기독교인 노예를 비싼 값에 사들이기도 했다. 그러나 중동의 노예제도를 신대륙의 노예제도와 혼동해서는 안 된다. 이슬람 율법은 노예의 기본권을 부정하기는 했지만, 노예에게 부와 권력 둘 다 허용하는 등 [신대륙보다] 훨씬 덜 가혹했다. 셀주크족과 오스만제국 모두 노예를 전리품으로 가져가는 경우가 자주 있었는데, 이들은 군대에 편입되어 가장 충성도가 높은 구성원이 되었다. 이 노예 병사들 중 가장 유능한 병사들은 지휘관으로 훈련받았고, 일부는 지역 총독으로 임명된 자도 있었다. 메흐메트 2세 치하(1444~1446, 1451~1481)에서는 제국 중앙 행정부의 주요 요직을 차지하기도 했다. 13세기 이집트에서는 맘루크족으로 알려진 노예들이 노예의 신분을 유지한 채 나라를 지배했다.

콘스탄티노폴리스 주재 영국 대사들은 술탄(그는 열등한 세력으로부터의 '조공'으로 여겼음)과 정부 관리에게 (사실상 뇌물이었음) 호화롭고 참신한 선물을 제공해야 했다. 1605년 제임스 1세는 술탄에 대한 선물로 5,322파운드라는 거액을 레반트 회사에 주었다. 1599년에는 오르간 제작자인 댈람Thomas Dallam과 함께 정교한 오르간을 보냄으로써 특이한 선물을 보내야하는 필요를 충족시켰다.[18] 도착하자마자 오르간은 19명의 형제를 살해했다고 하는 술탄 메흐메트 3세의 궁전에 설치되었다. 술탄은 즉석에서 연주를 요구하였다. 연주하려면 댈람이 술탄에게 등을 돌려야 했는데, 이는 사형에 처할 수 있는 범죄였기 때문에 매우 까다로운 일이었다. 다행히도 술탄은 인자했고 연주를 즐겼으며, 댈람은 술탄 앞에서 뒤로 물러 나와 목숨을 건질 수 있었다. 궁정 오르간 연주자로 남아 두 명의 아내의 봉사를 즐기라는 메흐메트의 초대를 정중히 거절하고 그는 잉글랜드로 돌아갔다.

투르크가 잉글랜드의 예를 따라 공식 외교 관계를 수립하는 것이 늦었다는 것은 두 나라의 상대적 지위를 나타낸다. 1607년 7월이 되어서야 처음으로 한 무스타파가 술탄의 사절 또는 대리인이라고 주장하며 런던에 도착했다. 콘스탄티노폴리스 주재 잉글랜드 대표들은 무스타파가 실제로는 사기꾼이라고 보고했지만, 그가 친근한 사람으로 보였고 지역 관습을 받아들였기 때문에 술탄의 기분을 상하게 하고 싶지 않아 그에게 숙식을 제공하는 것이 현명하다고 생각했다. 그러나 제임스 왕은 기독교 군주가 무슬림을 영접하는 것이 모욕적이라고 생각했고, 실제로 기독교인들 사이의 불화를 조장하는 것이 목적이 아닐까 의심했기 때문에 9월이 될 때까지 그에게 면회조차 허락하지 않았다. 다행히 무스타파가 1608년 콘스탄티노폴리스로 돌아갔을 때, 그는 자신의 영접에 대해 호의적인 보고를 했고 술탄은 이를 기뻐했다.

하본이 알고 있었듯이, 엘리자베스 정책의 가장 큰 골칫거리는 샤 압바스 1세(1587~1629) 치하에서 부와 권력의 정점에 도달한 오스만제국과 페르시아의 갈등이었다. 한동안 영국 정책은 에식스 백작의 후원을 받던 셜리 경Sir Thomas Sherley과 그의 형제 앤서니Anthony 및 아들 로버트Robert의 프리랜서 활동으로 인해 엘리자베스의 손에서 벗어나 있었다. 셜리 가문은 기회주의자이자 해적이었는데, 1598년 셜리 경은 샤 압바스와 투르크에 대항하는 유럽 열강 사이의 무역을 촉진하고 동맹을 맺기 위해 페르시아로 여행하라는 에식스로부터의 의뢰를 기꺼이 수락하였다. 도착하자마자 그들은 최근 샤 압바스에게 패한 우즈베키스탄인 2만 명의 목이 참수되는 처참한 광경을 목격했지만, 그의 발에 입을 맞추고 호화로운 대접을 받으며 이스파한의 새 수도를 구경했다. 셜리 가문은 보병 훈련을 돕고 요새를 구축하고 머스킷 총과 대포 사용법에 대한 조언을 해주었다. 앤서니 셜리는 거짓으로 엘리자베스의 특사라고 주장하며 교황, 합스부르크 황제 및 다른 통치자들에게 보낼 서한을 들고 유럽으로 돌아갔지만, 그의 아들 로버트는 인질로 남겨졌다. 엘리자베스 정부는 잉글랜드와 투르크 양국 요원들의 감시를 받고 있던 셜리 가문을 위해 시간을 할애할 여유가 없었다. 그러나 1603년 반투르크 성향의 제임스 1세가 즉위하면서 셜리 가문의 지위는 높아졌고, 앤서니는 바다 너머에 머물 수 있는 면허를 받았다. 1608년 로버트 셜리는 레반트 회사를 대표하여 콘스탄티노폴리스 주재 잉글랜드 대사의 감시를 받긴 했어도, 유럽 열강에 대한 샤의 대사로 임명되어 탈출에 성공했다. 로버트가 예복과 터번을 두르고 런던에 도착했을 때 아무도 페르시아 동맹에 대한 그의 생각을 진지하게 받아들이지 않았다. 두 번째 페르시아 대사가 도착했을 때 그의 입지는 곧바로 약화되었다. 누가 사기꾼인지 확인하기 위해 두 사람 모두 다시 돌려보내졌다. 셜리 가문의 계속된 방문에도 불구하고 오스만제국과는 달리, 페르시아는 잉글랜드의 계산에서 주변국 이상의 비중을 차지하지 못했다. 하지만, 적어도 그들은 프리랜서 외교관으로서 잉글랜드인이 17세기 무슬림 사회에서 편안하게 활동할 수 있다는 것을 보여주었다.

❋   ❋   ❋

엘리자베스는 친투르크 정책으로 인해 당연히 예수회로부터 공격을 받았다. 하지만, 잉글랜드의 국익을 위한 것으로 정당화하면서 기독교에 대한 어떤 불충성도 부인하였다. 그러나 그녀의 입장은 단순히 강한 실용주의 그 이상을 반영하고 있었다. 잉글랜드가 종교개혁으로 촉발된 논쟁을 봉합하기 위해 고군분투하고 있을 때, 오스만제국의 사례는 생각할 거리를 던져주었다. 콘스탄티노폴리스에서 무슬림, 유대인, 기독교인 공동체가 이슬람이라는 큰 우산 아래 공존할 수 있었던 것은 "종교에는 강요가 없어야 한다"는 코란의 가르침을 반영한 것이었다. 아직 기독교 국가에서는 종교적 관용이 받아들여지지 않았고, 반대하는 종파들 사이에서 이슬람은 점점 더 모범으로 여겨졌다. 그 결과 17세기 개신교도들은 종종 '가톨릭 통치로부터 자유를 얻기 위해 투르크가 그리스도 국가를 정복했으면' 하거나 '양심의 자유를 위해 아예 투르크 치하에서 살 준비가 되어 있다'고 의사를 표현하였다.[19)]

경전을 합리주의적으로 해석하고자 했던 개신교도들은 특히 삼위일체Trinity 사상을 설명할 수 없는 신비라고 주장하면서 성경에 삼위일체에 대한 언급이 없다고 주장했다. 이 과정에서 그들은 삼위일체를 항상 일탈로 여겼던 무슬림과 자신들이 일치함을 깨닫고 기독교인들이 세개의 신을 믿는다는 의심의 근거를 제공했다. 1694년, 틸롯슨Tillotson 대주교는 삼위일체에 대해 언급하면서 "삼위일체가 없었으면 좋겠다"고 말했는데, 이는 삼위일체가 기독교의 가장 약한 부분이라는 사실을 솔직하게 인정한 것이었다. 일부 반삼위일체론자는 — 또는 나중에 유니테리언Unitarian*이라고 알려진 — 바젤, 폴란드, 트란실바니아, 심지어 다마스쿠스 등 보다 관용적인 지역으로 피신하여 오스만제국이 갖고 있는 보다 여유있는 관점을 높이 평가했다. 반면에, 합스부르크 황제는 트란실바니아에 정통 가톨릭을 강요하려 했지만 오스만 군대와 접경해 있어 그렇게 하지 못했다. 놀라운 사실은 이 기간 유럽의 방문자들이 페르시아의 샤와 오스만 술탄에게 기독교로 개종하도록 초대하는 메시지를 전달한 반면에, 콘스탄티노폴리스의 영향력 있

---

* 역자 주) 그리스도교의 정통 교의인 삼위일체론의 교리에 반하여, 그리스도의 신성을 부정하고 하느님의 신성만을 인정하는 교파이다.

는 무슬림은 잉글랜드인이 이슬람과 매우 가까운 입장을 취하고 있어 간단한 신앙 고백만으로도 공동체 안으로 들어올 수 있다고 제안한 것이다. 이러한 소문은 동서양의 외교 교류에서 낭만주의자들과 기회주의자들의 역할을 반영한 것임에 틀림없지만, 중요한 의미가 없는 것은 아니었다. 사실 유니테리언주의Unitarianism는 기독교와 이슬람교 사이의 가교역할을 하기 시작했다. 이러한 상호 작용은 종교개혁이 십자군 시대를 더 미신적인 시대의 잔재이자 불신받는 의례로서 배척했음을 강조한다.

17세기에는 이슬람과 기독교에 대한 논의가 선전가들에게서 벗어나 학자들과 학계로 조금씩 이동해 갔다. 이러한 동향은 중세의 비판적 논조에서 벗어나 보다 실증적인 것, 특히 동양의 역사, 종교, 언어에 대한 이성적인 연구를 새롭게 강조하려는 열망의 징후였다. 그 이유 중 하나는 많은 기독교인이 성서 본문의 정확성을 향상시킬 필요가 있다고 느꼈기 때문이다. 구약 성경의 일부는 히브리어와 아람어로 쓰였기 때문에 이 언어를 연구하려면 아랍어에 대한 지식이 필요했다. 또한, 아랍어는 천문학, 수학, 과학의 언어이기도 했다. 물론 청교도들은 지나친 지식이 신앙을 약화시킨다고 믿었기 때문에 17세기 중반에 동양어를 공부하는 사람들은 어려움을 겪었다.

1590년대에는 이미 아랍어 사전이 제작되었고, 1632년에는 케임브리지에 아랍어 연구교수직이 마련되었다. 칼뱅주의와 가톨릭주의라는 라이벌 극단주의자들이 기독교를 분열시키고 있던 시기에 아랍어에 대한 이해가 높아지면 온건한 잉글랜드 교회의 뿌리와 전통을 입증하는 데 도움이 될 것이라고 기대되었다. 이를 위해 학자들은 동방 정교회, 아랍 및 아람 기독교와의 연관성을 조사했다. 이러한 목표를 가장 중요하게 추진한 사람은 찰스 1세 통치하에 영향력 있는 인물이며 런던 주교(1628~1633)와 캔터베리 대주교(1633~1645)를 지낸 로드 William Laud였다. 한때 비밀 교황주의자 secret papist로 여겨지기도 했던 로드는 실제로 성공회가 온건한 신학을 채택하기를 원했다. 그는 교리 문제에 관용적이었으며 당시 교회 내에서 타협과 화해를 촉진하기 위해 노력한 것으로 알려져 있다. 그는 보들리언 도서관에 1,300권의 필사본을 기증했으며, 그 중 4분의 1이 동양 도서였다. 로드는 옥스퍼드에 히브리어와 아랍어 석좌교수 자리를 만들었는데, 1636년 아랍어를 배우기 위해 알레포에 4년 동안 머물렀던 포콕 Edward Pococke을 아랍어 교수로 임명하는 중요한 결정을 내렸다. 포콕은 합리적이고 정보에 입각한 방식으로 종교를 연구하려는 경향을 따랐고 삼위일체와 같은 기독교 신비에 대해 회의적이었다. 1650년 그는 이슬람의 문화, 문학, 역사를 처음으로 냉정하고 학문적인 방식으로 논의한 『아랍의 역사 표본 Specimen Historiae Arabum』을 출판했다.[20] 1649년의 코란 영역본과 함께 이 책을 통해 잉글랜드인들은 이슬람 사상과 문명에 대한 객관적인 설명을 연구할 수 있었고, 이는 중세 시대의 무모함을 극복하는 큰 진전이었다.

❈ ❈ ❈

한편, 16세기와 17세기 내내 지중해와 대서양에서 무어인들의 해적 활동으로 인해 잉글랜드인들의 적대감이 지속되었기 때문에 엘리자베스 시대 무슬림과 잉글랜드 사이의 긍정적 관계는 심각한 타격을 입었다. 1492년 페르디난드와 이사벨라가 마침내 스페인에서 이슬람을 추방하는 데 성공한 것이 이러한 상황의 직접적인 자극이 되었다. 안달루시아에서의 손실에 대한 보상과 복수심에 불탄 많은 추방자가 탕헤르Tangiers, 알제리, 튀니스, 트리폴리의 기지에서 해적질을 시작했다. '해적' 또는 '무어인'으로 알려진 이들은 곧 모로코에서 지브롤터 해협, 북아프리카 또는 바르바리 해안을 따라 팔레스타인까지 수천 평방마일의 해역을 지배했다. 17세기와 18세기 동안 약 2만 명의 잉글랜드인이 해적에게 포로로 잡혔으며, 이들 대부분은 노예가 되었다.[21] 이로 인해 북아프리카 국가들이 야만적이고 폭압적이라는 선전물이 많이 퍼졌지만, 지중해 노예제는 아메리카 대륙에서 행해진 노예제와는 비교될 수 없는 수준이었다. 유럽 노예들은 종종 고향보다 좋은 대접을 받으며 더 나은 삶을 살고 있다고 느꼈고, 시간이 지나면서 포로 생활을 새로운 삶을 시작하는 기회로 여기기도 했다.[22]

오스만제국의 술탄은 물품을 외국 등에서 싸게 구입해 지중해에서 하청하는 상업 정책을 쓰고 있었기 때문에 해적의 위협에 대처하는 것이 복잡했다. 17세기 초에 가장 악명 높았던 해적, 오루크Oruc와 히지르Hizir는 튀니스에 본거지를 두고, 그 후 1516년부터는 알제리에 기지를 두었다. 1518년 히지르는 스페인에 대항하기 위해 오스만제국의 지원을 요청하였고, 술탄에게 충성을 제안했으며, 심지어 알제리 총독으로 임명되기도 했다. 그 후, 술레이만은 그를 오스만 함대의 제독으로 임명하고 카이르-우-딘Khair-ud-din이라는 명예 작위를 수여했다. 이 직책으로 그는 오스만 함대를 편성하고 스페인 해안을 습격했으며, 니스를 점령하기 위해 프랑스와 함께 싸웠다. 1551년 술탄은 카이르-우-딘의 후임을 이용해 성 요한 기사단Knights of St. John으로부터 튀니스를 탈환했다 (해적들은 튀니스를 해군 기지와 오스만 지방의 수도로 건설했다). 사실상 트리폴리, 튀니스, 알제리 등의 바르바리Barbary[북아프리카 이슬람지역] 국가들은 자치권을 갖고 있었지만, 술탄이 임명한 관리들이 통치했으며, 이들은 술탄을 대신해 세금을 징수하였다. 이스탄불은 무역을 방해하고 해안을 위협함으로써 유럽 국가들을 약화시키는 방법으로 해적 행위를 눈감아 주었지만, 해적 행위를 진압하라는 압력을 받을 때, 투르크는 적절한 조치를 취하는 척하곤 했다. 1571년 레판토에서 투르크가 패배하여 해적들에 대한 투르크의 보호가 박탈된 된 후에도 해적들은 소규모 습격에 나섰다. 이 모든 상황이 유럽 열강에게는 좌절감을 주는 것이었지만, 지중해에 충분한 해군력을 투입하는 데에는 시간이 걸렸다. 1583년 술탄은 잉글랜드와 조약을 체결하여 이슬람 통치하에 사는 잉글랜드 국민의 권리와 자유를 보장하고 종교의 자유, 육로와 해상의 자유로운 통행, 해적으로부터의 보호를 보장하는 조약을 체결했지만, 이는 대부분 명목상의 조치일 뿐이었다.

그러나 해적과의 마찰이 잉글랜드의 정기적인 무역을 방해하긴 했어도 개신교의 열렬한 지지를 받았던 스페인에 대한 잉글랜드의 비공식적 해적 전통에는 거의 영향을 미치지 못했다. 1580년대와 1590년대에 브리스톨Bristol과 플리머스Plymouth를 정기적으로 떠났던 해적들은 북아프리카의 무어인과 공통의 적을 가지고 있다는 상호 이해를 통해 편익을 얻었다. 무슬림 통치자들은 스페인 함대Spanish Armada가 패배했다는 소식을 듣고 축하 모닥불을 피울 수 있도록 허용하였다. 1603년 엘리자베스 1세의 뒤를 이은 제임스 1세는 해적에 대한 안일한 시각을 버리고 스페인과의 평화 정책을 추구했다. 특히 그는 스페인 선박에서 압수한 모든 전리품을 돌려주겠다고 발표하기도 하였다. 1604년 스페인과의 전쟁은 끝났다. 그러나 왕의 조치는 대부분 역효과를 일으컸고, 잉글랜드 해적들은 피난처를 위해 무어인의 항구에 더욱 의존하게 되었다. 스페인 선박을 약탈한 해적들에 대한 대중의 동정심은 왕의 해적 진압 시도를 방해했을 뿐이었다. 심지어 해군 제독을 비롯한 제임스 정부의 고위 관료들조차 해적들의 전리품 일부를 받으면서 해적들의 탈주를 묵인했다. 게다가 제임스가 해군을 축소하면서 1607년까지 37척에 불과한 정도가 되자, 해군에 복무했던 많은 잉글랜드인이 수입의 수단으로 해적질로 돌아섰다. 이런 상황에서 해적질을 근절하려는 시도는 비현실적이었으며, 결국 제임스는 약 3,000여 명의 잉글랜드 해적에 대한 사면을 단행했다.

사실, 1608년 이후 무어인들 사이에서 부유한 삶을 살았던 악명 높은 워드John Ward의 비공식적인 지도력 아래 잉글랜드의 해적질은 절정에 달했다. 워드는 잉글랜드 해군에서 복무한 경력이 있었지만, 잉글랜드 선박이 자유롭게 적국을 약탈할 수 있도록 허용하는 전통에 공식적인 제한을 가하자, 이에 불만을 품고 자신의 모험을 위해 퇴역군인과 탈영병들을 모집하였다. 프랑스 선박을 나포한 후, 튀니스로 간 그는 현지 투르크 해적 카라 오스만Kara Osman과 협정을 맺었다. 그는 전리품 일부를 받는 대가로 워드에게 기지 사용 권한을 부여했다. 제임스 왕은 1609년 워드를 비롯한 해적들을 무법자로 선포하고 그들에게 잉글랜드의 모든 항구를 폐쇄했다. 잉글랜드 함선을 공격하는 데 앞장섰던 그들은 이제 "투르크족으로 변했다"는 비난을 받게 되었다. 그들은 심지어 항해에 대한 지식, 선박에서 대포를 사용하는 방법, 노예가 노를 젓는 갤리선 대신 빠른 범선을 사용하는 방법 등을 투르크인과 공유하기 시작했다.[23] 두 나라 해적들 사이에 이러한 호의적인 관계는 무어 해적에 대한 공식적인 비난과 정규 무역을 촉진하려는 노력과 대조되는 것으로, 17세기 잉글랜드와 무슬림 간의 모순된 관계가 어떠했는지를 알려준다.

그러나 1617년 무어 해적선이 템스강 하구에 진입한 이후 잉글랜드의 태도는 더욱 강경해졌다. 이 무렵 콘월Conwall과 데번Devon의 해안 마을에서 해적에게 나포된 사람들의 친척들이 의회에 해적 진압을 위한 조치를 취해 달라고 청원하기 시작했고, 1620년과 1621년 잉글랜드 왕립 해군 원정대가 지중해로 파견되었다. 그러나 알제리에서 일부 기독교도 포로들을 석방하기는 했지만 별다른 성과를 거두지는 못했다. 콘스탄티노폴리스 주재 대사였던 로 경은 술탄을 설득하여 해적 행위 모두를 완전히 진압하려 했지만 성공하지 못했다. 그 역시 1624년 투르크의 일부 노예와 알제리에서 좀 더 많은 노예를 해방시키는 데 성공했을 뿐이었다. 그러나 그 시점에서 알제리와 튀니스가 오스만 제국에 대한 충성을 포기하면서 상황은 더욱 악화되었다. 1634년에는 튀니스와 알제리에서만 3만 2천 명의 잉글랜드인 포로가 노예로 잡혀 있는 것으로 추정되었다.[24] 잉글랜드인들은 그들의 석방 비용을 위해 모금 활동을 벌여야 했다. 1645년에는 한 습격대가 콘월 해안에 상륙하여 234명의 남녀와 어린이를 납치하기도 했다. 1660년 찰스 2세가 복권한 후에야 해적 행위가 마침내 통제되었다. 잉글랜드가 포르투갈 공주 브라간자의 캐서린Catherine of Braganza으로부터 지참금의 일부로 탕헤르를 획득하면서 해적 퇴치는 더욱 쉬워졌다. 탕헤르는 단 4척의 병력만으로 해협을 통과하려는 모든 배를 요격할 수 있는 완벽한 위치에 있었다. 잉글랜드는 탕헤르를 유지하는 데 실패했지만, 18세기 동안 지브롤터와 미노르카에서 지중해에 대한 영향력을 확장했다. 중요한 것은 가톨릭 세력의 도전에 맞서 제국의 전초기지에 공급하기 위해 무슬림 바르바리 국가에 의존했다는 점이다. 이는 해적질에 대한 잉글랜드의 반감을 다소 완화시켰던 고려사항이었다.

그러나 더 복잡한 문제가 있었다. 찰스 1세 시대에 잉글랜드인들은 잉글랜드인 노예와 포로로 잡힌 군인 상당수가 '투르크족으로 변했다'(이 경우 이슬람으로 개종했다)는 보고에 굴욕감을 느꼈다. 고(故) 루이스Bernard Lewis는 (증거는 없이) 이슬람으로의 개종이 미미하다고 주장했지만, 1619년 알제리에서만 '레네가도Renegados' 또는 '레반트인Levantines'으로 알려진 기독교 개종자가 20만 명에 달했으며, 매년 500명이 추가로 개종하고 있다는 것은 당시 분명한 사실이었다. 삼위일체를 믿지 않는 기독교인들은 종종 '마호메트교도'라고 불렸고, 이는 훨씬 더 많은 무슬림이 있다는 인상을 주었다. 이 모든 것은 당황스러운 것이었다. 동시대 사람들은 이것이 이슬람이 더 우월한 종교임을 의미하는지, 그것이 진정한 신의 계시인지, 결국 기독교를 대체할 것인지, 의문을 제기하였다.[25]

기독교에서 이슬람으로 개종한 사람은 많았지만, 이슬람에서 기독교로 개종한 사람은 왜 그렇게 적었을까? 투르크인들이 강제로 개종시켰다는 믿음이 잉글랜드에서 널리 퍼져 있었지만, 실제로는 일반적으로 패배한 상대방에게 개종을 요구하지 않았으며 단지 세금, 벌금 또는 용역을 징발하였다. 그런 생각은 노예들에 의해 널리 전파되었는데, 이들은 몸값을 지불하거나 탈출한 노예들이 강제 개종의 희생자라고 주장하였다.[26] 실제로 개종자들은 일반적으로 자발적으로 개종하였고, 특히 유럽에서 종교적 박해를 경험한 경우에 더욱 그러하였다. 개신교도들은 특히 무슬림 사회를 긍정적으로 평가했는데, 무슬림 사회가 상대적으로 관대하고 우상 숭배나 수도원의 명령이 없으며, 사제로부터 수동적으로 종교를 받아들이는 것이 아니라 종교에 대한 개인적인 학습을 기반으로 하고 있기 때문이었다.[27] 그러나 가장 큰 장점은 더 강력한 제국과 더 우수한 문명에 자신을 연결시킬 수 있다는 것이었다. 개종자들은 상대적으로 평등주의적인 이슬람 정신이 낮은 배경을 가진 사람들에게도 고용과 출세를 허용함을 알게 되었다. 모로코 왕실의 사형 집행자 '압살롬Absalom'이란 자가 있었는데, 엑서터 출신의 정육점 주인이었던 그는 분명 적절한 기술을 가진 사람이었다![28] 그레이트 야머스의 상인 로울리Samson Rowlie는 1577년 체포되어 거세를 당하고 아가Hassan Aga라는 이름으로 이슬람으로 개종했으며, (후에) 알제리의 내시이자 재무장관, 오스만 총독의 고문이 되었다.[29] 잉글랜드인들은 로울리의 개종을 명목적이고 일시적인 것으로 간주했지만 그는 크게 부유해지고 큰 권력을 갖게 되어 돌아가기를 원치 않았다. 다른 저명한 개종자로는 '유수프Yusuf'라고 이름을 바꾸고 튀니스에서 살았던 해적 워드가 있다.[30] 더 충격적인 것은 존경받는 버킹엄셔 젠트리 가문의 일원인 버니 경Sir Francis Verney의 경우였다. 가족 분쟁과 재산 매각 후, 버니는 1608년 모로코로 떠나 용병에 합류하여 해적이 되었다.[31]

워드 가문과 버니 가문은 시와 연극을 통해 배신행위의 죄로 비난받았지만, 그들이 개종한 종교적 의미는 명확하지 않다. 튜더 왕가는 '무슬림'이라는 단어를 사용하지 않았으며, 오히려 투르크에 대한 언급을 하였다. 자신의 신념에 대한 도전이 거의 요구되지 않았기 때문에 개종은 간단했다. 무슬림 국가에서 몇 년 동안 살았던 잉글랜드인들은 보통 현지 생활 방식을 채택했는데, 이는 당연히 종교 생활을 포함하였다. 개종의 경험은 상당히 다양했다. 무슬림은 노예에 대해 특별히 자비롭지 않았으며, 단순히 이슬람교로 개종한다고 해서 해방을 기대할 수는 없었지만, 많은 주인들이 개종할 경우 노예를 해방시켜주었다. 이스탄불에서는 개종 사건의 기록 위에 금가루를 뿌려주는 술탄과 황실 서기관 앞에서 개종이 가장 많이 이루어졌다. 개종자는 이렇게 낭독했다. "하느님 외에 다른 신은 없으며 모하메드는 그의 사자이다." 그는 할례를 위해 황실 외과의에게 가기 전에 지갑과 터번용 흰색 모슬린, 망토를 받았다. 개종자들은 종종 새로운 이슬람 이름을 채택하여 이 행사를 축하했다.

❋   ❋   ❋

엘리자베스 여왕의 통치 기간은 종교적 관용, 상업적 이익, 군사적 필요성이라는 복합적인 요인에 의해 잉글랜드와 이슬람 세계가 이례적으로 긴밀하게 관련되었던 시기였다. 잉글랜드 정부는 가톨릭 스페인의 도전에 맞서 지중해 양쪽 끝의 무슬림 세력과 동맹을 맺어 궁지에 빠진 잉글랜드를 보호하는 데 어느 정도 공헌하였다. 잉글랜드는 상업적 인맥을 통해 사실상 스파이 역할을 하는 사절단 네트워크를 유지하여 새로운 위협에 대한 정보를 계속 수집할 수 있었다. 하지만, 1603년 이후 제임스 1세 치하에서 이 모든 것이 급격히 변화하였다. 스코틀랜드의 장로교도들과 수년간 대립각을 세웠던 새로운 왕은 종교에 대해 보다 편협하고 이데올로기적인 관점을 채택하였다. 『오텔로』 이후, 극작가들은 무어인과 투르크인을 작품에 포함시키는 관행을 빠르게 포기하였다. 제임스는 비록 건전한 개신교 신자였지만, 오스만이나 모로코를 스페인과의 전쟁에 끌어들이고 싶지 않아 했다. 실제로 그는 자신의 아들을 스페인 국왕의 딸과 결혼시키겠다고 제안하여 많은 이의 반감을 샀다. 그는 유럽에서 벌어지는 분쟁보다는 신대륙에서 잉글랜드의 기회를 개발하는 데 더 많은 관심을 보였다.

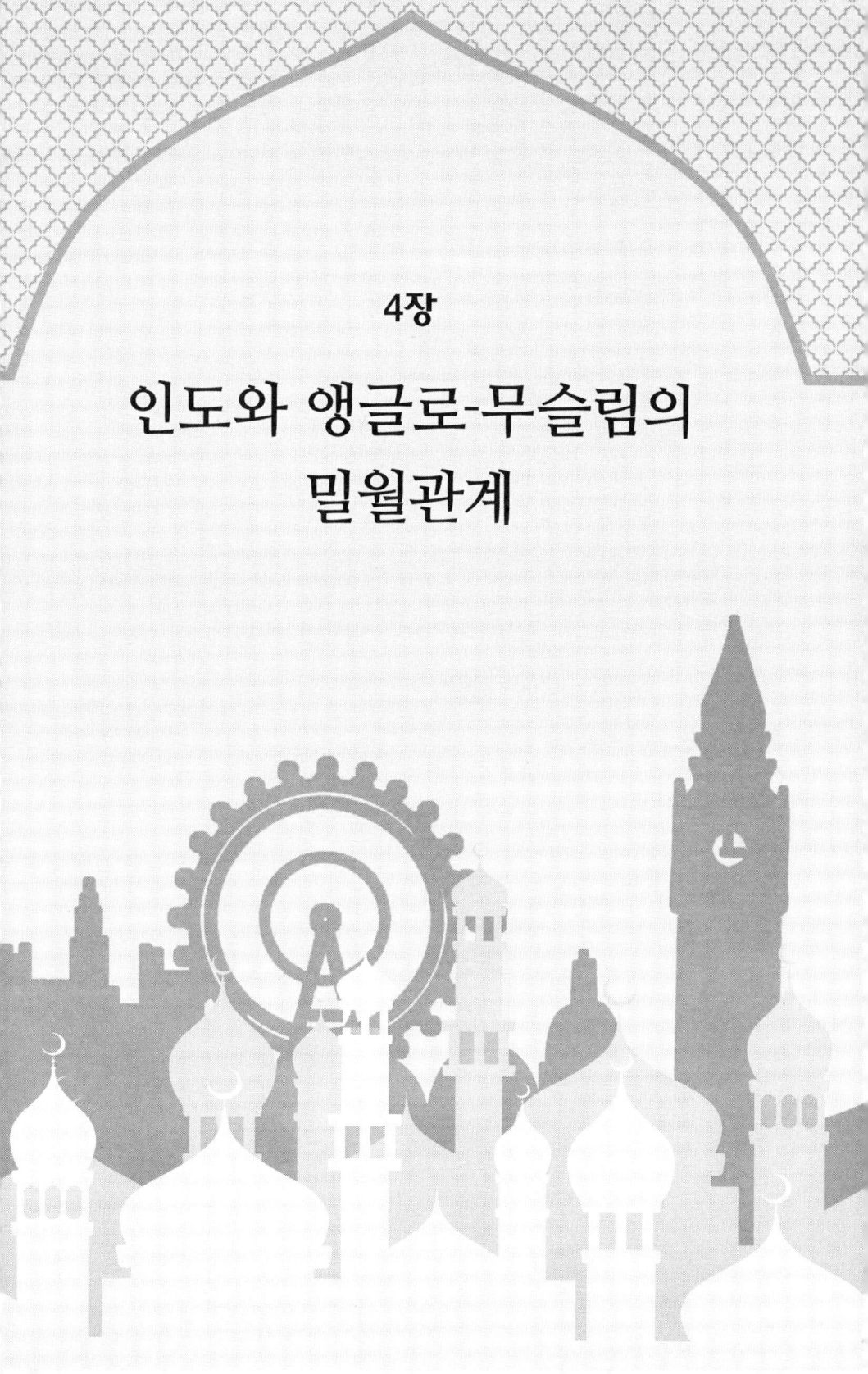

4장

인도와 앵글로-무슬림의 밀월관계

"영국은 현재 자신이 세계 최대의 모하메드제국이라는 사실을 잊고 있는 것 같다."[1] 빅토리아 시대의 위대한 여행가이자 탐험가인 버튼 경이 『아라비안 나이트』(1886)의 번역 서문에 남긴 이 말은 영국이 무슬림 공동체, 특히 17세기에 약 3천만 명의 무슬림이 거주했던 인도와의 관계가 얼마나 광범위했는지를 강력하게 상기시켜 준다. 중기 빅토리아 시대부터 20세기까지 이슬람교도를 광신적이고 성상파괴적이라고 보는 영국인들의 시각은 훨씬 더 동정적이었던 이전의 태도를 모호하게 만들었다. 영국인이 무슬림에게 가장 호감을 갖게 된 것은 인도에서였으며, 그곳에서 영국인과 무슬림의 관계는 로맨스적 측면을 갖게 되었다.

빅토리아 시대 영국인들은 자신들의 문명이 우월하다는 자부심을 가졌지만, 17세기 인도와의 관계가 시작되었을 때, 영국인들은 분명히 종속적인 역할을 수행하였다. 근대 초기에 세계는 세 개의 거대한 제국 곧, 현재의 터키에 기반을 두었지만, 그 너머로 멀리 뻗어나간 오스만 제국, 페르시아의 사파비제국, 인도의 무굴제국에 의해 지배되고 있었다. 세 제국 모두 군사력 외에도 예술, 건축, 과학, 문학 분야에서 당시 유럽보다 우월함을 보인 뛰어난 문화적 업적을 자랑하고 있었다.

17세기 초 영국이 인도와 무역을 시도했을 때, 인도는 1556년부터 1605년까지 통치한 무굴제국의 가장 위대한 황제 아크바르의 통치하에 있었다. 초기 영국 사절단이 아크바르의 호의를 구하기 위해 그의 궁정에 간청하러 가야만 했다는 사실은 아무리 강조해도 지나치지 않다. 튜더 시대의 영광에 대한 현재 영국인들의 집착은 그 시대의 영웅주의에 대한 부풀려진 애국적 전통에 기반을 두고 있었다. 대중 역사에서 엘리자베스 1세의 통치는 무적의 글로리아나Gloriana,* 그녀의 비공인 해적 드레이크Drake와 호킨스Hawkins에 대한 숭배에 영감을 주었다. 그러나 화려하고 웅장한 무굴제국에 비하면 튜더 왕실은 유럽 변방의 초라한 작은 나라였다. 영국은 동인도 제도에 이미 진출해 있던 네덜란드, 포르투갈, 스페인과 경쟁할 만한 군사력이 부족했고, 무굴 왕조에게 영국과의 교역을 강요한다는 생각은 비현실적이었을 것이다. 따라서 1600년 12월, 여왕이 왕실 칙령으로 런던 동인도 무역 상인 회사에 잉글랜드의 동인도 무역 독점권을 부여한 것은 힘보다는 신중한 외교를 통해 이득을 얻을 수 있을 것이라는 희망의 표현이었다.[2]

그러나 무역은 1623년 이후에야 무굴 왕조의 허가를 받아 진척을 이루었다. 당연히 17세기의 시기에 새로운 회사의 상업적 운명은 수익성 있는 사업으로 거듭나기 전에 약간의 부침을 겪게 마련이었다. 초기 잉글랜드의 방문자들은 무슬림 엘리트들이 통치하는 제국을 상대했지만, 총인구 약 5분의 1에서 4분의 1만이 무슬림이었다. 아크바르는 종교적인 문제에서 관용의 모델을 제시했는데, 비무슬림을 지방 총독과 세수 관리로 임명하였고, 이슬람, 힌두교 및 다른 종교 사상 사이에 많은 지적 상호 작용을 장려하였다. 게다가 무슬림 인구의 상당수는 힌두교에서 개종한 사람들이었기 때문에 종교적 관습이 정통적이

---

* 역자 주) 16세기 시인 스펜서(Edmund Spencer)가 자신의 시 "여왕 요정(*The Faerie Queene*)"에서 엘리자베스를 묘사한 칭호이다.

서기 1880년 경 무슬림 추정인구 (만 명)

영국령 인도	4,000
인도네시아/말레이시아	3,000
오스만제국	2,200
북아프리카	1,800
아라비아/시리아	1,150
페르시아 (이란)	800
중앙아시아 칸국	600
이집트	500
아프가니스탄	300

출처: 블런트(Wilfred S. Blunt), 『이슬람의 미래(The Future of Islam)』 (1882, 2007년 도판), pp. 28-29.

지 않았고, 이슬람의 엄격한 요구사항에 무지했으며 힌두교 관습이 유지되거나 일상생활에 스며들어있는 것에 개방적이었다. 무슬림은 인도 하부 대륙 전역에 걸쳐 그 수와 성격도 매우 다양했다. 아랍 상인들은 수백 년 동안 서부 해안에 존재했으며 말라바르Malabar(현재의 케랄라Kerala) 인구의 5분의 1을 차지했다. 그들은 신드와 현대 파키스탄 지역의 다른 주들에서 다수를 차지했고, 벵골에서는 인구의 절반 정도, 펀자브에서는 절반 미만을 차지했다. 하지만 마드라스와 타밀 나두에서는 5%에 불과했다. 오늘날 후손들이 방글라데시에 사는 많은 벵골의 무슬림은 신분 상승의 수단으로 이슬람으로 개종한 카스트 하층의 힌두교도였다. 한편, 북서부 지방과 갠지스 계곡의 사람들은 무슬림 침략자들의 후손이었다. 그들은 지주, 군인, 학자, 공무원으로서 지위를 확립하였고, 현재 사회지배 계급을 구성하고 있다.[3] 많은 식민지에서 영국은 통치에 유용한 방법으로 현재 또는 전 통치자들과 관계를 맺는 습관을 발전시켰기 때문에, 이러한 지위가 그 자체로 영국-무슬림 관계를 촉진하는 요인이라고 가정하고 싶다. 그러나, 인도에서는 무슬림 세력이 꾸준히 감소하고 있었기 때문에 이러한 고려는 아직 미미한 수준이었다. 17세기와 18세기에는 잉글랜드-무슬림 관계를 촉진하는 더 중요한 요인들이 있었다.

❋ ❋ ❋

비록 영국이 결국 인도에서 인종 분리와 유럽의 우월성을 전제로 자신들의 위치를 생각하게 되었지만, 초기에는 그렇지 않았다. 실제로 영국은 여러 면에서 특히 인도 무슬림과 놀라울 정도로 친밀하고 편안한 관계를 유지했다. 왜 그랬을까? 첫 번째 요소는 종교에 대한 영국의 접근 방식이 시간이 지남에 따라 약간의 변화를 겪었다는 것이다. 16세기와 17세기에 전형적이었던 종교 사상과 규율 준수에 대한 청교도적 열망 이후에, 이러한 태도가 상당히 진정되었고, 거대한 이념적 폭풍이 마침내 지나간 것처럼 보였다. 실제로 18세기는 다양한 이단 종파와 교회에 대한 관용의 점진적 발전, 심지어 많은 영국 국교회 신자들 사이에 종교에 대한 다소 완화된 시각이 특징적으로 나타났다. 귀족들은 영국 국교회의 외형적 형식을 존중하면서도 이 시기에는 일반적으로 불가지론자agnostics였으며, 18세기 후반 산업혁명으로 인구가 증가하고 사람들이 도시로 이주하면서 성공회의 영향력은 현저하게 감소했다.

이러한 배경에서 인도를 방문한 영국인 중 일부는 비유럽인 및 비

기독교인과 잘 어울릴 수 있다고 느꼈고, 일부는 인도 문명의 세련됨을 인정하고 인도 문화에 학문적 관심을 갖기도 했다. 주목할 만한 영향력 있는 사례 가운데 하나는 존스 경Sir William Jones(1746~1794)의 예이다. 그는 젊은 시절 아랍어와 페르시아어를 익혀 인도 역사 연구자가 되었고, 1778년 벵골 판사가 되었으며, 인도 연구에 전념하는 최초의 학회인 벵골 아시아 학회를 창립한 저명한 동양학자로 알려져 있다. 존스 경은 아라비아, 카슈미르와 같은 지역의 자유롭고 소박한 삶을 사랑했고, 유럽인들이 아시아에 더 친근하게 다가갈 수 있도록 노력했으며, 문명사회에 탐욕과 부패라는 반갑지 않은 요소를 도입한 것처럼 보이는 동인도회사를 별로 좋아하지 않았다. 그는 산술, 기하학, 논리학에 대한 인도인들의 공헌에 주목하면서 체스 게임, 십진법, 문법학에 대한 그들의 발견을 "유능하고 창의적인 천재성으로 칭송받을 자격이 있다"는 증거라고 찬사를 보냈다.[4]

어쨌든 인도에서 종교에 대한 영국의 태도는 적어도 초창기에는 동인도회사에 의해 크게 완화되었다. 물론 기독교와 이슬람교 모두 강력한 선교 영향력을 발휘했지만, 힌두교와는 완전히 대조적이었다. 힌두교 신자들은 일반적으로 영혼을 영원한 저주에서 구원하려는 열망을 보이지 않았던 대신에 인간들은 자신이 태어난 사회의 규칙에 따라 도덕적으로 품위 있는 삶을 살기 위해 최선을 다해야 한다고 주장했다. 그러나 동인도회사는 영혼 구원에는 관심이 없었고, 인도의 문화와 제도는 가능한 한 그대로 두어야 한다고 믿는 오리엔탈리스트였다. 따라서, 그들은 기껏해야 상업 활동에 걸림돌이 되고, 최악의 경우 현지인들 사이에 적개심의 원인이 되기도 하는 기독교 선교사들을 받아들이려 하지 않았다. 또한, 일부 직원들은 아시아 사회의 매력에 빠져들어

훗날 낭만주의 운동이라고 불리게 되는 것을 예고하면서, 서유럽에 비해 단순하고 도덕적으로 우월한 아시아 사회의 모습을 칭송하였다.

영국-인도 관계에 대한 또 다른 주요 설명은 인도를 방문한 초기 영국인들이 매우 작은 유럽 공동체에서 대부분 고립되어 있었다는 것이다. 따라서 그들은 곧 현지인, 특히 영국인들의 주요 중심지인 캘커타, 봄베이, 마드라스 외곽에 사는 사람들 사이에서 동료를 찾았다. 그 결과, 다수의 잉글랜드인은 포르투갈인의 선례와 같이 인도인의 생활방식을 받아들였을 뿐만 아니라 인도인 남녀와 교제하는 등 놀랍도록 광범위한 앵글로-인도 사회생활을 발전시켰다. 아그라의 한 잉글랜드인이 쓴 글에 따르면, "여기 이 도시 한복판에서 우리는 고기, 음료, 의복 등 모든 면에서 이 나라의 관례에 따라 살고 있으며 … 바닥에 앉아 고기를 먹거나 담론을 나누는 이곳의 관습을 따르며 살고 있다. 방들은 일반적으로 카펫으로 덮여 있고, 기댈 수 있는 높고 큰 둥근 쿠션이 있다."5) 회사 직원들은 보통 인도 음식을 먹고, 오른손으로 밥을 먹었으며(왼손은 세정에 사용되기 때문에), 기후에 적합한 헐렁한 인도 옷을 입고, 물담배 파이프를 피우고, 소화를 돕기 위해 빈랑betel nut을 씹고, 현지 언어를 배우고, 하맘의 즐거움을 누렸다. 델리 주재 영국인 오크터로니 경Sir David Ochterlony의 조수였던 프레이저William Fraser는 페르시아어와 아랍어를 배웠고, 7명의 인도인 아내를 거느렸으며, 힌두교도와 무슬림 손님을 위해 소고기와 돼지고기를 끊고, 무굴 스타일 옷을 입었고 "반은 아시아 사람과 흡사한 습관을 가진 사람으로 … [인도] 내면의 삶에 대해 진실되고 깊은 이해를 하고 있었다. 힌두어와 페르시아어는 그의 모국어와도 같았다." 프레이저는 달림플William Dalrymple이 말한 것처럼, '무굴 세계와 회사 거주지 세계 사이에 일종의 앵글로-무

굴 이슬람-기독교 완충지대를 형성하는 하이브리드 라이프 스타일'을 즐겼다.[6]

이러한 사회생활에는 힌두교도도 관련되었지만, 영국인들은 일반적으로 무슬림과의 사회적 관계가 더 편하다고 느꼈다는 점은 주목할 만하다. 그 이유는 아마도 인도에 무슬림이 많기는 했지만, 영국인들과 함께 소수 집단을 대표하고 있었기 때문일 것이다. 유럽인들에게 가장 놀랍고 충격적인 것은 대다수를 차지하는 힌두교도의 관습과 풍습이었으며, 이와는 대조적으로 기독교인과 무슬림이 종교적으로나 사회적으로 얼마나 많은 공통점을 갖고 있었는지 뚜렷하게 보여준다. 많은 힌두교도가 무슬림을 만지기도 싫은 천민으로 간주하고 함께 식사하는 것을 거부했기 때문에 영국인들은 무슬림과 어울릴 가능성이 더 높았다. 영국인들은 무슬림 여성과 더 좋은 관계를 유지하기 위해 할례를 받은 것으로 알려져 있다.[7] 종교로서도 힌두교는 확실히 더 이질적이었다. 예를 들어, 힌두교 신자들은 지옥이나 천벌과 같은 기독교 사상에 경악을 금치 못했다. 이집트와 인도 무슬림에 대해 늘 비판적이었던 크로머 경Lord Cromer 조차도 "이슬람교의 종교적 구조는, 상대적으로 섬세하고 신비로운 힌두교의 기반보다 유럽인의 정신에 훨씬 더 쉽게 이해된다"고 말했다. 어쨌든 인도 무슬림은 사회적으로 높은 수준에 올라갈수록 사회적 행동이 유연하고 영국식 습관을 기꺼이 받아들였다. 예를 들어, 코코넛으로 만든 술인 아락arrack은 브랜디와 비슷하여 잉글랜드인들이 매우 쉽게 받아들일 수 있는 주류였다. 아락은 '아침에는 완하제, 저녁에는 수렴제'로 복통에 효과가 있다고 알려졌다. 무슬림들은 잉글랜드인들과 식사를 할 때 일반적으로 술을 마셨고, 술을 잘 마시는 것으로 유명했다. 그들은 또한 병을 열었을 때 터지는 거품 때문에 영국 병맥주에 흥미를 느꼈다.

18세기에 가장 악명 높은 영국계 인도인은 아마도 커크패트릭James Achilles Kirkpatrick 중령(1764~1805)일 것이다. 그는 인도 최대 주를 통치한 왕자 중 가장 저명한 인물이었던 하이데라바드Hyderabad의 니잠nizam of Hyderabad(과거 인도 하이데라바드국의 통치자의 칭호 - 역자 주) 궁정의 영국 공사였다. 이슬람 문화의 최대 중심지 중 하나였던 그곳에서 현지 스타일을 따르고 싶어 했고, 그의 직책상 현지 통치자와 친밀하고 우호적인 관계를 유지해야 했기 때문에 적어도 어느 정도까지는 건전한 전략이었다. 커크패트릭은 무슬림 복장을 하였고, 인도식 '수염'을 기르고, 무슬림 귀족처럼 손에 헤나를 바르고, 심지어 집 뒤편에 하렘을 만들기도 했다.

그러나 커크패트릭은 훨씬 더 나아갔다. 그는 귀족의 딸이자 선지자의 직계 후손을 의미하는 사이다Sayeeda, 즉 14세 소녀 카이르-운-니사Khair-un-Nissa와 사랑에 빠졌다. 그는 그녀와 결혼하여 두 아이를 낳고 이슬람교로 개종했다. 소녀의 가족은 낙태를 요구했지만, 그녀의 어머니는 종파적 종교적 분열이 아니었다면 '모세, 예수, 모하메드의 구별이 세상에 알려지기 전에 할 수 있었듯이' 그가 카이르와 쉽게 결혼할 수 있었을 것이라고 생각했다.[8] 1801년 카이르가 임신했을 때, 영국 당국은 현지의 반발을 우려해 두 사람 관계에 대한 조사를 시작했고, 커크패트릭을 정치적 관점에서 신뢰할 수 있는지 여부를 검토했다. 그러나 커크패트릭은 뛰어난 군인이자 외교관으로서 외교적 수단을 통해 프랑스군의 철수를 확보하고, 니잠을 설득해 영국과 조약을 체결하고 대국을 동맹국으로 끌어들였던 인물이었다. 그는 인도아대륙에서 영국의 세력을 강화하는 데 결정적인 역할을 하였다. 특히 커크패트릭은 아내와 자녀들에게 충실하기로 결심했기 때문에 영국 공사로서의 그의 임기를 단축하는 것 외에는 할 수 있는 일이 많지 않았다. 이 시기 인도의 많은 영국인 공무원들이 그랬던 것처럼 커크패트릭도 그의 상관을 짜증나게 했지만 무사히 넘어갔다.

❋ ❋ ❋

19세기 이전의 인종과 종교에 대한 태도를 특징짓는 비교적 유동적인 접근 방식은 정통 인도 민족주의 저술이나 전통적인 영국 역사서술에서 충분한 주목을 받지 못했다. 그 이유는 '토착민화'한 사람들을 비난했던 빅토리아 시대 사람들이 엄격한 인종 분리를 통해서, 그리고 영국인이 위대한 인종이라는 사상을 장려함으로써 영국의 통치가 유지될 수 있다고 열렬히 믿으며 발전시킨 인종차별적 선전에서 찾을 수 있다. 이와 대조적으로 초기 영국-인도 관계보다 편안한 태도는 개인적-정치적 이유와 관련되어 있었다. 17세기와 18세기에 일부 직원들은 동인도회사에 대한 신뢰를 잃었고 원주민 왕자들에 대한 동정심을 키워갔다. 그들이 이슬람교로 개종하고 할례를 받을 준비가 된 것은 충성심에 근본적인 변화가 있음을 나타내는 것으로 여겨졌다. 1616년 초, 델리 주재 영국 대사였던 로 경은 영국인이 이슬람으로 [개종하는] 변절에 대한 두려움으로 무굴 황제와 협정을 체결했다. 그는 모든 영국인 개종자를 회사 측에 넘겨주기를 원했다. 샤 자한은 처음에는 거부했지만, 결국 로의 요청에 동의했다. 그러나 영국은 인도아대륙 전역에 널리 흩어져 있고 회사를 그만둔 후 종교를 바꾸는 선택을 한 동포들의 행동을 통제할 방법이 거의 없었다. 때로 빨리 부자가 되고 싶어 하는 남자들

가운데, 개종의 동기가 종교 자체의 매력보다 기회주의적인 경우도 있었다. 예를 들어, 1652년 수라트Surat에서는 약 23명의 남성이 지역 왕자 밑에서 일하기 위해 회사를 그만두었다. 분명히 무굴 정부는 그러한 사람들을 차출하기 위해 영국인 공동체에 대리인을 배치하는 것이 가치 있다는 것을 알았다.[9] 그러나 18세기에 걸쳐 무굴 정부가 효율성을 잃으면서 이러한 관행은 점차 쇠퇴해 갔다. 반면에 영국인들이 인도 왕자들 궁정에서 효과적인 외교를 펼쳐야 한다면, 영국 대표들이 최소한 현지 언어를 배우고 현지 문화에 어느 정도 친숙해지는 것은 바람직한 것이었다. 실제로 영국의 공식적인 정책은 이질적인 통치 방식을 완화하기 위해 힌두교, 이슬람교, 시크Sikh교 왕자들과 여러 조약을 협상함으로써 이러한 필요성을 인식했다. 시간이 지나면서 왕자들은 민족주의의 발흥을 막는 보루로 여겨지기도 했으며, 지나친 낙관론으로 밝혀졌지만, 많은 이가 진심으로 친영파가 되었다.

❈   ❈   ❈

영국인의 관점에서 볼 때, 커트패트릭 사례와 같은 관계의 진짜 문제는 성적 관계가 아니라 인도인과의 혼인에 있었다. 섹스 자체는 그다지 문제가 되지 않았고 관리할 수 있는 문제였다. 세계의 이국적인 지역에 표류하게 된 영국 젊은이들이 제국을 갖는 이점 중의 하나가 다양한 성행위라는 것을 발견하는 것은 불가피한 것이었다. 한동안 동인도회사는 영국 여성을 데려와 1년 후에 결혼한다는 조건으로 숙식을 제공하려고 시도하였다. 하지만 스캔들이 너무 많이 발생하여 계획이 폐기되었다.[10] 남성들이 비비스bibis라고 알려진 인도 여인과 각자 자체적으로 관계를 맺도록 허용하는 것이 더 간단하다는 것이 입증되었다.

그러나 이것은 군대에 큰 문제를 발생시켰다. 인도에서 결혼을 허가받은 병사는 겨우 12%였고, 실제로 결혼한 비율은 5%였다. 당국은 영국 군인들이 결혼하더라도 순결을 유지할 것이라고는 한순간이라도 상상한 적이 없었기 때문에 섹스의 자유 시장은 필연적으로 발달할 수밖에 없었다. 그러나 이것은 군대 내에 성병을 매우 널리 퍼뜨리는 결과를 가져왔기 때문에 19세기에는 영국 병사의 약 3분의 1이 현역 복무에 부적합하게 될 정도였다. 이러한 이유로 각 연대는 남성 병사들을 위해 많은 수의 여성을 군 병원에 수용하고 정기적으로 질병의 징후를 검사하도록 했다. 19세기에는 악습을 진압하기 위한 캠페인들이 때때로 당국이 시행한 이러한 감금 병원을 폐쇄하게 만들기도 했다. 하지만, '청년들이 다시 매독에 걸리면서' 이는 오래 가지 못했다.[11] 이러한 조치의 기저에는 이성애 관계에 대한 접근을 막으면 남성들이 서로에게 감정을 갖게 되고, 규율과 투지를 약화시킬 것이라는 암묵적인 두려움이 깔려 있었다. 성병 전문병원은 군인들이 남자다움을 유지하는 데 도움이 되었다. 결국 임기를 마친 영국 병사들은 종종 인도에 남아 철도에 취직하거나 현지 여성과 결혼하는 것을 선택했다. 그 결과 1901년에는 혼혈인 또는 '유라시아' 인구가 8만 9천 명에 달했다.

군 당국이 직면한 딜레마는 가정에서라면 훨씬 더 위험하거나 부끄러웠을, 비정상적인 형태의 성관계에 대한 광범위한 기회를 제국이 제공했다는 의심할 여지 없는 사실에 있다. 전쟁 동안 북서쪽 국경에서 구르카 장교로 복무한 마스터스John Masters는 이렇게 말했다.

우리 사회는 남성만 있는 단성 사회였다 … 항상 부자연스러운 긴장이 있었다 … 어떤 이들은 승화*를 시도했고, 어떤 이들은 폴로 공을 쫓고 어떤 이들은 자고새를 쫓았으며, 어떤 이들은 일에 몰두했고, 어떤 이들은 병든 창녀에게 갔고 어떤 이들은 서둘러 결혼했다 … 그리고 푸대접 외에는 죄가 없을 만큼 죄가 너무 많은 그 크고 태평한 나라에서 몇몇 동성애자들은 비교적 편안하게 그들의 비밀 스타를 따라갔다.[12]

18세기에는 상류층 남성 약 4분의 1이 결혼하지 않은 것으로 추정되며, 시간이 지남에 따라 태도가 경직되고 동성 성관계에 관한 법이 엄격해지면서 그들은 국내 사회에서 더 불편함을 느꼈다. 그 결과 동성애자들은 군에 입대하여 제국으로 출국하는 경우가 점점 더 많아졌고, 아프리카와 오스트레일리아 모두 많은 기회를 제공하였다. 고든 장군General Charles Gordon, 키치너 경Lord Kitchener, 세실 로즈Cecil Rhodes 등, 영제국 확장의 위대한 영웅들 중 일부는 여성에게 관심이 없었고, 미혼의 젊은 남성을 고용하는 관행을 만들었으며 일반적으로 소극적인 의미의 동성애자로 간주되었다.

영국인들은 유럽과 중동과 같은 유대교-기독교 사회를 제외한 대부분의 나라에서와 마찬가지로 인도에서 동성 관계에 대한 태도가 비교적 느슨하다는 사실을 훨씬 일찍 발견했다. 인도 남성들은 대화 중에 일상적으로 서로를 만지기도 하고, 가벼운 우정 이상의 의미가 없더라도 붐비는 시장에서 잠시 손을 잡기도 했다. 그러나 일부는 여기서 더 나아가 영국인들이 조심스럽게 '동양의 특별한 악습'이라고 부르는 행위를 하였다. 총독으로서 커즌 경Lord Curzon은 왕자들의 성행위

---

* 역자 주) 심리학에서 원래의 충동이나 감정을 보다 사회적으로 용인되는 형태로 전환하는 것을 의미한다.

를 규제하려고 시도했는데, 처음에는 그들이 영국 여성과 사건을 만든다고 생각했던 이유에서였지만 일부가 동성 관계를 맺었기 때문이기도 했다. 자신도 일찍이 남성과 관계를 가졌던 경험이 있었기 때문에 민감했던 것인지, 커즌은 동성애 성향의 왕자 명단을 작성하기도 했다. "나는 그것이 조혼 때문이라고 생각합니다"라고 그는 말했다. "남자는 어린 나이에 아내나 여자에게 싫증을 느끼고 좀 더 새롭고 흥미로운 감각의 자극을 원하게 된다."[13] 그는 어린 왕자가 동성애자인 것을 발견하고 그를 자신이 설립한 인도의 제국 사관학교Imperial Cadet Corps에 보내 자제력을 배우게 했다. 그러나 그의 참모들이 지적했듯이, 왕자는 이미 동성애 경험이 있는 영국 출신의 다른 젊은이들을 만날 것이 확실했기 때문에 그것이 해결책이 아니었다. 이런 사회에서는 관료가 동성애를 없애는 것은 불가능했다. 펀자브는 로렌스Henry Lawrence, 에드워즈Herbert Edwardes, 니콜슨John Nicholson의 삼각 우정 형태로 악명 높은 동성애 시설의 중심지였다. 그들은 서로 사랑했고, 주변에 모인 젊은 남성 후원자들(기독교인과 파탄족Pathan 모두)과도 사랑에 빠졌다.[14]

군사적 관점에서 볼 때, 전사 종족 이론martial-race theory*의 영향을 받은 영국인들은 인도인을 벵갈족과 같은 나약한 인종과 펀자브 및 북서부 전사 종족으로 분류할 수 있다고 확신했다. 후자의 무슬림은 전사 종족에 대한 영국 이론에 딱 들어맞았고, 당연히 시크교도와 함께 영

---

* 역자 주) 19세기 후반과 20세기 초반에 영국에서 유행했던 군사학적 인종 이론으로 혈통적으로 병사가 되기에 적합한 민족이나 계급이 존재하는데, 군의 전력을 극대화하기 위해선 전사 종족을 선별해 중점적으로 활용해야 한다는 것이다.

국군을 강력하게 대표하게 되었다. 많은 무슬림 군인들은 토지가 열악한 지역 출신이었고, 가족들은 군입대로 인한 추가적인 수입과 명성을 높이 평가했다. 그들은 이슬람 사원 건설을 돕고 학교와 메카 순례 비용 지급을 돕기 위해 돈을 집으로 보냈다. 영국군은 기도와 스포츠를 위한 별도의 집회를 열어 무슬림 군인들을 달래기 위해 노력했으며, 무슬림이 승인한 방식으로 도축한 고기를 먹도록 주선하기도 했다. 1차 세계대전에 참전한 한 병사는 "사히브 대령Colonel Sahib은 우리 무슬림들을 위해 훌륭한 준비를 해주었다. 금식 기간에 우리의 음식을 아주 훌륭하게 준비해 주었다"[고 말했다].[15] 이러한 관계의 결함은, 1878년~1880년 아프간 전쟁에서 파탄족이 자주 탈영했던 것처럼 무슬림이 힌두스탄이나 인도 북서부 외곽에서 동료 무슬림과 싸워야 할 때 발생했다. 그 결과 1890년대에 이르러 영국은 국경 전쟁에서는 무슬림을 고용하는 것을 중단했다.[16]

더욱이 전투의 자질과 전통적인 남성성을 동일시하는 영국인의 성향은 다소 순진한 것으로 판명되었다. 사실, 남성다움과 동성애는 특히 북서부 지방의 파탄족 사이에서 공존하고 있었는데, 파탄족은 전투적인 자질로 영국인들에게 많은 칭송을 받았다. 마스터스는 파탄족이 서유럽의 여성스러운 동성애자들과는 다르다고 보았다. "그들은 종종 긴 머리에 장미를 달고, 맨해튼의 요정들이 주최하는 게이 칵테일 파티에 파탄족이 입장하는 모습을 보고 싶다는 생각을 자주 한다."[17] 그는 "상처받은 마음Wounded Heart"이라는 제목으로 시작되는 유명한 파탄족 노래를 회상했다. "강 건너편 복숭아를 닮은 하체를 가진 소년이 있지만 아쉽게도 나는 수영을 할 수 없네." 동성애를 바라보는 태도의 변화에도 불구하고 파탄족은 영국군대에서 계속 역할을 맡았다. 1915

년까지만 해도, 한 사람이 영국에서 연인에게 편지를 보내며 자신의 전출에 대해 불평하고 있었다. "하지만 지금 나에게는 아름다운 백인 소년이 있다. 그는 내 하사관이고 나는 매우 행복하다."[18] 1909년부터 다르질링, 페샤와르Peshawar, 펀자브, 라자스탄에 주둔했던 시어라이트 대위Captain Kenneth Searight는 파탄족 10대들과의 성관계에 대한 기록을 원고로 남겼다.[19] 파탄족은 남성다움을 잃지 않으면서도 솔직하고 단호하게 동성애를 할 수 있었기 때문에 이러한 관계는 일부 영국 군인과 관리들에게 큰 매력을 발휘했다. 상류층 남성이 의심을 사지 않고 자신에게 필요한 것들을 세심하게 돌봐주는 하인이나 부하를 두는 것이 정상이었던 세상에서 그들의 감정은 큰 어려움 없이 포용될 수 있었다. 공식적인 세계는 그들의 무사로서의 자질을 인정했고 사적인 행동에 대해서는 대부분 눈을 감았다.

❋ ❋ ❋

그러나 영국인과 인도 무슬림 사이의 이러한 긍정적인 관계는 시간이 지남에 따라 복잡해졌다. 빅토리아 시대에 무슬림에 대한 반감이 커지기 전에도 일부 영국 남성이 적과 친교를 맺고 있다는 주장이 제기된 적이 있었다. 18세기에 무굴제국이 쇠퇴하면서 영국이 무굴제국의 권력을 효과적으로 빼앗았다는 사실을 완전히 가릴 수는 없었다. 영국이 무굴제국의 황제를 이슬람교도의 위대함의 상징으로 델리에 그대로 두면서, 영국 공사들의 조언과 압력에 따라 각 주에서 효과적인 내부 통제를 하는 무슬림 태수들Muslim nawabs과 조약을 맺어 통치의 이질감을 완화 시키고자 노력했다는 것은 의심의 여지가 없다. 그 외에도 영국은 러크나우Lucknow, 델리, 하이데라바드 등, 이슬람 문화가 번성했던 도시에서 이슬람 문화를 지원하고 발전시켰다. 델리에서 무굴제국의 마지막 황제인 바하두르 샤 자파르 2세Bahadur Shah Zafar II는 화려한 궁정을 주재하며 예술과 문학을 후원하고 우르두어와 페르시아어 시를 쓰고 수피즘에 관한 작품을 썼으며 정원을 만들고 건물을 설계하였다. 영국이 델리 행정부를 장악하고 주화에서 황제의 이름을 삭제함으로써 그를 모욕하게 되면서 이러한 유화정책은 다소 훼손되었다. 점점 더 그는 레드 포트Red Fort에* 갇혀 있게 되었고 연금만 지급받는 신세가 되었다. 비록 많은 관리가 델리와 다른 이슬람 수도들을 점점 부패와 퇴폐의 중심지로 생각하는 경향이 늘었지만, 그러나 이들의 존속은 무슬림의 명성과 업적에 대한 개념을 유지하는 데 어느 정도 도움이 되었다.

더 중요한 것은, 비록 이슬람 자체가 쇠퇴하지 않았다는 사실을 간과하긴 했지만, 무슬림 통치자들의 정치력 쇠퇴를 반영해 인도 이슬람에 대한 영국의 폄하 현상이 나타났다는 것이다. 이와는 반대로 18세기에는 학식을 갖춘 무슬림들이 종교적 전통을 적극적으로 발전시키고 있었다. 이는 이슬람 도서관 건립, 신전의 성장(예를 들어, 치쉬티 수피Chishti Sufi 교단이 많은 새로운 교사를 배출한 펀자브에서), 그리고 러크나우의 피랑기 마할Firangi Mahal 신학교에 학식 있는 무슬림의 모임, 델리의 샤 왈리울라Shah Waliullah, 샤 압둘 아지즈Shah Abdul Aziz와 같은 유명한 교사들이 작성한 종교서, 아르코트Arcot의 태수들을 비롯한 왕자들이 학식 있는 무슬림들에게 제공하는 생계비 등의 형태로 나타

---

* 역자 주) 인도 델리의 올드 델리 지역에 있는 유서 깊은 요새로, 역사적으로 무굴 황제들의 주요 거주지로 사용되었다.

났다. 영국인들은 캘커타 마드라사Calcutta Madrasa, 델리 대학, 마드라스 이슬람 문학 협회Mohammedan Literary Association of Madras를 설립하여 이슬람 연구 발전에 기여했다. 그러나 그들은 무슬림 사회의 더 높은 수준을 넘어선 종교적 부흥주의가 외국인의 통치에 대한 반작용을 반영하고 있다는 사실을 빨리 인식하지 못했다. 영국인의 사회적 행동, 음식, 음주 및 성생활에 반발한 많은 무슬림은 유럽인의 문화와 습관에 더 깊이 관련되기보다는 자신의 종교를 정화하고 부흥시키기를 열망하였다. 1800년 무렵, 일부 무슬림들은 무굴 시대의 전형적인 타 종교와의 관용적 공존에 종지부를 찍고, 보다 엄격한 아랍식 이슬람을 주장하기 시작했다.[20]

실제로는 그렇게 되지 않았지만, 무슬림이 비무슬림 통치자들에 대해 성전이나 지하드를 수행해야 할 의무가 있다는 널리 퍼진 가정으로 인해, 영국인의 생각은 복잡해졌다.[21] 이러한 오해는 주로 코란이 처음 쓰여진 내용으로부터 비롯된 것이었다. 7세기 아라비아에서 전쟁을 벌이던 부족들 사이에서, 무슬림들은 자신들이 약하다고 느끼고 있었기 때문에, 스스로를 지키기 위해서는 신이 정한 전쟁이 불가피했다. 그러나 신은 용서하고, 세금을 내고 자선을 베푸는 사람들은 평화를 누릴 수 있었기 때문에 전쟁은 항상 조건부로 허용되었다. 이후 무슬림이 무기를 들어야 하는지 여부에 대한 질문은, 맥락과 상황, 특히 불신자 지역 공동체와의 관계에 크게 의존하게 되었다. 이슬람 세력이 주요 제국 군대와 교전할 때, 그들은 전쟁에서 신성한 권위를 누리는 것이 바람직하다고 생각했다. 그러나 18세기와 19세기 영국령 인도의 경우에서는 이것이 거의 적용되지 않았다. 무슬림 세력이 단순히 확장을 멈춘 게 아니라 실제로 줄어들기 시작했기 때문에 성전의 필요성은 그다지 분명하지 않았다. 일부 인도 무슬림들은 힌두스탄에서 영국의 역할로 인해 이 지역이 '전쟁의 거처Abode of War'라는 뜻의 '다르 알-하르브'가 되었고 따라서 군사적 표적이 되었다고 주장했다. 하지만, 다른 이들은 지배적이었던 힌두 마라타 왕자들을 영국이 개조시킨 것이라고 반박했다. 중립적인 의견은 인도가 이슬람을 자유롭게 실천할 수 있는 나라이므로 무슬림들이 평화롭게 살 수 있다는 것을 받아들이도록 조언했다.

영국은 비록 현실에서는 무굴 세력이 사라졌지만, 무굴 세력에 대한 환상을 어느 정도 유지하려 했기 때문에, 자신들의 통치가 이슬람을 유지하거나 심지어 보호하고 있다고 주장할 수 있었다. 그러나 이에 대해 회의적인 시각을 가진 사람들도 있었다. 헤버Reginald Heber 주교는 "공정한 기회가 주어진다면 무슬림들은 기꺼이 그 기회를 이용해 우리에게 대항할 것이다. 그러나 이것은 정치적 또는 종교적 감정에서 비롯된 것이다"라고 보았다.[22] 그러나 헤버는 동인도 회사가 무굴 황제의 이름으로 통치한다고 많은 무슬림이 믿고 있다는 것을 알고 있었다. 따라서 그들에게 저항할 명확한 의무감 같은 것이 없었고, 실제로 인도의 무슬림 대부분은 오히려 자신의 직업을 추구하고 세금을 납부함으로써 자신의 상황을 최대한 활용하려고 했다. 벵골 무슬림의 천년 운동과 말라바르Malabar 해안의 모플라Moplah(마필라Mappila) 반란 등, 가끔 반란이 일어나기도 했지만, 이는 매우 국지적이었고 종교적 성격이 강한 사회적 반란이었다. 펀자브와 갠지스 계곡의 무슬림들에 대해 안정적인 열쇠는 영국군이 전통적으로 북서쪽 국경에서 오는 침략에 대해 방어해 준다는 점에서 영국군을 계속해서 '자신들의' 군대로 인식하게 하는 것이었으며, 이 생각은 영국군이 더 멀리 진출하지 않는 한 신뢰를 유지할 수 있도록 하였다. 1839년과 1878년 아프가니스탄에 대한 영국의 개입만이 이러한 환상을 무너뜨렸다.

❈   ❈   ❈

그러나 18세기 말, 국내의 사상적 변화는 동인도회사의 초창기에 일반적이었던 편안한 관계를 약화시키기 시작했다. 특히 복음주의자, 공리주의자, 자유를 존중하는 자유 무역업자들의 사상에 영향을 받은 사람들은 동인도회사의 특권적 지위를 점점 더 부정적으로 바라보기 시작했다. 예를 들어, 자유 무역업자들의 관점에서 볼 때, 가격을 올리기 위해 차의 공급을 억제하는 회사의 관행은 명백히 공공 이익에 반하는 행위였다. 결과적으로 무역 독점을 제거하는 것이 중요한 목표가 되었다. 또한, 1780년대에서 1820년대 사이에 인도에 간 젊은이들은 점점 더 노년층의 느긋한 태도를 경멸하고 그들이 원주민의 느슨한 기준을 받아들였다고 생각했다. 공리주의자들은 인도에서처럼 국내에서도 사회에 대해 비판적이었지만, 제국에서는 그들의 혁신을 실행하는 데 장애물이 적었다. 이들은 인도의 한 지역을 관리하는 [직책에] 임명되면 현지 의견을 수렴하지 않고 개혁을 시행했는데, 예를 들어 이들에게 인도는 사실상 토지세 등에 대한 새로운 아이디어를 시험해 볼 수 있는 거대한 실험실과도 같았다. 무엇보다도, 부분적으로는 산업화에 대한 우려와 현대 교회의 세속주의와 안일함에 대한 반작용에서 비롯된 종교적 열정의 부흥으로 인해 동인도회사는 약화되었다. 이는 성공회 내의 복음주의 운동과 감리교의 급속한 성장으로 나타났다. 인간의 타락에 대한 근본적인 믿음과 기독교인들의 적극적인 신앙생활의 필요성에 감동한 복음주의자들은 인도 사회의 후진성과 퇴폐에 대해 비판적이었고, 그 결과 이교도들을 구원하기 위한 선교 사업을 장려하였다. 그들에게 있어서 영국의 목적은 단순히 인도에서 돈을 버는 것이 아니라 인도를 개선시키는 데 있었다. 그러나 이러한 사업에서, 동인도회사 사람들은 인도 사회를 거의 그대로 받아들이고 선교사들의 입국을 거부했기 때문에 큰 장애물이었다.

그러나 시간이 지남에 따라 복음주의자들은 노예무역의 폐지에서 알 수 있듯이 특히 의회에서 영향력을 얻게 되었다. 1800년 이후, 열렬한 복음주의자들은 동인도회사에 의도적으로 침투하여 후에 회장으로 추대된 그랜트Charles Grant 같은 지지자들을 이사회에 넣었다. 회사는 비슷한 견해를 가진 젊은이들을 점차 더 파견했으며, 특히 펀자브 지역은 헨리와 로렌스Henry and John Lawrence, 해브록Henry Havelock, 니콜슨John Nicholson, 에드워드 경Sir Herbert Edwardes 등, 복음주의자들이 모여 있는 곳으로 유명했다. 의회와 회사 내에서 이들의 영향력으로 인해 의회와 회사 내의 정책은 불가피하게 변하게 되었다.

회사의 입장에서, 문제는 20년마다 의회가 헌장을 갱신해야 한다는 사실에 있었다. 1813년과 1833년의 새로운 헌장 초안은 무역에 대한 회사의 기존 독점권을 폐지하고 인도에 선교사를 입국시키도록 강제함으로써 문제를 혼란에 빠뜨렸다. 그러나 그 영향이 과장되어서는 안될 것이다. 1851년까지 인도에는 1억 5,100만 명으로 추산되는 인구 중, 안수받은 선교사가 339명에 불과했고, 그들의 활동은 주로 남부에 집중되어 있었다. 반면에 선교사들은 개종자를 많이 만들지는 못했다. 하지만, 인도인들을 매우 업신여기면서, 특히 군대에서는 일부 장교들이 병사들에게 개종을 권유하는 등 그들의 존재가 혼란을 야기하기도 했다. 1814년 헤버가 캘커타의 초대 주교로 임명되었을 때, 그가 인도인들에 대해 매우 부정적인 시각을 갖고 있었기 때문에 큰 난제가 발생하였다. 헤버는 기독교가 인도아대륙의 사악한 이교도들을 상대로 거룩한 전쟁을 벌이고 있다는 생각을 찬송가를 통해 전파했다. 평소에 파자마와 터번 차림에 13명의 인도인 아내(이슬람교로 개종한 젊은 춤추는 소녀 브라만 포함)를 거느리고 자녀를 무슬림으로 키우겠다고 제안한 델리 영국 공사 오크터로니 경Sir David Ochterlony을 만나고 나서 그[헤버]는 충격을 받았다. 인도에 새로 부임한 신병들에게 오크터로니가 운영하는 영국-힌두교-무슬림의 통합 체제는 완전히 혐오의 대상이었다.

1827년부터 1835년까지 총독으로 재임한 벤팅크 경Lord William Bentinck과 관련된 공식 정책의 변화로 인해 개혁가들의 역할은 더욱 강조되었다. 벤팅크는 복음주의의 영향을 받은 젊은이들의 전형적인 예로, 회사의 상업적 성공에 초점을 맞추기보다는 철저한 개혁가로서 인도에 부임한 최초의 총독이었다. 그 결과 군대 내 채찍질 금지, 지역 간 노예무역 폐지, 영어의 공용어 채택, 투기thuggee와 수티suttee*의 폐지 등 일련의 인도주의적 개혁을 단행했다. 그 과정에서 회사의 성격이 완전히 바뀌었다. 원래는 직원들을 위한 무역과 주주들의 만족을 위한 이윤 추구를 하는 해적과 같은 접근 방식을 즐겼지만, 1800년대에는 토지 수익을 모으는 일상적인 업무에 더 집중하면서 상업적 조직이라기보다는 관료 조직에 가까워졌다.

---

* 역자 주) 투기 – 종교적 제재를 받는 강도 행위를 가리킨다. 수티 – 남편의 장례식장에서 미망인을 태우는 행위를 가리킨다.

✳ ✳ ✳

전통적으로 인도 반란으로 알려진 1857년 반란의 책임을 상업과 보수주의에서 서유럽식 개선과 개혁으로의 전환 때문이라고 생각하고 싶기도 하다. 그러나 영국의 혁신이 투기나 수티(또는 사티sati)와 같은 힌두교 관습에 큰 영향을 미쳤다는 점은 주목할 필요가 있다. 실제로 무굴제국은 수티를 폐지하려고 시도했지만 실패했다. 반면에 무슬림은 개혁의 영향을 거의 받지 않았다. 교육받은 무슬림 계층 사이에 페르시아어의 역할을 위협하는 영어가 힌두스탄에서 채택된 것이 명백한 예외일 뿐이었다. 그럼에도 불구하고, 개혁은 인도사회에 대한 일반적인 견해를 반영했고, 영국인들은 점점 더 무슬림 공동체, 특히 여전히 무슬림 왕자가 통치하는 러크나우와 같은 유명한 이슬람 중심지의 무슬림 공동체를 퇴폐적이라고 규정하였다.

1835년 벤팅크가 떠난 후 인도는 1848년 젊고 역동적인 개혁가 달하우지 경Lord Dalhousie이 총독으로 부임할 때까지 조용한 시기를 보냈다. 달하우지는 전임 총독들보다 덜 신중했지만, 운하 건설, 철도, 전신, 저렴한 우편요금을 포함해 경제 활성화를 위한 일련의 조치를 취하였다. 1857년 반란을 일으킨 장본인이었다는 그의 명성은 여전히 인도 아대륙의 절반 이상을 통치하고 있던 600여 명에 달하는 인도 왕자들에 대한 강압적인 대우에서 비롯되었다. 달하우지는 다양한 수단으로 여러 가지 핑계를 대며, 마이소르Mysore, 신드, 펀자브, 나그푸르Nagpur를 비롯한 많은 인도의 주를 비롯해 몇 개의 작은 주를 병합했다. 그러나 그의 가장 큰 오산은 1856년 러크나우에 기반을 둔 우드Oudh 왕국(아바드Avadh)을 점령했을 때 발생했다. 인구 천만 명에 2만 4,000평방마일의 영토를 가진 우드 왕국은 이슬람 문화와 명성의 중심지였다. 영국은 1819년 나와브nawab에게 21발의 예포를 하고 '왕'이라는 칭호를 부여했지만, 수년 동안 나와브의 영토 일부를 빼앗고 융자금을 회수하는 등, 그를 무시하는 태도를 취해왔다. 나와브는 완전히 충성스러웠고, 합병의 명분도 없었기 때문에 이 합병은 인도 여론에 충격을 주었다. 그것은 달하우지가 상당한 추가 토지 수입을 가져올 것이라고 주장한 제국의 토지강탈이었다. 영국은 델리에서 쇠퇴하고 있던 무굴제국의 라이벌로 우드를 의도적으로 끌어 올렸기 때문에, 이러한 행동은 전반적인 영국의 전략에 역효과를 가져올 것으로 예상되었다.

우드에 대한 고압적인 대우는 1850년대 영국에 만연한 오만함의 징후였다. 영국 제조산업의 발전과 존경받는 정부 시스템은, 장애물만 제거된다면 진보는 필수적으로 이루어진다는 자신감을 불러일으켰다. 따라서 합병의 영향이나 고유의 전통과 격리되는 위험에 대해 많은 고려를 하지 않았다. 예를 들어, 인도 통치자들은 자신의 지위를 공고히 하기 위한 수단으로 현지 종교 관습과 결탁하는 것이 일반적이었으며, 영국인들도 오랜 세월 동안 이를 따랐다. 그들은 순례자들이 내는 세금 징수를 감독함으로써 사원, 모스크, 모스크 앞의 물탱크, 신사 유지 관리를 정기적으로 지원했다. 마이소르에서 가장 위대한 무슬림 지도자 중 한 명인 티푸 술탄Tipu Sultan이 패배한 후, 영국은 새로운 모스크를 짓고 티푸의 일부 장교들에게 일자리를 제공했다. 또한, 교육받은 무슬림이나 힌두교도들이 영국 체제하에서 일하는 것을 싫어한다면, 그들은 보통 남아 있는 많은 군주 국가 중 하나에 취업하기 위해 이주할 수 있었으며, 이는 외국인 정권에 대한 유용한 안전장치 역할을 하였다.

그러나 1857년 이전 30년 동안, 당국은 이전 관계의 대부분을 철회하였다. 1833년에 정부는 순례자 세금을 폐지하고 종교의식과의 모든 공식적인 관계를 끝냈다. 우드에서는 약 5만 명의 왕실 군대가 갑자기 일자리를 잃었고, 이 가운데 1만 5,000명 만이 벵골 군대에 채용되었다. 이전에는 나와브가 궁정 주변의 연금 수령자들에게 100만 루피 정도를 지급했지만, 이러한 제도에 별로 공감하지 않은 새로운 영국 공사가 나와브의 기능을 흡수했다. 나와브 치하에서 고급 직에서 일했던 많은 힌두교도, 무슬림, 유라시아인들은 실직자가 되었다. 또한, 농민들로부터 토지 수입에 대한 느슨한 세금 징수는 더 엄격하고 인기 없는 영국 행정부에 의해 대체되었다. 이전에 중개자 역할을 하며 지역 왕자들과 흥정을 벌였던 무슬림 자민다르zamindars(토지 소유주)들은 이제는 공식적인 영국 행정부에 더 이상 접근하지 못하게 되었다.[23] 결과적으로 영국에 대한 불만은 단지 자리를 잃은 왕족들의 분노 문제가 아니었다. 적어도 벵골 북서쪽에서 비하르와 우드를 거쳐 아그라와 델리에 이르는 힌두스탄 지역에서는 도시와 농촌의 거의 모든 사회 계층이 영국에 대항하여 연합했다.

 그럼에도 불구하고 1857년에 발발한 반란은 전국적인 반란이 아니라 주로 힌두스탄에 국한된 지역적 반란이었다. 당시 영국 여론은 대체로 종교적인 시각에서 바라보았지만, 그것은 근본적으로 종교적 반란이 아니었다. 비록 힌두교와 무슬림 군대의 군사 반란으로 촉발되긴 했지만, 군인들의 행동은 그들이 속한 민간인 사이에 불만이 커가고 있음을 반영하는 것이었다. 반면, 봄베이, 마드라스, 펀자브의 군대는 1857년~1858년에 대체로 평온한 상태를 유지했다. 또한, 이 반란에는 실질적인 지도력이나 조정력이 부족했으며, 그 패턴은 지역적 요인과 영국 정책의 변화로 인해 쫓겨나게 되거나 위협을 느낀 특정 나와브, 라자들rajahs(왕자 또는 왕후와 왕가의 귀족들을 의미 – 역자 주), 지주 및 농민의 반감을 반영하고 있었다.

❋ ❋ ❋

그럼에도 불구하고, 반란 이후 당시 영국 여론은 반란을 이끈 리더십과 동기를 부여하면서 힌두교 세포이sepoy를 동원한 핵심 요소는 무슬림이라고 주장했다. 그러나 이는 영국이 이슬람교보다 힌두교에 훨씬 더 많은 압력을 가했다는 증거와 전혀 일치하지 않는다. 많은 브라만은 영국이 철도 도입, 과부의 재혼 허용, 종교를 바꾼 사람의 재산 상속 허용, 감옥에 갇힌 죄수들이 사식을 즐길 권리 박탈 등을 통해 자신들의 카스트 제도를 약화시키려 한다고 두려워하였다. 이는 무슬림들 사이에서는 거의 찾아볼 수 없는 힌두교도들 사이의 종교적 열정을 설명해 준다.

증거에도 불구하고 당시의 논평가들은 처음에는 반란을 무슬림이 주도한 것으로 오해했는데, 그 이유는 델리에서 반란군이 반란의 지도자로 이용하기 위해 마지못해 노인 바하두르 샤Bahadur Shah를 은둔지에서 끌어냈고, 이후 당국은 그를 재판하여 랑군Rangoon으로 추방했기 때문이었다. 그러나 그는 무굴제국을 복원하려는 열망이 없었고 그저 허울뿐인 일인자에 불과했다. 더 관련성이 높은 것은 영국 통치가 북부에서 프리랜서 무슬림 군사 모험가들의 활동을 점차적으로 제한함으로써 나타난 효과였다. 또한, 벵골과 북서부 지방의 법무 및 세입 부서에서 치안판사 및 징수관직을 영국인이 차지함에 따라 무슬림 고용은 축소되었다. 1829년 페르시아어 대신에 영어를 공식 언어로 사용하기로 한 벤팅크의 결정은 마침내 관료 사회에서 무슬림이 사라지는 것을 예고했다. 그 결과, 1856년까지 50루피 이상의 보수를 받는 사법 및 세입 직책을 맡은 366명의 남성 중 54명만이 무슬림이었다.[24] 일부는 영어에 더 쉽게 적응한 벵골 힌두교도로 대체되었다. 이는 영국에 의해 지배 계급에서 추방되었다고 느낀 무슬림이 델리 주변 마을에서 반란에 가담한 이유를 설명하는 데 도움을 준다. 그들은 제도가 바뀐다고 해서 잃을 것이 전혀 없었다.

그러나 북서부 지방에서조차 이슬람교도는 힌두교도만큼 반란군에서 눈에 띄는 존재가 아니었다. 이슬람교도가 대다수를 차지하는 벵골과 펀자브에서는 무슬림이 거의 참여하지 않았고 왕자들조차 반란군과의 관계를 거부했다. 무슬림이 영향을 받은 곳은 이슬람교도로서가 아니라 주로 소규모 지주, 농민, 납세자로서였다고 할 수 있다. 1857년 이전에 영국 관리들은 충분한 법적 서류를 제출하지 못하는 사람들의 경우 토지 소유권을 박탈하고, 토지 수입을 재평가할 때 더 엄격한 시스템을 적용했다. 또한, 우드에서는 토지 수입 징수를 놓고 농민과 정부 사이에서 중개자 역할을 하던 현지 탈루크다르들taluqdars을 대거 몰아냈고, 지불 연기를 용납하지 않았으며 훨씬 더 체계적으로 수입을 징수했다. 탈루크다르들은 약 600개의 작은 요새를 가지고 있었기 때문에 당국에 저항하고자 하는 모든 사람들의 집결지 역할을 했다. 징세 요구를 거부하고 토지에 대한 권리를 되찾으려는 열망이 널리 퍼지면서 1857년 대부분의 시골에서 영국의 권위가 급속히 붕괴되었다. 여기서 반란은 진정한 사회적 반란이었지만, 이데올로기나 종교적인 영감보다는 힌두교도와 무슬림의 기회주의적 요소가 크게 작용했다.

원인이 무엇이었든, 1857년 반란이 영국인에게 미친 영향은 지대했다. 영국인, 특히 여성과 어린이에 대한 학살은 인도인에 대한 영국인의 태도를 영구적으로 변화시켰고, 자신들이 거의 강제로 쫓겨날 뻔했다는 사실을 깨달은 영국인들을 훨씬 더 신중하게 만들었다. 대부분 책임은 왕실 통치에 찬성하여 역할이 종료된 동인도 회사에게 집중되었다. 여러 측면에서 더 큰 책임이 있던 군대는 우드에서 단순히 세포이(인도 주재 영국육군의 인도 병사를 가리킴 - 역자 주) 연대를 해체하고 시크교도와 구르카족Gurkhas을 위해 무슬림의 역할을 제한하는 과정에서 인도군 병력을 24만 명에서 14만 명으로 감소시키는 방식으로 조직을 개편했다. 반란이 원주민 개종에 더 큰 노력을 기울이지 않은 영국에 대한 신의 벌이라는 복음주의자들의 주장은 일반적으로 받아들여지지 않았고, 다음 반세기 동안 인도인들을 개선하고 서구화하려는 생각은 전반적으로 후퇴했다. 왕실 포고문은 인도인들의 종교적 충성심을 바꾸려는 의도가 없음을 명시하였다. 선교사들의 활동은 여전히 허용되었지만, 정부의 지원은 사라졌다. 일부 선교단체가 자원을 아프리카로 돌렸기 때문에 선교사 수는 줄어들었다. 영국은 하이데라바드의 니잠처럼 대규모 군대를 보유한 무슬림 왕자를 포함하여 대부분의 왕자들이 반란을 피해왔다는 것을 인식하고 있었다. 미래를 위해 가장 현명한 전략은 왕자들의 지위에 대한 위협을 피하면서 축포를 제공하고, '인도의 새로운 별'과 같은 영예를 수여하는 한편, 크리켓, 폴로, 멧돼지 사냥 등의 스포츠에 참여시키면서 두르바르durbars(인도 제후의 궁전, 공식 접견실 - 역자 주)에 초대하고, 1876년 무굴 황제의 자리를 채워 인도의 일원이 된 빅토리아 여왕을 알현하도록 장려함으로써, 영국과 왕자들과의 관계를 강화하는 것이었다.

초기의 충격 이후에, 영국인들은 반란의 배후에 무슬림이 있다는 의심을 줄이고 무슬림은 위험한 상대이지만 좋은 친구라는 관점을 취했다. 모하메드 통치를 회복하기 위해 계획된 와하비족Wahabis의 여러 반란은 1858년과 1863년 영국군의 원정을 유발할 만큼 심각했다. 1871년 대법원장과 1872년 총독 마요 경Lord Mayo의 암살에 무슬림이 연루된 사건도 비관론자들의 견해를 확인하는 듯했다. 그러나 영국의 정책은 이러한 사건에 크게 영향을 받지 않았다. 1871년, 총독은 이 생각 전체를 불신하게 만드는 수단으로서 의도적으로 벵골 관리에게 『인도의 무슬림들: 그들은 양심에 따라 여왕에게 반항할 의무가 있는가?*The Indian Mussulmans: Are They Bound in Conscience to Rebel Against the Queen?*』라는 책을 쓰도록 했다. 1857년 이후 총독이 된 캐닝 경Lord Canning은 무슬림에게 특별한 복수를 하라는 런던의 제안을 거부했다. 그는 총리에게 "두 종족의 종교에 대해 어떤 조치도 취해달라고 요청하지 않기를 간청한다. 나는 두 종교를 내버려 두고 진정한 의미에서 무관심하게 대하기를 원한다"고 말했다.[25] 미래에 영국의 정책은 무슬림 종교에 대한 간섭을 자제하고 재산 소유자로서의 그들의 지위를 박탈하지 않는 것에 기초를 두게 되었다. '선동파party of sedition'를 대다수의 평화로운 무슬림들로부터 분리하기 위해 현명한 양보가 필요하게 될 것이었다.

✤ ✤ ✤

그러나 캐닝의 공평한 태도에도 불구하고 인도에서 인종 간의 갈등이 증가함에 따라 불가피하게 무슬림들은 영향을 받을 수밖에 없었다. 이러한 경향은 전적으로 1857년에 기인한 것이 아니라 영국인 공동체의 장기적 발전에 기인한 것이다. 19세기에 이르러서는 통신 수단의 발달로 인해 영국인 공동체 규모가 크게 증가하였다. 원래 희망봉을 돌아 인도로 가는 항해 여행은 6개월이 걸렸지만, 1860년대에는 증기선이 등장하면서 3개월로 단축되었다. 더 빠른 길은 지중해를 거쳐 육로로 이집트를 거쳐 홍해로 간 다음 인도양과 봄베이로 가는 것이었다. 1830년대에는 이 여정을 단 두 달 만에 마칠 수 있었고, 1843년 페닌슐라 및 오리엔탈 증기 항해 회사Peninsular and Oriental Steam Navigation Company (P&O)가 우편 및 승객을 위한 정기 항해를 시작했다. 1869년 수에즈 운하가 개통되면서 P&O는 이 여정을 한 달로 단축할 수 있었다. 그 결과 더 많은 여성이 여행을 떠나면서 영국인 커뮤니티의 규모가 커지고 구성도 바뀌었다. 남편과 동행하는 아내들뿐만 아니라 '낚시 함대Fishing Fleet'로 알려진 젊은 미혼 여성들도 도착했다. 빅토리아 시대의 사회는 결혼의 필요성에 대해 강박관념을 가지고 있었지만, 인구 비례에서 여성이 남성보다 많았기 때문에(부분적으로는 20대~30대의 많은 젊은 남성이 제국에서 일하기 위해 떠났기 때문에) 많은 여성이 미혼으로 남아 있었다. 1860년대까지 영제국 여성 인구 천만 명 중 4분의 1에 가까운 여성이 남편이 없었고, 그 중 3분의 1은 과부, 나머지 3분의 2는 방탕한 여성이었다. 따라서 중산층과 상류층 소녀들로 구성된 원정대는 11월부터 2월까지 추운 계절에 남편을 구하기 위해 인도로 여행을 떠났다. 영국의 여성들은 서로를 돕고 할 일을 제공하기 위해 클럽을 기반으로 완전한 사교 프로그램을 조직하여, 남녀를 한 자리에 모으기 위해 최선을 다했다. 이곳에는 하인을 제외하고는 인도인이 없었고 영국 남성과 인도 여성 간의 우정을 키울 기회도 줄어들었다. 실제로 영국인으로만 이루어진 사교 생활을 피하는 사람은 괴짜로 취급되었고, 심지어 라지Raj(영국의 인도 통치 또는 영국의 인도 통치 영토를 가리킴 – 역자 주)에게 위협적인 존재로 여겨지기도 했다.

결과적으로 무슬림 여성과 가정을 꾸리는 오래된 관행은 사라져 갔고, 연인을 두는 것조차도 감소했다. 조지 오웰George Orwell이 소설『버마의 날들Burmese Days』(1934)에서 묘사한 것처럼, 원주민 공동체에서 아내나 정부(貞婦)를 데려오는 영국 장교들은 라지의 외딴 지역으로 전출되기도 했다. 정부는 남성들이 연인과 결혼에 이르게 될까 봐, 연인을 두는 것을 금지하지는 않았다. 연인은 적어도 없는 것처럼 행동할 수 있지만, 결혼하여 아내가 되면 아내는 남편과 같은 지위를 누릴 수 있기 때문에 아내가 더 좋은 것은 아니었다. 군부대가 군인들에게 여성을 계속 제공하는 것은 끝없는 논란과 당혹감을 불러일으켰지만, 일반적인 규칙에 대한 필요한 예외로 정당화되었다. 19세기 후반에 이르러 인도의 왕자들은 종종 영국으로 여행을 떠나 영국 여성과 만날 수 있었다. 왕자들이 인도를 떠나지 않게 하는 것 외에는 당국이 할 수 있는 일이 별로 없었다. 그러나 영국은 가능한 한 공식적이고 업무로 인한 관계 외에는 인종을 분리한다는 원칙을 따랐다. 그들은 라지에 반대함으로써 손해를 보게 되는 무슬림들에게 양보를 제공함으로써 존경받는 무슬림들을 달랠 준비가 되어있었다. 하지만, 여기까지가 관계의 한계였다.

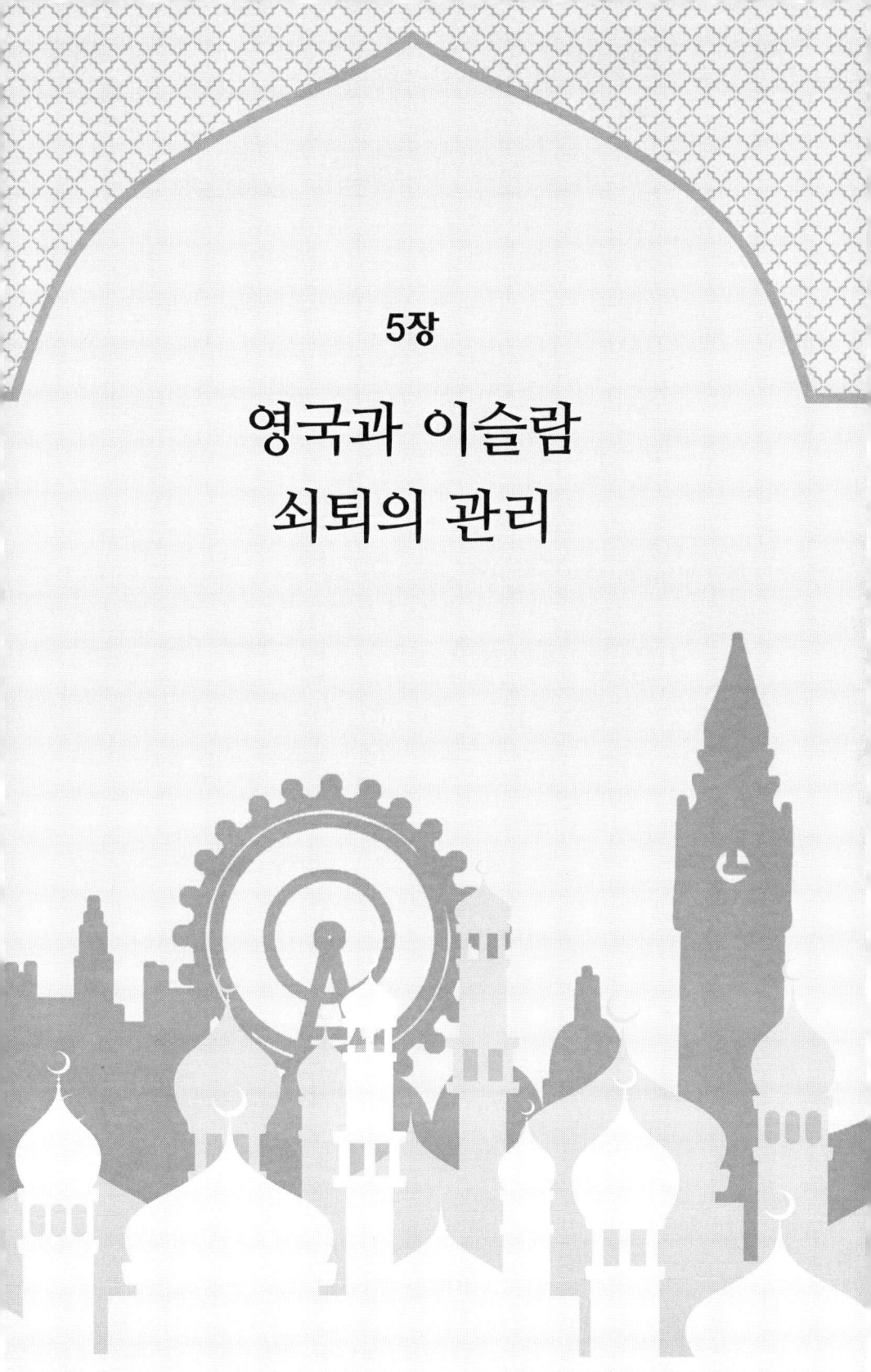

5장

영국과 이슬람 쇠퇴의 관리

18세기 동안 이슬람과 영국의 관계는 상당히 우호적인 단계에 접어들었는데, 단지 인도에서만 그런 것은 아니었다. 영국은 과거 2세기 동안의 광신주의, 잉글랜드에서의 내전들, 유럽의 종교 전쟁들에 대한 반작용으로 일반적으로 종교에 대해 보다 편안하고 심지어 차분한 태도를 취하기 시작했다. 1689년 영국은 가톨릭과 유니테리언을 배제하는 관용법Toleration Act을 통과시켰지만, 반대파는 주교의 허가를 받아 예배를 드릴 수 있는 자유가 허용되었다. 영국이 무슬림 관습에 뒤처졌다면, 이 법은 적어도 다음 세기에 걸쳐 종교적, 시민적 자유를 향한 점진적인 진전을 상징하는 법이었다. 1716년 남편이 콘스탄티노폴리스 대사가 된 몬태규 부인Lady Mary Wortley Montagu의 경험에서 특히 상류층 사이에서 나타난 실용주의적 태도를 엿볼 수 있다. 그녀는 무슬림의 보다 합리적인 접근 방식을 높이 평가했을 뿐만 아니라, 기독교와 이슬람교 사이에 끼어 있는 알바니아인Albanians과 같은 사람들의 반응을 긍정적으로 언급했다. 특별히 고상하지는 않았지만, 알바니아인들은 금요일에는 모스크에 참석하고, 토요일에는 교회에 참석하는 것으로 알려져 있었다. 비록 지금은 진정한 선지자가 누구인지 확언할 수 없지만, 심판의 날이 오면 진정한 선지자의 보호를 받을 것이라고 생각했다! 기독교인들 사이에서 분파, 비밀, 새로운 것, 논쟁이 발전하는 경향을 싫어했던 메리 부인은 두 종교 사이의 유사점을 인정하는 것이 합리적이라고 생각했다.

더욱 중요한 것은 이슬람 자체가 수 세기에 걸친 확장 이후 축소 단계로 접어들었기 때문에 이슬람이 예전의 위협 수준으로 표현될 수 없다는 사실이었다. 인도의 무굴제국은 1707년부터 영국의 팽창주의에 직면하여 쇠퇴기로 접어들었고, 1858년 멸망으로 최고조에 이르렀다. 1680년대에 오스트리아는 오래 계속된 오스만제국의 공세를 견제했고, 1683년 비엔나 외곽의 칼렌베르크Kahlenberg에서 거둔 성공은 수도의 포위망을 해체하는 데 결정적인 역할을 했다. 이 시점 이후 오스만제국은 여러 전선에서 사실상 수세에 몰렸다. 오스트리아의 합스부르크 왕가는 1699년 헝가리를 되찾은 후, 1718년 베오그라드와 트란실바니아를 포함한 세르비아 일부를 점령했다. 한편, 러시아는 1768년에서 1792년 사이에 크림반도, 흑해 북쪽 해안, 흑해의 북동쪽 아조프Azov 주변 지역을 점령했다. 오스만제국은 또한 러시아와 오스트리아에게 제국 내에 거주하는 기독교 신자들을 대신해 개입할 권리를 부여해야 했다.

그러나 이를 투르크의 급격한 쇠퇴라고 표현하는 것은 과장일 것이다. 사실 제국의 쇠퇴는 매우 장기간에 걸쳐 일어난 사건이었으며 많은 우여곡절이 있었다. 오스만제국은 1711년 러시아의 아조프 점령을 역전시켰고, 베네치아에게 그리스 영토를 빼앗겼지만, 1715년 이를 되찾았다. 1737년~1739년 베오그라드, 세르비아, 보스니아에서 오스트리아를 몰아냈고, 발칸 반도 거의 모든 지역을 다시 장악하게 되었다. 1739년 그들은 잃어버린 영토 대부분을 회복했다. 그러나 이러한 방어 조치에도 불구하고 이슬람은 초기의 역동적인 시기를 분명히 지나가고 있었고, 무슬림들은 점점 더 유럽의 팽창주의로 특징지어지는 시대에 어떻게 대처해야 할지 고민해야 했다. 오스만제국이 오랫동안 생존할 수 있었던 이유는 오스만제국 자체의 힘보다는 오스만제국의 영토가 경쟁국 손에 넘어가는 것을 막으려는 유럽 열강들의 불안 때문이었다. 그들은 단순히 쇠퇴하는 상태로 유지하는 것이 더 유용하다는 것을 알게 되었다.

❋ ❋ ❋

영토와 이데올로기라는 두 가지 변화는 상호보완적인 것이었다. 이슬람이 더 이상 위협적이지 않게 되면서 영국인들은 이슬람에 대해 객관적(또는 적어도 실용적)이 되어 공통 기반을 인식하게 되었기 때문이다. 18세기 비평가들은 기독교가 이교도 종교를 개선하기 위해 들어왔지만 이슬람이 피했던 신비와 수입된 의례의 미로에서 길을 잃었다고 인식했고, 이슬람이 기독교의 타락을 정화할 수단을 제공했다는 주장을 어느 정도는 받아들였다.

 1739년 세일George Sale이 번역, 출판한 『코란Qur'an』이 좋은 번역으로 평가되면서 18세기에 인정받았던 이슬람의 요소를 명확히 하는 데 도움이 되었다. 이슬람교는 종교를 정교하게 만들려는 유혹을 뿌리치고 본래의 단순함을 유지했다. 이슬람에는 사제직이 없었고, 기적을 수반하지 않았다. 그리고 합리적인 반삼위일체론Anti-Trinitarianism의 견해를 취했다. "너희는 하느님에게 아들이 있는 것을 믿느냐? 하느님을 찬양하라, 그는 지극히 부유하시며 어떤 사람도 필요치 아니하시도다."[1] 나중에 유니테리언주의로 알려진 반삼위일체론은 고위층의 지지를 받았다. 1709년~1714년 기간 국무장관을 역임한 볼링브룩Henry St John, Viscount Bolingbroke 자작은 성삼위일체 교리를 통해 무슬림들은 기독교인들이 도입한 다신교와는 달리 모하메드가 최고 존재의 일체성을 올바르게 확립했다고 주장했다. 물론 이러한 사고는 더블린, 케임브리지, 옥스퍼드의 트리니티 칼리지 설립으로 나타났다. 물론 이러한 견해에 대해 격렬한 반격이 있었다. 비평가들은 유니테리언들이 실제로 기독교보다 이슬람에 더 가깝다고 주장했다. 심지어 유럽 전역에 이슬람이 더 진출할 것에 대비하기 위해 변장한 무슬림이라는 의혹을 받기도 했다. 유니테리언들은 공통점을 항목별로 열거하고, 예언자가 새로운 종교를 창시할 의도가 없었으며 오히려 진정한 본래의 기독교를 재정립하려 했다고 주장함으로써 이러한 주장을 일부 인정했다.

논쟁의 또 다른 측면은 두 종교에서 천국 또는 낙원에 대한 태도에 있었다. 이슬람을 비판하는 사람들은 낙원에는 구원받은 자들이 관계를 즐길 수 있는 여성인 후리들이 살고 있다는 주장에서 알 수 있듯이, 이슬람의 관능적인 주장에 초점을 맞추곤 했다. 이러한 견해는 기독교 신학자들에 의해 항상 조롱을 받았다. 그러나 무슬림들은 기독교가 때때로 부정하려고 했던 인간의 성에 대한 억압으로 고통받았다는 주장으로 이에 반박했다. 육체가 부활하면 먹고 마시고 성관계를 포함한 육체와 신체 기능이 모두 포함될 것이며, 이 모든 것들은 건전한 것이며, 지나친 신중함을 바로잡는 것으로 간주되어야 한다는 주장이었다.

이슬람에 대한 논의에 참가한 사람 중 가장 저명한 사람은 역사가 기번Edward Gibbon(1737~1794)으로, 그는 18세기 특유의 관점을 채택하였다. 732년 마르텔루스Charles Martel가 무어인들을 상대로 승리하지 않았다면, 이슬람은 북유럽으로 계속 퍼져나갔을 것이고, 따라서 "코란의 해석을 이제 옥스퍼드 학교에서 가르치고 있었을 것이다"라는 유명한 관찰을 남겼다.[2] 기독교에 냉소적이었던 기번은 모든 종류의 기독교 관습을 비난했다. 기적의 힘을 증거로 내세우는 주장, 유물 숭배, 성상 숭배, 성인들의 기도, 십자가를 상징으로 사용하는 것, 그리스도의 몸과 피를 희생하는 신비, 수도원 생활, 독신주의, 사제직의 증가 등이 그것이다.[3] 그는 유일신교가 이교도의 미신으로부터 인간을 해방시켰다고 생각했지만, 1780년 반가톨릭 고든 폭동anti-Catholic Gordon Riots이 보여준 것처럼, 유일신교는 미신으로 인해 타락하여 당대에 살아 있던 종교적 광신주의로 이어졌다고 생각했다. 기번은 이와는 반대로 이슬람이 비신비적이고 독단적이지 않으며 관용적이고 단순하다는 점에서 바람직하다고 본 18세기 남성들 중 한 명이었으며, 무슬림은 하나의 신과 한 명의 선지자가 있다고(이것은 틀렸다) 믿고 있다고 생각했다.[4] 기번은 또한 이슬람이 명예, 자선, 환대, 정의 등 시민의 자질과 의무를 장려하는 방식을 높이 평가했으며 이러한 방식으로 사회를 결속시키는 효과를 가져왔다고 생각했다.

위대한 역사가이자 정치 평론가인 칼라일Thomas Carlyle(1795~1881)의 논평에서도 분명히 드러났듯이, 아마 놀랍게도, 이러한 동정적인 견해는 18세기 말과 19세기 초에 복음주의 기독교evangelical Christianity가 확산되는 동안에도 살아남았다. 역사 속 위인들의 역할에 매료된 칼라일은 필연적으로 모하메드에 주목하게 되었다. 칼라일은 모하메드가 계략을 꾸미는 사기꾼이라는 중세의 비난을 거부하고 그가 신이 아니라 신의 영감을 받은 사람이라고 언급하며 '진정한 선지자'라고 칭송했다.[5] 칼라일이 무비판적이었다는 것은 아니다. 그는 코란에 대해서 다음과 같이 썼다.

내가 지금까지 시도한 것 중 가장 힘든 독서라고 말하지 않을 수 없다. 지루하고, 혼란스럽고, 엉성하고 조잡하며, 불분명하고, 끝없는 반복과 장황함, 얽힘[이 있는 내용이다].[6]

그러나 그는 모하메드를 '위선으로부터 완전히 자유로우며 진실된 성품을 가진 [인물]이자 자선에 대해 강조한 인물'로 칭찬했다. 칼라일은 조용하고 평범하게 살다가 50세가 넘어서야 계시를 경험한 모하메드를 다음과 같이 묘사했다. "조용한 위대한 영혼, 진지할 수밖에 없는 사람 중 한 사람, 본질적으로 진실된 사람이었다."[7] 그리고 그는 동료 기독교인들에게 이슬람이 12세기 동안 지속되어 왔고 인류의 5분의 1에 해당하는 1억 8,000만 명의 신자를 보유하고 있기 때문에 거짓일 가능성이 낮다는 점을 인식하라고 조언했다. 이슬람은 기독교와 마찬가지로 유일한 하느님을 믿고 하느님께 순종하라고 인간에게 명령했기 때문에 기독교의 일종임이 분명했다.[8]

❋ ❋ ❋

이러한 영국의 유화적인 태도를 배경으로 18세기 후반에 이르러 각국 정부의 전략 정책은 영국, 투르크, 러시아의 삼각관계에 의해 지배되게 되었다. 프랑스 혁명군과 나폴레옹군을 물리친 러시아는 잠재적 동맹국인 것처럼 보였지만, 그리스, 세르비아, 보스니아, 불가리아, 루마니아의 정교회 기독교인들을 장기간 지원하면서 문제가 복잡해졌고, 이것은 오스만제국을 희생시키면서까지 개입할 수 있는 편리한 명분을 제공하였다. 1774년부터 러시아는 동방 정교회 기독교인들을 대신하여 개입하였고, 러시아 순례자들은 성지에 접근할 수 있는 공식적인 권리를 누렸다. 1783년 러시아의 크림반도 합병은 무슬림이 거주하는 곳이었기 때문에 특히 공격적이었고, 1790년대에 러시아는 계속해서 투르크 영토를 침범하였다.

결국 러시아의 침략은 1783년 말에 취임한 영국의 피트William Pitt 총리를 매우 우려하게 만들었고, 러시아의 남하를 저지하기 위해 투르크와 동맹을 맺었던 이전 전통으로 돌아가는 것이 정치적으로 옳다는 결론을 내리게 하였다. 피트는 종교적 고려사항을 단순히 무시해야 한다고 생각했다. 흥미롭게도 그는 비록 어려움에 직면해 있더라도 오스만제국이 오랫동안 지속될 것이므로 오스만제국과 협력할 가치가 있다고 생각하였다. 그러나 당시 피트의 생각은 대중적이지 않았다. 어쨌든 1792년 루마니아의 자시에서 투르크와 러시아가 평화조약을 체결하여 양국 간의 국경을 확정했기 때문에 그는 자신의 정책을 중단시켰다.

반면에 피트는 영국이 오스만제국의 쇠퇴를 관리하는 데 핵심적인 역할을 한다는 미래에 대한 계획을 명확하게 그리고 있었다. 1789년 프랑스 혁명이 발발하자, 전략적 계산은 급격하게 바뀌게 되었다. 이로 인해 1798년 나폴레옹이 이집트를 침공하게 되는데, 이는 인도에서 영국을 공격하기 위한 수단으로 의도된 것이었지만, 동시에 투르크의 약점을 확연하게 드러내는 결과를 초래했다. 영국은 아부키르Abouqir 만에서 프랑스 함대를 격파하여 프랑스군을 축출하고 오스만 통치를 회복하는 데 성공했다. 하지만, 나폴레옹의 주도권은 민족주의 정서를 자극하는 효과를 가져와 발칸 반도에서 오스만제국의 지배에 지장을 주게 되었다. 그러나 영국이 이집트를 영구 점령하기에는 아직 갈 길이 멀었고, 1802년 영국은 군대를 철수하면서 투르크의 주권을 회복시켰다. 당분간 영국은 지중해에서 해군 제해권을 갖는 데에 만족해야 했다.

그러나 1815년 나폴레옹 전쟁이 종결되면서 러시아는 유럽에서 가장 강력한 국가가 되었고, 이에 따라 남부 슬라브의 팽창에 대한 영국의 우려가 부활하였다. 발트해와 극동지역의 얼음으로 둘러싸인 바다에 갇혀 있던 러시아는 충분한 해군력을 유지할 수만 있다면 흑해의 따뜻한 바다가 필연적으로 전략적 이점을 제공할 수 있다고 생각했다. 그러나 러시아의 이러한 생각은 동지중해를 통해 이집트를 거쳐 인도로 향하는 영국의 중요한 무역로를 위협할 수 있었다. 따라서 영국은 보스포러스 해협과 다르다넬스 해협의 좁은 해역에 대한 오스만제국의 통제를 유지하는 것이 중요한 국익으로 부상하기 시작했다.

영국의 관점에서 투르크의 쇠퇴를 어떻게 관리할 것인가에 대한 문제가 전면에 나오게 된 것은 그리스에 대한 오스만의 통치 때문이었다. 1815년 이후 유럽인들은 그랜드 투어Grand Tour를 부활시켰지만, 처음에는 프랑스와 이탈리아를 여행하는 것이 전부였다 (그리스는 과거의 슬픈 유적으로 여겨졌고, 그리스인들도 다소 타락한 존재로 여겨졌다). 그러나 그리스 문화에 대한 평가가 높아지기 시작했다. 1810년 바이런 경Lord Byron이 처음 투르크를 방문했을 때, 그는 투르크의 폭압적인 통치에 반감을 느꼈고, 피레우스의 선박에 '엘긴 대리석Elgin marbles'으로 알려진 것들이 담긴 상자를 바쁘게 싣고 있는 영국인들에 대해서도 실망하였다. 1821년 그리스인들이 투르크에 대항해 반란을 일으켰을 때, 영국의 자유주의 여론은 국가의 독립을 위한 투쟁에 매우 동조적으로 변해 있었다. 약 3만 명의 투르크군이 반란을 신속하게 진압하는 한편, 다른 몇몇은 몰다비아와 왈라키아에서 기독교인들의 봉기를 진압하면서 교회를 약탈하고 시신을 훼손하는 일이 벌어졌다.

그러나 모든 사람이 이러한 사건에 설득되지는 않았다. 예를 들어,

반동적인 웰링턴Wellington 공작은 솔직히 그리스의 독립에 반대하며 그리스가 고대 동맹국인 투르크에 의해 더 잘 통치될 것이라고 주장했다. 그의 관점에서 민족주의는 전염성이 있었고 아일랜드에서 특히 위험하다고 여겨졌다. 결국 영국 정부는 투르크에게 개혁을 촉구하는 것으로 만족했고, 1822년부터 1824년까지 그리스 전쟁에 참전하는 것은 자원병들에게 맡겼다. 바이런은 1824년 참전을 위해 다시 돌아왔지만, 진드기 열병 또는 말라리아에 감염되었고, 의사가 처치한 치료적 출혈이 과다 출혈로 이어져 상태가 악화되어 사망했다. 그의 개인적인 희생은 영국보다 프랑스에서 더 영웅으로 추앙받도록 했고, 그리스 대의에 큰 도덕적 자극을 주었다.[9]

한편, 러시아는 투르크에 최후의 통첩을 보냈고, 투르크는 콘스탄티노폴리스에서 러시아 선박을 나포하고 선원들을 구금하는 것으로 대응했다. 끔찍한 잔학 행위로 점철된 반란은 그리스 중부, 펠로폰네소스 및 마케도니아로 확산되었고, 1827년 러시아, 프랑스, 영국이 중재를 제의할 때까지 계속되었다. 러시아는 자신들의 보호 아래 큰 그리스 국가가 세워지기를 원했지만, 영국에게는 차르의 지배를 확대하려는 새로운 시도처럼 보였다. 어쨌든 투르크는 중재를 거부했다. 삼국[러시아, 영국, 프랑스]은 함대를 결집해 적대 세력을 분열시키려 했지만, 의도치 않게 나바리노Navarino 전투에서 투르크-이집트 함대를 격파하는 데 휘말리게 되었다. 영국은 오스만제국을 쓸어 버려야 할 것이 아니라 유용한 요소로 계속 간주했기 때문에, 영국 정부의 모호한 입장은 이 행동에 대해 투르크에 사과한 사실에 반영되어 나타났다.

투르크에게 그리스의 독립은 러시아 제국주의와 발칸 민족주의의 복합적인 위협 아래서 유럽 영토의 붕괴를 막아야 할 필요성을 선명하게 부각시켰다. 한때는 그 위험이 심각해 보였다. 1828년 러시아 군대 6만 5,000명이 다뉴브강을 건너 콘스탄티노폴리스를 향해 남쪽으로 진격하였다. 비록 절반이 질병으로 사망했지만, 러시아는 1829년 다시 공세를 재개하여 콘스탄티노폴리스에서 불과 얼마 떨어지지 않은 아드리아노플Adrianople(에디르네Edirne)에 도달했다. 투르크 군대가 혼란에 빠지고 러시아 함대가 흑해를 장악하면서 오스만제국이 곧 붕괴되고 그들의 영토가 유럽 열강에 의해 분할될 것처럼 보였다. 그러나 오스트리아와 다른 유럽 열강의 지원 부족으로 차르 니콜라스Tsar Nicholas는 루마니아의 몰다비아와 왈라키아 지방을 러시아의 보호 아래 자치령으로 만드는 것으로 만족해야 했다. 이러한 투르크 패배의 부산물은 아테네와 펠로폰네소스 지방으로 구성된 작은 그리스 국가의 형성이었으며, 이는 1830년 영국, 프랑스, 러시아에 의해 승인되었다. 영국이 그리스 독립에 큰 역할을 하지는 않았지만, 영국의 개입은 오스만제국을 러시아에 대한 완충지로 유지하는 동시에 제국을 신중하게 축소하는 조합으로 오스만제국의 쇠퇴를 관리하는 전략의 잠재력을 보여주었다. 그럼에도 불구하고 실제로 해결된 것은 아무것도 없었다. 독립된 그리스의 존재는 발칸 반도의 다른 기독교 국가들에게 영감을 주었고, 반투르크주의anti-Turkish view에 도덕적 우위를 제공함으로써 영국의 정책을 장기적으로 복잡하게 만들었다.

❋ ❋ ❋

영국은 그리스의 독립 문제에서, 실제로 많은 일을 하지 않고도 그 결과에 대해 어느 정도 공로를 인정받았다. 그러나 1850년대에 오스만제국의 쇠퇴를 관리하는 일은 점점 더 복잡해지고 비용이 많이 들게 되었다. 그리스의 독립은 러시아의 추가 진출, 특히 크림반도로의 진출 위험을 부각시켰는데, 투르크는 이 지역이 발칸 반도와 콘스탄티노폴리스에서의 자신의 지배에 도전하기 위한 군사 기지로 사용될 것으로 예상했다. 이러한 두려움은 결국 1853년~1856년의 크림 전쟁Crimean War으로 이어졌다. 1833년 러시아가 투르크의 요청에 따라 콘스탄티노폴리스 해협을 폐쇄하기로 하는 대가로 투르크에 대한 군사적 보호를 확대하기로 비밀리에 합의했다는 사실이 드러나면서 긴장이 고조되었다. 이는 러시아가 흑해를 장악하고 영국이 저항할 시간을 갖기 전에 콘스탄티노폴리스에 군대를 상륙시키기 위한 수단으로 보였다. 1833년 파머스턴 경Lord Palmerston은 "러시아가 더 이상 우위를 점하지 못하도록 어떻게 막을 수 있는지, 그리고 러시아가 이미 확보한 우위를 어떻게 박탈할 수 있는지 고려하는 것이 영국의 국익을 위해 매우 중요한 과제가 되었다"라고 썼다.[10] 그는 콘스탄티노폴리스 대사에게 러시아로부터 위협을 받을 경우, 지중해에서 영국 함대를 소집할 수 있는 권한을 주었다.

그러나 이러한 근본적인 우려에도 불구하고 크림 전쟁은 정교회, 아르메니아인, 가톨릭 신자들의 종교 유적지 접근을 둘러싼 갈등으로 촉발된 불필요하고 잘못된 전쟁이었으며, 강대국들에 의해 악용되었던 전쟁이었다. 팔레스타인-시리아의 패권자였던 오스만제국은 기독교인들 사이의 분쟁에 휘말렸지만, 러시아로부터 압력을 받았을 때는 프랑스와 영국의 지원을 받아 저항할 수 있다고 생각했다. 당시 영국과 프랑스는 야만적인 러시아 불량배에 맞서 오스만제국을 방어하고 있다고 주장했다. 프랑스 황제 나폴레옹 3세는 나폴레옹 1세 때 누렸던 지위의 회복을 바랐고, 일부(전부는 아니지만) 영국 정치인들은 지중해에서 러시아의 팽창주의를 견제하고 싶어 했다.

명백한 정치적-전략적 동기에도 불구하고 크림 전쟁에는 종교적 요소도 중요하게 포함되어 있었다. 적어도 차르 니콜라스 1세는 자신이 정교회 기독교를 대신하여 종교적 투쟁, 거의 십자군에 가까운 전쟁에 참여하고 있다고 믿었다. 많은 러시아인이 오스만제국의 지배에서 정교회가 해방되고 콘스탄티노폴리스를 비잔티움제국 시절처럼 동방 기독교의 중심지로 복원하는 것을 신성한 사명으로 여겼다. 1840년대에는 다양한 기독교 단체가 성지에서 교회, 학교, 병원, 주교좌 성당에 투자하며 활발한 활동을 했다. 매 부활절마다 1만 5,000명의 러시아 순례자(이들에게 팔레스타인 성지는 열정적인 헌신의 대상이었음)가 코카서스, 아나톨리아, 시리아를 거쳐 예루살렘에 도착하곤 했다. 오랫동안 열정이 식어 있던 유럽의 가톨릭과 개신교는 정교회 순례자들이 보여준 강렬한 감정에 충격을 받고 불쾌해했다. 대조적으로 무슬림들은 절제되고 품위 있으며 거의 세속적인 태도를 취하는 것처럼 보였다.[11] 일부 관찰자들은 러시아가 순례자들과 선교사들을 지원하여 팔레스타인에 대한 물리적 장악을 위한 길을 준비하고 있다고 우려했다. 교회와 성지에 대한 접근권을 둘러싼 정교회와 라틴계 기독교인 간의 갈등은 이러한 인상을 더욱 가중시켰다.

라이벌 기독교인들과 그들의 정부 사이에 끼인 오스만제국은 러시아의 압력에 굴복하려는 것처럼 보였다. 1851년, 종교권 문제를 해결하기 위해 투르크와 위원회를 구성한 프랑스가 극단적인 조치를 취하라고 위협하고, 지중해에서 프랑스 해군력이 우월하다고 경고하기 시작하면서 상황은 위기로 치달았다. 이 시점에서 영국은 러시아와의 전쟁 위험을 무릅쓰고 오스만제국을 유지하는 것 외에 다른 대안이 없었다. 장기적으로 투르크는 분할될 수 있었는데, 즉각적으로 발생한 유일한 문제는 오스트리아, 러시아, 영국이 분할 점령 방법에 합의하지 못했다는 것이었다. 그러나 1844년부터 영국과 러시아는 투르크가 붕괴할 경우, 어떻게 할지 합의한 바가 있었기 때문에 1850년대의 위기 동안 두 강대국이 해결책을 찾기 위해 협력할 수 있을 것으로 기대하였다. 그러나 애버딘 경Lord Aberdeen의 취약한 연립정부coalition government(1852~1855)의 영국 각료들은 분열되어 있었다. 영향력 있는 전 외무장관 파머스턴은 "투르크는 죽었거나 죽어가는 시체가 아니라 오히려 유럽의 균형에 유용한 요소로 유지할 가치가 있는 생명력과 국가 자원을 보유하고 있다"고 주장하며 투르크를 분할 하려는 어떠한 시도에도 저항하였다.[12]

오스만제국은 1792년 러시아의 크림반도 합병을 공식적으로 인정했지만, 영토 상실을 인정한 적은 결코 없었다. 또한, 그들은 러시아 남부 국경지대의 무슬림에 대한 잔인한 대우에 적대감을 느꼈다. 19세기 초부터 러시아는 수천 명의 무슬림을 추방하고 그 자리에 기독교인 정착민을 데려왔다. 또한, 이슬람 사원을 파괴하고 무슬림이 메카로 여행하는 것을 막았다. 그러나 1806년~1812년과 1828년~1829년의 전쟁에서 최악의 패배를 당한 투르크는 더 이상 러시아를 혼자서 막을 수 있을 만큼 강하지 않다고 느꼈다. 따라서 그들은 러시아의 침략에 대한 두려움을 공유하고 있던 유럽 열강과의 동맹을 모색했다.

1853년 러시아가 투르크에 최후의 통첩을 하고 다뉴브 지방을 침공하여 시노프Sinope 전투에서 투르크 함대를 침몰시키면서 이 동맹은 급속히 구체화되었다. 이로 인해 프랑스, 영국, 오스트리아, 사르데냐

Sardinia와 투르크 연합군이 형성되었고, 이들은 다뉴브강을 건너 진격하는 것을 견제하기 위해 루마니아 흑해 연안의 바르나Varna에 상륙했다. 공격이 실패하자 이들 군대는 주요 분쟁이 벌어지고 있던 크림반도로 이동했다. 크림반도에서 연합군은 알마Alma 전투에서 승리를 거두고 세바스토폴에 있는 러시아 해군 기지를 포위했다. 발라클라바Balaclava와 잉커만Inkerman에서 벌어진 일련의 값비싼 전투에도 불구하고, 러시아군은 포위망을 해제시키는 데 실패했고 1855년 10월에 도시를 포기하면서 전쟁이 종결되었다.

그러나 크림 전쟁의 의미는 다소 엇갈렸다. 국내[영국] 관점에서 보면 이 전쟁은 나이팅게일Florence Nightingale의 업적으로 유명해졌고, 경기병대Light Brigade의 돌격으로 신성화되었으며, 알마, 발라클라바, 잉커만, 세바스토폴이 크림 전역의 거리 이름으로 등장했다. 그러나 이 사건은 애버딘 경 연합 정부의 무능함을 드러내었으며, 특히 독단적인 중산층 급진파 사이에서 군대와 정치 체제가 아마추어라는 많은 비판을 불러일으켰다. 결국 1868년 이후 글래드스톤 정부가 들어서면서 장교 매수 관행과 평상시 군대 내 채찍질 폐지 등을 비롯한 여러 개혁이 이루어졌다. 비록 군대의 무능함에도 불구하고 군대의 영웅적 활약은 빅토리아 십자훈장Victoria Cross(1857년)이라는 새로운 영예를 만들어냈고, 영제국의 확장을 기독교 병사들이 의로운 전쟁을 수행하는 기회로 삼는 생각, 곧 '근육적 기독교muscular Christianity'*의 성장으로 이어졌다. 교회에서는 다음과 같은 찬송가를 부르는 것이 점점 더 보편화

---

* 역자 주) 19세기 중반 영국에서 시작된 철학적 운동으로, 애국적 의무, 규율, 자기희생, 남성다움, 운동선수의 도덕적, 육체적 아름다움에 대한 믿음을 특징으로 한다.

되었다. [이를테면,]

예수님의 십자가를 앞세우고 전쟁을 위해 행진하는 기독교 병사들.

이러한 개념은 1857년 인도 반란에 의해 더욱 강화되었는데, 이 반란은 문명을 위한 투쟁으로 표현되면서 무능한 군대에게 명성이 부여되기도 했다.

반면에, 전쟁의 원인이 되었던 원래의 문제가 전쟁을 통해 해결되었는지는 분명하지 않다. 투르크군은 영국 측 기록에서 대개 소홀히 다루어졌지만, 투르크는 병력의 절반에 가까운 12만 명의 사상자를 냈다. 투르크는 비록 승리를 거두었고 영토를 유지했으며 러시아가 제국을 속국으로 만들려는 시도를 사실상 막았지만, 그들은 전쟁으로 인해 유럽 열강에 의존하게 되었고, 오스만제국을 심각한 부채에 빠뜨렸다는 점에서 오히려 [전쟁의 결과를] 굴욕으로 여겼다.

동맹국들에게 이 전쟁은 러시아를 견제하는 데 도움이 되었지만 단기간에 불과했다. 어쨌든 크리미아는 전략적 중요성이 거의 없었다. 실제로 영국에게 이 전쟁의 가장 중요한 점은 발트해에서 러시아 군함과 해군 시설을 파괴할 수 있는 기회를 얻는 데 있었다고 볼 수 있다. 1856년 파리 조약Treaty of Paris은 영국의 목적에 크게 기여한 흑해에서 러시아 군함의 출입을 금지하였다. 그러나 동맹국이 러시아에 심각한 패배를 줄만한 군사력이 부족했기 때문에 크림 전쟁이 근본을 바꾼 것은 전혀 아니었다. 영국이 해상에서 여전히 지배적인 반면, 러시아는 육지에서 주요 세력으로 남았다. 뿐만 아니라 러시아는 거대한 땅덩어리를 가지고 있었기 때문에 접근하기가 매우 어려웠다. 그들은 조금 더 기다릴 여유가 있었다. 무엇보다 영국이 또 다른 전쟁에서 오스만제국을 지원하기 위해 저지른 실수를 반복할 여력이 있는지 여부는 의문이었다.

얼마 지나지 않아 1870년~1871년 프랑스-프로이센 전쟁Franco-Prussian War으로 크림반도 합의가 급작스럽게 흔들렸다. 이 전쟁은 러시아가 파리 평화Peace of Paris 조약의 '흑해' 조항을 제거할 수 있는 기회를 제공했다. 이 상황에서 영국이 단독으로 러시아를 대항하기에는 군대의 규모가 너무 작았다. 그러나 1866년 프랑스가 프로이센에 패하고 오스트리아도 프로이센에 패한 상황에서 1853년의 동맹을 되살리겠다는 생각은 전적으로 불가능했다. 결과적으로 1871년 런던 협약London Convention은 러시아가 흑해에 군함을 주둔할 수 있는 권리를 부여하면서 러시아의 행동을 사실상 승인했지만, 투르크는 평화 시에도 다르다넬스 해협을 외국 군함에 개방할 수 있는 권리를 갖고 있었다.

1875년~1876년 보스니아 헤르체고비나의 슬라브계 주민들이 일으킨 투르크 통치에 반대하는 반란이 잔인하게 진압되면서 오스만제국의 쇠퇴 문제가 다시 크게 불거졌기 때문에 이마저도 일시적인 것으로 판명되었다. 1877년 러시아는 기독교인들을 대신하여 투르크에 대항해 개입할 기회를 잡았고, 그해 말에는 발칸 반도를 대부분 장악하여 산 스테파노(콘스탄티노폴리스에서 불과 몇 마일 떨어진 곳)까지 도달하였다. 이 시점에서 그들은 투르크에 산 스테파노 조약Treaty of San Stefano을 강요하여 대부분의 관찰자들이 러시아의 꼭두각시일 뿐이라고 생각한 거대한 불가리아 국가를 만들었다. 그러나 그렇게 함으로써 자신들의 손을 과도하게 뻗어버린 형상이 되었다. 이번에는 열강들이 베를린 회의Congress of Berlin를 통해 러시아의 이익을 줄이기 위해 개입했다. 사실상 그들은 오랫동안 예상했던 정책을 채택했는데, 바로 오스만제국을 분할하는 방법에 대해 서로 합의한 것이었다. 디즈레일리

Benjamin Disraeli 총리는 소위 '지중해의 열쇠key to the Mediterranean'로 불리는 키프로스 섬을 확보함으로써 영국의 이익을 확보했다고 주장했다. 안타깝게도 디즈레일리는 지리와 전략에 대한 이해가 부족했고, 프랑스어에도 무지했기 때문에 [베를린] 회의가 무엇을 결정하는지 거의 이해하지 못했다! 해군에 적합한 항구가 없는 키프로스는 이집트와 영국이 인도로 가는 항로를 방어하는 기지로서 쓸모가 없었고, 이후 영국이 이집트를 점령하면서 무의미한 곳이 되어버렸다. 키프로스는 이후에도 오랫동안 영국에게 골칫거리가 되었으며, 무슬림 문제에 대한 비생산적인 개입의 전형적인 예가 되었다.

동방문제를 놓고 디즈레일리는 정말 정치에 빠져들었고, 한동안 애국주의 카드를 사용하는 데 성공했다. 크림 전쟁과 마찬가지로 여론은 쉽게 선동되었고, 음악당 청중들은 "우리는 곰과 싸워본 적이 있고, 우리가 영국인인 것은 사실이지만 러시아가 콘스탄티노폴리스를 갖지는 못할 것이다"라고 즐겁게 외쳤다. 디즈레일리는 함대를 다르다넬스 해협으로 소집하고, 인도 군대를 동원함으로써 러시아와의 또 다른 전쟁에 위태롭게 접근해갔다. 다행히도 그의 내각은 더 이상의 위험을 감수하는 것을 거부했다. 한편, 베를린에서 열강은 불가리아를 분할하여 발칸 산맥을 따라 '동루멜리아Eastern Rumelia'라는 새로운 국가를 만들어 투르크에 대한 완충지대로 삼았다. 길버트와 설리반Gilbert and Sullivan의 오페레타*에 나올 법한 동루멜리아는 1885년 불가리아의 나

---

*   역자 주) 빅토리아 시대 활동한 오페레타 장르의 작곡가 길버트(W. S. Gilbert)와 설리번(Arthur Sullivan)은 1871년에서 1896년 14편의 코믹 오페라를 작곡했다. 그들의 작품은 전통적인 오페라의 내용과 형식에 혁신적인 장치를 넣어 유머와 풍자, 정치담론 패러디를 담은 뮤지컬 발전에 직접적인 영향을 끼쳤다.

머지 지역과 합병되면서 역사에서 사라졌다. 오스트리아는 보스니아 헤르체고비나를 점령하고 지배하게 되었지만, 이 지역은 명목상 투르크의 통치하에 있었고, 세르비아, 몬테네그로, 루마니아는 독립을 인정받았다.

이러한 사건들은 오스만제국에 대한 영국 정책의 근간을 사실상 약화시켰다. 20세기 중반에 파머스턴은 러시아의 압력에 맞서 오스만제국을 유지해야 한다고 주장했다. 그러나 1870년대에 이르러 그의 후임인 자유당 지도자 글래드스톤은 표면적으로는 도덕적인 이유로 반대 입장을 취했지만, 실제로는 그의 견해가 더 현실적인 것이었다. 한편, 디즈레일리는 애국적인 파머스턴의 외침과 대외 정책에 대한 양극화된 정치를 장악하고 있었다. 그러나 장기적으로 볼 때 디즈레일리의 동료 보수당원들, 특히 솔즈베리 경 Lord Salisbury(1885~1902, 대부분의 기간 동안 총리를 지낸)은 디즈레일리가 오스만제국을 지원한 것은 잘못이었다고 결론지었다. 그들은 투르크에 대해 글래드스톤이 옳았고 친투르크 정책은 쓸모없었다는 것을 인정했다. 영국은 위협이 발생할 때마다 오스만제국을 지원함으로써 오스만의 쇠퇴를 효과적으로 관리할 수 있는 능력이 더 이상 없었다. 투르크는 발칸 반도의 민족주의와 러시아의 침략에 취약했기 때문에 지원 정책의 타당성 여부도 의문시되었다. 장기적으로 볼 때, 발칸 반도에 민족 국가의 창설은 분명히 일련의 지역 전쟁의 원인이긴 했지만, 쇠퇴하는 투르크보다 러시아의 팽창주의를 막는 데 더 효과적인 장벽이 되었다.

❋ ❋ ❋

오스만제국의 다른 지역, 특히 이집트와 수단에서는 영국의 정책이 좀 더 연속성을 보였다. 그러나 이 노선은 런던, 카이로, 콘스탄티노폴리스를 포함한 간접적인 관리가 필요했을 뿐만 아니라 이슬람 세계 내의 민족주의 출현으로 인해 마찬가지로 복잡하였다. 이 과정에서 영국은 이집트와 수단에서 실수를 저지른 첫 번째 국가가 되었다. 이러한 개입은 대체로 역효과를 냈지만, 21세기에 들어 이슬람 세계의 문제에 간섭하는 것이 거의 습관처럼 되는 것을 예고하는 것이었다.

지중해 동쪽 끝, 인도로 가는 길목에 위치한 이집트의 전략적 위치는 영국이 오스만제국 영토의 축소를 어느 정도까지 관리할 수 있을지에 대한 의문을 제기했다. 더 근본적으로는, 이슬람이 근대화와 개혁을 이룰 수 있는 종교인지, 아니면 구제할 수 없을 정도로 후진적이고 모호한 종교인지에 대한 딜레마가 영국인들에게 제기되었다. 이러한 문제는 19세기와 20세기 내내 영국인들의 의견을 분열시켰다. 이미 오래전인 642년에 이슬람 세력이 이집트를 점령하여 비잔티움의 통치를 대체하였다. 그러나 인구 대부분을 차지했던 유대인과 기독교인들은 그대로 남아 정부에서 일하고 교회의 보호를 받았다. 일련의 무슬림 통치자 이후, 이집트는 노예 왕조인 맘루크 왕조의 지배를 받게 되었고, 그 구성원들은 정부 고위직에 올랐다. 300년 후, 그들은 이집트의 경제적 부(富)뿐만 아니라 이슬람의 성지인 메디나와 메카의 수호자로서의 새로운 지위를 얻을 기회를 잡은 오스만제국에 의해 대체되었다. 그 결과 카이로는 특히 유명한 모스크 대학인 알-아즈하르에서 이슬람 학문의 중심지로 번영을 누렸다. 이 기간 이집트인 대다수가 기독교에서 이슬람교로 개종했다.

그러나 시간이 지남에 따라 이집트는 다른 아랍 중심지들과 마찬가지로 오스만제국의 이해관계에서 다소 주변적인 존재가 되었다. 경제가 쇠퇴하고 국가가 혼란에 빠지면서 외세의 개입에 노출되었다. 1798년에 나폴레옹 보나파르트가 군대를 이끌고 이집트에 상륙하면서 극적인 변화가 찾아왔다. 영국군의 해상 및 육상 반격으로 1803년까지 프랑스군이 축출되었지만, 이 사건은 중요한 결과를 가져왔다. 이집트인들은 더 이상 오스만제국의 보호를 기대할 수 없다는 사실을 깨닫게 되었고, 이집트는 유럽의 영향력 아래 놓이게 되었다. 프랑스가 떠난 후, 혼란스러운 상황에서 새로운 지도자 알리 파샤Mohammed Ali Pasha가 등장했다. 오스만 술탄을 대신해 총독(케디브khedive,[*] 1867년부터)으로 명목상 이집트를 통치한 그는 1805년부터 1849년까지 이집트의 실질적인 통치자였다. 무자비하지만 유능한 지도자였던 모하메드 알리Mohammed Ali는 이 나라의 근대화를 위해 중앙집권적인 행정부와 강력한 군대를 창설하고 시리아와 아라비아 전역으로 제국을 확장했으며, 1831년에는 아나톨리아까지 침공했다. 콘스탄티노폴리스 자체가 위협받는 상황에서 술탄은 러시아에 도움을 요청했고, 러시아와 이집트에 의해 오스만 영토가 분할될 가능성이 높아졌다. 그 후 프랑스와 영국이 개입하여 러시아가 물러나도록 강요하였고, 이집트는 아나톨리아에서 철수했다. 그러나 1839년 투르크는 다시 이집트

---

[*] 역자 주) 통치자를 지칭하는 표현으로, 페르시아어 카디브(Khadive)에 뿌리를 두고 있는 튀르키예어 히디브(Hidiv)에서 파생되었을 것이라 추정된다. '주인님, 통치자(Lord, Master)'라는 의미가 있다. 19세기 이지크, 수단 지역의 무함마드 알리 왕조에서 처음 사용하였으며, 이집트 술탄 왕조(1914~1922, 영국의 보호령)에서도 사용되었다.

에게 패배했고, 투르크 해군이 모하메드 알리에게 항복하면서 오스만제국의 해체가 가능해 보였다. 이 역시 오스만제국을 계속 유지하고자 했던 파머스턴 경의 개입으로 무산되었다. 그는 이집트를 점령하고 싶지 않았고, 단지 이집트 군대를 훈련시키고 있던 프랑스의 개입을 막고자 했다. 인도와의 통신을 보호한다는 전략적 목표 외에 영국의 유일한 관심사는 이집트를 면화 공급처로 이용하는 것이었다. 파머스턴은 1841년 런던 조약을 체결하여, 모하메드 알리에게 군대를 9만 명에서 1만 8,000명으로 감축하는 한편, 전쟁 산업을 해체하고 시리아를 투르크에 반환하도록 강요했다. 영국과 프랑스는 러시아를 견제하기 위해 협력했지만, 이집트가 투르크로부터 독립하는 것을 인정하고 싶은 프랑스의 바람 때문에 의견이 나누어졌다. 이는 프랑스의 보호령으로 이어질 가능성을 보이는 움직임이었다.

영국이 이집트와 거리를 두는 것은 합당한 목표였지만 실제로는 달성하기 쉽지 않은 일이었다. 프랑스는 수에즈 운하 건설 계획을 구체화하는 근대화 및 개발 아이디어를 내놓았다. 이 구상은 1798년 탐험에서 시작되었으며, 1830년대 프랑스 부영사 페르디낭 드 레셉스Ferdinand de Lesseps가 지지하였다. 이 계획은 1849년 모하메드 알리의 사망으로 좌절되었지만, 1854년 또 다른 총독인 사이드 파샤Said Pasha가 드 레셉스의 운하 회사de Lesseps' Canal Company에 운하 건설과 운영권을 허가하는 협정에 서명하면서 다시 추진되었다. 파머스턴은 이 계획에 단호하게 반대했고 투르크를 설득해 좌절시키려 했지만, 이집트인들은 이에 굴하지 않고 운하 건설을 강행하였다. 1863년, 새로운 케디브인 이스마엘Ismael이 인수하여 1869년에 운하를 완공하였다. 이스마엘은 수단에 대한 이집트의 지배권을 확대하고, 오스만제국으로부터 완전히 독립하는 한편, 해외 차관과 이집트산 면화의 호황(미국에서 남북전쟁으로 공급이 중단되어 나타난 부산물)으로 창출된 부를 사용하여 국가 발전을 도모하고자 하는 큰 야망을 품고 있었다.

그러나 운하가 큰 자산이긴 했지만 파머스턴이 예견한 대로 이집트는 필연적으로 외세의 장기적 개입에 휘말릴 수밖에 없었다. 1863년 영국은 수에즈 운하 회사에 대한 양해 조약이 오스만 정부의 비준을 받지 않았다는 이유로 투르크를 압박하여 수에즈 운하 회사에 최후의 통첩을 보냈다. 이로 인해 투르크, 프랑스, 영국이 협상을 벌였고, 수에즈 운하 회사는 노동력과 토지에 대한 보상으로 1억 3,000만 프랑을 정부로부터 지급받는 대가로 많은 권리와 권한을 포기해야 했다. 이스마엘은 이미 심각한 빚을 지고 있었기 때문에 이 합의는 이집트에게 재앙과도 같았다. 그는 금융에 대한 이해가 거의 없었고, 부채에 대하여 12%~26%의 이자를 곧 지불해야 했다.[13]

이집트의 공공 부채는 1863년 330만 파운드에서 1876년에는 6,800만 파운드로 증가하였다. 1875년 이스마엘은 회사 주식 40만 주 중 17만 6,000주를 매각하기로 결정했다. 영국 디즈레일리 총리는 로스차일드Ferdinand de Rothschild로부터 400만 파운드를 급히 융자받아 영국이 운하 지분의 44%를 보유하게 되었다. 운하의 영국 주주들은 8%~9%의 수익을 얻었다.

글래드스톤은 이 매입이 영국을 이집트 내정에 얽히게 할 것이라며 '개인적인 위험을 수반하는 어리석은 행위'라고 비난했다. 그는 이 주식이 '계속 성장할 위대한 아프리카 제국의 거의 확실한 알Egg'이 될 것이라고 말했다. 이집트의 공공 재정이 악화되자, 영국과 프랑스는 새로운 방안을 마련하기 위해 대표단을 파견했다. 1876년 이집트의 채무부담금은 매년 1,650만 파운드로 운하 수익의 3분의 2에 달했다. 부채는 영국-프랑스 이중 이사회에 의해 관리되었으며, 베어링 경Sir Evelyn Baring(훗날 크로머 경)이 영국 대표로 참여했다. 이후 이집트 경 작자들은 영국을 비롯한 이집트 채권을 사들인 다른 채권 보유자들에게 빚을 상환하기 위해 막대한 세금을 부담해야 했다. 이스마엘은 "우리나라는 더 이상 아프리카에 있지 않다"며 "이제 우리는 유럽의 일부이다"라고 항의했다. 영국과 프랑스는 엄밀히 말해 이집트를 통치하고 있지는 않았지만, 영향력을 행사하고 있었던 것이다. 영국과 프랑스는 이스마엘에게 영국 관리들을 받아들이도록 강요했고, 오스만제국에 압력을 가해 이스마엘의 퇴위를 명령했다. 1877년 베어링은 '채무 총감독'으로 임명되었고, 이후 1908년까지 이집트 정부의 핵심 인물로 남았다.

이 무렵 이집트에서는 외국인에 대항하여 단결하고자 하는 무슬림, 중산층의 자유주의적 헌법 개혁가들, 그리고 가장 중요한 역할을 한 군대 등 여러 성분으로 구성된 민족주의 운동이 발전하고 있었다. "군대는 현재 이집트가 소유하고 있는 유일한 토착 기관이며, 다른 모든 기관은 프랑스와 영국의 공인된 대리인들에 의해 침략되고 통제되고 변질되었다"고 『타임스The Times』는 지적했다.[14] 군대는 이집트에 성문 헌법을 요구했지만, 콜빈 경Sir Auckland Colvin, 말레 경Sir Edward Malet, 베어링 경 등 영국의 주요 관리들은 민족주의자들의 요구를 진지하게 받아들일 수 없다고 판단하였다. 그리고 군대와 국민 모두의 신임을 받았던 용기 있는 지도자였던 중심인물 아라비Ahmed Arabi 대령을 '문맹인 광신도'로 일축했다.

한편, 영국에서는 디즈레일리의 제국주의 정책이 유권자들에게 거부되었다. 1880년 이후 글래드스톤의 영국 정부는 이집트에 대한 직접적인 군사개입을 피하고 프랑스와의 협력을 유지하길 원했다. 무질서를 견제하기 위해 개입이 필요하다면 콘스탄티노폴리스에서 개입하는 것이 더 나을 것이라고 생각했다. 그러나 1881년 프랑스는 아무런 증거도 없이 이집트의 무정부 상황을 막기 위해 직접적인 행동을 촉구하기 시작했다. 글래드스톤은 아라비의 개혁 운동에 대해 현실적인 시각을 가지고 있었다. "나는 이집트에서 민족주의 정서와 정당의 급속한 발전이 결코 고통스럽지 않다"고 말했다. 그는 아라비 대령의 '이집트인을 위한 이집트'의 외침이 이집트의 문제를 해결할 수 있는 유일한 현실적 해결책이라고 지지했다.[15] 그러나 글래드스톤[의 견해]는 동양 사람들이 스스로를 통치할 수 있는 능력이 없다고 생각한 현장의 영국인 대표들에 의해 약화되었다.

 1882년, 말레가 아라비 대령과 다른 장교들을 망명시키자는 제안을 하자, 알렉산드리아에서는 민중 봉기와 폭동이 일어나 수백 명이 사망하였다. 그 결과 아라비 대령과 군대는 사실상 질서 유지에 대한 책임을 맡게 되었다. 글래드스톤은 이전에 말한 모든 발언을 포기하고, 올슬리 경Sir Garnet Wolseley 휘하 2만 명의 군대를 파견하여 텔-엘-케비르Tel-el-Kebir 전투에서 아라비 대령을 물리치고 그를 추방하여 이집트인들이 스스로 통치하는 것을 사실상 불가능하게 만들었다. 그의 행동은 또한 프랑스와의 이중 통치를 종식시켰고, 영국이 이집트에 대한 전적인 책임을 지도록 하였다. 그러나 영국은 자신들의 지배가 순전히 일시적인 것처럼 가장했고, 이 때문에 이집트는 영국의 식민지가 아니라 '콘도미니엄condominium(공동통치, 공동주권 – 역자 주)'으로 불렸다. 입법 의회와 총회가 설치되었지만 아무런 권한이 없었기 때문에 허울

뿐이었다. 사실상 이 나라[이집트]는 1883년부터 1908년까지 크로머 경이 통치하고 있었다. 경험이 풍부한 제국의 행정가였던 크로머 경에게 '과도한 베어링over-Baring'*이라는 별명이 괜히 붙은 것이 아니었다. 오만하고 거만하며 관습적인 인종차별적 태도를 보였던 크로머는, 무슬림 사회가 후진적이고 편협하며 변화가 불가능하다고 여겨 동정심이 거의 없었다. 그는 무슬림 사회가 개선된 것은 전적으로 영국의 영향 때문이라고 생각했다.[16)]

❋ ❋ ❋

그러나 이집트 문제에 대한 통제권을 장악한 영국은 기존 제국의 이익을 확보하기 위해 얼마나 멀리 가야할 지 확신하지 못했다. 인도의 경우, 현지 대표들은 보통 한 영토를 유지하려면 그곳에 인접한 지역을 지배해야 한다고 주장했다. 예를 들어, 버마Burma는 영국령 벵골의 동쪽에 있었기 때문에 합병되어야 한다는 논리였다. 이 논법은 불가능한 것이었지만 거의 무한정 확장될 수 있는 것이었다. 이집트의 경우, 영국의 시선은 1831년 모하메드 알리에 의해 합병된 광활한 수단Sudan에 치명적으로 꽂혔고, 따라서 어떤 의미에서는 이집트의 영토였다. 그리고 이집트는 간접적으로 오스만제국이었기 때문에 투르크의 관할이었다. 수단을 지배하려는 근본적인 이유는 나일강이 수단을 통과하기 때문에 이집트 자체의 안정과 번영에 매우 중요하다는 것이었다. 그러나 이 주장의 타당성은 의심스러웠다. 크로머는 무슬림 반군이 나일강 상

---

* 역자 주) 크로머 경으로 알려진 이집트의 영국 통치자의 이름이 Evelyn Baring 인데 이집트에 대한 강압적인 통치를 보여 붙은 별명이다.

류 계곡을 점령하더라도 실제로 이집트를 위협하지는 못할 것이라고 주장했다. 수단의 주요 경제활동을 구성하는 노예무역을 억제해야 한다는 주장도 국내에서는 널리 퍼졌지만, 이 목표는 제국의 힘을 넘어서는 것이었다. 고든 장군은 이미 몇 년 동안 노예무역을 막기 위해 노력했지만 실패했다.

1880년~1881년 카르툼Khartoum에서 남서쪽으로 약 125마일 떨어진 코르도판Kordofan에서 자신을 '마흐디'라고 선언한 아마드Mohammed Ahmad가 등장하면서 영국이 개입해야 한다는 즉각적인 압력이 발생했다. [영국의] 인기 없는 억압적인 이집트 통치로 인해 그를 따르는 수천 명의 추종자가 생겨났다. 수단에서 승리한 후, 마흐디는 이집트로 진군해 투르크족을 몰아내자고 제안했다. 언젠가는 마흐디가 세계를 이슬람으로 개종시키는 작업을 완성하기 위해 나타날 것이라는 전통 때문에 그의 운동은 이슬람 세계에 강력한 메시지를 전달했다. 그의 도래는 적그리스도교Anti-Christ의 도래와 일치할 것이고, 그러면 예수가 지상에 내려와 마흐디와 합류한다는 것이었다. 그는 정통 무슬림들에 의해 가짜 마흐디로 낙인찍혔지만, 많은 사람이 그에게 몰려들었다. 이는 주로 정부의 인기가 높지 않았기 때문이었다. 영국이 이집트 군대의 대부분을 해산했기 때문에 마흐디는 자신을 반대하는 군대를 물리치는 데 거의 어려움이 없었다. 반란은 홍해와 카르툼 남쪽 전역으로 급속히 퍼졌고, 이집트로 번질 위험도 나타나기 시작했다. 곧 이집트 수비대는 포위되었고 카르툼은 위협을 받게 되었다.

이런 상황에서 크로머는 모든 병력을 철수시키고 수단을 포기하는 것이 현명하다고 생각했다. 하지만, 이집트 정부는 수단을 점령하는 것이 이집트의 안정에 필수적이라고 계속 주장했다.[17] 도로와 철도가 거의 없고 전신선이 하나뿐이며 나일강을 따라 하류의 부분적인 통신만 가능했던 수단은 접근이 불가능하고 혼란스러워 보였다. 그러나 이전의 많은 영국 정부가 그랬던 것처럼, 제국의 위기 상황에서 굳건히 버텨야 한다는 대중의 압력을 거부하기 어려웠다. 언론은 원정군 파견을 요구했고, 당파적이고 흥분 잘하는 빅토리아 여왕은 고든 장군이 몇 달 안에 문제를 해결할 수 있을 것으로 믿었다.

여왕보다 더 현실적인 내각은 영국군을 철수시키고 이집트에 집중하는 것이 최선이라고 결정했다. 불행히도 이를 위해 1884년 1월, 1874년~1876년에 수단 남부 적도 지역 총독을 역임한 고든 휘하의 군대를 파견하기로 결정했다. 불길하게도 외무장관은 크로머에게 고든의 임명을 세 번이나 제안했지만, 크로머는 실수가 될 것이라고 일관되게 거부했다.[18] 고든은 극단적인 복음주의 기독교인으로서 명성이 높았기 때문에 이슬람 부흥 운동Islamic revivalism의 물결을 경험하고 있던 나라에게는 자극적인 인선이었다. 반면에 고든은 크림반도 전쟁에 참전한 '근육적 기독교인'의 전형적인 예로서 국내에서도 대중의 높은 존경을 받고 있었다. 그는 또한 야만적이고 문명화되지 않은 사람들을 다루는 데 능숙하다고 여겨졌다. 반대로 그를 아는 사람들은 그를 괴팍하고 심지어 약간 미친 사람으로 여겼다. 그는 경력 내내 상사의 명령에 대해 다소 느긋하게 대응하는 태도를 보였던 사람이었다.

이러한 우려에도 불구하고 고든은 1884년 1월 수단을 향해 출발했다. 카르툼에 도착하자마자 그는 즉시 노예제 폐지를 중단함으로써 영국의 정책을 거스르고, 실제로 저명한 노예 상인에게 정부를 넘기려 했다. 이러한 상황은 제국주의 역사에서 자주 발생했던 것이었다. 인도에서는, 무모한 팽창주의의 대가를 두려워하는 런던의 중앙 정부 명령을 어기고, 지방 총독이 새로운 영토를 점령하는 일이 자주 있었다. 런던과 이집트로부터 즉각적인 통제를 받지 않게 된 고든은, 카르툼을 통치할 사람이 없다고 주장하며 철수하지 않고 카르툼을 떠나는 것을 연기하기로 결정했다. 이 무모한 입장을 취하면서 그는 반란의 규모와 자신의 취약성을 완전히 과소평가했고 상황은 너무 늦어져 버렸다.

고든이 카르툼에 포위되었다는 사실이 런던에 알려지자, 그를 구출하기 위해 구호군을 파견해야 한다는 압력이 커졌다. 그러나 글래드스톤과 내각은 고든이 철수할 의도가 전혀 없었으며 군대를 더 많이 보내도록 속이고 있다고 결론지었다. 글래드스톤은 고든이 베어링과 케디브에게 보낸 메시지를 언급하며 "처음에 나는 그가 영감을 받고 미쳤다고 불평했지만, 지금은 광기가 극에 달했다"고 말했다.[19] 결국 너무 늦게 도착한 구호 원정대는 고든이 카르툼의 궁전에서 살해된 것을 발견했다. 몇 달 후 마흐디도 사망했고, 그 역시 수단을 이집트로부터 해방시키고 영국을 물리쳤으며 국민을 진정한 이슬람으로 회복시킨 지도자로서 국민적 영웅이 되었다.

글래드스톤은 한때 '고든의 살인자'로 큰 비판을 받았다. 그러나 얼마 지나지 않아 논란이 수그러들고 수단에 대한 관심이 사라진 것은 제국주의 팽창에 대한 영국의 태도가 얼마나 피상적이었는지 보여주는 지표였다. 고든의 죽음으로 드라마는 끝났다. 수단 점령에 대한 관심은 거의 없었고, 수단에서 이슬람이 부상하면 이집트를 위협할 것이라는 우려는 비현실적인 것으로 무시되었다. 몇 년 동안 영국은 수단에서 멀어졌지만, 1890년대 중반에 이르러 나일강 계곡의 통합에 대한 오래된 생각이 부활하면서 내각 각료들과 크로머 경에게 영향을 미쳤다. 그들은 또한 '아프리카의 뿔Horn of Africa'(아프리카 대륙 북동부, 소말리아 공화국과 그 인근 지역을 가리킴 – 역자 주)에서 이탈리아인들의 활동과 나일강 상류 근처의 파쇼다로 향하는 프랑스 탐험대의 영향을 받았다. 그 결과 1896년 솔즈베리 경 정부는 허버트 키치너 경Sir Herbert Kitchener 휘하의 군대를 파견하여 새로운 탐험을 시작하게 되었다. 그는 1898년 옴두르만Omdurman 전투에서 승리하고 나라를 재점령하였다. 그러나 이러한 모든 노력에도 불구하고 영국은 수단을 공식적인 영국 식민지로 전환하지 않았으며, 1920년대까지 수단을 공동통치국(콘도미니엄)으로 통치하는 것을 선호했다.

영국은 이집트와 수단에서의 경험을 통해 제국주의와 상업적 이익을 지키기 위한 전략의 한계를 드러냈다. 나폴레옹의 이집트 침공, 그리스 독립 전쟁, 크림 전쟁, 1877년~1878년의 러시아-투르크 전쟁Russo-Turkish war은 19세기 영국의 대외 정책이 오스만제국의 영토 감소를 관리하려는 시도와 얼마나 밀접하게 연관되어 있었는지를 잘 보여준다. 그러나 오스만제국은 너무 광범위했고 프랑스, 러시아, 이탈리아, 발칸 국가들의 관심을 받고 있었기 때문에 오스만제국의 영토 침식을 견제하고 상황을 통제하는 것은 점차 영국의 힘의 범위를 넘어서게 되었다. 그 결과 1914년까지 오스만제국의 분열은 가속화되었다. 그러나 어느 정도 통제권을 유지하려는 노력은 20세기와 그 이후에 걸쳐 영국 정책에 영향을 미칠 '개입 습관'을 영국 관료들 마음에 심어주었다.

6장
빅토리아 시대, 이슬람, 진보사상

"위대한 세계가 변화의 울림을 따라 영원히 회전하게 하소서." 테니슨 경Alfred, Lord Tennyson의 자신감 넘치는 어조는 특히 철도와 빅토리아 시대의 진보를 축하하며 19세기 영국인의 사고에 뚜렷한 변화가 있었음을 강조한다. 18세기의 비교적 관용적인 태도 이후 빅토리아 시대에 들어 이슬람에 대한 영국인들의 태도가 눈에 띄게 악화되었고, 19세기 후반에는 무슬림에 대한 거의 광신적인 시각이 정점에 이르렀다. 이처럼 오래 지속된 추세에 대해 다양한 설명이 있지만, 근본적인 원인은 18세기 후반에 시작해 1850년대에 영국을 세계를 선도하는 강대국으로 부상시킨 산업화 과정의 영향에 있었다. 1851년 수정궁에서 열린 만국박람회를 찾은 600만 명의 관람객에게 산업화의 성과는 논쟁의 여지가 없을 정도로 명백했다. 국민소득은 1851년 5억 2,300만 파운드에서 1871년에는 9억 1,600만 파운드로 증가했으며, 1860년 1인당 연간 소득은 영국이 32파운드인 데 비해 프랑스는 21파운드, 독일은 13파운드에 불과했다. 철도는 1850년 6천 마일에 불과했던 네트워크가 1871년에는 1만 3,000마일로 증가하면서 영국의 경제적 성공의 가장 극적인 상징이었다.

그러나 철도는 이 시기에 만연했던 진보에 대한 광범위한 믿음이 가시적으로 표현된 것에 불과했다. 매콜리T. B. Macaulay와 같은 역사가들이 주장한 휘그파의 견해는 영국이 17세기에 성공적으로 혁명을 겪었고, 정기적인 정치적 격변과 불안정에 시달리던 유럽 대륙의 독재 정권과는 달리, 현명한 대표와 개방적이고 자유로운 사회를 바탕으로 균형 잡힌 안정적인 정부 형태를 갖추게 되었다는 것이었다. 많은 빅토리아 시대 사람들이 자신들의 성공이 영국 특유의 국민성이나 경험에 기반하고 있다고 확신했다. 아마도 서늘하고 안개 자욱한 기후의 영향일 수도 있다고 여기기도 했는데, 이는 자조, 근면, 정치적 안정을 추구하게 하는 현실적이고 비이념적인 성향을 조성하였다. 널리 퍼진 빈곤에 대한 세기 중반의 조사 결과에 직면했을 때에도 많은 빅토리아인들이 산업 발전이 다른 세대에도 계속된다면 필연적으로 고용을 창출하고 일할 능력과 의지가 있는 모든 사람에게 번영을 가져다줄 것이라고 주장하며 자신감을 유지하였다.

진보에 대한 이러한 자신감은 확실히 그 시대의 독특한 특징이었다. 20세기에는 경제 쇠퇴, 제국 상실, 두 차례의 세계대전, 핵전쟁 위협 등과 같은 명백한 요소들로 인해 이러한 자신감 대부분이 크게 훼손되었다. 당시 이러한 사고방식은 빅토리아 시대 사람들이 실제로 매우 유사한 유럽 사회를 포함해 다른 사회를 바라보는 방식에 영향을 미쳤다. 지금은 비상식적인 것으로 보이지만, 프랑스나 이탈리아인들에 대한 단순한 일반화는 진보주의자와 개혁가들 사이에서도 꽤 흔한 것이었다. 예를 들어, 여성 참정권 옹호자들 중에는 앵글로색슨인이나 스칸디나비아인처럼 냉철한 자질이 부족한 지중해 국가의 감정적인 여성들에게 참정권이 적합한지, 확신하지 못하는 사람들도 있었다. 그러니 다른 지역 사회에 대하여는 얼마나 더 회의적이었겠는가? 영국의 우월성으로 보이는 것에 힘입어 많은 빅토리아 시대 사람들이 무슬림의 후진성을 당연하게 여겼고, 종교에 의해 은폐되어 개혁이 이루어질 수 없다는 신념에 사로잡혀 있었다. 분명한 해결책은 이슬람 세계를 영국 수준으로 끌어올리려는 선교사적 경로에 있었지만, 많은 이들이 무슬림은 일반적으로 그러한 압력에 저항적이라고 느꼈다.

한편, 사회 진보에 대한 빅토리아 시대의 자신감은 국민의 요구를 완전히 충족시키지는 못했다. 실제로 일부 동시대인들 사이에서는 현대 세계에 대한 비판적 반응, 즉 잃어버린 중세 세계에서의 안정과 조화, 위계질서에 대한 향수, 낭만주의적 형태로 국가의 과거를 재창조하려는 욕구를 불러일으켰다. 산업화와 도시화는 호황을 누리고 있었지만, 어떤 면에서는 통제 불능의 다소 저속한 사회를 만들어냈고, 이는 존경과 안정에 위협이 되었으며, 영국의 전통과도 멀어지고 있었다. 그 결과, 빅토리아 시대 사람들은 산업 사회의 영광을 대담하게 기념하는 동시에 중세 생활의 상상 속 매력도 소중히 여겼다. 빅토리아 시대 낭만주의는 예술과 건축, 문학, 심지어 정치에도 그 흔적을 남겼다. 성공한 산업가들은 이탈리아 궁전을 닮은 웅장한 저택과 맨체스터 창고를 지었고, 요크셔의 솔테어Saltaire와 같이 새로 조성된 교외 지역에는 르네상스 이탈리아의 도시 풍경을 연상시키는 높고 날렵한 탑이 세워졌다. 빅토리아 시대 사람들은 중세 성곽의 톱니 모양의 벽면 양식과 첨탑으로 낡은 주택을 복원하고 중세 기독교와 관련된 고딕 양식의 시골집을 지었다.

낭만주의는 이전부터 지식인들 사이에서 유행하고 있었지만, 1830년대와 1840년대에 푸긴Augustus Pugin의 고딕 양식 건축물과 스콧 경Sir Walter Scott의 대중문학의 형태로 일부 사람들에게 큰 호응을 얻었다. 빅토리아 시대의 중세주의는 종교에 의해 보완되었는데, 푸긴을 비롯한 일부 애호가들은 이전 시대로 돌아가는 또 다른 길인 가톨릭 개종을 택하였다. 푸긴은 보다 기독교적인 사회를 만들고 교회의 영적 완전성을 회복하기 위한 단계로서 '기독교적' 건축의 부흥을 주장했다.[1] 빅토리아 여왕과 함께 스콧은 타르탄, 킬트, 씨족으로 가득한 상상 속 중세 스코틀랜드의 매력적인 그림을 영국인들에게 널리 알리기 위해 많은 노력을 기울였으며, 『이반호*Ivanhoe*』(1819)와 제3차 십자군 전쟁을 배경으로 한 『탈리스만*The Talisman*』(1825)과 같은 소설은 봉건시대 영국에 대한 흥미롭고 낭만적인 그림을 그려냈다.

공정하게 말하자면, 스콧은 자신이 상대적으로 거의 알지 못했던 시대에 대해 종종 빠른 속도로 글을 썼다. 그는 단순히 장밋빛 전망만 제시한 것이 아니라 십자군 전쟁의 비이성적 측면, 기독교인들의 광신주의, 살라딘의 인간성을 묘사하였다. 그러나 그는 이미 중세라는 상상의 세계에 매료된 대중을 위해 글을 썼고, 『이반호』는 출간 첫 2주 만에 1만 부가 판매되었다.

스콧의 독자들은 자신의 취향에 맞게 스콧의 책을 이용했다. 『이반호』를 중세 기사도의 대변자로 여기고, 리처드 1세를 십자가를 위해 싸운 국가 영웅으로 보았으며, 기사도와 기사도 정신의 신성하고 낭만적인 버전을 선호하여 스콧의 기독교 침략자들에 대한 야만적인 기록 대부분을 지우고 십자군 전쟁의 전체 개념을 효과적으로 재창조하였다.[2] 빅토리아 시대의 중세주의는 1837년 에글린턴Eglinton(에어셔 Ayrshire)에서 빅토리아 여왕과 앨버트 왕자가 참석한 중세 마상시합의 부활, 1875년 파람Parham이나 1912년까지 이어진 얼 코트Earl's Court(켄싱턴 근처 부촌 빅토리아풍 주택지를 가리킴 – 역자 주)와 같은 다채로운 표현을 포함했다. 심지어 차분한 부르주아인 앨버트 왕자조차 초상화를 위해 기사 갑옷을 입고 부자연스럽게 앉아 있었다.

영국 중세주의자들은 빅토리아 시대 인도를 봉건적 관점에서 조망하면서 자비로운 가부장 정책을 가치 있게 여기는 위계질서와 공경에 기반한 사회로 간주하였다. 따라서 인도는 중세 판타지에서 중요한 역할을 하였다. 이러한 분위기는 1877년 총독 리턴 경Lord Lytton이 디즈레일리로부터 영감을 받아 델리에서 제국의 공식 접견(두르바르)을 주재한 때에 절정에 달했다. 그곳에서 여왕은 무슬림과 힌두교도 왕자들이 모인 대규모 집회에서 여제로 선포되었다. 리턴(그 자신은 낭만주의 중세주의자)은 자신이 인도 귀족들에게 '명예의 샘fountain of honour'과 그들의 '봉건적 수장feudal head'을 제공하고 있다고 믿었다. 인도 귀족을 지휘하는 군관학교와 함께 주요 왕자들에게는 문장이 새겨진 깃발이 주어졌고, 1878년에는 인도의 별(인도성훈장Star of India, 1861년)을 보완하는 새로운 훈령인 인도제국 훈령Order of the Indian Empire이 제정되었다. 인도의 현재가 과거의 봉건적인 무굴제국으로부터 재창조되고 있었던 것이다.[3]

빅토리아 여왕은 생애 말년에 인도제국과 그 문화와 전통에 매료되어 중세주의의 이러한 측면에 빠져들었다. 1887년 이후에는 '문시Munshi'로 알려진 무슬림 압둘 카림Abdul Karim을 '개인적인 인도 사무관'으로 고용하고 나중에는 [그를] '인도 대신Indian Secretary'으로 임명했다. 그녀는 '인도의 여제Empress of India'라는 새롭고도 고대적인 칭호에서 얻은 즐거움으로 이러한 관심을 갖게 되었다. 그러나 여왕은 인도를 방문한 적이 없었으며 그녀의 이해는 상당히 제한적이었다. 카림과 그의 가족은 영국에서 고립된 위치에 있었기 때문에 많은 이들이 그가 무슬림이 아닌 힌두교도라고 생각했다. 정부와 왕실 내에서 그는 부분적으로는 여왕의 사랑을 누리는 또 다른 '존 브라운John Brown'의 모습이라는 점에서, 나아가 여왕이 그에게 국가 문서를 볼 수 있도록 허용하고(여왕은 이를 단호하게 부인했지만) 친무슬림적인 성향에 의해 영향받을 것을 관리들이 우려했기 때문에 강한 반감을 샀다. 그녀는 문시의 친구인 라피우딘 아흐마드Rafiuddin Ahmad의 사건을 맡아 솔즈베리 경에게 그를 콘스탄티노폴리스 주재 영국 대사관 소속 무슬림으로 임명해야 한다고 제안했다. [또한] 그가 투르크를 억제하고 인도에 대한 무슬림 의견을 진정시키는 데 도움이 될 것이라고 제안하였다. 여왕이 인도에서 압둘 카림의 잠재적 중요성이 제대로 평가되지 않았다고 생각한 것은 옳았다. 인도인 입장에서는 동료 인도인이 여제의 신뢰와 사랑을 받고 있다는 사실을 아는 것이 매우 영광스러운 일이었을 것이다. 그러나 참모들과 정치인들, 특히 인도의 정치인들은 일반적으로 반란 이후의 시대에 영국의 입지를 공고히 하기 위해 계산된 이 관계를 자산으로 보기에는 너무 상상력이 부족하고 보수적이었다.

　디즈레일리와 리턴의 역할에서 알 수 있듯이, 과거 전통에 대한 매력은 산업 사회와 도시화에 대한 반작용을 통해 정치로 확장되었다. 이는 1883년에 설립된 보수주의 단체인 프림로즈 연맹Primrose League이라는 모습의 기관 형태를 취하였다. 이 연맹의 창립자들은 이 단체가 '우리 선조들이 기사도라고 불렀던 옛 기사도 질서에 바탕을 둔 진정한 영국식 자원봉사자 유형 …'을 기리기 위한 것이라고 주장하였다.[4] 이를 위해 연맹은 남성 회원을 '기사 동료Knight Companion'와 '기사 선구자Knight Harbinger'로, 지도자를 '그랜드 마스터Grand Master'로 불렀고, 지역 지부는 중세 영국식 명칭인 '하비테이션Habitation(부락 또는 취락의 의미이나 여기서는 프림 로즈의 지부를 가리킴 - 역자 주)'이라는 칭호를 채택했다. 이 연맹은 잃어버린 중세 세계를 재현한 근대적 정당 정치 조직으로서 급격한 사회 변화의 시기에 안정감을 제공했다. 하지만, 이 단체의 성공은 십자군 전쟁의 기사도와 영웅주의의 잘못된 개념에 대한 매력이 지속될 수 있다는 것을 나타내는 것이었다.

빅토리아 시대의 가톨릭 개종자들은 18세기의 세속성과 자만심으로 인해 많은 기독교인들이 우려했던 종교적 열정의 부활이 빅토리아 시대의 이슬람 세계에 대한 태도에 또 다른 복잡성을 더했다는 것을 상기시켜주는 것이었다. 무슬림에게 가톨릭은 본래의 신앙에서 크게 벗어나 있었다. 그러나 19세기 초 영국 정책에 영향을 미치고 있던 복음주의가 확산하면서 기독교의 태도는 점점 더 국내외 상황을 반영하게 되었다. 복음주의자들은 자신들의 종교에 대해 보다 감정적이고 열성적인 접근 방식을 취하면서 성경의 권위, 개인적 회심, 믿음을 통한 구원의 교리를 강조했다. 그들은 미신과 모호한 사상의 본거지로 간주한 가톨릭에 대해 매우 비판적인 관점을 채택했으며, 대부분의 개신교 국가의 진보주의와는 대조적으로 많은 가톨릭 국가의 경제적 후진성을 지적했다. 이러한 견해는 이슬람 사회에도 일상적으로 확장되어 적용되었다. 인간이 기본적으로 타락했다고 확신한 복음주의자들은 영혼을 구원하기 위해 열정적으로 노력했다. 개선의 여지가 있다는 믿음은 필연적으로 아시아와 아프리카 사회의 느슨한 기준과 도덕적 실패에 대해 매우 비판적이게 하였다. 따라서 아프리카 무슬림 사회와 관련된 선교 활동과 노예무역을 없애기 위한 노력에 적극적이게 되었다. 세기 후반에 복음주의 기독교인들은 영국이 좋은 정부의 혜택을 인도인과 아프리카인에게까지 확대해야 할 선교의 의무가 있다는 신념을 반영하여 종종 호전적인 제국주의를 받아들였다.

그들은 급격히 팽창한 도시에 인구가 점점 더 집중되어 많은 사람이 기독교에서 사실상 벗어났기 때문에 본국의 발전에 대해 더욱 우려하였다. 1851년 종교 인구 조사에 따르면 일요일에 기독교 예배에 참석하는 사람은 5명 중 2명뿐이었으며, 런던과 주요 도시에서는 4명 중 1명꼴로 더 적었다. 사실상 성공회는 인구 증가를 따라가지 못했고, 1840년부터 1876년까지 1,750개의 교회를 새로 짓고, 초등학교, 주일학교, 이민 사회, 선교단체 설립에 많은 자금을 지출해야 한다고 느꼈다.

게다가 종교는 다시 한번 정치적으로 논란이 되었는데, 1844년, 비국교도들은 성공회 교회를 해체하는 것을 목표로 하는 교회 해방 협회 Church Liberation Society를 설립했다. 자유당을 통해 활동한 이 단체는 결국 웨일스에서 목표를 달성했다. 1859년 다윈Charles Darwin의 저서 『종의 기원The Origin of Species』은 진화가 신의 개입이 아닌 자연 선택에 의해 일어났다고 주장함으로써 새로운 도전을 제시했다. 한편, 아일랜드인들의 이민은 가톨릭 인구를 증가시켰고, 일부 저명한 성공회 신자들이 가톨릭으로 개종하고 1850년에 13명의 새로운 가톨릭 주교가 탄생하면서 일부에서는 가톨릭 공세가 진행되고 있음을 시사했다.

기독교는 또한 여러 정치적 논쟁과 얽히게 되었다. 예를 들어, 정치인들이 1857년 이혼 개혁(이 과정에서 교회 법원이 배제됨)을 검토하거나 1866년 이후 여성 참정권을 논의할 때, 정치인 대부분은 즉시 성 바오로 복음서에서 성경의 권위를 찾아 지침으로 삼으려 했다. 특히 1868년 이후 자유당의 지도자가 되어 '비국교도 양심nonconformist conscience'의 탁월한 대변인으로서 국내외 정치에 종교적 호소력을 발휘한 성공회 신자 글래드스톤과 같은 신세대 정치인들에게서 특징적 [현상]이었다. 사실상 기독교 전반, 특히 영국 교회에 제기된 다양한 도전은 이전 세기의 특징이었던 무슬림에 대한 균형 잡힌 접근을 방해했다. 특히 도덕적 이데올로기적 감정이 제국의 전략적 고려와 얽히게 되면서 더욱 그러했다.

❋   ❋   ❋

진보에 대한 믿음, 십자군 사상의 인기 회복, 공공 생활에서의 복음주의의 출현의 누적된 효과는 이슬람에 대한 영국의 고압적 태도와 이슬람 세계에 대한 영국의 정책에 활력을 불어넣었다. 파머스턴과 같은 구 학파의 실용주의 정치가들은 오스만제국과 협력하는 데 방해가 되는 이념적 고려사항을 무시하는 경향이 있었다. 그러나 점점 도덕적인 요인이 제국의 우려와 뒤섞이면서 무슬림 사회에 대한 보다 편안한 접근 방식이 사실상 약화되었다. 특히 빅토리아 시대에는 이집트에서 오스만제국과 페르시아를 거쳐 카스피해, 러시아와 중국 사이의 중앙아시아 지역(히바Khiva, 보카라Bokhara, 코칸드Kokand, 투르크메니스탄Turkmenistan 포함), 남동쪽 아프가니스탄에 이르는 광범위한 무슬림 영토에 대해 우려하게 되었다. 빅토리아 시대의 관점에서 볼 때 중앙아시아 국가들은 진보라는 개념에 대해 정면으로 반박하는 존재였으며, 본질적으로 초기의 야만적인 시대부터 살아남은 존재였다. 결정론적 시각으로 무장된 많은 빅토리아 시대 사람들은 아프가니스탄과 중앙아시아 칸국들이 현대 세계에서는 절대로 살아남을 수 없을 뿐만 아니라 살아남아서도 안 된다고 확신했다. 가능성은 희박하지만, 근대화가 이루어지거나, 아니면 그들을 19세기로 끌어들일 수 있는 우월한 문명으로 대체될 것이라고 믿었다.

불편하게도, 이러한 사회들은 우월한 국가, 즉 북서쪽의 차르 러시아, 남동쪽의 영제국 사이의 광활하고 동떨어진 외진 지역에 라지의 형태로 자리 잡고 있었다. 중앙아시아의 쇠퇴해가고 있는 사회들을 흡수하는 것은 불가피해 보였다. 그러나 이러한 발전은 모두 진보라는 이름 아래에 이루어졌다. 하지만, 러시아가 전진할 수 있는 기회는 불안정한 아프가니스탄이라는 형태로 인도 하위대륙의 영국 지배에 위협이 되었다. 이러한 전망은 1857년의 인도 반란으로 인해 더욱 경각심을 불러일으켰다.

영국의 정책은 중앙아시아의 지리적 특성으로 인해 매우 복잡해졌는데, 중앙아시아는 너무 멀리 떨어져 있어 반항적인 동양 영토에 일반적으로 투입되었던 해군력에 영향을 받지 않았다. 이러한 상황에서 가장 간단한 방법은 칸의 궁정에서 재능을 인정받은 젊은 군 장교와 의료진을 첩보원이나 스파이로 고용하여 중앙아시아를 여행하며 통신, 정치 상황, 특히 러시아군의 동향과 전진 움직임에 대해 보고하도록 하는 것이었다. 그러나 '그레이트 게임Great Game'에서 영국의 눈과 귀가 된 그들은 (스파이가 항상 그렇듯이) 과장과 경고를 통해 자신의 고용 가능성을 높이려는 경향이 있었다. 1832년 번즈Alexander Burnes 대위는 부하라에 도착하여 영국 수출업자들이 중앙아시아에서 러시아 상업을 몰아내고 이 지역을 영국령 인도를 위한 완충지대로 만들 수 있을 것이라고 보고했는데, 이는 지나치게 낙관적인 평가였다.[5]

영국에게 이 문제에서 가장 첨예한 양보할 수 없는 요소는 아프가니스탄이었다. 7세기에서 10세기 사이에 아프가니스탄 인구는 꾸준히 이슬람교로 개종되었고, 소수만이 불교도, 애니미즘 신자, 유대교도로 남아 있었다. 그러나 아프가니스탄은 이슬람을 제외하고는 통일된 특징을 갖지 못했다. 18세기에 이르러서야 하나의 국가로 통합되었고, 카불에서 쉽게 통치할 수 없는 부족과 영토들의 불안정한 집합체로 남아 있었다. 아프가니스탄은 중동과 아시아의 교차로에 위치한 지리적 위치 때문에 항상 외세의 침략에 노출되어 있었으며, 통치자들은 때때로 인도 북부로 침략을 감행하기도 하였다. 1826년 무렵 파키스탄은 아미르amir(아라비아 아프리카의 족장을 의미 – 역자 주) 도스트 모하메드Dost Mohammed에 의해 어느 정도 통합되었지만, 그는 추방된 전 아미르 샤 슈자Shah Shuja의 위협에 직면하였다. 도스트 모하메드와 좋은 관계를 유지하고 싶었던 영국은 번즈 대위를 카불에 있는 그의 궁정으로 보냈다. 아미르와 잘 지내던 번즈는 영국이 아미르와 동맹을 맺어야 한다고 제안했다. 그러나 도스트 모하메드는 시크교 통치자 란지트 싱Ranjit Singh으로부터 페샤와르를 탈환하는 데 영국의 도움을 원했기 때문에 이 문제는 복잡했다. 그러나 영국은 후자[란지트 싱]가 더 강하고 신뢰할 수 있는 동맹으로 보였기 때문에 지원을 거부했다. 영국의 관점에서 볼 때, 문제는 부분적으로는 인도 통치령과 아프가니스탄 사이의 북서쪽 국경을 정의하는 것과 제국이 어떤 종류의 국경을 가져야 하는가를 결정하는 것이었다. 영국 영토와 아프가니스탄 모두 통신이 원활하지 않고 부족들의 결속이 불안정했기 때문에 영국이 대부분 라지에 적용했던 안정적인 통치 방식을 적용하는 것은 비현실적이었다. 그러나 그 외에 향후 러시아의 진격으로부터 어떻게 그리고 어디서 방어해야 할지 정확하게 결정하는 것도 어려웠다.

�֎ ✣ ✣

19세기 동안 러시아는 발트해 연안, 시베리아, 중앙아시아의 세 방향으로 꾸준히 팽창하고 있었기 때문에 러시아와 관련된 영국의 집착은 정당화될 수 있었다. 페르시아와 오스만제국에 대한 러시아의 세력 확대로 영국 정부는 러시아의 의도에 대해 점점 더 우려를 표하였다. 1829년 드 레이시 에반스George de Lacy Evans 대령이 『영국령 인도 침공의 실행 가능성에 관하여On the Practicability of an Invasion of British India』를 출판하면서 영국 정부의 두려움은 더욱 커졌다. 1830년, 두 명의 주요 정치인, 외무장관 파머스턴 경과 인도 통치위원회 위원장 엘렌버러 경Lord Ellenborough은 러시아의 모든 움직임이 아무리 작은 것이라도 궁극적으로는 아시아에서 영국의 전략적, 경제적 이익을 파괴하기 위한 체계적인 확장 과정의 일부로 해석하기로 결정했다.

반면에 정보에 밝은 대부분의 영국 대표들은 러시아의 도전이 단순히 실현 가능하지 않았기 때문에 그들의 두려움이 지나치다고 생각했다. 1820년대 중반 러시아의 지배권은 대략 조지아로부터 아프가니스탄과 영국 인도령 국경에서 약 1,500마일 떨어진 곳인 카스피해와 아랄해까지 확장되었다. 두 강대국 사이에 있는 나라[아프가니스탄]는 자원이 부족했으며, 도로와 철도가 거의 없는 황무지나 다름없었다. 특히 군대는 보급품을 운반하는 짐승에게 먹일 수 있는 충분한 사료가 제공되어야 했으므로 현대 유럽 군대가 질서정연하게 국경을 넘는다는 것은 매우 어려웠다. 1839년 러시아 군대가 실제로 오렌부르크Orenburg에서 히바를 향해 남진을 시도했지만, 질병과 추위, 굶주림에 급속히 굴복해 결국 되돌아갈 수밖에 없었을 때, 이 사실은 명백해졌다. 러시아의 의도에 대한 무지는 예전보다 더 상황이 악화된 것처럼 여겨지도록 했다. 봄베이 정부는 이를 해결하기 위해 중앙아시아에서 러시아의 상업 활동에 대한 정보를 수집하기 위한 초보적인 정보 서비스를 개발했다. 이는 무역이 러시아 군대가 접근할 수 있는 가장 가능성 있는 경로를 가리킨다는 전제에서 출발하였다. 영국의 요원들은 육지, 특히 적군을 가장 잘 확인할 수 있는 산을 통과하는 통로들을 조사했다. 이를 위해 그들은 신드, 발루치스탄, 아프가니스탄을 거쳐 페르시아와 투르키스탄으로 이동하여 현지 칸의 궁정에 접근하였다.

결국, 훗날 '능숙한 비활동masterly inactivity'으로 알려지게 된 방침이 영국의 이익을 가장 잘 보호할 수 있다고 생각한 사람들은, 만약 어떤 적대적인 세력이 중앙아시아를 넘어온다면 아프간인들의 저항에 부딪힐 것이라고 주장하였다. [그러나] 파머스턴의 영향력에도 불구하고, 인도 총독 멧칼프 경Sir Charles Metcalfe과 러시아의 위협을 먼 미래의 일로 여긴 국내 휘그 자유주의 정치인들에 의해 정책이 결정되었다. 그들은 보카라, 카불, 카이버 고개를 거쳐 페샤와르로 향하거나, 페르시아, 헤라트Herat, 칸다하르, 볼란 고개를 거쳐 발루치스탄으로 향하는 남쪽 경로를 통해 적국의 군대가 진군할 가능성을 파악하고 있는 것이 영국의 최선의 정책이라고 주장했다. 또 다른 한편으로는 영국이 시크교 통치자 란지트 싱의 지원을 받았던 지역인 수틀레즈Sutlej강 유역을 따라 힘을 집중해야만 한다는 것 외에도 영국이 아프가니스탄의 아미르를 육성해야 하며, 가급적이면 러시아의 위협에 대응하기 위해 영국이 접근할 수 있는 유연한 인물을 아미르에 심어놓아야 한다고 주장하였다.

그러나 전진 정책을 지지하는 사람들은 이 정책의 결점을 지적하였다. 어떤 아미르도 협력할 것이라고 믿을 수 없었고, 아프가니스탄인들은 영국이 원하는 부류의 아미르를 받아들이기 꺼려했다. 더욱이, '능숙한 비활동' 정책이 일반적으로 우세했지만, 1830년대에 발생한 사건으로 인해 이러한 접근 방식은 다소 약화되었다. 1836년 영국은 러시아가 페르시아의 샤에게 헤라트를 점령하도록 부추기는 것을 두려워했다 (물론 샤는 아프가니스탄으로부터 헤라트를 되찾고 싶어 했다). 헤라트는 칸다하르와 인더스 강으로 진격하는 침략군에게 북쪽의 산악 경로를 피할 수 있는 이상적 거점이었다.[6] 1837년 샤는 헤라트를 포위했다. 이 일에 대해 샤는 (테헤란 주재 영국 대사에 따르면) 러시아의 격려를 받았다고 한다. 러시아는 이 움직임을 페르시아에 대한 영향력을 강화하기 위한 방법으로 여겼던 것으로 추정된다. 이것이 사실이라면 러시아는 기회를 포착하지 못한 것이었다.

그럼에도 불구하고, 이것은 영국 측의 일부 사람들을 크게 놀라게 했다. 아미르 도스트 모하메드는 헤라트의 점령과 페샤와르 탈환을 지원하는 대가로 영국에 협력을 제안했지만 영국은 이를 거절했다. 1837년 아미르는 카불에서 러시아 요원을 받아들였고, 번즈 대위가 철수하자 영국은 도스트 모하메드를 포기하고 전임 아미르였던 샤 슈자의 왕위에 대한 경쟁자들의 주장을 지지하기로 결정했다. 이 시점에서 페르시아인들은 헤라트에서 철수했고 위기는 빠르게 가라 앉았다. 그러나 파머스턴의 지원을 받은 새 인도 총독 오클랜드 경Lord Auckland 은 이를 인정하지 않고 도스트 모하메드를 제거하고 친영적인 통치자로 교체하려는 목표를 계속 추구했다.[7] 오클랜드 경의 오판은 영국 최초의 아프가니스탄 침공으로 이어졌고, 이후 수 세기 동안 유사한 잘못된 모험이 계속되도록 하는 모델이 되었다.

1839년, 이른바 '인더스 군대Army of the Indus'가 신드와 칸다하르를 거쳐 8월에 카불에 도착했다. 그 후 샤 슈자Shah Shuja를 아미르로 임명하고 영국인 맥나그텐William Macnaghten을 카불에 남겨 두었다. 1839년 11월, 출발한 지 1년도 채 되지 않아 대부분의 군대는 인도로 돌아갔다. 그러나 군사적 성공은 급격하게 무너졌다. 새 아미르는 국가를 거의 통제하지 못했고, 대부분의 아프가니스탄인들이 받아들일 수 없는 사람이었다. 그는 연간 100만 파운드의 비용이 드는 영국의 무력에 의해서만 유지되었다. 그 후, 영국은 파슈툰Pushtun 부족에 대한 보조금을 삭감했고, 파슈툰 부족은 카불, 카이베르 고개, 칸다하르 사이의 영국 통신을 차단하는 것으로 대응했다. 1841년 도스트 모하메드의 아들이 이끄는 대규모 반란이 발생했고, 1842년 1월 영국은 카불 수비대를 철수하기로 결정했다. 페샤와르로의 오래 지속된 후퇴 과정에서 한 명을 제외한 모든 영국군이 전사했고, 1843년 도스트 모하메드는 아미르가 되어 복귀하였다.

제1차 아프간 전쟁에 대한 옹호론자들은 영국이 침공할 수 있는 능력을 보여주었기 때문에 아미르가 다시 영국을 적대시하는 것을 꺼릴 것이라고 주장했다. 그러나 비용이 많이 들고 비효율적이었기 때문에 영국이 더 이상의 개입을 피할 것이라는 것이 더 사실처럼 보였다. 실제로 1차 아프가니스탄 전쟁은 영국에게 완전한 굴욕이었다. 더욱이 수 세기에 걸쳐 이슬람 세계에 대한 영국의 수많은 개입과 마찬가지로 이 전쟁은 역효과를 낳은 것으로 판명되었다. 러시아를 저지하는 데 아무런 도움이 되지 못했으며, 러시아가 인도를 위협할 계획은 없었지만 아시아에서 영국을 압박함으로써 영국을 겁주는 것이 얼마나 쉬운 일인지 알 수 있도록 하였다. 차르 니콜라스는 1839년 군대를 남쪽으로 보내 히바로 향하게 함으로써(위의 내용 참조) 아프가니스탄 전쟁이 러시아를 저지하기는커녕, 오히려 러시아를 자극한 것으로 나타났다. 이 전쟁은 또한 영국 전력의 한계를 보여주었다. 기술적으로는 승리를 했던 크림 전쟁과 마찬가지로, 영국은 군사적으로나 전략적으로 러시아를 약화시키지 못했고, 중앙아시아에서 러시아의 전진을 저지하지도 못했다.

❋ ❋ ❋

아프가니스탄에 대한 1839년의 침공은 당시 되풀이되지 않을 실수인 것처럼 보였다. 이 사건은 이슬람 국가의 수호자 역할을 자처하던 영국의 노력을 약화시켰다. 이후 아미르에게 보조금을 지급하는 등 보다 타협적인 정책으로 이어졌다. 도스트 모하메드는 1863년 사망할 때까지 왕좌에 머물렀으며 어느 정도의 안정을 되찾는 데 성공했다. 1857년에는 영국과 상호 존중 및 우호 조약까지 체결했는데, 이는 양국이 러시아에 대해 느끼는 우려를 반영한 것이었다. 영국에게 이것이 현명한 선택이었음은 1857년 인도 반란이 일어났을 때 입증되었다. 당시 도스트 모하메드는 국민의 압력에도 불구하고 중립을 지켰다. 그리고 도스트 모하메드에게 동맹의 가치는 1863년 영국이 그를 대신해 페르시아를 헤라트에서 몰아내고 도시를 합병할 수 있도록 개입했을 때 입증되었다.

그러나 무슬림 세계에 대한 정책은 이제 국내에서도 점점 더 논란이 되었고, 크림 전쟁으로 인해 더욱 악화되었다. 이 갈등으로 인해 글래드스톤과 파머스턴이라는 두 자유주의자는 외교정책에서 충돌하는 길을 걷게 되었다. 1865년 글래드스톤이 사망한 후, 이러한 대립은 보수당 지도자 디즈레일리에 의해 지속되었다. 디즈레일리는 애국적인 파머스턴의 명성을 자신의 당을 위해 이용하고자, 글래드스톤이 러시아의 도전을 받았을 때 영제국의 이익을 옹호하지 않는 것처럼 묘사하는 데 최선을 다했다. 이러한 정치의 양극화는 1875년 투르크 통치에 반대하는 보스니아 헤르체고비나 기독교인들의 반란이 발발하고 1877년 투르크와 러시아 간의 전쟁으로 이어지면서 극적으로 최고조에 달했다. 이러한 상황에서 디즈레일리 정부는 ─ 친투르크적이기 때문보다는 반러시아적이기 때문에 ─ 영제국의 이익을 위해 오스만제국을 유지함으로써 흑해와 동지중해로 진출하려는 러시아의 팽창주의 저지를 이유로 투르크를 지지하기로 결정했다. 이에 반대하는 입장은 두 가지였다. 첫째, 오스만제국을 부패하고 실패한 정권으로 보는 사람들에게는 발칸 반도에서 민족 자결의 물결이 거세지는 상황에서 오스만제국을 유지하려는 시도는 점점 더 무의미해 보였다. 둘째, 반란을 진압하는 투르크군에 의해 약 1만 2,000명의 불가리아인이 사망했다는 『데일리 뉴스*Daily News*』와 『타임스』의 보도가 나오면서 도덕적 고려가 필요해졌다. 이로 인해 외교정책의 문제는 '야만'에 대한 '기독교 문명'의 문제로 전환되었다.

그럼에도 불구하고 두 가지 우발적 사건이 없었다면 이 분쟁은 중요한 정치적 이슈로 발전하지 못했을 것이다. 1873년~1875년 미국의 유명한 설교자 무디D. L. Moody와 샌키I. Sankey가 영국을 순회하며 새로운 복음주의 부흥 운동을 촉발시켰다. 글래드스톤이 불가리아의 잔혹 행위 문제를 다루었을 때, 그의 집회는 청중들에게 복음주의 스타일과 열정을 갖춘 어떤 것으로 보였으며, 무디와 샌키 캠페인 연장선의 정수로서 여겨졌다. 글래드스톤은 독실한 성공회 신자였으며 항상

6장·빅토리아 시대, 이슬람, 진보사상

도덕적 관점에서 정치를 바라보는 경향이 있었다.[8] 두 번째 우발적인 상황은 1874년 선거 패배 후 은퇴했던 글래드스톤이 갑자기 정치에 복귀한 것이었다. 그가 선택한 이슈가 특별한 관심을 불러일으킨 것은 당연했다. 여기에는 개인적이고 종교적인 요소도 포함되었다. 글래드스톤은 디즈레일리를 혐오했으며 디즈레일리의 정책이 투르크인에 대한 유대교적 동정심과 기독교인에 대한 그의 증오심의 영향을 받았다고 믿었다 (이에 대한 증거는 없지만). 게다가 많은 고교회파 교회 신자들이 디즈레일리 정부가 도입한 1874년 공공예배규제법Public Worship Regulation Act에 반감을 품고 있었기 때문에 이미 글래드스톤의 도덕적 열정에 매료된 비국교도들과 쉽게 합류할 수 있었다.

선동은 1876년 8월에 시작되었고 글래드스톤은 9월 초에 '불가리아의 공포와 동방의 문제'라는 팸플릿을 작성하며 캠페인을 시작했다. 그의 딸에 의하면, "아빠는 말로 표현할 수 없는 불가리아의 공포에 경악하며 팸플릿을 손에 들고 런던으로 달려갔다"고 한다. 며칠 만에 팸플릿은 4만 부나 팔렸다. 글래드스톤이 쓴 유명한 문장은 아래와 같다.

> 내가 바라건대, 그들의 자프티에Zaptiehs와 무디르Mudirs, 빔바시Bimbashis와 유바시Yubashis, 카이마캄Kaimakams과 파샤들Pashas*까지 모두, 가방과 짐을 가지고 그들이 황폐화시키고 모독한 이 지역에서 물러나길 희망한다.

---

* 역자 주) 자프티에 – 1889년~1943년 사이 트리폴리타니아, 시레나이카, 에리트레아와 소말릴랜드의 이탈리아 식민지 현지에서 자란 헌병 부대를 칭한다. 무디르 – 이집트의 주지사 또는 터키의 면장을 가리킨다. 빔바시 – 투르크 군대의 소령을 의미한다. 유바시 – 오스만제국의 관료 직위를 칭하는 것으로 추정된다. 카이마캄 – 오토만제국의 주지사 등, 다양한 관료들을 가리킨다. 파샤 – 터키의 문무고관을 의미한다.

그러나 그는 더 나아갔다.

남해의 어떤 식인종도 자행된 일을 보고 분노를 느끼지 않을 사람은 없을 것이다 … 그것은, 그것을 생산한 모든 더러움과 모든 사나운 열정을 남겼고, 피에 젖고 악취가 나는 토양에서 또 다른 살육의 수확으로 다시 솟아날 수 있습니다.

글래드스톤은 코란을 '저주받은 책'이라고 부르며 투르크인들이 '가증스럽고 짐승 같은 정욕'에 빠져 지옥이 거의 얼굴을 붉힐 만한 행동을 저질렀다고 주장했다. 그의 표현은 기껏해야 감정적이고 도를 넘는 것이었으며, 최악의 경우 인종차별에 가까웠다. "투르크인은 전체적으로 볼 때 인류 중에서 유일한 가장 큰 반인류 종족이다." 그는 인류에 대한 범죄를 저지른 투르크인들이 다른 열강으로부터 도덕적, 물질적 지원을 받을 자격을 모두 잃었다고 주장했다.

그의 과격한 말투에 대해서는 몇 가지 이유가 고려된다. 전형적인 빅토리아 시대의 글래드스톤은 무슬림을 범주별로 나누어 인도 무슬림은 '온순함', 스페인 무어인은 '교양', 시리아 아랍인은 '기사도'라고 분류했다. 그의 비난은 주로 투르크인을 향한 것이었으며, 그 이유는 투르크인들이 자결의 원칙을 위반하고, 법과 대중의 동의에 의한 정부보다는 국가 폭력에 기초한 제국주의 이념을 지지했기 때문이다.[9] 쏟아지는 빗속에서 1만 2,000명의 청중이 그의 연설을 들었던 런던의 블랙히스Blackheath에서, 그는 발칸 민족의 곤경보다는 러시아에 대한 공포에 더 감동한 자유당 동료들에 대한 예의 때문인지 더 자제하는 태도를 보였다. 그의 지방 순회는 큰 성공을 거두었다. 예를 들어, 버밍엄에서는 빙글리 홀Bingley Hall에서 열린 연설에 약 3만 명의 사람들이 모여 그를 응원했다.

그러나 이러한 자격들에도 불구하고 글래드스톤이 종교에 대해 매우 잘 읽고 잘 알고 있었지만, 실제로 이슬람에 대해 많이 알고 있었다는 증거는 없다. 그는 이슬람을 투르크 유형의 정치 문제로 보았고, 그의 감정적인 표현은 공개 토론에서 영구적인 요소가 되는 투르크인에 대한 기존의 극단적인 편견에 힘을 실어주었다. 많은 빅토리아 시대 사람들이 투르크인은 자제력이 부족하고 불같은 마음을 가지고 있어 영국 여성들이 항상 그들에게서 위험에 처해 있다고 확신했다. 그들은 동양 국가에서 악의 온상으로 알려진 하렘에 집착하면서 투르크인들의 성적 타락, 종교적 광신주의, 정치적 부패를 비난했다. 이러한 편견은 제1차 세계대전 당시 수천 명의 무슬림이 영국 편에 서서 싸우고 영국 병원에서 회복하고 있던 동안에도 지속되었다. 1915년 『데일리 메일 *Daily Mail*』은 쿠다다드 칸Khudadad Khan에게 빅토리아 십자훈장을 수여한 사실을 공개함으로써 스캔들을 일으켰다. 그 후 당국은 무슬림의 유혹에 빠질 것을 우려해 영국 간호사들과 무슬림이 섞이지 않도록 노력했다. 당황스럽게도 영국 간호사들이 무슬림 환자들때문에 호들갑 떠는 것을 좋아한다는 사실이 드러났지만, 당국은 이러한 행동이 식민지 주민들과 인종적 거리를 유지해야 한다는 원칙에 심각한 위협이 된다고 생각했다.

❋　❋　❋

한편, 글래드스톤이 투르크 무슬림에 대해 보인 편견이 후기 빅토리아 시대에 널리 퍼져 있었던 반면, 특히 중간계급 비국교도들 사이에서 이슬람에 대해 보였던 더 호의적인 시각은 증거를 통해 인정된다. 후기 빅토리아 시대와 에드워드 시대에 이슬람은 유력한 개종자들이 많아 어느 정도 존경받았다. 당시 영국 무슬림은 약 5,000명, 1924년에는 1만 명으로 증가했으며, 이 중 1,000명이 개종한 것으로 추정된다. 개종자들은 때때로 영국식 이름과 복장을 유지하며 타협하면서, 돼지고기와 술을 먹지 않는 것으로 이슬람에 적응했다. 유니테리언들은 이슬람과 삼위일체에 대한 견해를 공유하기 때문에 지적으로 잘 적응할 수 있어 개종이 비교적 쉬웠다. 많은 비국교도와 중간계급 금주주의자들은 금욕적인 삶을 살았던 선지자에 대한 평판이 매우 매력적이라는 것을 알게 되었다. 최초의 목적에 부합하는 전용 모스크는 1889년 워킹에 세워진 샤 자한 모스크였다. 워킹에는 무슬림이 없었기 때문에 이상하게 보이지만, 주도적 인물인 라이트너Gottlieb Leitner 박사가 이슬람을 연구하고 인도에서 온 학생들을 위한 교육기관의 필요성을 느껴 설립하였다. 런던이 당연한 선택지였지만 높은 부동산 가격 때문에 대신 워킹을 고려할 수밖에 없었다. 이 모스크는 1900년 이후에 사용되지 않다가 워킹 무슬림 선교단에 헌신한 인도에서 온 변호사 콰자 우딘Khwaja-ud-Din에 의해 부활하였다.

개종자 중에는 웨슬리안 감리교 신자로 자라 유니테리언 사상의 영향을 받은 리버풀의 부유한 변호사 '압둘라' 퀼리엄William 'Abdullah' Quilliam(1856~1932)도 있었다. 그는 1882년 모로코를 방문했을 때, 이슬람에 관심을 갖게 되었고 1887년에 개종하였다. 그의 『이슬람의 신앙Faith of Islam』은 빅토리아 여왕도 읽었던 저서이기도 하다. 퀼리엄은 오스만 술탄, 페르시아의 샤, 아프가니스탄의 아미르에 의해 비공식적으로 영국 무슬림의 지도자로 인정받았다. 그는 리버풀에서 1891

년 계단식 주택에 모스크를 세우고 무슬림 연구소를 설립하여 많은 개종자를 만들었다. 하지만, 외국의 비평가들은 그가 개종자를 유치하기 위해 신앙을 희석시켰다고 주장하였다. 더 저명한 개종자는 자유주의자이자 외교관, 동양학자, 언어학자인 알덜리의 3대 남작 스탠리Henry Edward John Stanley, the 3rd Baron Alderley(1827~1903)였다. 그는 1860년 메카를 방문하여 이슬람교로 개종한 것으로 전해진다. 무슬림이 된 스탠리는 체셔 영지의 공공 주택을 폐쇄하였다. 그는 투르크 대사관의 이맘에 의해 무슬림 의식에 따라 매장되었다. '무하마드' 픽홀Marmaduke 'Muhammad' Pickthall(1875~1936)은 성공회 성직자의 아들로 1890년대 팔레스타인과 시리아를 여행하며 아랍어를 배웠다. 제1차 대전 당시 투르크에 대한 동정심으로 1917년 개종했다. 픽홀은 '이슬람과 진보Islam and Progress'에 대한 강의에서 기존의 편견에 정면으로 도전하는 것으로 유명해졌다. 『이슬람 리뷰Islamic Review』와 『이슬람 문화Islamic Culture』를 편집했으며, 많은 찬사를 받은 그의 번역서 『영광스러운 코란의 의미 The Meaning of the Glorious Qur'an』는 알-아자르 대학교의 승인을 받았다. 픽홀과 다른 사람들에게 이슬람의 매력은 부분적으로는 이슬람의 평등주의에 대한 평가와 영국 국교회의 보수주의 및 특권에 대한 반감으로 구성되었다.

이 시기에 무슬림에 공감한 사람들 중 가장 유명한 사람은 빅토리아 시대의 여행가 버튼 경(1821~1890)으로, 그가 1882년 번역한 『아라비안나이트』의 서문에서 독자들에게 이슬람 강대국으로서 영국의 책임을 상기시켰다.[10] 당시 영제국에는 기독교인보다 무슬림이 더 많았다. 1840년대 인도 군대에서의 경험을 통해 버튼은 언어와 변장에 대한 자신의 재능을 깨닫게 되었고, 이를 바탕으로 정보국 요원으로 활동하며 아시아와 아프리카 여러 지역을 여행하였다. 1853년에는 파탄인으로 위장한 채 (비무슬림에게는 금지된) 메카를 방문했고, 이후에는 수피교 데르비시dervish(수도사 - 역자 주)로서 이집트를 방문하기도 했다. 버튼은 영국 친아랍주의 전통의 전형적인 예였다. 그는 인도 공무원 시험에서 영국이 아랍어를 소홀히 하여 아프가니스탄, 이집트, 수단의 관리에 실패했다고 불평하며 "이제 무슬림은 신뢰와 명예를 얻을 수 있는 직책 대신 학교와 대학에 있는 참신한 젊은이들에 의해 통치되어야 한다"고 주장했다.[11] 하지만 버튼의 영향력도 엇갈렸다. 그는 『아라비안나이트』 번역본을 출간하여 1만 파운드의 수입과 유명세를 얻었지만, 원작의 성적 환상을 그대로 담아 악명도 높았다. 이러한 에로티시즘은 그의 아내 이사벨을 비롯한 많은 동시대 사람들에게 충격을 주었다. 이사벨은 1886년 그의 원고를 파기하고 변형된 버전을 출판했는데, "영국 대중에게 가족 독서용으로 진정한 것을 읽을 수 있도록 선물하고, 학생에게 아랍인이 실제로 어떤 존재인지 깨닫게 해주고 싶어서"라는 이유로 원본의 3,115쪽 중 215쪽을 잘라내었다.[12] 이 정도로 보면, 버튼은 아랍에 대한 동정심에도 불구하고 무슬림이 감각적이고 퇴폐적이라는 후기 빅토리아 시대의 적대적 시각을 효과적으로 보완하고 심지어 확실히 한 셈이었다.

실제로 후기 빅토리아 시대 무슬림과 아랍 세계의 옹호자들은 일반 대중보다는 지식인 및 정치 엘리트들에게 더 쉽게 영향을 미칠 수 있었다. 버튼과 마찬가지로 외교관이자 시인이며 쾌락주의자였던 블런트Wilfrid Blunt(1840~1922)는 중동과 이집트를 광범위하게 여행했다. 그는 원래의 가톨릭 신앙을 버리고, 이슬람교가 일반적으로 광신주의와 동일시되던 시절에 이슬람교에 호감을 갖게 되었다. 블런트는 문명의 충돌이 아니라 동서양의 공통된 인류애를 믿었다. 기독교인과 무슬림이 서로 개종하려는 희망을 사실상 포기했기 때문에 이제 조화롭게 살 수 있다고 주장했다.13) 로렌스T. E. Lawrence의* 선구자였던 블런트는 베두인Bedouin의 이슬람을 사랑했는데, 그는 오스만제국의 이슬람보다 더 순수한 종교라고 생각했다.14) 그는 또한 아일랜드 민족주의를 지지하면서 제국주의 전반에 대한 비판자가 되어 제국주의가 단순히 식민지 사람들을 착취하려는 욕망에 의해 추진되는 것으로 간주했다. 심지어 글래드스톤에게 아랍인들의 장점을 설득하려고 시도했지만 무시되기도 했다. 블런트는 이집트에서 만난 페르시아 사상가 알-아프가니al-Afghani의 영향을 받아 범이슬람주의pan-Islamism에 동조했는데, 그는 범이슬람주의를 유럽의 정복에 대항하는 보루이자 서방세계의 도전에 대응하는 수단으로 여겼다. 그는 심지어 스스로를 이슬람 부활의 선지자라고 여겼고, 이슬람 부활은 터키 지배의 타도에 의해 이루어진다고 생각했다.

그러나 버튼과 마찬가지로 블런트는 투르크인에 대한 태도를 통해 기존의 글래드스턴의 견해를 보완한 경우였다. 실제로 블런트는 괴짜스러움에도 불구하고 이슬람 세계와 그 안에서 영국이 할 수 있는 역할에 대해 현실적인 시각을 취했다. 그는 투르크인들이 이슬람을 타락시켰으며 칼리프에 대한 그들의 주장은 항상 의심스럽다는 관점에서 출발했다. 그는 당시 흔히 그랬던 것처럼, 오스만제국이 붕괴하고 칼리프국이 메카로, 수도는 다마스쿠스나 바그다드로 이전할 것을 예상했다. 블런트는 이를 통해 이슬람의 개혁과 영적 특성 회복 모두가 가능

---

* 역자 주) 영국의 아랍 독립운동 지도자이자, 고고학자, 군인, 저술가(1888년~1935년)이다.

하게 될 것이라고 생각했다. "무슬림들이 종교의 중심을 찾아야 한다면, 그것은 아라비아에서"라며, 이를 통해 "거대한 궁전의 세속적 영광, 정치적 음모, 전제 정권으로부터 벗어나게 될 것"이라고 하였다.[15)]

블런트에 따르면 영국은 이 모든 일에서 중요한 역할을 했다. 유럽의 가톨릭 전통과 십자군 국가들로부터 분리되어 있었기 때문에 이슬람에 자유주의적인 방식으로 접근할 수 있었다. 실제로 무슬림들은 영국인을 유니테리언으로 간주하여 이슬람의 일부로 여겼다. "[영국은] 이슬람을 파괴할 수도, 이슬람과의 관계를 끊을 수도 없다. 그러므로 하느님의 이름으로 영국이 이슬람의 손을 잡고 미덕의 길로 담대히 나아가도록 격려하자."[16)] 메카가 사실상 영국의 보호 아래 놓이게 됨에 따라 인도에서 영국의 입지가 강화되고 빅토리아 여왕이 아랍 세계를 관장 할 수 있게 될 것이다. 외무성은 오스만제국 붕괴의 불가피성을 의심했기 때문이 아니라 제국 해체 과정을 통제할 수 없다고 느꼈기 때문에 이 모든 것에 확신을 갖지 못했다. 그럼에도 불구하고, 블런트의 비전은 로렌스 세대의 친아랍주의를 형성하는 데 큰 영향을 미쳤다.

❋   ❋   ❋

블런트와 버튼이 간과한 것은 투르크인에 대한 글래드스톤의 극단적인 묘사가 19세기 당시의 기록과 크게 상반된다는 것이었다. 투르크인들은 제국 내 영국인보다 전반적으로 덜 경직적이고 덜 인종차별적이었다. 서방의 선전과는 달리, 오스만제국은 다양성에 상당히 관대했으며, 대다수가 투르크어가 아닌 세르비아어, 그리스어, 불가리아어, 아랍어 등 자국어를 사용하는 번성한 다문화 사회를 유지했다. 오스만제국의 통치는 이슬람 율법에 기반을 두었지만, 이 틀 안에서 기독교와 유대인 공동체는 자선, 결혼, 이혼, 상속, 심지어 세금과 같은 문제에서 부분적인 자율성을 누렸다. 4세기 동안 이 느긋한 접근 방식은 제국에 큰 도움이 되었다. 무슬림이 지배적이었지만 기독교인에 대한 체계적인 탄압은 없었다. 물론 기독교인들은 특정한 제한을 받았다. 페즈fez(일부 이슬람 국가에서 남자들이 쓰는 붉은색, 검은색 술이 달려있는 모자 – 역자 주)를 착용할 경우, 검은 천 조각을 꿰매야 했고, 고위 관직에 오를 수 없었으며, 군대에서 제외되고 대신 군면제 세금을 내야 했다.[17] 서양의 비평가들은 오스만 정부의 비효율성을 비판할 수 있지만, 이는 실제로 기독교인과 비무슬림 집단에게 유리한 정책이었다.

발칸 반도의 민족주의자들의 불만과 불평등한 대우에 대한 기독교인들의 불만에 직면한 투르크는 제국의 생존력을 더 높이기 위한 건설적인 조치에 착수했다. 술탄 마흐무드 2세Mahmud II는 1839년 칙령을 통해 종교에 관계없이 모든 국민에게 생명, 재산, 명예를 보장하는 평등의 원칙을 도입했으며 이 원칙은 1856년에 재확인되었다. 그 후 일부 기독교인이 지방 의회와 국가 대평의회에 임명되었다. 이때 오스만 제국은 전통적인 차별의 두 가지 형태인 인두세 또는 지즈야jizya(이슬람 왕국에서 비무슬림 시민에게 일정 기준으로 부과하는 세금 – 역자 주)와 비무슬림의 무기 소지 금지도 폐지했다. 이는 모든 오스만제국 국민의 공통 시민권을 향한 움직임의 일환이었다. 같은 해, 1856년에 서방 정부들 사이에서 정례적인 문제가 되었던 흑인 노예 인신매매도 금지되었다. 보수적인 무슬림들은 이것이 이슬람 율법에 위배된다고 불평했지만, 오스만은 헤자즈에서 노예무역을 계속할 수 있도록 허용하는 정도로 물러섰다.

그러나 유럽의 비평가들은 이 개혁이 오스만제국의 쇠퇴를 되돌리지 못했고 단순히 서유럽의 정부들을 달래기 위해 추진된 실패작이라고 일축하는 경향이 있었다. 서양의 사상과 문화를 높이 평가하고 제국을 강화하기 위해 혁신이 필요하다는 것을 받아들인 투르크인들에 의해 개혁이 추진되었기 때문에 이것은 거의 사실이 아니었다. 1876년과 같은 위기가 개혁의 시기에 영향을 미쳤을 수 있지만 그 이상은 아니었다.[18] 투르크인들은 비투르크인들을 현상 유지에 적응시키고 반란 경향을 억제하는 데 개혁이 도움이 될 것이라고 계산했으며, 이러한 목표를 모든 주체의 융합 또는 형제애로 표현했다. 물론 이 정책의 약점은 크레타섬, 세르비아, 보스니아에서 반란의 조직을 점점 더 선호하던 기독교인 자체의 자기 저항에 있었다. 결과적으로 기독교인들은 오스만제국 내부에 상당한 문제를 일으켰다. 이것은 제국을 겨냥한 것이었을 뿐만 아니라 그들 사이의 분쟁을 포함했기 때문에 모든 형태의 권위에 대항하는 상습적인 반역자로 간주되었다. 무슬림이 권위를 기꺼이 받아들이려는 의지가 더 크다는 점이 기독교인들과 무슬림의 주요 차이점으로 인식되었다. 그 결과, 투르크인들은 발칸 반도와 그리스의 기독교 공동체를 대신하여 서방 정부의 간섭에 점점 더 분노를 느끼게 되었다. 특히 기독교인들에게 교육을 제공하며 선지자를 사기꾼으로 비난하는 전통적 비난을 되살린 선교사들(대부분 미국인)의 활동에 분개하게 되었다. 기독교 선교사들은 기독교 우월감을 조장하고 혁명적인 민족주의를 부추김으로써 많은 문제를 일으켰다. 그 결과, 1875년~1876년 투르크인들은 보스니아 기독교인들을 대신한 서유럽의 개입이 무슬림들에게는 부당한 특권적 지위를 그들[기독교인들]에게 부여했다고 느꼈다.[19]

❋ ❋ ❋

그러나 영국은 일반적으로 무슬림 국가들의 구원적 특성을 인정하지 않으려 했지만, 아프가니스탄 침공으로 인해 냉정해진 것으로 보인다. 한동안은 아프가니스탄에 대한 성급한 개입이 얼마나 어리석은 일인지에 대한 공감대가 어느 정도 회복되기도 했다. 어쨌든 1843년 신드를 점령하고 1849년 펀자브를 점령함으로써 라지의 전략적 입지가 강화되었고, 인도는 아프가니스탄 영토와 인접하게 되었다. 영국은 아프가니스탄과 북쪽의 펀자브 사이에 별도의 북서부 국경 주를 만들기로 결정했다. 남쪽의 신드는 영국 위원들에 의해 임의로 통치되었는데, 이들은 단순히 비정규 군대를 사용하여 국경을 넘어 골치 아픈 부족민을 쫓았다. 영국의 전략적 위치를 개선하기 위해 유일한 방책은 볼란 고개에 병력을 배치해 남부의 침공을 견제하고 페샤와르에 군대를 배치해 북부의 공격을 막는 것이었다. 더 전진하는 것은 아프가니스탄을 자극하여 러시아에만 도움이 될 것이라는 주장이 나왔다. 이 국경은 영국이 달성할 수 있는 최대한 안전한 것이었다. 이 외에도 인도 총독 마요 경(1869~1872)은 무기는 제공하지 않고 보조금을 제공하면서 아미르들을 육성하는 영리한 정책을 유지했다. 필요한 경우 지방 수비 지원을 제공하지만, 그 외에는 그들의 영토에 대한 간섭은 자제하였다. 불행히도 이러한 자비로운 방치 정책은 아프가니스탄과 러시아 사태 전개로 인해 약화되었다. 도스트 모하메드가 사망한 후 이 나라는 그의 12명의 아들들 사이의 내전을 겪었다 (무슬림 사회에서 흔히 볼 수 있는 현상임). 1869년에서 1879년 사이에 아미르 셰르 알리Amir Sher Ali 중심으로 정부와 교육 분야에서 몇 가지 혁신이 이루어졌다. 그는 우편 시스템을 도입하고 군대를 3만 7,000명으로 증원하는 군 개혁을 단행했다. 그러나 그의 혁신은 아프가니스탄이 러시아에 저항하기에는 너무 약하고 야만적이라고 여겼던 새 총독 리턴 경(1876~1880)에게 깊은 인상을 주지 못했다. 이러한 두려움은 새로운 차르 알렉산더 2세Alexander II가 중앙아시아에서 확장을 재개하기로 결심하면서 더욱 심해졌다. 러시아는 1865년 타슈켄트를, 1866년 코칸드를 점령하고 투르키스탄Turkestan이라는 새로운 주를 만들어 1868년 부하라Bokhara[Bukhara]를 보호령으로 삼았으며, 1873년에 히바, 1876년에 코칸드가 그 뒤를 이었다. 사실상 러시아는 영국과 자신들 사이에 보호 장벽을 구축한 셈이었고, 이것은 영국이 신드와 펀자브를 점령한 것과 같은 일을 한 것이었다.

이러한 팽창주의에 대해 영국이 할 수 있는 일이 거의 없었기 때문에 러시아는 자신의 목표나 국경에 대해 영국과 대화하기를 거부했다. 러시아가 자신감을 갖게 된 것은 라지를 침공할 계획이 있었기 때문이 아니라, 러시아가 전진하면 인도의 불만을 불러일으킬 수 있고, 따라서 영국을 압박하는 좋은 수단이 될 수 있다는 점을 인식했기 때문이었다. 인도 관리들은 이제 러시아가 중앙아시아의 칸국들에 대해 할 수 있었던 방식으로 영국이 아프가니스탄에 대한 통제권을 행사할 수 없기 때문에 영국의 전략적 위치가 악화되었다고 주장하기 시작했다. 그 결과, 1874년 이후 디즈레일리와 솔즈베리 경(당시 외무장관)의 정부는 적극적인 정책으로 돌아갈 필요가 있다고 결정했다. 1876년, 그들은 남쪽 볼란 고개의 요충지인 퀘타Quetta를 점령했다. 그들은 또한 하트퍼드셔Hertfordshire의 빅토리아 고딕 양식 저택에 살던 봉건적인 사고를 가진 리턴 경을 새 총독으로 임명했다. 리턴은 자신이 인도에 대해 무지하다고 고백했으며, 자신의 경력을 악화시키기 때문에 총독 자리에 앉는 것을 싫어했다. 그러나 그의 내면에 있던 로맨스 소설가 스타일은 빅토리아 여왕을 '인도의 여제'라고 선포하고 왕자들을 호화로운 구경거리로 대접함으로써 중세주의로 되돌아 가려는 디즈레일리의 계획에 저항할 수 없었다.[20]

한편, 인도에서는 영국의 정책이 지나치게 방어적이라고 비판한 전 봄베이 주지사 프레어 경Sir Bartle Frere을 통해 전진 전략에 대한 압력이 높아졌다. 프레어 경은 "동양인들은 일반적으로 우리가 현재 행동하지 않고 있는 것에 대해 오해하고 있다"고 말했다. [그는] "러시아가 우리 국경에 나타나기 전까지 아무것도 우리를 움직일 수 없다는 것을 이해한다면, 우리는 분명히 그 사건을 몇 년이나 앞당길 것이다"[라고 하였다].[21] 리턴의 상상력에 놀란 외무장관은 "군인들의 말을 너무 많이 듣는 것 같다 … 전문가를 믿어서는 안 된다"라고 경고했지만, 이 말은 새 총독의 마음을 사로잡았다. 그러나 아무 효과는 없었다. 총독은 카불에서 영국 사절단을 받아들이도록 아미르를 설득하여 (사실상 대외 관계를 통제할 수 있도록) 아프가니스탄에서 영국의 영향력을 확대하라는 지시를 받고 인도를 방문했지만, 디즈레일리는 총독에게 아프가니스탄 침공의 임무를 주지 않았다. 그러나 외교와 인도 문제에 무지한 리턴은 그의 지시를 잘못 해석하여 제국 역사에서 흔히 볼 수 있는 실수를 범했다. 그 결과, 1878년 7월, 카불에서 아미르가 러시아 대표단을 접했을 때, 그는 영국 대표단을 파견해 대응했고, 9월 카이버 고개에서 돌려보냈다. 셰르 알리가 이미 이 임무를 받지 않겠다고 밝혔기 때문에 이 생각은 어리석은 것이었다. 리턴은 아미르를 달래는 대신 과잉 반응을 보이며 [자신들의] 주도권을 강요하려 했다.

영국군은 칸다하르와 잘랄라바드로 진격했고 셰르 알리는 러시아로 탈출했다. 1879년 영국은 카이버 고개와 아프가니스탄 외교정책에 대한 통제권과 카불에 상주 대표부를 설치하는 새로운 조약을 체결했다. 잠시 영국은 아프가니스탄을 러시아 치하의 부하라가 누렸던 지위로 낮추는 데 성공한 것처럼 보였다. 실제로, 제2차 아프간 전쟁은 1차 아프간 전쟁과 같은 암울한 사이클을 따랐고, 이후의 러시아(소련의 형태로)와 미국의 침공을 예고한 것이었다. 국경을 넘어 서방 군대를 파견하여 카불을 점령하고 아미르를 몰아내고 더 유연한 대안을 찾는 것은 어려운 일이 아니었다. 그러나 그 이후에도 국가를 관리하는 문제는 여전히 해결하기 어려운 문제로 남았다.

1879년 말, 카바그나리 경Sir Louis Cavagnari이 지휘하던 카불 주재 영국 사절단이 학살당했고, 이듬해 글래드스톤이 재집권하여 디즈레일리의 정책을 뒤집기 위해 노력했다. 그 후로 리턴은 사임했다. 로버츠 경Frederick Roberts 휘하의 군대가 칸다하르에서 아프가니스탄군을 격파했지만 이것이 침공의 무익함을 바꾸지는 못했다. 영국은 셰르 알리의 조카 압둘 라흐만 칸Abdul Rahman Khan을 아미르가 되도록 초청하고 카불에서 군대를 철수했다. 사실상 영국은 이제 침략할 능력은 있었지만, 나라를 통제할 능력은 부족하다는 것을 받아들였다. 압둘 라흐만 칸이 러시아에 대한 장벽을 만들 수 있을 만큼 안정적인 정부를 구성할 수 있기를 기대하는 것이 최선이었다. 그 후 20년 동안 '철의 아미르Iron Amir'로 알려진 압둘 라흐만 칸은 거의 홀로 방치되어 국가를 재건하고 영국의 관대한 보조금으로 뒷받침되는 중앙집권적 독재 국가를 만들 수 있었다. 그의 접근 방식은 어떤 의미에서는 현대화에 가까웠지만, 진보적이지는 않았다. 그는 단지 자신의 국가를 고립시키길 원했다. 그는 모든 반대파를 탄압하는 데 자원을 사용했고 정보원과 비밀경찰 시스템을 운영했다. 사실상 그의 정권은 20세기 무슬림 세계에서 영국 정책의 모델이 되었다. 영국의 우려가 기본적으로 방어적이라는 점을 인식한 칸은 아프가니스탄을 완충 국가로 유지하며 외국인과의 모든 접촉을 비아프가니스탄 및 비이슬람인으로 취급하며 우호적인 태도를 유지했다. 그는 '다르 알-이슬람 Dar al-Islam', 즉 이슬람 땅의 방어를 기반으로 통치한다고 주장했다.

✤ ✤ ✤

제2차 아프간 전쟁의 여파로 영국은 더 이상 중앙아시아에서 전쟁을 벌일 준비가 되어 있지 않았기 때문에 사실상 그레이트 게임에서 패배했다는 것이 분명했다. 1884년 러시아는 히바에서 메르브 Merv까지 지배권을 확장했고, 1885년에는 아프가니스탄 서부의 메르브와 헤라트 사이에 있는 판데 Panjdeh에서 아프간 군대를 격파했다. 영국은 본능적으로 퀘타에 2만 5,000명의 병력을 동원했지만 헤라트까지는 500마일이나 떨어져 있었고, 영국은 러시아와 마찬가지로 또 다른 전쟁을 피하고 싶어 했다. 글래드스톤 정부는 군대를 더 보내도 러시아군을 전진시킬 뿐이라는 것을 현명하게 인식하고 있었다. 그렇게 외딴 지역에서 또 다른 분쟁을 벌이는 것은 양측 모두에게 가치가 없었다. 타협이 이루어졌고 러시아는 메르브에 남을 수 있었다. 러시아가 인도를 침공하고 싶었다면 이제 몇 가지 가능한 경로가 생겼다.

또 다른 사건은 1890년대 초 러시아가 아프가니스탄과 중국 사이에 있는 파미르 산맥을 탐험할 때 발생했다. 영국은 러시아에 도전하기 위해 영허즈번드 Francis Younghusband 대령이 이끄는 탐험대를 파견했다. 그러나 결국 두 강대국은 아프가니스탄에서 중국까지 좁은 통로를 경계로 러시아와 영국령 인도를 분리하는 데 합의했다. 물론 이것은 영국령 인도 라지에 대한 실질적인 방어책은 아니었지만, 두 강대국이 서로 싸울 필요가 없다는 것을 러시아가 기꺼이 받아들였다는 표시로 안심할 수 있었다.

사실상 영국은 인도가 현재 위협을 받고 있지 않다는 믿음(결과적으로 정당화됨)을 바탕으로 아프가니스탄의 중요성을 격하시켰다. 이 판단은 제1차 세계대전 중에 확증되었다. 그러나 영국은 전반적으로 아시아에서의 입지를 양보했다. 1895년 해군 당국은 러시아보다 먼저 영국 함선을 콘스탄티노폴리스로 보낼 수 없다고 조언했고, 이듬해 차르 니콜라스 2세가 런던을 방문했을 때 솔즈베리는 오스만제국이 붕괴하면 해협에 대한 러시아의 점령을 영국이 받아들일 수 있음을 이해시켰다.[22] 1888년 영국의 상업 및 정치적 지배를 확대하라는 임무와 함께 테헤란에 울프 경Sir Henry Drummond Wolff을 임명했음에도 불구하고, 러시아도 페르시아에서 영향력을 강화하고 있었다. 이번에도 지리적인 요인이 문제였다. 테헤란이 페르시아만에서 영국 해군력 범위를 벗어나 있었지만, 러시아 국경과 위험할 정도로 가까웠기 때문이었다. 그 결과 러시아는 영국의 비용으로 상업적 역할을 확장할 수 있다고 확신하게 되었다.

아프가니스탄에 대한 불간섭의 지혜는 1901년 압둘 라흐만이 사망하고 그의 아들 하비불라Habibullah에게 왕좌가 넘어간 후 분명해졌다. 하비불라는 특히 교육 개혁(영국령 인도 출신의 무슬림 고용)과 군사 개혁(투르크 교관 활용)을 통해 아프가니스탄을 근대화의 길로 이끈 인물이었다. 또한, 그는 망명자들의 귀환을 허용하여 정치 체제를 자유화했고, 병원, 수력발전소, 공장, 도로 건설을 시작하였다. 이 모든 것은 유럽 열강이 주도하지 않는 한 이슬람 국가는 발전할 수 없을 것이라는 영국의 가정을 무너뜨렸다.

중앙아시아에서 영국의 실패는 1904년에 절정에 달했다. 이때 러시아 철도 시스템이 마침내 타슈켄트에 도달하여 대규모 군대를 인도 국경까지 수송하고 보급을 계속할 수 있게 되었다. 이러한 사태의 전개로 인도 총사령관 키치너 경은 대규모 병력 증원을 요구하게 되었다. 그러나 이 무렵 영국 정부는 독일이 제기한 더 큰 위협에 대처하기 위해 군대를 재조정하는 데 훨씬 더 관심이 있었기 때문에 그가 요구한 병력은 문제가 되지 않았다. 영국인들에게 다행스럽게도, 러시아인들도 똑같은 생각을 하고 있었다. 그 결과, 1907년 영러 협상Anglo-Russian Entente이 체결되었다. 중앙아시아에서 영국의 입지가 약했던 점을 고려할 때, 이 합의는 영국에게 매우 유리했으며 러시아가 독일에 대해 얼마나 걱정하고 있었는지를 보여주는 것이었다. 러시아는 카불에 자국 요원을 파견하지 않고 영국을 통해 아미르와 소통하는 데 동의했다.

그러나 영국에게 아프가니스탄은 점점 중요하지 않게 되어가고 있던 반면, 다른 이슬람 국가들, 특히 페르시아와 투르크는 점점 더 중요한 위치를 차지하게 되었다. 이러한 우선순위의 변화는 빅토리아 시대에 다시 표면화된 이슬람에 대한 비호감적인 태도를 수정하는 데 거의 도움이 되지 않았다. 심지어 글래드스톤은 1895년~1896년에 예기치 않게 잔학 행위를 재개했다. 이것은 카스피해와 흑해 사이의 외딴 지역에서 여전히 오스만제국의 지배하에 있던 기독교 아르메니아인들이 반란을 일으킨 이후였다. 사실, 문제의 원인은 반란이 시작될 때 수천 명의 투르크인을 살해한 아르메니아 혁명가들에게 있었다. 반란을 진압하는 과정에서 이번에는 투르크군이 아르메니아인들을 학살했다. 이를 계기로 글래드스톤은 콘스탄티노폴리스를 잔혹하고 음탕한 동양의 전제정치라고 다시 비난하기 시작했다. 이처럼 외딴 지역에서 발생한 사건으로 인해 불거진 논란이 유럽 열강에 의해 대부분 무시되고 상당히 빨리 지나갔지만, 아르메니아인에 대한 학살은 이슬람에 대한 적대적 인식을 계속 유지하게 하였다.

따라서 세기 말에는 무슬림에 대한 영국의 태도가 확실히 구체화 되었다. 이집트에서는 최근 은퇴한 크로머 경이 여전히 이슬람은 근본적으로 변화할 수 없다고 확신하고 있었다. 인도에서는 훨씬 젊은 제국주의자인 커즌 경이 동양인은 언제나 기만적이고 배신하며 부패했다는 믿음을 굳게 갖고 있었다. 사실 커즌은, 공평하게 말하자면, 그리스인들이 '400년간의 투르크 압제의 밤에서 이제 막 깨어난' 민주주의에 부적합한 존재로 간주하는 등 대부분의 민족들에 대해 암울한 시각을 가지고 있었다. 하지만, 영국인 이외의 사람들에 대한 그의 오만한 시각은 이슬람 문명을 포함한 특정 문명들이 먼 과거에 이룩한 위대한 업적을 기꺼이 인정함으로써 어느 정도는 완화되었다. 그는 인도를 여행하면서 무굴 시대의 예술과 건축의 증거에 깊은 인상을 받았는데, 그 중 타지마할은 뛰어난 예 가운데 하나일 뿐이었다. 그는 인도의 보물을 보존 및 복원하고 인도인들이 이를 더 잘 이해할 수 있도록 장려하기 위해 고고학과를 만들었다.

세기가 바뀌면서 커즌의 편견은 일상적인 것이 되어 버렸다. 이러한 편견은 처칠Winston Churchill과 같은 영국의 젊은 제국주의자들의 견해에도 반영되어 있었다. 처칠은 젊은 특파원 시절인 1890년대 후반 인도 북서부 변경 지역과 수단에서 무슬림 사회에 대한 경험을 쌓았다. 1897년 인도 북서쪽 국경의 말라칸드Malakand와 차크다라Chakdara에 있는 영국 요새에 대한 공격으로 인해 블러드Bindon Blood 장군이 이끄는 토벌 원정이 시작되었고, 처칠은 종군기자로 참여했다. 그리고 1898년에는 무슬림의 지배에서 하르툼을 탈환하기 위해 나일강을 따라 진격하는 키치너 장군의 군대에 합류했다. 이러한 경험을 바탕으로 그는 『하천 전쟁The River War』(1898)과 『말라칸드 야전군The Malakand Field Force』(1899)을 집필했다. 『하천 전쟁』에서 그는 다음과 같은 유명한 글을 썼다.

> 모하메드교가 신도들에게 내리는 저주는 얼마나 끔찍한가. 개가 광견병에 걸리는 것만큼이나 인간에게 위험한 광신적 광란을 넘어서 이 무섭고 숙명적인 무관심이 있다 … 경솔한 습관, 허술한 농업 시스템, 부진한 상업 방식, 재산의 불안정성이 선지자의 추종자들이 통치하거나 사는 곳이면 어디든 존재한다. 타락한 관능주의는 이 생의 우아함과 세련됨을 빼앗고, 그 다음 생의 존엄성과 신성함을 빼앗는다.[23]

당시 처칠은 빅토리아 시대의 진보, 낭만주의, 사회 다윈주의Social Darwinism, 영국인의 인종적 우월성에 대한 가정을 혼합한 글래드스턴주의적 관점을 가지고 있었다. 훗날에도 그는 수단 반군을 광신도라고 불렀다. 그는 아프간 부족에 대해 "그들의 종교는 잔인함, 경박함, 부도덕이 모두 동등하게 나타나는 비참한 광신주의"라고 하였다. 이슬람의 영향으로 "모든 이성적인 고려는 잊혀지고 … 미친 개처럼 위험하고 민감한 존재로, 그런 대우만 적합하다"고 주장했다.[24]

[우리가] 이러한 표현들과 만날 때의 처칠은 23세였고, [그가] 젊은

이의 피상적인 지식과 자신의 이름을 알리고자 하는 절실한 열망을 가지고 있었다는 사실을 기억할 필요가 있다. 그는 일신교인 유대교-기독교 전통의 영향을 많이 받았다고 알려져 있지만, 만약 그렇다면 그는 확실히 이슬람에 대해 더 많은 이해를 보여주었을 것이다. 또한, 그는 분명히 감수성이 예민했고, 새로운 것에 매력을 느꼈으며, 쉽게 마음을 바꾸는 경향이 있었다. 무엇보다도 처칠은 말하는 것을 좋아했는데, 이것은 처칠이 쓰거나 발언한 많은 것들이 효과를 위해 과장된 것처럼 보이는 이유를 설명하는 데 도움을 준다. 그는 전통적인 사고들을 채택했다가 쉽게 버리기도 했다. 그의 세대 대부분에게 영국인의 인종적 우월성은 당연한 것으로 보였고, 영제국은 선good 을 위한 세력이었다. 그에게 제국은 '문명화된 인간이, 지배자와 피지배자의 상호 발전을 위해 동의 없이 미개한 자를 지배할 때' 생겨났다.[25] 따라서 무장 무슬림과의 국경 전쟁은 '진보의 세력과 반동의 세력이 충돌하는 사건'이었다. 처칠은 빅토리아 중반 영국 산업 사회에 대한 진보의 전형으로서 자신감이 심하게 훼손되던 시기에 성인이 되었지만, 그 영향은 그가 자유당 총리로 처음 취임한 1906년~1908년경까지 그다지 분명하게 드러나지 않았다.

그러나 젊은 처칠의 견해에 대해 몇 가지 고려사항이 있을 수 있다. 인도에서 풍부한 경험을 쌓은 많은 영국인들과 마찬가지로 처칠은 무슬림이 용감한 전사이며, 적절히 관리한다면 잠재적으로 좋은 동맹이 될 수 있다는 점을 기꺼이 인정했다. 더 중요한 것은 처칠이 이집트와 수단에서 일어난 무슬림의 반란이 — 아무리 광신적으로 보이더라도 — 종교적 열광이라기보다는 원시적 민족주의 정서에 의해 발생할 수 있다는 점을 인식했다는 점이다. 1857년 인도의 반란과 마찬가지로 반란 운동은 종종 이슬람의 상징과 언어, 리더십을 차용하는 경우가 많았다. 그 주된 이유는 바로 사용할 수 있었기 때문이다. 처칠은 성숙기에 들면서 마흐디를 '동족의 영웅 중 으뜸'으로 인정하면서 "성공의 척도를 제외하고는 진짜 선지자와 가짜 선지자를 어떻게 구별할 수 있는지 모르겠다"고 말했다.

시간이 지나면서 처칠은 무슬림 세계에서 영국의 정책에 대해 보다 정교한 시각을 갖게 되었다. 특히 그는 북서부 국경에서 부족들을 일시적으로 제압할 수는 있지만 실제로는 아무것도 바뀌지 않는 전진 정책의 무익함을 인식했다. 에드워드 자유당 정부의 장관 하급직에 있었던 그는 소말리아에서 또 다른 이슬람 반란을 겪게 되는데, 영국 당국에 따르면 이 반란은 또 다른 '미친 물라mad mullah'(이슬람교의 신, 율법학자 – 역자 주)에 의해 영감을 받은 것이었다고 하였다. 처칠은 소말리아 내부를 통제하려는 시도는 그만한 대가를 치를 가치가 없으며 어쨌든 일시적일 뿐이라고 지적했다. 그는 또한 서로 다른 이슬람 사회 사이의 차이를 배우게 되었다. 그는 수단과 북서쪽 국경의 적들을 광신도 이외의 무엇으로 보기 어렵다고 여겼지만, 사막의 아랍인들과 그들의 문화, 명예의식에 매료되었다. 1897년 그리스와 투르크가 크레타 섬을 놓고 전쟁을 벌여 수천 명의 크레타 인이 사망했을 때, 그는 솔즈베리 경이 이슬람 야만주의의 대의를 지지할 준비가 되어 있다고 비난하며 다시 한번 글래드스턴 모드로 변신했다. 처칠은 투르크 치하에서 기독교 종족의 예속 상태를 연장하는 정책을 비난했다. 그러나 그는 또한 앞을 내다보고 있었다.

낮이 지나면 밤이 되듯이, 러시아가 콘스탄티노폴리스에 도착할 것이 확실하기 때문에 그것은 어리석은 일이다. 우리가 원한다고 해도 그들을 멈출 수 없다. 또한, 더러운 동양인들을 유럽에서 추방하는 것을 방해할 수 있는 어떤 것도 바라면 안 된다.[26]

처칠은 오스만제국의 완전한 해체가 얼마나 가까워졌는지 깨닫지 못했다. 1914년을 향한 몇 년 동안, 영국은 조약의 약속과 친투르크 전통에도 불구하고 마침내 오스만제국과의 오랜 관계를 포기할 것이었다.

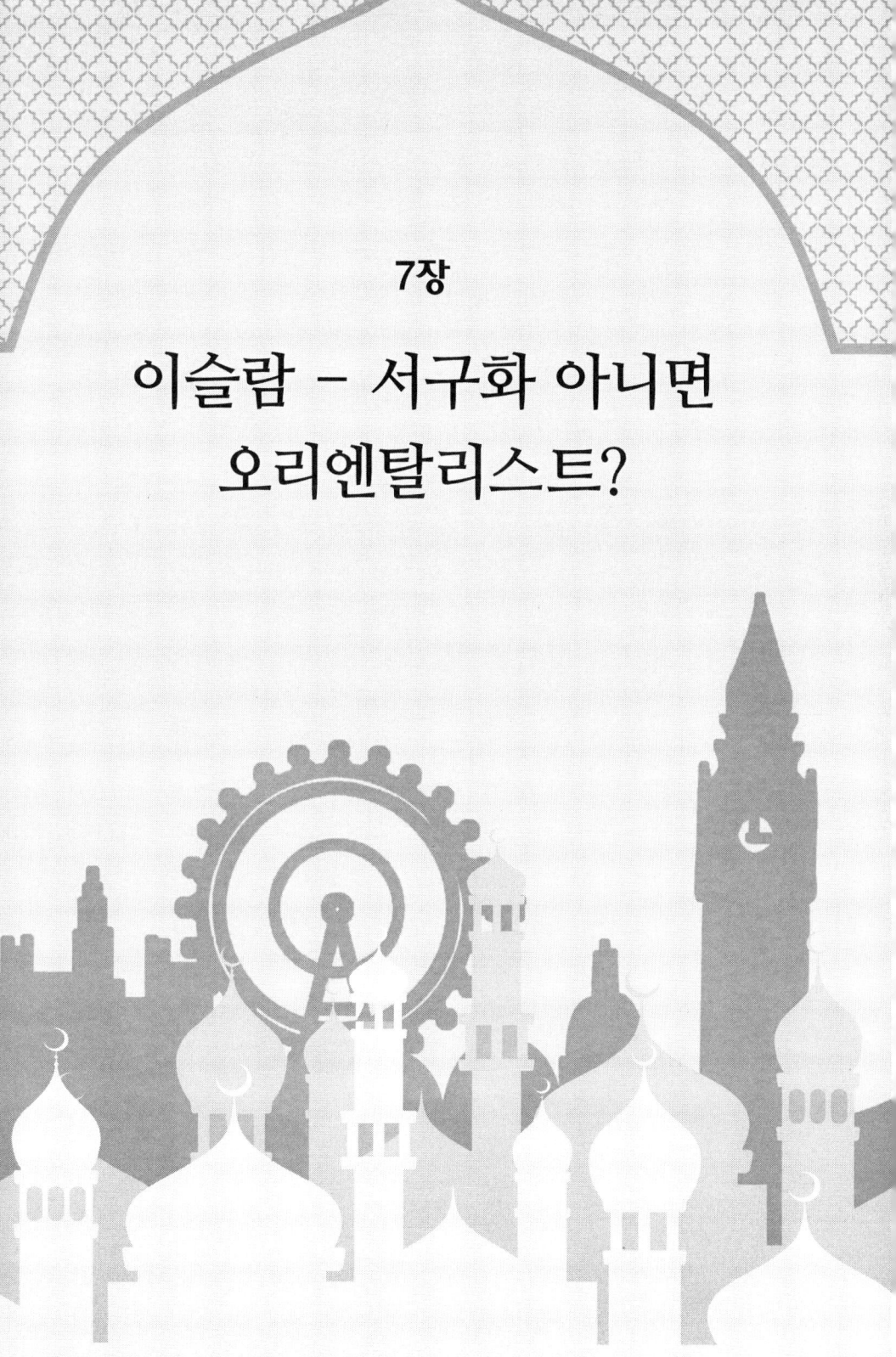

7장
이슬람 – 서구화 아니면 오리엔탈리스트?

17세기 후반, 비엔나를 포위했던 오스만 군대가 격퇴된 이후, 이슬람은 2세기 동안 단순히 영토적, 군사적 차원이 아닌 보다 심오한 의미에서 방어적 성향을 갖게 되었다. 18세기와 19세기에 유럽이 일련의 과학과 산업 및 기술 혁신을 통해 세계를 변화시키기 시작하면서 무슬림들은 이를 재고해야 한다고 느꼈다. 전통적으로 무슬림들은 이슬람을 유대교와 기독교에 이은 마지막 계시로 여겼기 때문에 포로 구출과 같은 특별한 목적이 아니라면 서양의 언어를 배우거나 이슬람 율법에 의해 금지된 기독교 유럽으로 여행하는 데 큰 관심을 보이지 않았다. 중세와 근대 초기 수 세기 동안 이슬람은 지적, 과학적 통찰력으로 서유럽 사회에 영향을 미쳤다. 그러나, 이제는 그 주도권을 잃은 것처럼 보였다. 19세기 이슬람 국가에 대한 유럽의 식민 통치가 시작되면서 일부 무슬림은 서양의 문화와 가치관을 완전히 거부하고 지하드를 채택했다. 하지만, 다른 무슬림들은 이슬람을 현대 세계에 더 적합하게 부흥시키고 새롭게 만들어야 한다고 주장했다. 이제 이슬람이 서양의 사상과 관행을 어디까지 받아들일 준비가 되어 있어야 하는지 질문이 불가피하게 되었다. 간단하거나 최종적인 답은 없었다. 21세기에도 일부 무슬림들은 이슬람 국가들이 잘못된 방향으로 가고 있으며, 이슬람 율법을 폐기하고 외래 사상, 법률 및 관습을 채택하고 있다고 비난하고 있다.

19세기 동안 영국인들은 종종 이슬람이 너무 모호하고 후진적이며 독단적이어서 근대화가 불가능할 것이라고 생각했다. 따라서 현대 세계에 적응할 수 없으며 필연적으로 서유럽에 추월당할 것이라고 생각했다. 프랑스의 지성인 르낭Ernest Renan은 "이슬람은 교리의 통치이며, 그것은 인류를 속박하는 가장 무거운 사슬"이라고 선언하였다.[1] 특히 르낭은 이슬람과 현대 과학이 양립할 수 없는 것으로 여겼다. 아랍과 페르시아 학자들이 과학과 철학에 남긴 인상적인 기록에 마주했을 때, 그는 그들을 단지 종교를 저버린 배교자들로 일축했다. 실제로 초기 이슬람은 과학과 윤리를 만족스럽게 결합해 왔지만, 종교개혁은 종교적 권위 전반에 도전한다는 점에서 이러한 성과를 훼손시켰다.

정치적, 경제적 성취에 자신감을 갖고 있던 영국인들은 대개 이슬람을 방해물로 여겼다. 커즌 경은 이집트에 대해 "문명은 문명화되기를 거부하는 나라에 의해 좌절되며, 그 나라는 끝까지 미개한 상태로 남을 것"이라고 고상하게 설명했다.[2] 물론 제국의 행정가들은 그런 나라의 경제를 개선할 수 있다고 믿었다. 그러나, 정치 영역에서의 서구화는 거의 비현실적인 것으로 여겼다. 크로머 경은 "자유 제도는 앞으로 여러 세대에 걸쳐 인도와 이집트 같은 나라에는 전적으로 부적합할 것"이라고 썼다. 자유로의 이행은 수 세기에 걸친 작업이며 의회 제도는 "동양의 사고 습관과 전혀 부합하지 않는다"고 주장했다.[3] 그러나 이러한 견해를 단순히 후기 빅토리아 시대의 인종차별적 사상으로 돌리는 것은 잘못된 것이다. 왜냐하면 커즌 경과 크로머 경은 자유 정치 체제에 참여할 수 있는 영국 국민의 능력을 거의 비관적으로 보았고, 이것이 여성에게 참정권 부여를 반대한 이유였기 때문이다. 사실상 후기 빅토리아 시대에 아시아와 아프리카 사람들의 지성과 능력에 대한 폄하는 영국에서 의회 개혁과 노동조합의 확대, 신흥 사회주의 운동의 등장 시대에 그들 자신과 자신들의 사상이 후퇴하고 있다는 보수주의자들의 두려움을 반영한 것이었다. 이러한 맥락에서 제국은 애국심이라는 보호막 아래 민주적 변화에 맞서 저항할 수 있는 바람직한 피난처로 여겨지곤 했다.

더욱이 일부 제국주의자들을 놀라게 한 것은 무슬림들이 근대화와 서구화에 완전히 저항하고 있던 것이 아니라 적어도 일부 무슬림이 너무 열성적으로 그 전망을 받아들였다는 점이다. 개혁은 종종 위로부터 강요되었지만, 아시아와 아프리카 사회에서는 개혁의 주도권이 어느 정도 무슬림 자신으로부터 나왔다는 점이 간과되기 쉽다. 가장 주목할 만한 사례를 들자면, 19세기 동안 인도, 이집트, 오스만제국의 무슬림들은 1920년대에 아프가니스탄, 페르시아, 터키의 무슬림들이 그랬듯이, 급진적인 서구화 전략에 착수하였다. 종종 신흥 민족주의와 연관되어 있었기 때문에 제국주의자들에게 이러한 과정은 위험스러웠다.

❋   ❋   ❋

인도의 사례는 개혁에 대해 무슬림이 저항한다는 일반적인 가정을 바로잡는다는 점에서 특히 흥미롭다. 또한, 1900년까지 영국령 인도에 6천 200만 명 이상의 무슬림이 있었다는 사실도 중요한 의미를 갖는다. 더욱이 서구화가 다른 무슬림 사회에서 논란을 불러일으킨 하향식 정책이 아니라, 부분적으로는 무슬림의 주도로 이루어졌기 때문에 영국이 수행한 역할은 대체로 간접적인 것이었다. 영국은 19세기 동안 많은 인도인을 존경받는 직업에서 쫓아냈지만, 그들은 또한 기회를 창출하기도 했다. 심지어 영국의 지배 이전에도, 국가 행정과 법률 시스템은 주요 고용주였다. 1850년대에 북서부 지방에서 인도인에게 개방된 사법직의 72%를 무슬림이 차지했는데, 이는 전통적인 이 지역에서의 무슬림 영향력을 반영한 것이었다. 하지만, 1860년대에 무슬림의 비율이 감소하면서 무슬림들 사이에서 영어 교육을 장려하는 노력이 강화 추세로 바뀌었다.[4] 이 중 가장 명망있는 직책은 많은 영어 공립학교에서 소년들에게 준비시키는 직업인 인도문관Indian Civil Service(ICS)이라는 약 1,000여 개의 약정공무원직이었다. 시험 제도를 통해 누구에게나 인도문관직이 열려있었지만, 1887년까지 합격한 인도인은 12명에 불과했다. 리튼 경은 1879년에 이를 보완하여 사회적 지위가 어느 정도 있는 남성을 지명하여 채용할 수 있는 법정 공무원 제도를 도입했다. 1886년까지 힌두교도 27명, 무슬림 15명, 파르시교도Parsis(인도에 거주하며 조로아스터교를 믿는 이란계 민족 - 역자 주) 2명, 시크교도 2명이 임명되었다. 1879년부터 영국인이 점차적으로 미약정 공무원직uncovenanted posts에서 강제로 쫓겨나면서 인도인들에게 기회가 주어졌다. 또한, 법과대학, 의과대학, 공과대학과 캘커타, 봄베이, 마드라스에 세 개의 대학이 설립되면서 전문적인 기회도 확대되었다. 그 결과, 1880년대 후반에는 하급 판사와 치안판사 대부분이 인도인이었다.

사실상 영국은 인도인을 위한 출세의 사다리를 만들어 낸 셈이었다. 그러나 많은 동시대인은 특정 인도인, 특히 글을 읽을 줄 아는 벵골 힌두교의 학식 있는 계층이 이 체제를 통한 신분 상승에 적합하다고 믿었다. 반면에 무슬림은 효과적으로 경쟁하지 못하고 후진적인 계층을 대표한다는 가정이 점점 더 힘을 얻게 되었다. 물론 벵골과 같은 지역의 무슬림은 대부분 가난하고 땅도 없는 노동자들이었고, 교육도 거의 받지 못했고 열망도 거의 없었다. 반대로 '인도 상부'(즉, 갠지스 평원과 북서부 및 펀자브의 도시들)에 살았던 많은 무슬림은 변호사, 행정가, 문인, 지주, 전사가 된 부유하고 교육받은 남성으로 구성된 침략자 계급의 후손이었다. 그들은 결코 후진적이지 않았다. 예를 들어, 1886년 ~1887년 국가 전체에서는 무슬림이 미약정 공무원의 19%에 불과했지만, 북서부 지방과 우드에서는 미약정 공무원의 45%를 차지했다.[5]

이 무슬림들이 분명히 후진적이지는 않았지만, 그러나 영국 통치의 영향이 자신들에게 불이익을 주었고 다른 인도 공동체와의 경쟁에서 패배하고 있다는 것을 가장 절실하게 느끼고 있던 사람들이었다. 1857년의 여파로 일부 사람들은 무슬림이 영국의 통치에 순응할 준비가 되어있음을 보여줌으로써 반란의 배후라는 의심을 극복해야 한다고 주장했다. 이 견해의 대표적 주창자는 사이드 아흐메드 칸 경Sir Syed Ahmed Khan(1817~1898)이었다. 개혁적인 무슬림이었던 사이드 경은 동료 무슬림들에게 종교 경전을 글자 그대로 읽지 말 것과 기적을 은유로 재해석할 것을 촉구했다. 사이드 경의 무슬림 발전을 위한 주요 전략은 교육의 확대에 있었다. 1872년 보고서에서 그는 기존의 무슬림 학교, 서적 및 강의 계획서를 가장 단호한 용어로 비난했다.

> [그들은] 사람들을 속이고 그 의미를 가리고, 사물을 잘못된 표현이나 부적절한 용어로 묘사하며 자신의 연설을 미사여구로 꾸미도록 가르친다 … 교만, 허영, 자기 과신으로 자신을 부풀리며, … 과장해서 말하고, 불확실한 역사를 남기고, 사실을 소설과 이야기같이 연관시킨다. 이 모든 과거의 일들은 현 시대와 시대 정신에 매우 적합하지 않으므로 이슬람교도들에게 선을 행하는 게 아니라 많은 해를 끼친다.[6]

사이드 경은 "영국이 도입한 교육 시스템을 무슬림이 받아들이지 않는다면, 그들은 후진적인 공동체로 남을 뿐만 아니라 점점 더 가라앉을 것이다"라는 단호한 진단을 내렸다.[7] 그는 영국과 무슬림 사이의 화해 그 이상을 원했다. 그는 선량한 무슬림으로 남으면서도 서유럽의 문학, 정치사상, 의학 및 과학을 공부하는 것이 가능하다는 것을 동료 무슬림들에게 확신시키고자 했다. "명예, 번영, 높은 지위를 얻고 싶다면 높은 수준의 영어 교육을 받기 위해 노력하라, 이것이 진정한 발전을 위한 유일한 수단이다"라고 그는 학생들에게 조언했다.[8] 실제로 그것을 정확히 따른 이크발Mohammed Iqbal(1877~1938)은 케임브리지 대학과 뮌헨 대학에서 교육을 받았다. 그는 더 나아가 인도 무슬림 사회를 후진적이고 부패한 사회로, 그리고 울레마ulema(이슬람 법학자 - 역자 주)를 반동적인 집단으로 비난했다. 이크발은 인도 무슬림이 코란을 재해석하고 서구의 과학과 기술을 받아들이지 않는 한 인도 무슬림의 처지는 결코 개선될 수 없을 것이라고 주장했다.

그러나 이러한 목표는 코란에 모든 지식이 담겨 있다고 믿고 코란에 없는 것은 반이슬람적이라고 의심하는 정통 무슬림에게는 엄청난 도전이었다. 이로 인해 무슬림들 사이에서는 특히 과학적 진보와 종교의 양립 가능성에 대한 오랜 논쟁으로 이어졌다. 그러나 코란에 흩어져 있는 과학적 문제에 대한 간략하고 이해하기 어려운 언급으로 인해 해석이 방해를 받았다.

> 알라께서는 밤을 낮으로, 낮을 밤으로 지나가게 한다 … 알라께서 하늘과 땅에 무엇이 있는지 알고 계신다는 것을 너희는 알지 못하느냐. 책에 있는 모든 것은 알라에게는 쉬운 문제이다 … 그는 일곱 개의 층으로 된 하늘을 창조하신 분이시다. 자비로운 자의 창조에

는 어떤 불일치도 보이지 않는다. 그러니 시선을 고정하라, 균열이 보이는가? … 우리는 낮은 하늘을 등불로 장식했고, 마귀들을 향해 발사하는 미사일로 바꾸었으며, 그들을 위해 불의 형벌을 준비했다 … 그가 너희를 위해 일곱 하늘을 서로 겹쳐서 창조하신 것을 보지 못하느냐? 그리고 그 안에 달을 빛으로 두고 태양을 등불로 만든다는 것을 [알지 못하느냐]?[9]

사이드 경과 같은 생각을 가진 사람들은, 과학 법칙을 연구하는 것이 사실상 하느님이 우주를 위해 만든 법칙을 더 잘 이해하기 위한 것이므로 비이슬람적이라고 볼 수 없다고 주장했다. 그러나 이 논쟁은 실제로 해결되지 않았다. 예를 들어, 시신 해부와 장기 이식이 이슬람과 양립할 수 없다고 믿는 사람들이 있는가 하면, 산 사람의 필요가 죽은 사람의 필요보다 우선한다거나 가까운 친척의 허락을 받으면 가능하다고 주장하는 사람들도 있었다. 20세기까지 무슬림들은 과학적 진보를 받아들이는 것이 타당한지에 대해 계속해서 논쟁을 벌였다. 일부에서는 하느님만이 날씨를 알 수 있다는 이유로 기상 예측조차 의심스러운 것으로 간주했다. 유전공학과 성형 수술은 하느님의 뜻을 거스르는 것으로 여겨졌다. 다른 사람들은 인류가 달에 여행할 수 있는 능력이 코란에서 예상된 것인지에 대해 논쟁하기도 했다.

후기 빅토리아 시대에 사이드 경의 접근 방식은, 많은 이슬람 국가를 방문했지만 그의 반제국주의에 강하게 흔들렸던 페르시아의 사상가이자 활동가였던 알-아프가니Jamal al-Din al-Afghani와 같은 근대주의자들에 의해서도 거부되었다. 알-아프가니는 영국인을 '정체를 알 수 없는 혈통의 도둑'이라고 일축하며 사이드 경을 무슬림의 신앙을 약화시키고 외지인의 목적을 위해 봉사하며 그들의 방식과 신념에 무슬림을 길들이려는 망상에 빠진 서양인이라고 비난했다.[10] 빅토리아 여왕으로부터 기사 작위를 받은 것도 무슬림들 사이에서 그의 입지에 거의 도움이 되지 못했다.

이러한 회의론에 직면하여 인도의 무슬림들을 영국 체제에 적응시킬 수 있는 확실한 방법은 젊은이들을 런던으로 유학 보내는 것이었다. 1890년대 무슬림은 영국 내 인도 유학생의 약 4분의 1을 차지했다. 주로 북서부의 부유한 가문 출신인 그들은 주로 법학이나 의학을 공부하고 인도 공무원 시험을 준비했다. 그러나 이들의 경험은 엇갈렸다. 그들은 대체로 영국에서 발견한 정치적 자유와 사회적 억압의 부재를 높이 평가했다. 그들은 기독교에서 자신들의 신앙에 도전할 만한 요소를 거의 발견하지 못했고 선교사의 압력에도 흔들리지 않았다. 그러나 학생들은 빈곤, 술주정, 물질만능주의, 계급 불평등에 충격을 받았고 영국이 겉으로 보기보다 덜 민주적이라는 것을 깨달았다. 기독교가 거의 영향을 미치지 못했다고 결론을 내린 학생들은 인도, 특히 자선 기부가 필수인 무슬림들 사이에서 발견되는 더 큰 자선 정신과 그것을 대조시켰다.[11] 학생들은 또한 서양의 가치관을 흡수해야 하지만 완전히 서구화되지는 않아야 한다는 영국식 접근법의 모순에 대해서도 반발했다. 세기 말에는 인도 학생들에 대한 감시를 포함한 차별도 민족주의 의식을 고취시켰다. 그 결과, 영국에서의 경험이 때때로 역효과를 낳기도 했다. 카디르Sheikh Abdul Kadir는 영국에 대한 적대감으로 공무원 시험에 응시하지 않기로 결정함으로써 부모의 목표를 거부한 사람 중 한 명이었다. 케임브리지에서 법학을 공부한 파이즈-이-후세인Faiz-i-Hussein은 고향으로 돌아가 무슬림 연맹Muslim League의 라호르 지부Lahore branch of the Muslim League를 설립했다.[12]

대체 전략은 인도 안에 있었다. 사이드 경은 1864년에 번역학회Translation Society 이후 알리가르 과학협회Scientific Society of Aligarh를 설립했고, 1875년에는 알리가르에 모하메단 앵글로-오리엔탈 칼리지Mohammedan Anglo-Oriental College를 설립해 1881년부터 300명의 학생을 대상으로 학위과정을 진행했다. 1877년 리튼 경이 초석을 놓았고 초대 교장은 영국인인 시든H. G. I. Siddon이 맡았다. 1920년 이 학교는 알리가르 무슬림 대학교로 설립 인가를 받았다. 사이드 경은 무슬림의 발전을 도모하는 것을 목표로 삼았지만, 힌두교도와 무슬림이 하나의 인도 국가를 구성하는 일원으로서 단결해야 한다고 굳게 믿었다. 첫 번째 입학생은 무슬림 3명, 힌두교도 1명, 시크교도 1명으로 구성되었다. 그러나 정통 무슬림들은 여전히 서유럽식 교육을 경계했고, 때로는 사이드 경을 카피르kafir(불신자), 심지어 무신론자라고 비난하기도 했다.[13] 그러나 의심하는 사람들을 안심시키기 위해 많은 노력을 기울였다. 알리가르에 처음 설립된 학교에서는 우르두어, 페르시아어, 영어를 가르쳤지만, 교육 언어는 영어였다. 또한, 학생들은 매일 다섯 번씩 기도를 드려야 했다. 라마단은 엄격하게 시행되었고, 무슬림에게 식사, 음악, 노래가 금지되었다. 학생들에게 승인된 교복은 더운 날씨에는 예외를 두고 검은색 터키식 코트, 흰색 잠옷, 페즈, 신발, 양말로 구성되었다. 시간이 지나면서 대학은 동양 및 이슬람 연구, 영어, 역사, 정치학, 화학, 수학, 천문학, 지리학, 수니파 법학, 식물학, 동물학, 산스크리트어, 교육학, 공학 등의 학과를 추가로 설치했다.

1902년~1904년에는 여자대학 설립을 둘러싸고 투쟁이 일어났다. 마침내 1907년에 여자들을 위한 학교가 세워졌고, 인근 지역에서 약 50명의 학생들이 베일에 싸여 세단을 타고 이송되었다. 그러나 여학교와 대학을 가까이 두면 도덕적 기준이 느슨해질 것이라고 주장한 대학 내 몇몇 주요 인사들은 반대하였다.[14] 그 결과 1929년이 되어서야 여자대학이 설립되었고, 1930년에 전체 대학에 부속되었다. 여학생들은 계속해서 분리되어 교육을 받았다.

정통 무슬림들의 비판에도 불구하고 알리가르에서 주도자들이 직면한 문제는 종교보다는 정치적 복잡성과 더 관련이 있었다. 원래 사이드 경은 무슬림이 영국 체제에 협력하고 정치에 관여하지 않는 것이 공동체를 돕는 최선의 방법이라고 믿었다. 그러나 1885년 인도 국민회의 The Indian National Congress가 창설되고 1906년 전인도 무슬림 연맹 All-India Muslim League이 창설되면서 그의 목표는 매우 복잡해졌다. 1886년 사이드 경은 인도가 대의제나 대중 정부를 받아들일 준비가 되어있지 않다고 선언하고, 심지어 의회를 체제전복적이라고 비난하기도 했다. 반대로 네루Jawaharlal Nehru는 무슬림이 서유럽식 교육을 받으면 민족주의 운동에 참여할 수 있기 때문에, 무슬림에게 서유럽식 교육을 받도록 장려하는 것이 옳다고 주장했다. 무슬림 연맹은 영국인을 달래기보다는(이것이 바로 사이드 경의 화해 전술을 본 방식이었다) 모든 무슬림의 이익을 위해 일할 것을 제안했다. 1920년 간디Mohandas Karamchand Gandhi, 그의 주요 무슬림 협력자인 모하마드 알리Mohammad Ali, 샤우카트 알리Shaukat Ali가 알리가르를 방문했을 때, 그들은 대학 당국을 설득하여 정부에 대항하는 비협력 및 킬라파트 운동Non-Cooperation and Khilafat campaigns에 동참하도록 요청하였다. 모하마드 알리는 정부와 정부에 협조하는 사람들을 사탄이라고 비난했을 뿐만 아니라 대학에서 과학을 가르치는 것도 반대했다.[15] 알리가르의 충성파에 의해 [자신들의 주장이] 거부되자, 무슬림 민족주의자들은 새로운 무슬림 기관인 자미아 밀리아 이슬라미아Jamia Millia Islamia를 설립했고, 이 기관은 이후 델리로 옮겨 자미아 밀리아 대학교가 되었다. 이제 무슬림은 민족주의의 호소에 의해 사실상 분열되었다.

그러나 민족주의의 출현과는 별개로, 무슬림이 정치를 멀리한다는 생각은 보이는 것보다 더 복잡했다. 영국의 인도 통치는 제국주의적 전제정치였지만, 자격이 없는 독재정치와는 거리가 멀었다. 1835년에 역사학자 매콜리T. B. Macaulay가 지적한 대로 인도는 전제적인 정부에 언론이 자유로운 세계 유일의 국가일 것이다. 1870년대와 1880년대에 인도인들은 영국의 자유주의 정부 체제 운영에서 몇 가지 흥미로운 교훈을 얻었는데, 그중 하나는 인도 문제가 영국 내에서 당파적 정치 논쟁의 대상이 되었기 때문이다. 1872년부터 1876년까지 총독을 지낸 노스브룩 경Lord Northbrook은 보수당 인도 담당 국무장관인 솔즈베리 경과 충돌하여 사임한 휘그 당원이었다. 그의 후임이었던 리튼 경은 1880년 선거에서 자유당이 승리하자 사임했으며, 새로 임명된 리폰 경Lord Ripon은 토리당 정책을 뒤집는 개혁적인 자유당원이었다. 글래드스톤파 자유주의자들은 그리스인, 이탈리아인, 아일랜드인의 자치에 대한 열망을 지지했던 것처럼, 인도의 자치에 대한 열망에 공감했다. 대조적으로 솔즈베리와 같은 주요 보수파는 특히 교육받은 현지인을 싫어했고, 인도의 독재 정부가 대중적인 기관들보다 낫다고 칭찬했다. 인도인들에게 이러한 의견 차이는 이제 영국 선거 결과에 관심을 갖고, 웨스트민스터의 지지 의원들과 협력하며, 아일랜드 민족주의 운동의 전술을 연구할 가치가 있다는 것을 시사했다.

그들은 또한 1874년 영국 정부가 노스브룩에게 영국의 대인도 수출품에 대한 이미 낮게 설정되어 있던 관세를 철폐하도록 압력을 가했고, 빅토리아 여왕의 '인도 여제' 칭호를 둘러싼 영국 내 논란을 놓치지 않았다. 1878년 솔즈베리는 교육받은 인도인들이 영국을 비판하는 데 초점을 맞춘 언론을 공격했다. 이 시기에 벵골에만 39개의 신문이 있었다. 인도는 1835년부터 언론의 자유를 누려왔지만, 신설된 자국어 언론법은 증거물을 볼 수 있는 권한, 불쾌감을 주는 자료와 인쇄 기계를 압수할 수 있는 권한, 그리고 출판사와 인쇄업자에게 반감을 일으킬 수 있는 어떤 내용도 출판하지 않겠다는 서면 보증을 요구할 수 있는 권한을 부여함으로써 언론의 자유를 약화시켰다. 이 법안은 영국인이 소유하거나 영어로 된 신문에는 적용되지 않았기 때문에 특히 불쾌감을 주었다. 그러나 영국이 교육받은 중산층 인도인들과 협력하거나 아니면 그들을 억압해야 한다고 믿었던 리폰 경은 입법부와 대부분의 영국 관료의 반대에도 불구하고 1882년 리튼의 자국어 언론법Lytton's Vernacular Press Act을 폐지했다. 리폰은 또한 인도인들이 지방 의회와 총독의 입법 의회에 선출될 수 있도록 허용함으로써 정부에 대한 인도인들의 참여를 확대하고 충실한 야당의 발전을 촉진하기 위한 개혁을 시도했다.

그러나 이 법안은 런던의 인도 평의회에서 거부되었고, 따라서 리폰은 지방 자치 단체와 지방 이사회에 선출직 과반수를 도입했다. 이는 그가 "정치 및 대중 교육의 수단으로 가장 바람직하다"고 말한 [것을 실천한] 것이었다. 무엇보다도 유럽인이 연루된 사건에서 인도인 판사의 권한을 확대하려는 리폰의 시도(일버트 법안Ilbert Bill)*는 영국

---

*   역자 주) 1883년 인도제국 입법위원회에 제출된 법안으로 치안판사나 법원판사가 유럽인이 아닌 경우, 특히 영국인과 관련된 사건을 인도 고위 치안판사가 주재할 수 있도록 '유럽계 영국인'에 대한 기소 관할권 관리를 허용하기 위해

거주자들의 반발을 불러일으켰다.

이 사건은 무슬림과 힌두교도들에게 정부 정책에 반대하는 평화적인 캠페인, 선동, 청원 운동을 조직할 수 있는 모델을 제시했다는 점에서 큰 의미가 있었다. 더욱이 이 사건은 영국의 권력이 하나의 덩어리가 아니라 인도의 지역 단위부터 지방, 캘커타의 부총독부, 웨스트민스터의 의회와 각 부처에 이르기까지 여러 레벨에 걸쳐 존재한다는 것을 보여주었다. 따라서 간디가 제1차 세계대전 중에 보여준 것처럼, 한 레벨과 다른 레벨의 대결이 가능했다. 인도인은 인도뿐만 아니라 영국에서도 캠페인을 벌일 수 있었다.

무슬림들은 충성심이 강했지만, 영국령 인도의 정치에 참여하는 데 주저하지 않았다. 특히 1904년 커즌 경이 벵골을 동부와 서부로 분할하기로 결정하면서 무슬림들은 더욱 자극을 받았다. 커즌은 이 분할이 더 효율적이고 무슬림에게 더 많은 일자리를 제공할 것이라고 주장했으나, 4천 100만 명 명의 벵골족을 무슬림이 다수인 지역과 힌두교가 다수인 지역으로 나눈다는 점에서 큰 논란이 있었다. 다카의 나와브 nawab(인도의 태수[이슬람계 귀족이나 왕족의 존칭] – 역자 주)가 이끄는 일부 무슬림은 분할을 지지했지만, 다른 무슬림들은 의회가 주도하는 분할 반대운동에 동참했다. 영국은 1909년 몰리-민토 Morley-Minto 개혁을* 통해 분할 통치 전술을 확장했으며, 무슬림에게 별도의 선거구를 제공하는 방식으로 인도의 대표를 크게 확대했다. 예를 들어, 무슬림은 제

제안된 논란의 여지가 있었던 법안이다. 이로 인해 영국인과 인도인 사이 적대감이 심화되었다.

* 역자 주) 1909년 인도 의회법을 통해 온건파를 달래는 동시에 입법위원회의 개선과 인도인의 자국 통치에 있어 역할을 증가시켰다.

국 입법위원회 27석 중 6석을 차지했다. 이는 1906년 무슬림 대표단의 요구에 대한 총독의 응답이 반영된 것이었다.

그러나 1870년대부터 1914년까지 인도에서 벌어진 논쟁의 근본적인 의미는 무슬림을 공적 임무에 참여시킴으로써 20세기에 널리 퍼진 이슬람과 민주주의 정치가 양립할 수 없다는 주장을 약화시켰다는 데 있었다. 사실상 인도 무슬림은 1947년 독립할 때까지 공식적, 비공식적으로 한 세기의 4분의 3이 넘는 기간 동안 정치에 참여했다. 인도의 개혁이 1830년대부터 1920년대까지 영국에서와 마찬가지로 많이 진행됐었다는 사실은 쉽게 잊혀져 있다. 공식적인 투표권이 단계적으로 확대되었고, 공식적으로 제도권에서 배제되어 있었음에도 불구하고 비유권자들(예: 차티스트, 아일랜드인, 페미니스트들)은 공공 캠페인에 적극적으로 참여했다. 자유주의적이지만 전제적인 체제에 참여하는 과정에서 인도 무슬림은 독립으로 이어질 정치적 민주주의 문화를 발전시켰다. 이 과정은 유럽에서든 아시아에서든 결코 빨리 이루어지지 않는 것이기도 하다. 예를 들어, 20세기 러시아는 차르주의tsarism에서 볼셰비즘Bolshevism으로, 그리고 공산주의가 몰락한 후 명목상의 민주주의로 전환했지만, 정치적 민주주의 문화가 인도처럼 발전할 기회가 없었기 때문에 독재적 리더십에 대한 욕구는 거의 사라지지 않았다.

❈ ❈ ❈

이집트 무슬림의 서구화 경험은 인도의 사례와는 달랐다. 부분적으로는 상층부에서 밀어붙인 급진적인 정책이 포함되어 있었기 때문이지만, 그러한 자극이 영국이 아니라 프랑스에 의한 것이었기 때문이기도

하다. 그러나 이집트인들은 이를 변화의 경험으로 받아들였다. 1878년 케디브 이스마엘Ismael은 "우리나라는 더 이상 아프리카에 속해 있지 않다. 이제 우리는 유럽의 일부이다"라고 주장했다. 물론 그 과정은 1798년 나폴레옹이 영국령 인도를 위협하기 위한 계획의 일환으로 이집트를 침공하면서 극적으로 시작되었다. 300년 동안 맘루크-오스만제국의 방치로 인해 이집트는 경제가 침체되었고, 인구는 고작 400만 명으로 줄었으며, 알-아자르와 같은 교육기관도 쇠퇴하였다. 갑자기 이집트인들은, 계몽주의 사상에 의해 지적으로 활기를 되찾은 유럽의 가장 역동적인 문명과 마주하게 되었다. 프랑스군의 주둔 기간은 영국에 의해 쫓겨나기까지 3년밖에 되지 않았지만, 흑연 연필을 발명하고 풍선을 이용해 영국을 침공할 계획을 고안한 콩테Nicolas-Jacques Conte와 같은 학자들을 군대와 함께 데려왔다. 식물학자, 천문학자, 화학자, 예술가, 지도 제작자, 고고학자 등 다양한 분야의 전문가들이 함께했는데, 이들은 영국인들이 거의 관심을 보이지 않았던 이집트 문화와 역사에 대해 진정한 관심을 보였다.

 이집트 엘리트들은 충격을 받았지만, 프랑스에 대해 긍정적인 반응을 보였다. 프랑스가 유럽에서 가장 세속적인 사회로 여겨졌기 때문에 이슬람에 대한 도전이 덜하다고 여겼던 것도 도움이 되었을지 모른다. 이집트의 최고 종교 지식인 중 한 명인 알-자바르티Abdulrahman al-Jabarti에 따르면, 무슬림들은 신 앞에서 모든 인간이 평등하다거나 세속적인 것과 신적인 것이 분리되어 있다는 프랑스 계몽주의 사상을 받아들일 수 없었다. 하지만, 나폴레옹의 침공이 신의 뜻임은 인정했다.[16] 알-자바르티처럼 사려 깊은 이집트인들은 지식과 문학에 대한 프랑스의 열정과 이집트 고유의 문화에 대하여 보여준 그들의 관심에 진정으로 감명받았다. 그들은 프랑스 화학자들의 시연을 즐겼고, 공중 보건에 대한 접근 방식의 이점을 확인했으며, 법 앞의 평등이라는 이념의 적용을 높이 평가했다. 그 결과, 알-자바르티의 제자 하산 알-아타르Hassan al-Attar는 이슬람과 서유럽 사회의 세속적 지식을 조화시키는 임무를 맡게 되었다. 9년 동안 2천 권 이상의 유럽 서적과 투르크 서적이 아랍어로 번역되었다.

여러 면에서 이집트의 서구화에 있어 핵심 인물은 1801년 영국군을 물리치고 1805년부터 1849년까지 오스만제국을 대신하여 통치했던 모하메드 알리였다. 그는 이집트의 낙후성을 솔직하게 인정하면서, 지식인과 교육자들에게 필요한 지원을 제공하고, 국가 자원을 활용하여 서유럽의 기술 도입에 대해 지원을 결정했다. 100만 에이커의 토지가 추가로 경작되어 나일 삼각주에서 면화 생산량을 크게 늘렸다. 또한, 나일강을 가로지르는 댐을 건설하기 위해 프랑스 기술자들을 고용함으로써 프랑스와의 협력 관계를 유지했다. 이집트 산업 발전을 위해 서유럽의 기술이 도입되었다. 아울러 모하메드 알리는 하산 알-아타르를 알-아자르 대학의 총장으로 임명하여 강의 커리큘럼을 확장하고, 1825년부터는 새로운 세대의 이집트 근대화를 위해 학생들을 프랑스로 파견하여 공부하도록 하였다.

반면에 이집트의 서구화에는 한계가 있었다. 모하메드 알리의 프로젝트는 철저하게 하향식 전략이었기 때문에 계몽된 엘리트층을 넘어 널리 공분을 샀다. 예를 들어, 천연두 백신 접종은 대중의 불안을 야기하여 강제로 진압해야 했다. 알리의 통치는 인도에서처럼 민주적 문화가 발전할 여지가 없이 철저하게 독재적이었다. 여기에는 맘루크족의 농장 몰수와 그들의 권력 기반이었던 울레마가 기부금 형태로 보유한 토지에 대한 공격 또한 포함되어 있었다.[17] 그는 또한 이슬람과 관련해 정부의 힘을 강화하는 또 다른 수단인 코란을 처음으로 인쇄하도록 했다. 국가는 곡물 수확 전량을 수매하고 대외 무역을 독점했다. 공공사업 계획은 폭력조직 노동력에 의해 수행되었으며 그 과정에서 수천 명이 사망했다. 모하메드 알리는 프랑스 고문들을 활용하여 군대를 대폭 개혁했다. 병사 가족들이 군대를 따라가게 하지 않고 집에 머물게 하였으며, 사관학교에서 장교를 양성하고, 유럽의 무기와 함선을 모방하는 한편, 보병 방진, 총검 돌격, 기병의 측면 공격 등의 유럽 전술을 채택했다. 그 결과, 15만 명의 효율적인 군대를 보유하게 되었다.

그러나 이러한 혁신의 이념적 기반은 전혀 안전하지 않았다. 이집트의 지식인들은 유럽의 사상을 받아들이는 것을 꺼려했다. 그들은 일반적으로 정치적, 사회적 자유에 대한 사고를 거부했다. 그들은 동물 세계에서 새로운 종을 계속 찾고 싶어 하는 유럽인들의 욕망에 의아해했다. 그들은 또한 1830년과 1848년의 혁명에서 알 수 있듯이 프랑스 정치사상의 결과가 다소 무정부주의적인 사회라는 점에 주목했다. 이와는 대조적으로, 무슬림은 권위를 더 존중하는 것으로 여겼다. 그러나 그들은 프랑스 사상과 자신들의 전통을 조화시키기 위해 보다 정교한 방법을 시도했다. 이슬람에서 자유라는 개념은 사실 '정의'에 의해, 평등은 '자선'에 의해, 애국심은 종교적 열정에 의해 기대되는 것이지만, 그들은 그 어느 것도 그럴듯하지 않다고 주장했다.[18] 이슬람 교육을 개혁하려는 사람들도 반대에 부딪혔다. 알-아프가니는 반서구주의anti-Westernism 성향에도 불구하고 이슬람 교육을 비판하며 이집트인들이 서양을 따라잡아야 한다고 믿었다. 그가 알-아자르에서 수학, 철학, 신학을 가르쳤을 때, 그를 무신론자로 생각했던 보수주의자들의 기분을 상

하게 했다.[19]

정통 무슬림들도 프랑스 종교에 깊은 인상을 받지 못했다. 실제로 그들은 프랑스를 이름뿐인 가톨릭국가로 여겼다. 사실상 프랑스인들은 너무 세련된 나머지 더 이상 종교가 필요하지 않은 것처럼 보였다. 그들의 기독교는 성인, 독신, 성체성사 등 비합리적인 관념으로 가득 차 있어서 현대 지식에 대응하여 자신을 방어할 수 없었다.[20] 해부학 형태의 서양의 의학은 이슬람 율법이 시체 해부를 금지했기 때문에 한동안 문제가 되었다. 그러나 모하메드 알리는 프랑스 외과 의사 밑에 의과대학을 설립하여 금지를 극복하기 위한 학위과정을 진행했다. 개의 해부(특히 무슬림이 소유한 개가 아닌 경우)로 시작할 수 있고, 해골은 공동 묘지에서 구할 수 있었으며, 흑인 노예의 시신에서 인체 해부를 시행할 수도 있었다. 1827년, 마침내 최초의 공식적인 해부가 이루어졌다.

여성 교육에 있어서도 별다른 진전이 없었다. 하디스에 따르면 선지자의 아내들이 글을 읽을 줄 알았다는 것을 예로 들어 개혁가들은 남녀에게 동등한 교육 기회를 제공해야 한다고 주장했다. 그러나 여성 교육은 여전히 인기가 없었다. 세기 후반 크로머 경은 '이집트와 일반적으로 모하메드 국가에서 여성의 지위가 유럽 문명의 도입에 수반되는 지위 상승을 달성하는 데 치명적인 장애물'이라고 주장했다.[21] 여성 교육은 명백한 해결책이었지만, 그는 선지자가 여성을 열등한 위치로 강등시켰기 때문에 이는 이슬람의 기둥 중 하나를 공격하는 것을 의미한다고 주장했다. 크로머는 영국에서 여성의 지위 향상(특히 투표권)을 반대하는 데 헌신했기 때문에 이는 영국 통치하에서 무슬림 여성에 대한 대우를 정당화하는 또 하나의 편리한 논거로 여겨진다. 서방의 정부는 일반적으로 무슬림 통치하에서 노예와 기독교인의 상태에는 관심을 가졌지만 여성의 지위는 무시했다. 그러나 여성 해방에 대한 주장은 파리에서 활동하던 변호사 아민Qasim Amin의 『여성의 해방 The Liberation of Women』 (1899)에서 제기되었다. 아민은 일부다처제를 없애기 위해 여성 교육, 베일 폐지, 코란의 재해석 등을 주장했다. 단계적으로 터키, 이란, 튀니지에서 일부다처제가 금지되었다. 여성의 경제적 역할도 증가했다. 이집트와 터키에서 여성은 항상 농업 노동력의 일부였지만 근대화로 인해 여성 노동자에 대한 수요가 증가했다. 발칸반도에서 벌어진 전쟁으로 남성들이 오스만 군대에 입대하면서 여성들은 산업과 전문직에서 점점 더 많이 일하게 되었다. 이는 사실상 여성이 해방되지 않으면 터키가 서양을 따라잡을 수 없다고 주장한 아타튀르크의 이후의 정책에 기반이 되었다.

그러나 이러한 자격에도 불구하고 모하메드 알리 치하의 이집트는 큰 변화를 겪었다. 그는 불과 50년 만에 이집트를 중세에서 근대로 끌어올렸고, 이집트 민족 국가의 기반이 되는 중앙집권적 정부를 수립했다. 이러한 변화의 속도는 다음의 두 번의 케디브 시대에서도 유지되다 1863년 이스마엘 파샤Ismael Pasha가 즉위하면서 더욱 가속화되었다. 그는 8,400마일의 관개 운하를 건설하고, 철로를 275마일에서 1,185마일로 늘렸으며, 430개의 다리와 500마일의 전신을 건설하였다. 사막에서 150만 에이커를 개간하는 한편, 이집트의 수출을 3배로 증가시켰고, 1875년까지 학교 수를 185개에서 4,685개로 확장하였다. 1876년 『타임스』는 이집트가 "다른 많은 국가들이 500년 동안 이룬 것만큼의 많은 발전을 70년 동안에 이루었다"고 평했다.[22]

현대화 전략의 결함은 이스마엘의 잘못된 재정 관리, 특히 수에즈 운하 건설에 있었다. 수에즈 운하의 개통은 이집트의 근대화를 상징하는 것이었으며 베르디에게 오페라 『아이다Aida』를 작곡하게 하여 [이를] 기념하였다. 그러나 정부의 부채로 인해 영국 채권단이 개입했고 영국 정부는 운하 지분의 44%를 단돈 400만 파운드에 매입했다. 이스마엘이 1876년 국채 상환을 중단하자, 1879년 영국과 프랑스의 지원을 받는 새로운 정권을 세우기 위해 오스만제국은 이스마엘을 해임하였다. 1882년 영국이 침공하여 1908년까지 이집트를 사실상 크로머 경의 손에 맡기면서 개입은 절정에 달했다.

크로머 경의 통치에 대한 설명은 거만하고 자기 만족적이었다. 그는 국가의 부채를 떠안고 강제 노동의 폐지, 아스완 댐Aswan Dam과 델타 보Delta Barrage의 건설, 농업 은행 설립 등 몇 가지 개선책을 시행했다. 그러나 크로머는 영국 통치의 이점을 과장하고 이전에 달성한 성과를 무시했다. 어떤 면에서 이집트는 이 시기에 퇴보했다. 크로머는 이집트를 영국 제조업체에 공급하기 위한 원자재 생산에만 국한시키려 했고, 현지 제조업에 관세를 부과하여 이집트 산업에 피해를 주었다. 무엇보다 그는 대중 정부에 적대적이었고 1880년대에 일어난 정치적 변화를 받아들이지 못했다. 그는 자결권을 향한 모든 움직임이 이슬람에 의해 제약을 받고 있다고 끈질기게 주장했다.

그러나 이는 명백히 사실이 아니었다. 이 나라의 대표적인 무슬림 학자 중 한 명인 자말 알-딘 알-아프가니Jamal al-Din al-Afghani는 과학, 이성, 자유주의 정부가 이슬람의 가르침과 상당히 양립할 수 있다는 근거로 근대화를 옹호했다. 영국은 대중봉기를 지지했다는 이유로 그를 추방했다. 영국은 군 장교, 서유럽의 간섭에 분개한 무슬림, 그리고 전제 통치에 항의하는 입헌주의자 등, 세 가지 주요 요소에 의해 지탱되는 이집트 민족주의 운동의 출현과 타협하기 어려웠다. 불가피하게 의회 대표를 위한 입헌주의자들의 압력은 영국인들, 총독, 콘스탄티노폴리스 술탄 모두의 반대를 불러일으킬 수밖에 없었다. 이 운동을 지지한 많은 언론인과 법률가들은 프랑스 교육을 받았으며 영국의 영향력 제거를 핵심 목표로 여겼는데, 이는 의회주의의 옹호자라는 영국인들의 시각에는 결코 달갑지 않은 정서였다.[23]

1900년 이후 민족주의 운동은 더욱 강해졌다. 1904년 영불 협상Anglo-French Entente의 체결은 민족주의자들이 파리 정부의 지지를 잃었다는 것을 의미했다. 1906년 시나이 반도에서 이집트 국경을 둘러싼 투르크와의 분쟁은 영국인들에게 충격을 주었다. 이집트인들은 분명 술탄이 크로머보다 덜 악한 존재로 여겼고, 범이슬람 정서의 상징적 지도자로까지 등장한 술탄을 대체자로 지지했기 때문이었다. 같은 해 덴샤위에서 영국군과 마을 주민들 간의 충돌로 반영국 감정이 악화되었고, 새로운 민족주의 지도자 카밀Mustafa Kamil은 크로머를 약화시키기 위해 런던을 방문하여 새 자유당 총리 캠벨 배너맨Henry Campbell-Bannerman과 외무장관 그레이 경Sir Edward Grey의 지지를 얻었다. 크로머는 충분한 지원을 받지 못한다고 불만을 표시하며 사임했다. 그는 이집트의 민족주의를 진지하게 받아들이기를 거부하고 "범이슬람주의에 심하게 얼룩져 있다"는 이유로 반대했다. 사실상 크로머는 자신이 받아들일 준비가 되어있지 않았던 근대화와 서구화에 대한 이집트의 요구에 좌절하여 막다른 길에 몰린 이집트에서의 영제국주의를 대표한 것이었다.

❈ ❈ ❈

이집트에서와 마찬가지로 오스만제국에서도 서구화에 직접적 자극이 된 것은 유럽의 군사적 침략, 특히 러시아의 침략으로 인한 충격이었다. 투르크의 유일한 균형 요소는 러시아의 진격에 저항하는 영국과 발칸 반도의 슬라브족에 대한 러시아의 지배를 두려워하는 오스트리아였다. 그러나 오스트리아는 1878년과 1908년 보스니아 헤르체고비나를, 영국은 1878년 키프로스를, 1882년에는 이집트를 점령하는 등, 오스만제국의 영토를 차지하였다. 프랑스 또한 1881년 튀니지를, 이탈리아는 1911년 트리폴리를 점령했다. 이러한 침략의 결과로 오스만제국의 영토는 1750년 134만 평방마일에서 1850년 114만 평방마일, 1900년 91만 평방마일로 줄어들었다.

그러나 투르크의 서구화는 부분적으로는 거대한 제국을 통제하는 데 어려움이 있었고, 또 다른 한편으로는 이집트와 달리 변화에 대한 반대가 군대를 중심으로 확고하게 자리 잡고 있었기 때문에 매우 오랜 시간이 걸리는 과정이었다. 오스만제국의 어려움은 경제적 착취로 인해 더욱 가중되었다. 1854년부터 오스만제국은 유럽 열강으로부터 차관을 받았지만, 이러한 재정 조달로 발생한 추가 생산으로는 빚을 갚기에 역부족이었다. 그 결과 1865년에 받은 3천 600만 파운드의 차관은 이전의 부채를 공제하고 나면 실제로는 그 절반에 불과했다.[24] 안타깝게도 불가리아 북부 등, 외세에 빼앗긴 영토 대부분은 생산성이 가장 높고 국가 수입으로 개발되던 곳이었다. 게다가 1877년~1878년 전쟁으로 오스만제국은 러시아에 배상금으로 8억의 프랑스 프랑을 지불해야 했다. 그들은 또한 수백 년 동안 지속된 항복으로 불리한 상황에 처해 있었다. 유럽인들은 터키로 들어오는 상품에 대해 매우 낮은 관세와 세금을 지불했지만, 그 관행은 상호 호혜적이지 않았다. 항복으로 인해 터키는 다른 나라들처럼 자국 산업을 보호하는 것이 거의 불가능해졌다. 그 결과 1914년까지 터키의 제조업 기반은 매우 미약했다.

긍정적인 측면은 19세기 무렵 투르크의 지식인들이 이집트인과 마찬가지로 프랑스에서 가져온 민족주의를 비롯한 유럽의 정치사상에 익숙해졌다는 점이다. 영국은 다시 한번 부정적인 영향을 미쳤다. 특히 악명 높은 대사 캐닝 경Sir Stratford Canning은 항상 런던의 지원을 받을 수 있다는 믿음으로 술탄들을 무례하게 대했던 오만한 불량배였다. 지식인들은 투르크 민족주의Turkish natinalism를 강화하고자 했지만, 이는 제국의 다국적 성격과 쉽게 조화를 이루지 못했다. 그 결과 국가의 정체성은 상당히 취약한 상태로 남아 있었다. 이 단계에서 투르크 민족주의는 세속적인 성격이 강했고, 종교의 역할을 축소하는 데 의존했기 때문에 무슬림 대다수에게 이질적인 것으로 간주되었다. 유럽의 사상에 지나치게 동조하는 사람들은 심한 비호감을 샀다. 예를 들어, 18세기의 술탄 아마드 3세Ahmad III는 이러한 이유로 실제 왕위를 잃었고, 대총독은 친유럽주의자라는 이유로 처형되기도 했다.

결과적으로 서구화의 추진은 술탄의 지원을 받더라도 복잡하고 위험한 프로젝트임이 입증되었다. 유럽의 군사력과 경제력에 직면한 투르크인들은 근대화를 원했지만, 그들의 영혼을 잃는 대가를 치르고 싶지는 않았다. 서구화는 군사 개혁, 교육 혁신과 산업 기술의 도입을 포함해 여러 가지 수용가능한 형태를 취했지만, 투르크인들은 유럽 사회의 부패한 문화와 파괴적인 정치를 두려워했다.

오스만제국 근대화의 한계는 최초의 근대 개혁가인 술탄 셀림 3세

Selim III(1789~1807)의 경험에서 분명하게 드러난다. 그와 그의 고문들은 군사 개혁만으로 충분하고 다른 모든 것은 그대로 둘 수 있다는 믿음으로 군사 개혁에 집중했다. 셀림은 군대 훈련을 위해 유럽의 무기와 교관을 들여오고, 훈련, 지휘 체계, 유럽식 군복을 도입했다. 새로운 군대는 프랑스와의 전투에서도 성공적인 것으로 입증되었다. 그러나 셀림은 국내 반대에 직면했을 때 자신감과 결단력이 부족했다. 투르크군의 전통적 핵심은 예니체리, 즉 '술탄의 노예'로 구성되었는데, 예니체리는 아동 예비제도child-levy를 통해 모집되었고, 결혼하지 않고 전적으로 병영에서만 생활하는 남성들로 이루어져 있었다. 이들은 약 3만 명의 상비군을 구성했지만, 수십 년 동안 지나치게 특권을 누리고 부패했다. 개혁에 반대하는 사람들은 셀림의 새로운 군대가 예니체리를 대체하기 위해 고안되었기 때문에 보수파들이 전통을 지킬 방법이 없다고 주장했다. 그 결과 1807년 예니체리들은 일부 군대가 유럽식 군복을 입으라는 지시를 받았다는 소식을 듣고 반란을 일으켰다. 그들은 새로운 군대의 해체와 정부에서 개혁파의 제거를 요구했다. 술탄은 기도를 드리던 중 공격을 받아 퇴위당하고 교수형에 처해졌다.

    이 실험에서 얻은 분명한 교훈은 개혁적인 술탄이 군부의 지지를 얻지 못하면 개혁의 진전이 이루어질 가능성이 낮다는 것이었다. 마흐무드 2세(1808~1839)는 이 교훈을 받아들여 개혁에 착수하기 전에 개혁 반대파를 안심시키기 위해 수년간 노력했다. 그는 종교 지도자들에게 관대했으며 개인적으로 자신에게 충성스러운 사람들로 정부 요직을 채웠다. 그러나 마흐무드는 공공장소에서 유럽식 코트와 바지를 입었고, 비무슬림과 자유롭게 어울리며 독일인 몰트케Helmuth von Moltke를 군대 재편에 기용하는 등 서구화를 상징하는 행보를 보였다. 한편

예니체리는 그리스와 러시아에 대한 실패와 주민들로부터 돈을 갈취하려는 시도로 인해 신뢰를 잃었다. 따라서 1826년 마흐무드가 개혁을 단행했을 때 그의 입지는 더욱 강해졌다. 예니체리들이 반란을 일으켰지만, 신뢰할 수 있는 군대와 민간인의 연합에 의해 6,000명이 살해되었다. 이때부터 군대는 술탄과 고관들을 개혁하는 도구가 되었고, 터키에서의 서유럽화에 있어 주요 요소가 되었다.

그럼에도 불구하고 마흐무드 2세는 행정부와 군대 개혁에 집중하며 조심스럽게 움직였다. 그는 오스만제국 정부를 유럽식으로 재편하여 장관과 부처에 구체적이고 명확한 책임을 부여했다. 그는 부패를 줄이기 위해 공무원에게 정규 급여를 지급했다. 그는 새로운 법률을 제정하기 위해 내각과 입법 기관을 창설했다. 또한, 우편제도, 인구등록 및 제국 최초의 신문을 창간했다. 그러나 오스만제국의 전통에 길들여진 하급 관리들이 유럽 시스템에 대한 개념이 거의 없었기 때문에 개혁을 실행하는 데 많은 어려움이 있었다. 마흐무드는 유럽 언어에 대한 지식을 향상시키는 것이 이해의 폭을 넓히는 데 중요한 수단이라는 결론을 내렸다. 과거에는 아랍어와 페르시아어를 배웠지만, 이제는 프랑스어를 가르치기 위해 훈련 학교와 번역 사무소를 개설하였다. 이런 식으로 새로운 세대의 투르크인 공무원들은 유럽의 사상과 관행을 이해하게 되었고, 결국 그들은 제국의 고위 공직에 진출했다.

그러나 모든 서유럽화 혁신은 외국인을 모방하는 것이 결국에는 그들 중 하나가 되는 것이라는 반론에 직면하였다. 오스만제국의 개혁가들은 이 반론을 극복하기 위해 두 가지 주요 방법을 채택했다. 하나는 (자주 사용되지는 않았지만) 변화가 즉각적으로 효과가 있다는 것을 보여주는 것이었다. 예를 들어, 이스탄불과 이집트에서 유럽식 전염병 대처 방법을 채택한 결과 사망자 수가 크게 줄었고, 1836년에서 1850년 사이에 오스만제국에서는 흑사병이 퇴치되었다는 것이었다. 또 다른 방법은 선지자 자신의 권위를 이용하는 것이었다. 개혁가들은 모하메드가 적들의 군사 전술을 이용했다는 점을 지적하며, 그것이 동시대 사람들에게는 합법적인 계책이라고 강조했다.[25] 그 외에도 개혁가들은 술탄의 권위에 의존해야 했다. 예를 들어, 1838년 마흐무드는 인체 해부를 허용하는 법령을 발표했다. 그 결과, 이스탄불의 의과대학을 방문한 사람들은 학생들이 즐겁게 아프리카인 시신을 해부하는 모습을 목격할 수 있었다.[26]

다음 술탄인 압둘메시드 1세Abdulmecid I(1839~1861)는 무스타파 레시트 파샤Mustafa Resit Pasha와 같은 젊은 세대에게 크게 의존했다. 유럽을 여행하며 이집트에서 모하메드 알리의 개혁을 지켜보고 런던과 파리에서 오스만 대사로 활동한 무스타파 레시트와 그의 지지자들은 '탄지마트의 사람들men of Tanzimat', 즉 '일을 정리하는 사람들'로 알려지며 개혁가들의 본보기가 되었다. 그들은 유럽의 업적을 높이 평가했지만, 터키를 단순히 유럽과 똑같이 만들려는 것이 아니라 어떻게든 오스만제국의 관습과 종교를 새로운 사상과 결합시키려 했다.[27]

탄지마트 개혁Tanzimat reforms에는 농업에 대한 세금을 폐지하고 공정하고 규칙적인 과세를 통해 조세 제도를 재편하는 것이 포함되었다. 새로운 형법은 시민의 재산과 생명에 대한 안전을 보장했으며, 모든 무슬림에게 적용되는 정규 징병제를 도입하였다. 이러한 조치는 이슬람 전통이나 투르크 관습에 도전하지 않는다는 점에서 현명했다. 그러나 그것들은 국가 개념에 급격한 변화를 가져와, 이제 국가의 책임은 학교, 복지, 통신, 상수도 공급과 같은 서비스를 포함하여 이전에 개인이나 민간단체에 맡겨졌던 사회 및 경제 문제 전반으로 확대되었다. 이는 유럽식 국가 개념과 국민의 개인 권리라는 개념을 향한 중요한 진전을 의미했다.

탄지마트는 이전에는 비무슬림이 운영하던 신문의 보급으로 보완되었다. 1860년에는 무슬림이 소유한 최초의 독립신문『테르쿠만-이 아발Tercuman-I Ahval』('상황의 해석자Interpreter of Conditions')이 발행되었다. 이 신문은 파리에서 5년 동안 거주하며 프랑스어, 아랍어, 페르시아어를 구사하던 시나시Ibrahim Sinasi가 편집을 맡았다. 시나시는 1854년 이스탄불로 돌아와 의회 민주주의와 투르크 민족주의를 장려하고, 전문 용어와 현대 정치사상을 화려하지는 않지만 보다 효과적으로 표현할 수 있도록 투르크어를 개혁하는 데 열중했다. 깔끔하게 면도를 한 투르크인으로서 그는 친유럽적 태도를 대변하는 것처럼 보였다. 공화주의자였던 그는 정의와 권리에 관해 많은 글을 썼지만 종교에 관한 글은 거의 쓰지 않았다. 그러나 1865년 불안한 정부가 검열을 도입하면서 시나시는 1869년까지 파리로 피신해야 했다. 하지만, 장기적으로는 일반 투르크인들 사이에서 더 단순하고 덜 고상한 언어를 사용하여 자연권natural rights과 표현의 자유를 비롯한 유럽 사상을 대중화하는 데 기여했다. 1871년까지 25개의 투르크 신문이 발행되었고 1876년에는 그 수가 130개로 늘어났다. 정부에 비판적인 독립 언론을 개척함으로써 시나시는 동시대 사람들에게 충격을 주었지만, 그 과정에서 터키에 민주주의 문화를 구축하는 데 기여했다.

중앙 정부에서는 장관회의가 광범위한 통제 없이 술탄에게 자문을 제공한다는 점에서 변화가 적은 편이었다. 게다가 지방 차원의 개혁은 더디게 진행되었다. 예를 들어, 기술 및 과학 과목과 새로운 언어를 도입하려면 새로운 학교를 세워야 했지만, 1867년까지 새로 세워진 학교에 다니는 학생은 3%에 불과했다. 탄지마트 개혁의 가장 큰 약점은 국가 수입을 크게 증가시키는 것이 쉽지 않은 경제에 있었다. 경제에 대한 지식이 거의 없는 관리들이 무역을 비무슬림에게 맡기는 등의 문화적 문제도 있었다. 투르크의 전쟁으로 국가 부채가 증가하였고, 술탄 압둘아지즈Abdulaziz(1861~1876) 치하에서 재정난은 더욱 악화되었다.

그 결과 많은 오스만 관료들은 개혁이 서유럽의 기술뿐만 아니라 민주적 정치제도까지 포함해야 한다고 확신하게 되었다. 이를 위해 일부 개혁가들은 1865년 신문과 팸플릿을 통해 자신들의 생각을 전파하기 위해 '청년 오스만 협회Young Ottomans Society'를 결성했다. 일부 젊은 오스만인들은 이슬람이 근본적으로 민주적이며 입헌 체제에 적응할 수 있다고 낙관적으로 믿었다. 그러나 그들은 교육받은 엘리트 계층을 대표했을 뿐이었고, 그들의 민주주의 이상은 대중에게 거의 받아들여지지 않았다. 실제로 문자 해득률이 15%에 불과했던 사회에서 민주주의라는 개념 자체는 거의 알려지지 않은 상태였다. 그들은 모든 공동체에 투표권이 주어지고 때가 되면 제국의 새로운 국가가 탄생할 수 있으리라 기대했다. 대부분의 투르크인들은 체제와 종교에 대한 충성심을 갖고 있었기 때문에 그것은 유토피아적인 생각이었다.

그럼에도 불구하고 1876년 새로운 술탄 압둘하미트 2세 치하에서 '청년 오스만the Young Ottomans'(1865년 6월 이스탄불에서 결성된 투르크 비밀 민족주의 조직 - 역자 주)은 최초의 오스만 헌법을 도입하는 데 성공했다. 보수적인 무슬림들은 의회와 같은 것은 선지자의 사상과는 동떨어진 혁신이라고 주장했다. 그러나 코란에는 헌법에 대한 언급이 없었고, 개혁가들은 대의제 개념이 이슬람과 양립할 수 있다는 증거로서 모하메드가 하느님으로부터 추종자들에게 조언을 구하라는 권고를 받은 구절을 지적했다. 실제로 주된 목적은 외국인에 의해 새로운 헌법이 강요되었다는 인상을 주지 않으려는 것이었다. 결국, 1876년 헌법은 양원제 의회, 내각 장관제, 독립적인 사법부, 종교의 자유, 누진세 등을 규정했다. 그러나 이는 의회의 승인 없이 법률을 제정하고, 의회 법안에 거부권을 행사하며, 의회의 해산과 전쟁을 일으키고, 비상사태를 선포할 수 있는 술탄의 광범위한 권한으로 인해 제한되었다. 불행히도 압둘하미트는 1877년~1878년 전쟁에서 오스만제국의 실패로 인한 비판을 견디지 못해 1878년 의회를 해산하고 1909년 실각할 때까지 전통적인 술탄처럼 독재 통치를 계속했다. 물론 그는 도로와 철도를 건설하는 등, 새로운 경제 영역에서 탄지마트 개혁을 계속했으며, 오스만제국의 부채 일정을 재조정하였다. 한편, 유럽 열강은 자국의 이익을 위해 투르크에 세금을 징수할 수 있는 공공 부채 관리국에 대한 통제권에 만족해하였다. 그러나 영국을 포함한 그 누구도 술탄이 민주 헌법을 받아들이도록 영향력을 행사하려 하지는 않았다. 영국은 투르크가 이집트처럼 전통적 정부 아래서 투자자들의 눈치를 보는 제국으로 남기를 바랐다.

그러나 압둘하미트는 수년 동안 투르크 입헌주의를 억누르긴 했어도 이를 완전히 파괴하지는 못했다. 그의 독재는 민주주의를 채택하지 않으면 제국이 살아남을 수 없다고 믿었던 '청년 투르크당the Young Turks'으로 알려진 새로운 세대의 개혁가들의 분노를 불러일으켰을 뿐이었다. 그러나 이들은 스스로 독재 정권을 타도할 힘이 부족했다. 기본적으로 제국 발전 과정의 다음 단계를 담당한 것은 광범위한 정치 조직에 참여했던 투르크 군대였다.[28] 육군 의과대학 학생들은 혁명 조직을 설립하고 정당의 원형인 통합진보위원회Committee of Union and Progress(CUP)를 결성했다. 1907년이 되자 군대는 정기적으로 급여를 받지 못해 사기가 저하되었고, 술탄 정부가 마케도니아인, 불가리아인, 그리스인 사이의 반란을 진압하는 데 필요한 보급품을 공급하지 못한다고 느꼈다. 그 결과 1908년 마케도니아 군대가 반란을 일으켰고, 이를 진압하기 위해 파견된 고위 장교들을 살해했다. 그 후 압둘하미트는 헌법을 복원하고 그해 11월과 12월에 선거를 실시하기로 합의했다. 그 결과, 터키인 140명, 아랍인 60명, 알바니아인 25명, 그리스인 23명, 아르메니아인 12명, 유대인 5명, 불가리아인 4명, 세르비아인 3명으로 구성된 오스만제국의 다민족 사회를 반영하는 의회가 탄생했다. CUP는 근소하게 다수당을 차지한 후 술탄의 고위직들을 자신들이 원하는 인물로 교체하기 시작했다.

그러나 그들은 불가리아가 독립을 선언하고 오스트리아가 보스니아를 합병하는 등 위태로운 시기에 정권을 잡았다. 새 정부는 서구화에 반대하는 세력으로부터 비난을 받았다. 일부 군대의 지원을 받은 반동적인 무슬림들은 1909년 이스탄불에서 반혁명을 일으켜 의회로 행진하고 CUP를 해산시켰다. 그러나 그들의 개입을 환영한 압둘하미트는 실수로 보수 세력의 편을 들었다. 그 후 마케도니아 군대는 즉시 이스탄불에 집결했고 CUP와 연합하여 술탄을 퇴위시키고 그의 형제인 메흐메트 5세Mehmet V를 옹립했다. 사실상 군대와 CUP가 권력을 장악한 것이었다.

따라서 1909년은 군부가 서유럽의 정치사상, 교육 시스템 및 언어를 채택한 후 투르크 민족주의의 중심이 되었던 긴 세월의 정점이 되었다. 훗날 아타튀르크가 된 케말Mustafa Kemal이 테살로니카의 집을 떠나 군사 고등학교와 사관학교를 다녔고, 1902년 군에 입대하여 '청년 투르크당'에 합류한 것도 이러한 배경에서 비롯된 것이다. 프랑스의 정치 사상에 익숙한 케말은 프랑스를 터키의 모델로 여겼고, 술탄의 통치를 수동적이고 무능한 것으로 여겼다. 비록 훌륭한 무슬림으로 자랐지만, 대부분의 군인 생도들처럼 종교는 여성을 위한 것이라고 생각했다. 확실히 젊은 케말의 삶에서 이슬람의 영향을 받은 흔적은 거의 찾아볼 수 없었다. 그는 참모 장교로서 필수적으로 익혀야 할 왈츠를 배웠고, 맥주와 라키raki를 즐겨 마셨으며("이것은 얼마나 멋진 술인가, 시인이 되고 싶게 만든다"), 프랑스 혁명과 관련된 인권을 소중히 여겼다.

새 정권은 언론 검열 폐지, 압둘하미트의 내부 정보기관의 해체, 정치범에 대한 사면, 부패한 정부 관리들의 해임 등 자유주의적 신념을 빠르게 보여주었다.[29] 그러나 1912년 트리폴리에서 이탈리아군과의 전쟁에서 두 차례의 실패, 1912년~1913년에는 제국의 존립을 위협하는 여러 발칸 국가들과 싸워야 하는 어려움을 겪어야만 했다. 그럼에도 불구하고 CUP는 1912년과 1913년 선거에서 승리할 수 있었다. 특히 이스탄불은 전차, 가스, 전기, 수도, 전화가 보급되어 유럽의 수도와 같은 모습을 갖추게 되었으며, 대대적인 개선에 성공했다. 군대를 추가 재편하여 제1차 세계대전 중 투르크군이 다르다넬스에서 영국군의 공세를 격퇴하고 메소포타미아의 쿠트Kut에서 영국군 전체를 항복하게 만든 효과적인 조직을 만들었다. 무엇보다도 정부는 세속 가족법을 도입하고, 종교법원 판사에 대한 국가 연수제를 도입했으며, 이슬람 판사들을 법무부 소속 유급 국가 공무원으로 만들고, 그들의 판결을 세속 법원에 항소할 수 있도록 함으로써 종교적 이익을 국가에 종속시켰다. 이는 오스만제국의 종교로서 이슬람의 지위를 바꾸지는 못했지만, 이슬람을 국가의 통제하에 두게 된 것이었다.

❋ ❋ ❋

주요 무슬림 국가 중에서 페르시아는 서구화 전략을 비교적 늦게 채택한 것으로 유명하다. 1722년 나디르 샤Nadir Shah의 습격과 같은 외부 침략과 조지아, 아르메니아, 아제르바이잔에 대한 러시아의 반복적인 침공의 자극을 받았지만, 그 영향은 미미한 것으로 나타났다. 이는 부분적으로 페르시아의 지리적 위치로 인해 유럽의 사상과 기술로부터 상대적으로 고립되어 있었기 때문이다. 실크로드 무역에 관여하기는 했어도 페르시아는 인도 무슬림이 영국의 통치(라지)를 통해 인도네시아가 네덜란드를 통해 유럽과 접촉했던 것과 같은 유럽과의 광범위한 접촉을 경험하지 못했다. 또한, 이집트나 터키와 달리 프랑스 혁명의 영향에서도 대체로 벗어나 있었다. 게다가 페르시아는 페르시아어, 찬란한 역사, 독특한 문화에 대한 자부심을 바탕으로 이미 비교적 강한 민족 정체성을 갖고 있었다. 그 효과는 시아파의 중심적인 역할로 더욱 강화되었는데, 시아파는 국민의 충성을 명령하고 세속적 권위와 독립적으로 존재하고 있었다.[30] 샤와 유럽인 모두를 불신한 시아파는 서유럽에 대해 특별히 알고 싶어 하지 않았으며 오스만제국의 특징인 이슬람에 대한 여유로운 태도도 부족했다.

페르시아 근대화의 또 다른 핵심 요인은 단순히 우연적이었다는 것이다. 페르시아는 변화를 원하지 않거나 변화를 강요할 능력이 없는 통치자들이 계속 집권해 왔다. 1798년의 샤 파드 알리Fath-Ali는 260명의 자녀를 낳은 것으로 유명했다. 그러나 군사 및 대외 정책은 아들이자 후계자인 압바스 미르자Abbas Mirza에게 맡겨졌다. 그는 러시아 국경과 위험할 정도로 가까운 북서부의 타브리즈Tabriz에 기반을 둔 탓인지 유럽 국가에 훨씬 더 많은 관심을 보였다. 독실한 무슬림이었던 압바스 미르자는 유대인과 아르메니아인에 대해 온건하고 관대했다. 그는 페르시아 군대가 실제 보병이 없고 훈련이 부족하며 활과 화살, 그리고 수송용 동물을 폭발시켜 죽이는 형태의 구식 대포로 무장한 중세 군대라는 사실을 금방 알아차렸다. 압바스 미르자는 프랑스와 영국 두 나라 모두로부터 고문을 고용했고, 영국은 영국 무기와 군복 구입에 쓰일 보조금을 그에게 기민하게 지급했다. 이집트와 투르크의 개혁가들처럼 그는 코란을 파헤쳐 이슬람을 방어하기 위해 계산된 군사 혁신을 지지하는 것으로 보이는 구절을 찾아냈다.[31] 그 결과, 1812년까지 페르시아는 현대식 군대를 구축하는 단계에 이르렀지만, 영국은 고문들을 철수시키고 페르시아가 러시아와 화해하도록 압력을 가했다. 그 결과 굴리스탄 조약Treaty of Golestan이* 체결되어 러시아가 이란령 코카서스 지역에 대한 소유권을 갖게 되었고 카스피해에 대한 해군 독점권을 얻게 되었다. 페르시아인들에게 이러한 굴욕은 서유럽화가 유럽인들에게 집단적으로 자신들을 공격하는 것을 허용하는 것처럼 보였기 때문에 서유럽화에 대한 불신으로 이어졌다.

　1811년부터 소수의 페르시아 학생들이 군사 전술, 의학, 언어를 배우기 위해 런던으로 파견되었고, 일부 장인들은 영국의 총기 제조와 인쇄기에 대해 배웠다. 그러나 같은 시기 이집트의 광범위한 혁신과

---

*　역자 주) 1804년~1813년까지 벌어진 러시아-페르시아 전쟁의 결과로서 굴리스탄 마을(현재의 아제르바이잔 고라보이 지역)에서 러시아제국과 카자르 이란 사이에 평화조약을 체결하였다.

발전에 비하면 그 영향은 매우 미미했다. 페르시아에서는 종교적 열성주의자들이 유럽으로부터의 수입품에 대해 훨씬 더 적대적인 태도를 보였다. 압바스 미르자는 자신의 정책에 대한 명성을 회복하기 위해 1826년 러시아에 대한 복수 전쟁을 시작했다. 그러나 패배하여 러시아에 페르시아 북부의 더 많은 영토를 추가로 양보하고 카스피해에 대한 독점적 무역권을 인정하는 동시에 거액의 배상금을 지불해야 했다. 그는 1833년에 사망했고 새로운 샤가 들어서면서 근대화는 중단되었다. 그의 후계자인 나세르 알-딘Nasser al-Din은 17세의 나이에 [승계해] 이후 48년간을 통치했다. 처음에 그는 아미르 카비르Amir Kabir라고 알려진 나이가 많고 경험이 풍부한 미르자 타키 칸 파라하니Mirza Taki Khan Farahani에게 통치를 맡겼다. 무자비한 개혁가였던 아미르 카비르는 세금을 더 효과적으로 징수하고 우편 서비스, 병원, 마을, 도시계획, 제조, 사탕수수와 면화 재배를 시작했다. 그러나 1851년, 그의 보수적인 정적들은 그가 샤를 축출하려 하고 외국인들과 음모를 꾸미고 있다고 주장하여 그를 약화시키는 데 성공했다. 그 결과, 나세르 알-딘은 그를 해임하고 1852년 그의 목욕탕에서 살해하였다. 개혁 3년 반 만에 페르시아의 근대화는 이후 40년 동안 사실상 종말을 고했다.

실제로 19세기 후반 페르시아는 후퇴했다. 샤 정부의 재정 문제로 인해 영국과 러시아의 압력에 양보하게 된 것도 한몫했다. 페르시아는 자원이 상대적으로 빈약했지만 — 석유는 아직 서유럽 열강의 관심을 끌기 전이었기 때문에 — 면화 개발은 영국인의 관심을 끌었다. 샤가 영국 은행에 지폐를 발행할 권리를 부여했을 때 러시아도 동일한 특권을 요구했다. 1872년 샤는 영국 기업가인 로이터 남작Baron Reuter에게 철도, 도로, 댐, 광산, 공장 건설 독점권을 부여했는데, 커즌 경은 이 거래가 왕국의 모든 자원을 외국의 손에 넘겨주는, 꿈꾸어 왔던 가장 완벽한 거래라고 묘사했다.[32] 비록 러시아가 항의하면서 이 거래는 취소되었지만, 다른 유인책이 남작에게 주어졌다. 1891년 샤가 또 다른 영국인 사업가 탈보트G. F. Talbot 소령에게 담배 판매 및 수출에 대한 50년 독점권을 허용함으로써, 그는 단돈 1만 5,000파운드의 대가로 담배 수익을 영국으로 빼돌릴 수 있었다. 농민들은 농작물을 숨겼고, 페르시아 도시에서는 이에 분노한 시위가 일어났다. 성직자들은 독점이 취소될 때까지 흡연을 금지하는 파타와를 공표하였고, 독점권은 철회되었다 (탈보트에 대한 보상과 함께). 러시아는 면세로 상품을 수출할 수 있었고, 영국의 차관에 대한 거부권을 행사할 수 있었다. 그러나 사실상 샤는 외국인의 하수인처럼 보이게 되면서 자신의 명성을 스스로 무너뜨리게 되었다.

1906년이 되어서야 페르시아는 국가에 대표제도를 도입하기 위한 헌법 혁명을 단행했다. 1831년 벨기에 헌법을 모델로 한 이 제도는 1925년까지 지속되었다. 마즐리스Majlis(이란 의회를 가리킴 – 역자 주) 선거, 또는 의회 선거는 정당과 신문사 설립을 촉진하는 효과를 가져왔다 (1906년 6개에서 100개로 증가). 결정적으로 민주주의를 지지하는 사람들에게 울레마는 입헌주의를 지지함으로써 세속적 수단으로 개혁을 달성했던 서유럽 국가들과는 전혀 다른 통합을 만들어냈다. 페르시아의 입헌주의 개혁은 자의적이고 친서방적인 것으로 여겨졌던 군주제의 권력을 견제하기 위한 종교와 세속적 요소의 연합을 포함하고 있었다.[33] 그러나 울레마는 이슬람의 우위를 훼손시키고 싶지 않았다. 이들은 무제한적 언론의 자유를 종교에 대한 위협으로 여겨, 헌법을 개정해 종교적 민감성을 해치는 내용을 제외하고는 이슬람에 관한 어떠한 내용도 출판을 위한 허가를 요구하는 동시에 반이슬람 자료의 출판을 처벌하도록 하였다. 울레마는 개인의 자유보다는 신자들을 보호하는 데 더 관심을 두었다. 그러나 이러한 권한들에도 불구하고, 전쟁 전 페르시아의 변화는 이란인들이 입헌 정부 형태에 적합지 않다는 견해가 틀렸다는 것을 입증하기에 충분했다.

그러나 외국의 경제 침투는 계속되었고, 1907년 영러 협상으로 절정에 달했다. 이 협상은 러시아에게 테헤란을 중심으로 한 북부 지역에서 특혜를 누릴 수 있는 지역을 주었고, 영국은 반다르 압바스Bandar Abbas 주변의 남부 지역에서 동일한 특권을 누리게 되었다. 페르시아는 이제 실질적으로 외세의 지배하에 있었다. 그 결과 근대화와 입헌주의를 외세의 개입주의interventionsim와 밀접하게 연관시킴으로써 그 신뢰성이 훼손되었고, 1914년 이전 시대에 영국의 악의적인 역할은 세기 후반 이란과의 불행한 관계의 씨앗을 뿌렸다. 이란의 쇠퇴를 되돌리기 위한 입헌 혁명의 실패는 1921년 이후 레자 칸Reza Khan의 군주제 통치가 재개하는 길을 열어주었다. 그는 강력한 중앙집권적 통제, 빠른 경제 발전, 아타튀르크와 유사한 민족주의적 근거를 제시했다. 그러나 그는 민주적 제도를 위한 여지를 남기지 않았다. 기껏해야 레자의 권위주의는 많은 이란인에게 민주주의의 이상이 살아 있도록 하는 효과를 가져온 정도였다.

❋ ❋ ❋

1914년 이전, 터키, 이집트, 페르시아, 인도 무슬림들 사이에서 민주주의 혁신과 근대화를 위한 전략에 대한 기록은 19세기 동안 서유럽 사상에 적응하고자 하는 열망이 상당했다는 증거이다. 중요한 것은 인도를 제외하고는 영국이 주된 영향을 미치지 않았다는 점이다. 중앙집권적이고 효율적인 국가가 시민을 통치한다는 목표는 프랑스 사상에 훨씬 더 큰 영향을 받았다. 변화의 한계는 부분적으로 대부분의 이슬람 국가들이 이 시기에 막대한 부채에 시달렸다는 점에서 재정적인 문제였다. 또 다른 한편으로는 젊은 세대가 교육을 받을 때까지 새로운 사상을 실행할 준비가 된 관리들이 부족했다는 점에서 문화적인 문제였다. 독재 통치자들이 너무 빠른 변화를 강요할 때 혁신은 이슬람의 반발을 불러일으켰지만, 종교적 또는 이념적 반대가 주요 장애물은 아니었다.

전반적으로 근대화론자들은 서구화가 이슬람 전통과 일치할 수 있다는 주장을 유지할 수 있었다. 게다가 변화는 특히 오스만제국 치하에서 수년에 걸쳐 점진적으로 일어났지만, 그 실제 변화가 겉으로 보이는 것만큼 느렸는지는 의문이다. 세기 후반까지 오스만제국은 내각과 의회 정치 시스템을 갖게 되었지만, 군주가 보유한 광범위한 권한에 의해 심각한 제한을 받았다. 이것은 17세기와 18세기에 영국에서 널리 퍼진 시스템과 다르지 않았다. 1914년 터키는 더 이상 유럽의 병자(病子)가 아니라 부분적으로 서구화된 아시아의 제국이 되었다.

8장

세계대전과 오스만제국의 재건

제1차 세계대전이 발발하기 전 14년 동안 영국은 유럽 열강의 위협에 대응하기 위해 외교 관계를 전면적으로 수정하고 군사 전략을 재조정했으며 군대를 재배치했다. 그 과정에서 일본과 동맹을 체결하고, 프랑스 및 러시아와 수교했으며, 북해와 영국해협에 함대를 집중시켰고, 새로운 영국 원정군을 동원하여 독일이 프랑스를 조기에 패배시키는 것을 막기 위한 계획을 세웠다. 그러나 이 모든 과정에 한 가지 결함이 있었다. 오스만제국 또는, 실제 터키, 페르시아, 이집트 지역, 특히 인도의 무슬림 사회와의 관계라는 보다 광범위한 문제에 대해 진지하게 생각하지 않았던 것이다. 이러한 간과는 솔직히 유럽의 안보를 최우선 목표로 삼고 사실상 제국 세계의 중요성을 격하시킨 영국의 새로운 전략의 부산물이었다. 그 결과 영국은 제1차 세계대전으로 인하여 촉발된 중동, 아시아, 아프리카의 변화를 충분히 고려하지 못했다.

그러나 에드워드 시대는 이미 1905년의 일본과 러시아 사이의 전쟁에서 러시아의 극적인 패배를 통해 이 지역에 자극적인 영향을 미치고 있었다. 동양의 세력이 서양의 선진국을 이긴 것은 이 전쟁이 처음이었다. 게다가 일본은 단순히 현대식 육군과 해군을 창설한 데 그치지 않고, 러시아가 거부했던 입헌의회 정부 체제를 도입하면서도 자신의 전통과 가치를 유지하였다. [그들의] 근대화는 단순히 유럽을 모방하는 것을 의미하지 않았다.

또한, 1903년에는 알-마문 수하르와디Abdullah al-Mamoun Suhrawardy와 키드와이Mushir Kidwai가 런던범이슬람협회Pan-Islamic Society of London를 창립했는데, 이는 여러 국가에서 영국에 대한 무슬림 여론의 변화와 제국 내 무슬림들의 충성심에 있어 분열을 보여주는 징후였다. 지속적인 경제적 착취와 기독교 선교사들이 가한 압력은 서방 국가를 적으로 인식하도록 만들었다. 범이슬람주의는 거대한 무슬림 인구를 단결시킴으로써 유럽의 힘에 저항할 수 있다는 점에서 호소력을 발휘했다. 이러한 목표를 홍보하기 위해 자말 알-딘은 새로운 저널 『가장 굳건한 유대The Firmest Bond』를 발행하여 여러 무슬림 국가에 배포했다. 물론 터키와 아랍의 분열로 인해 연대를 위한 노력은 결국 거의 이루어지지 않았고, 전쟁 후 터키는 독립 노선을 채택하고 결국 칼리프 체제를 포기했다.

❖ ❖ ❖

무슬림이 서방에 등을 돌리는 동안, 영국은 명시적이지는 않았지만, 오스만제국에 대한 전통적인 지지 입장을 사실상 포기했다. 이러한 변화는 오랫동안 진행되었지만, 에드워드 자유당 정부는 이러한 추세를 가속화시켰다. 당시 정부에서 떠오르는 세력이었던 처칠이 오스만제국과의 동맹을 원했다는 주장이 제기되었다.[1] 그러나 실제로 성급하고 변덕스러운 처칠은 일관된 견해가 없었으며 때로는 친투르크 성향, 때로는 반투르크 성향을 보였다. 1915년 내각이 투르크의 미래에 대해 논의했을 때, 내각은 이상한 형태의 다양한 대안을 고려했다. 그러나 그것은 이 시기까지 영국이 일관된 견해를 갖고 있지 않았다는 사실을 단적으로 보여주는 예였다. 1900년경 수상인 솔즈베리 경이 오스만제국을 지원하는 전통적인 정책이 쓸모없다는 결론을 내렸고, 1900년 이후 영국은 터키의 방어자 역할을 사실상 독일에 양도했기 때문에 어쨌든 처칠은 다소 늦은 감이 있었다.

반면에 독일의 관점에서 보면, 영토 분쟁이 없어 양국 관계가 복잡하지 않았고 러시아라는 공통의 적을 가지고 있었기 때문에 투르크와의 관계는 완전히 의미가 있는 것이었다. 더욱이 영국과의 충돌 가능성이 높아짐에 따라 독일은 범이슬람을 장려함으로써 영제국을 불안정하게 만들 수 있다는 점을 인식하고 있었다. 1889년과 1898년 독일의 카이저 빌헬름 2세Kaiser Wilhelm II가 터키를 방문하여 술탄과 화해하고 양보와 투자 기회를 얻어내는 과정을 시작했다. 투르크는 독일이 중동에 대한 경제적 침투를 확대하고 아시아에서 영국에 대한 압력을 강화할 수 있는 기회를 제공했다. 1903년 독일은 이스탄불에서 바스라Basra까지 철도를 건설할 수 있는 권리를 획득했다. 아라비아 서부를 관통하는 1,280마일의 헤자즈 철도Hejaz railway가 1908년에 완공되었으며, 철도의 양쪽 15마일 지점까지 석유를 탐사할 수 있는 옵션이 포함되었다. 독일 은행들은 이스탄불의 전기와 전신 서비스에도 자금을 지원했다. 1910년까지 독일은 철강과 군수품을 포함한 터키 수입품의 21%를 공급했다.

제1차 세계대전 직전 터키의 입장에서 본다면, 1912년~1913년의 발칸 전쟁 여파로 터키를 지원할 의향이 있는 유일한 강대국은 독일이었다. 두 나라는 러시아라는 공통의 적을 공유하고 있었으며, 영국과 프랑스가 러시아의 동맹국이 된 후에는 이러한 논리가 더욱 설득력을 얻게 되었다. 이미 러시아는 터키의 아나톨리아 국경 너머에 위협적으로 자리 잡고 있었고, 만약 제1차 세계대전에서 승리한다면, 러시아는 더 많은 투르크인의 거주 지역을 점령하게 될 것이었다. 이러한 사안으로 인해 1914년 터키와 연합국의 동맹이 불가능하지는 않았지만 가능성은 희박했다. 1908년과 1913년의 국내 반란 이후, 독일 방문 시 큰 감명을 받은 신진 육군 장교 엔베르 파샤Enver Pasha가 이끄는 젊은 투르크군은 술탄을 쫓아냈고, 파샤는 투르크가 독일의 군사 방식을 모방해야만 적에 맞설 수 있다고 결론지었다. 그 결과, 샌더스Liman von Sanders 장군은 1913년 독일 대표단을 이끌고 터키를 방문했다.

전쟁 전 다른 강대국들의 침략으로 인해 군 개혁의 필요성은 더욱 강조되었다. 프랑스는 영국과 맺은 협상을 이용해 모로코를 점령했다. 1911년 이탈리아군은 시레네이카Cyrenaica(리비아)와 트리폴리타니아Tripolitania를 점령하고 도데카니사Dodecanese의 섬들을 점령했다는 승인을 받았다. 1912년~1913년의 발칸 전쟁에서 그리스, 불가리아, 루마니아, 세르비아는 마을의 무슬림과 유대인 농민을 학살하는 대규모 잔학 행위를 저질렀다. 오스만 발칸 반도에서 무슬림의 27%가 사망하고 35%가 난민이 되어 이스탄불로 피난하였다.[2] 투르크는 알바니아, 서부 트라키아, 마케도니아, 테살리아Thessaly, 에피루스Epirus, 코소보를 빼앗겼고 사실상 유럽 제국의 종말을 고하고 이스탄불 주변의 동부 트레이스Thrace에 작은 땅덩어리만을 겨우 남겨두게 되었다.

한편, 영국 정부가 투르크를 처리하는 과정에서의 무능함은 제1차 세계대전 이전과 전쟁 중에 무슬림을 취급했던 경우와 일치했다. 칼리프였던 오스만 술탄이 영국을 상대로 지하드를 선포하기로 한 결정은 인도의 거대한 무슬림 인구에 위험한 영향을 미칠 수 있었다. 이 때문에 커즌은 이에 대해 경고를 하였다. 사실상 인도 무슬림들에게 일어나 영국을 자국에서 몰아내라고 촉구하고 있었던 것이었다. 독일에게 기쁘게도, 반란을 '선동하는 요원들*agents provocateurs*'이 이미 인도에 들어와 반란을 부추기고 있었다. 1909년 몰리-민토 개혁에 따라 동부 벵골에 무슬림이 다수인 주를 신설하고 무슬림 대표를 별도로 선출함으로써 무슬림 의견을 반영하려는 최근 영국의 노력은 반터키 정책에 대한 적대적인 반응으로 대체되고 말았다.

이란의 경우, 반서구주의의 증거가 늘어났음에도 불구하고, 영국은 계속 이란을 식민지 영토로 취급하는 입장을 고수했다. 1905년 헌법 혁명 이후, 선출된 의회는 40만 파운드의 영국-러시아 차관Anglo-Russian loan을 포함한 해외 차관에 거부권을 행사했다. 그러나 영국에게 의회 내각제 국가의 부상은 중요하지 않았다. 이란 독립의 실질적 종식은 1907년 러시아와의 협정을 위해 지불할 가치가 있는 대가로 보였다. 이제 러시아의 영향권으로 선포된 북부에서는 코사크Cossack(카자크인[기병] – 역자 주) 군대가 의회를 해산시켰고, 바스라 주변 남쪽은 영국령으로 선포되어 사실상 인도군이 주둔하는 식민지가 되었다. 이러한 개입주의로 인해 성직자 지도자들의 지지를 받아 본질적으로 이슬람적 성격을 띤 민족주의 정서가 강화되었다.

이란에 대한 영국의 정책은 주로 페르시아만의 무역을 보호해야 할 필요성, 특히 27만 5,000톤의 석유를 수송하는 아바단 송유관과 석유 공급을 보호해야 할 필요성에 의해 주도되었다. 이를 위해 1914년 11월 초에 인도 원정대가 바스라에 도착했다. 위신과 관련된 요인도 있었다. 영국의 메소포타미아 지배는 인도에서 영국의 명성을 높였다. 실제로 일부 관리들은 투르크족이 축출된 후 메소포타미아가 인도의 식민지가 되기를 원했다. 1911년부터 해군 총사령관이었던 처칠은 새로운 전함에 석유를 연료로 공급하여 바다에서 더 오래 머무를 수 있게 하자는 아이디어에 많은 관심을 가졌다. 하지만 단점도 만만치 않았다. 영국에는 석탄이 풍부했지만, 석유 자원은 세계의 멀고 외딴 불안정한 지역에서 구할 수 있는 것 외에는 없었다. 당시 석유는 쉘Shell과 앵글로-페르시아 석유 회사Anglo-Persian Oil Company라는 두 회사를 통해 얻을 수 있었다. 쉘은 영국이 지배하고 있었지만, 앵글로-페르시아는 쉘 주식의 60%를 네덜란드인이 소유하고 있었기 때문에 외국 기업이라고 순진한 처칠을 설득할 수 있었다. 그 결과 처칠은 앵글로-페르시아[회사]를 국유화하여 국가 공급업체로서 독점권을 부여했다.[3] 특이한 점은 (터무니없게도) 처칠이 석유 공급을 보호하기 위해 현지 베두인족Bedouins과 거래를 함으로써 페르시아 정부를 배제했다는 점이다. 이러한 구조는 여러 세대에 걸쳐 영국 납세자들에게 이익을 가져다주었다. 하지만, 이란에 대한 제국주의적 착취를 더욱 심화시켰고, 이에 따라 영국은 그 후 수년에 걸쳐 논란에 휩싸이게 되었다. 전쟁 중 이란은 중립을 유지했지만, 연합군은 이를 무시하고 아흐와즈 유전 보호를 위해 바스라에 병력을 추가 상륙시켰다. 처칠을 통해 드러난 영국이 이란을 대한 태도의 슬픈 진실은 세속주의와 현대화의 원인으로 부각되고 있던 세련되고 도시적인 무슬림보다 야생적이고 낭만적인 부족민을 상대하는 것이 더 편하다고 느꼈다는 것이다.

❋ ❋ ❋

불행히도 무슬림 사회에서 민족주의가 고조되던 이 시기에 영국의 대중동 정책은 충동적인 처칠의 영향으로 친투르크에서 반투르크로 비현실적으로 오락가락하는 등 전체적으로 일관성이 결여되어 있었다. 처칠은 림푸스Arthur Limpus 해군 제독을 이스탄불에 파견해 해군 임무를 지휘하도록 했고, 투르크에 저렴한 가격으로 군함 2척을 건조해 주겠다고 제안했다. 그러나 처칠은 1909년 엔베르Enver를 만났을 때 새로운 합의를 위한 투르크의 생각에 아무런 관심을 보이지 않았다. 그 결과 투르크는 1914년 8월 독일과 비밀 조약을 체결했고, 이 조약에 따라 독일은 오스만제국이 러시아와 전쟁을 벌일 경우 군사 지원을 약속했다. 이것이 바로 투르크 정부가 오스트리아 대공의 암살 이후 위기 상황에서 군대를 동원하고 대외 채무에 대한 이자 지급을 취소할 수 있는 자신감을 얻게 된 이유였다. 그럼에도 불구하고, 엔베르는 전쟁에 대한 결정을 내리지 않고 한동안 국가를 중립국으로 유지했다. 그러나 영국은 투르크와의 거래에서 실수를 저질렀다. 당시 처칠의 군함인 술탄 '오스만호'와 '레샤디에호'의 건조를 막 마친 상태였는데, 이미 700만 파운드의 공사비를 지불한 상태였다. 이 군함을 넘겨주면 투르크를 회유하고, 흑해에 대한 접근과 러시아와의 소통을 유지할 수 있는 좋은 방법이 될 수 있었다. 하지만 처칠은 아무런 보상 없이 영국의 필요에 따라 선박을 사용했다. 이 어리석은 행동은 교묘하게 투르크에 두 척의 일류 함선, '괴벤호'와 '브레슬라우호'를 제공했던 독일군에게 선전적 쿠데타[의 기회를] 선사했다. 이런 식으로 독일은 기존의 육군에 대한 통제에 투르크 해군의 사실상의 통제권을 추가했다.

독일-투르크 함선은 영국 해군의 추격을 피해 지중해를 항해하여 다르다넬스 해협에 나타났고, 엔베르는 그들이 흑해로 통과하도록 허용했다. 이 끔찍한 상황에서 처칠과 외무장관 그레이가 할 수 있던 최선은 '투르크가 중립을 지킨다면 제국을 유지할 것'이라고 투르크에 통보하는 것이었다. 이는 안심시키는 말이라기보다는 위협에 가까웠다. 영국은 최근 발칸 전쟁에서 투르크의 영토를 기꺼이 양도한 적이 있었기 때문에 이는 어쨌든 솔직하지 못한 태도였다. 당연히 투르크는 이스탄불에서 영국 해군 사절단을 추방하는 것으로 대응했고, 9월에는 해협을 폐쇄하고 지뢰를 설치하였다.[4] 10월에는 투르크 함대의 독일 사령관이 흑해 주변을 항해하며 러시아 함선을 침몰시키고 러시아 항구를 폭격했다. 이제 투르크는 11월 11일 영국, 프랑스, 러시아를 상대로 지하드, 즉 전쟁을 선포하는 일만 남게 되었다.

투르크는 어느 편에 합류할지 진정으로 결정하지 못했기 때문에 영국과 투르크의 역사적인 분열은 피할 수 없는 일이었다. 하지만 이것은 중요한 결정이었다. 1914년~1915년 독일이 전쟁에서 승리한다면 투르크는 영토적으로나 경제적으로 이득을 볼 수 있었다. 그러나 투르크를 패전국으로 만든 이 결정은 오스만제국의 해체와 1923년 세속적 국민 국가의 출현, 그리고 칼리프 체제의 종말을 초래했다. 영국에게 이 분열은 재앙과도 같았다. 단기적으로는 군사적 굴욕을 가져왔다. 장기적으로는 무슬림 세계의 국경을 재조정하고 그 통치자들을 조종하려는 끊임없는 과정에 그 어느 때보다 더 깊이 뒤얽히게 하면서 영국의 정책을 굉장히 복잡하게 만들었다. 그리고 이것은 다음 세기에도 지속되며 일련의 정치적, 군사적 재앙을 초래했다.

❋ ❋ ❋

적대 행위가 선포되자 카이저는 독일 요원들을 인도, 아프가니스탄, 페르시아, 리비아, 모로코에 파견하여 반영국 정서를 부추기고, 아프가니스탄 아미르의 경우, 영국에 선전포고하여 투르크에 합류하도록 명령했다. 이러한 노력의 중요성은 영국 대표들에 의해 훨씬 과장되었는데, 간디가 인도 민족 운동을 주도할 때까지 무슬림들은 영국군에 자원하는 것 외에 거의 아무것도 하지 않았다. 그럼에도 불구하고 무슬림 전복에 대한 단순한 생각만으로도 국내 정치인들의 두려움이 다시 불타올랐고, 그들은 자신들이 실수했다는 것을 깨달았다. 애스퀴스Asquith는 "투르크제국이 마침내 유럽에서 사라지는 것을 보는 것보다 더 큰 기쁨은 없을 것"이라고 썼다. 얼마 지나지 않아 터키에 대한 영국의 분노는 후기 빅토리아 시대, 특히 애스퀴스의 후임 총리였던 로이드 조지David Lloyd George의 흥분으로 부활했다. 글래드스톤을 연상시키는 연설에서 로이드 조지는 실제로 투르크에 대한 영국의 십자군 전쟁을 언급하고 [영국의] 팔레스타인 개입에 대해 "우리는 위대한 문명화 임무를 수행하고 있다"고 주장했다. 1917년 12월 영국군이 예루살렘에 입성하자 그는 "전쟁에 나선 그리스도교 군대의 승리"라고 환호했고, 『펀치Punch』는 예루살렘 탈환 시도에 실패한 사자심왕 리처드를 들어 "내 꿈이 이루어졌다"고 묘사했다. 전쟁이 끝날 무렵, 로이드 조지의 감상주의는 투르크의 패배로 잃은 동맹국 대신 그리스를 이용함으로써 영국이 동지중해에서 입지를 회복할 수 있다는 완전히 비현실적인 기대를 하도록 하였다.

하지만, 당면한 무슬림 위협에 대해 어떻게 대처해야 할까? 분명한 조치는 다르다넬스 해협에서 공격을 개시하여 이스탄불의 반영국 정권을 전복시키는 것이었다. 영국은 인도 및 동쪽 지역과의 통신을 수에즈 운하에 의존하고 있었기 때문에 동지중해에서 취약하다고 느꼈고, 전략적 위협을 가하는 적대 세력을 더 이상 용납할 수 없었다. 게다가 주요 전투가 프랑스와 플랑드르에서 참호전으로 수렁에 빠지자 로이드 조지, 처칠 등 상상력이 풍부한 장관들은 영국이 해군의 유연성을 활용해 다른 전선에서 공세를 가해 중부 유럽에서 독일을 지탱하고 있는 지지대를 무너뜨려야 한다고 촉구했다. 역사에 관심이 많고 소년처럼 열정적이었던 처칠에게 다르다넬스는 특히 매력적인 목표물이었다. 1915년 1월, 투르크와 오스트리아의 두 개 전선에서 압박을 받고 있던 러시아는 투르크군의 주의를 돌리기 위해 뭔가 조치를 취해달라고 영국에 호소했다. 러시아가 패배한다면, 투르크가 이집트로 병력을 옮길 가능성이 있으며, 영국이 흑해를 장악한다면, 병력은 풍부하지만 산업 기반이 부족한 러시아에 군수품을 공급할 수 있을 것이기 때문에 이 제안은 설득력이 있어 보였다.

에너지가 넘치는 처칠은 다르다넬스 해협을 강제 점령하겠다는 자신의 아이디어를 내각이 채택하도록 설득했지만, 그것은 실제 계획이라기보다는 소망에 가까운 것이었다. 전함이 다르다넬스 해협 입구의 투르크 요새를 침묵시켜 함대 통과를 가능하게 함으로써 이스탄불에 혼란을 일으키고 정부를 전복시킬 수 있다는 가정이었다. 특히 처칠을 포함한 정치인들이 상대방의 군사적 능력을 크게 과소평가했기 때문에 그것은 다소 낙관적인 것이었다. 투르크군은 최근의 독일식 훈련, 독일 장교 및 독일식 반복 소총으로 효율성이 강화된 탄력 있는 병사를 양성해 유럽군과 대등한 수준이 되어 있었다. 반면 피셔Jackie Fisher

제독과 같은 해군 전문가나 키치너 경과 같은 군사 전문가 모두는 이 임무가 간단하다고 생각하지 않았다. 그들이 옳았다. 다르다넬스에 파견된 구식 전함들은 터키 요새를 격파하는 데 적합한 대형 함포를 탑재하고 있었지만, 지뢰와 잠수함 공격에 매우 취약했고, 함포의 궤적이 제한되어 해안보다 높은 곳에 있는 요새에는 목표를 맞추지 못했다. 1915년 초가 되자 해군의 노력이 실패하고 있음이 분명해졌다. 피셔와 키치너는 이 작전에서는 병력을 상륙시켜야 할 것이라고 정확히 경고했다. 한편, 인도에서는 무슬림과 힌두교도 모두의 시각으로 볼 때 실패의 전망으로 영국이 굴욕 당할 수 있다는 위기감이 일었다. 따라서 영국군은 1915년 4월과 8월에 갈리폴리 반도에 상륙했지만, 효과적인 투르크군의 저항에 맞서 작은 전진 기지만 구축하는 데 그쳤다. 1916년 1월, 20만 명의 사상자를 낸 영국군은 철수했고 해협은 폐쇄되었으며 투르크군은 승리를 거두었다.

영국군 지원부대가 페르시아만의 선박과 아바단의 정유 시설을 보호해야 하는 메소포타미아에서도 상황은 마찬가지로 나빴다. 바스라에 기지를 둔 영국군은 타운센드Sir Charles Townshend 장군의 지휘 아래 티그리스 강을 따라 바그다드로 진격했지만, 전선이 늘어지면서 게릴라 공격을 받게 되었다. 타운센드는 바스라로 후퇴할 수도 있었으나 어리석게도 쿠트 알-아마라Kut al-Amara에 진을 치기로 결정했고, 후퇴하던 오스만군은 바그다드 근처에서 타운센드와 전투를 벌여 완전히 격파하였다. 쿠트에서 포위당한 영국군은 배고픔을 달래기 위해 아편을 먹어야 할 정도로 절망적인 상황에 처하게 되었다. 심지어 영국군을 놓아달라고 하기 위해 투르크 장군에게 뇌물을 주려는 시도까지 있었다. 오랜 포위 공격 끝에 영국은 1916년 4월 항복하였다. 이것은 투르크

보병과 지휘관들의 능력을 더욱 부각시키는 또 다른 굴욕이었다. 메소포타미아 작전에서 3만 8,000명의 사상자가 발생했고 약 1만 3,000명의 병사가 전쟁 포로가 되었다.

투르크가 아나톨리아에서 러시아의 침략에, 갈리폴리, 메소포타미아, 시리아에서 영국의 침략에 맞서 네 방향에서 전쟁을 시작했다는 사실을 고려하면, 그들은 놀라울 정도로 잘 해냈다고 볼 수 있다. 그러나 제국은 여전히 매우 취약한 상태였고, 영국은 투르크 통치에 반대하는 아랍인들이 반란을 일으키도록 기획함으로써 대안 전략을 찾아내었다. 당시 아랍인들의 불만이 실제 민족 운동으로 이어졌는지는 논란의 여지가 있다. 벨Gertrude Bell과 같이 정보에 정통한 동시대 사람들은 "아랍인의 국가는 없다"라고 주장하며 대부분 오스만제국의 틀 안에 남아있게 될 것이라고 생각했다.[5] 자결self-determination의 주된 원동력은 도시의 아랍인이 아니라 아카바에서 홍해를 따라 예멘 국경까지 이어지는 외딴 시골 지역 헤자즈의 주도 세력인 하셰미트족Hashemites에게서 나왔다. 헤자즈에서 터키에 대한 반란의 영감은 사실상 술탄의 지명을 받은 메카의 아미르인 샤리프 후세인Sharif Hussein으로부터 나왔다. 그는 오스만의 지배에서 벗어나기 위해 영국을 잠재적인 동맹국으로 여겼다. 1916년 6월 아랍 반란을 일으킨 후세인은 민족주의적 대의보다는 개인적인 야망에 의해 동기 부여를 받았다.

1916년 반란을 계속 이어 나가기 위해 영국으로부터 한 달에 20만 파운드의 보조금을 받고 있었지만, 후세인의 병력은 6,000명에 불과했기 때문에 투르크군은 반란을 진압할 자신이 있었다. 그러나 후세인의 아들 압둘라Abdullah는 승리의 열쇠가 투르크군이 필요한 곳으로 병력을 신속하게 이동시킬 수 있는 헤자즈 철도의 통제에 있다는 것을 알고 있었다. 철도를 파괴하기 위한 게릴라전은 아랍인들과 로렌스가 협력하여 수행한 작업이었다. 로렌스는 아랍 사회에 대한 전문 지식을 바탕으로 1914년 카이로 주재 영국 정보국에 임명되어 1916년 아랍국 소속으로 아랍인들과의 거래를 조정하는 일을 맡았다. 로렌스는 아랍의 핵심 군사 고문이 되어 터키 보병과의 전투보다는 철도 노선과 보급품 수송로 같은 가벼운 목표에 전략을 집중했다. 전형적인 영국인 오리엔탈리스트였던 로렌스는 지적이고 세련된 압둘라를 싫어했으며, 그의 요리사이자 하인인 살림 아마드Salim Ahmad처럼 순진하고 협조적인 아랍인을 선호했다.[6] 로렌스는 본질적으로 동성애자였지만 어떤 종류의 신체 접촉도 두려워하고 있었으므로 관계에는 소극적이었다.[7] 그러나 여성보다 남성을 훨씬 더 좋아했던 로렌스는 이전에 영국에서 누렸던 강렬한 남성의 우정을 나눌 수 있는 기회를 아랍 사회가 제공해주었기 때문에 아랍 사회가 편안하다고 느꼈다.

로렌스와 중동 및 영국 국내의 관리들은 오스만제국의 폐허에서 실질적인 아랍 국가를 획득하는 최선의 방법으로 샤리프 후세인이 영국과 협력할 의향이 있음을 완전히 파악하고 있었다. 이집트 고등판무관 맥마흔 경Sir Henry McMahon과의 협상에서 후세인은 자신이 시리아, 팔레스타인, 요르단, 이라크, 아라비아반도를 포함한 아랍 국가의 왕이 되고 싶다는 의사를 분명히 밝혔다. 영국은 투르크와의 전쟁에서 승리하는 것이 절박했기 때문에 후세인과 군사 동맹을 맺었고, 맥마흔은 "영국이 메카의 샤리프가 제안한 국경 안에 있는 모든 지역에서 아랍인들의 독립을 인정하고 지지할 준비가 되어 있다"고 약속했다. 그러나 페르시아만의 작은 아랍 셰이크 왕국과 바스라 및 바그다드의 유전을 유일한 예외로 명시하기는 했지만, 영국 측에서는 미래의 아랍 국가의 영토 범위에 대해 다소 모호함이 있었다.

   영국은 아랍 왕국에 대한 후세인의 주장을 지지하는 듯한 인상을 주고 있었지만, 그들은 [사실] 후세인을 속이고 있었다. 한 가지 복잡한 문제는 후세인의 라이벌인 나지드Najid 지역에 기반을 둔 이븐 사우드Ibn Saud 역시 반도를 지배하려는 열망이 있었고, 영국의 지원과 보조금을 얻길 원했다는 것이었다. 그 다음으로는 영국이 유대인에게 한 약속이 있었다. 이는 아랍인에 대한 영국의 의무와도 모순되는 것이었다. 게다가 맥마흔은 영국이 1915년 프랑스가 시리아를 합병할 수 있다는 데 이미 동의했다는 사실을 잘 알고 있었다. 따라서 외무장관 그레이 경은 프랑스가 시리아에서 프랑스의 국경 문제를 해결할 수 있는 대표단의 파견을 제안했다. 대표로 파견된 조르주-피코Charles Georges-Picot는 프랑스가 시리아 전체를 차지해야 하며 아랍 대국은 비현실적이라고 주장했다. "그런 국가는 결코 실현될 수 없다. 무수히 많은 부족을 하나의 국가로 통합할 수는 없다"는 것이었다.[8] 그러나 영국 정부는 프랑스와의 협상을 원했고, 중동 전문가를 자처하는 사익스 경Sir Mark Sykes을 보내 피코와의 협상을 맡겼다. 두 사람은 지도 위에 프랑스와 영국의 영역을 구분하는 선을 그었다. 사익스는 레바논과 지중해 시리아를 아랍 국가에서 제외하는 것으로 타협했다. 그는 프랑스 지역을 시리아에서 동쪽으로 모술까지 확장하여 영국과 러시아 영토 사이에 완충지대를 만드는 한편, 영국에게는 바스라, 바그다드의 메소포타미아 지역과 팔레스타인 일부를 남기는 데 동의했다. 이로 인해 알레포, 다마스쿠스, 아라비아 북부를 포함한 대규모 내륙 사막 지역은 영국과 프랑스가 독립 아랍 국가 또는 아랍 국가 연맹을 인정하고 유지할 준비가 되었다.[9] 1916년 1월의 사익스-피코 협정Sykes-Picot Agreement

은 후세인에게는 비밀로 유지되었다. 후세인은 영국이 그에게 훨씬 더 많은 것을 제안했다고 생각했으며, 특히 영국으로부터 팔레스타인을 물려받을 것이라고 생각했다. 아랍인에 대한 영국의 이중성은 1917년 11월 『맨체스터 가디언Manchester Guardian』이 볼셰비키가 러시아 권력을 장악하면서 공개한 사익스-피코 협정Sykes-Picot Agreement을 포함한 비밀문건을 '러시아와 비밀조약Russia and Secret Treaties'이라는 제목으로 보도하면서 널리 알려지기 시작했다.

❋ ❋ ❋

영국의 전략에 있어 주요 사항은 아랍의 반란이 터키의 패배에서 매우 사소한 의미를 가졌다는 것이다. 영국의 보조금에도 불구하고 후세인이나 이븐 사우드 모두 소수의 신뢰할 수 없는 병력만 동원했고, 로렌스가 『지혜의 일곱 기둥The Seven Pillars of Wisdom』에서 만들어낸 낭만적인 신화가 없었다면 반란은 거의 무시되었을 것이다. 그러나 투르크군은 결국 1917년에 밀려났다. 남쪽에서 영국군은 1917년 3월 바그다드를 점령했고, 앨런비Edmund Allenby 장군은 헤자즈에서 다마스커스로 진격하여 12월에 예루살렘의 자파 문까지 올라갔으며, 1898년 성벽 일부를 해체해 도시에 입성한 [독일의] 카이저와 대조되기를 희망하며, 예전 그리스도를 본받아 말에서 내려 도보로 성스러운 도시에 걸어 들어갔다. 투르크는 1918년 10월 마침내 항복하고 무드로스Mudros에서 휴전 협정을 체결했다. 휴전 조건에는 군대의 동원 해제와 요새 및 무기 파괴가 포함되었다. 명목상으로는 자결권을 존중하는 윌슨Woodrow Wilson 대통령의 '14개 조항Fourteen Points'을 준수했지만, 연합국은 곧바로 터키의 여러 지역을 점령하고 1919년 5월 그리스의 스미르나(이즈미르) 침공을 부추김으로써 합의를 위반했다. 영국과 프랑스가 단순히 아나톨리아를 자국의 이익에 맞게 분할하려고 의도한 것이었다. 마침내 영국은 러시아가 오스만제국으로부터 이득을 취하지 못하게 하면서 오스만제국을 해체하는 오랜 목표를 달성한 것처럼 보였다. 1918년 1월 파리 평화 회의Paris Peace Conference에 아랍 복장을 하고 나타난 로렌스는 헤자즈에서 싸웠던 하셰미트 아랍인들의 대변인 역할을 자처했다. 사실 로렌스는 아랍 민족주의를 경멸했으며, 사익스-피코 협정에 대해 잘 알고 있었다. 그는 후세인에 대한 영국의 약속이 파기될 것이라는 것을 알고 있었다.[10] 파리에서 로이드 조지는 후세인의 또 다른 아들인 파이살Faisal에게 사익스-피코 협정을 보여주었다. 파이살은 "이렇게 해서 우리는 쓰라린 진실을 마주해야 했다"고 논평을 달았다. 이 회의에서 영국이 메소포타미아와 팔레스타인을, 프랑스가 시리아와 레바논을 임시 통치하는 것으로 터키 영토가 분할되었다. 실제로 어떤 일이 행해질지는 아직 밝혀지지 않았다. 결국 우드로 윌슨 대통령이 병에 걸리자 미국은 철수하였고, 영국과 프랑스는 각자의 방식으로 해당 영토를 장악하기 시작했다. 종국에 아랍인들은 강력한 하나의 아랍 국가 대신 작고 약한 여러 아랍 국가들[의 건립]을 선호한 것에 속았음을 깨달았다. 프랑스는 통치 지역을 효과적으로 장악하고 그곳의 아랍 민족주의를 억압했다. 1920년 파이살이 독립 시리아의 국왕으로 추대되자 프랑스는 그를 간단히 쫓아냈다.

한편, 영국은 바그다드를 기반으로 새로운 이라크 국가를 건설하기 위해 오스만제국의 3개 주를 통합했다. 그러나 이라크에는 수니파 무슬림, 시아파 무슬림, 쿠르드족the Kurdistan이 불안정하게 섞여 있었다.

쿠르드족은 네 번째로 큰 민족임에도 불구하고 자결권을 주장했지만 무시당했다. 1921년 카이로 회담Cairo Conference에서 처칠은 쿠르드족의 독립 주장을 받아들였지만, 쿠르드족은 이라크의 필수적인 부분이며 쿠르드족이 떠나면 시아파가 너무 우세해질 것이라는 설득에 부딪혔다. 영국은 현지 주민들과 상의하지 않기로 결정함으로써 바스라와 바그다드에서 모술과 키르쿠크로 확산된 반영국 시위를 유발하였고, 당국이 이라크의 운영 방식을 어떻게 할지 결정하도록 강요했다. [이라크가] 독립하여 영국의 통제하에 둘 것인지, 영국이 각 부처에 고문을 파견하여 반독립의 상태로 둘 것인지, 아니면 단순히 영국이 이라크에서 철수해야 할 것인지의 [선택지였다.] 독재적인 바그다드 고등판무관 아놀드 윌슨Arnold Wilson 대위는 단순히 이라크를 인도처럼 통치하기를 원했다. 그러나 1920년에 이르러 그의 견해는 이라크에서 지체 없이 철수하여 비용을 절감하라는 국내의 압력에 직면하게 되었다. 윌슨은 또한 중동에 매력을 느낀 또 다른 아마추어 괴짜, 거트루드 벨에 의해 약화되었다. 경험이 풍부한 여행가이자 고고학자였던 벨은 여성을 혐오하는 관리들의 반대에도 불구하고 그 지역에 대해 누구보다 잘 알고 있다는 이유만으로 공식적인 역할을 맡게 되었다. 그녀는 아랍인들에게 동정적이었지만 영국의 철수가 초래할 결과를 두려워했고 민족주의자들과 윌슨 사이를 중재하려고 노력했다.[11]

    1921년 처칠이 신임 식민지 장관으로 임명되면서 속도가 더욱 빨라졌다. 그는 카이로에서의 회의에서 40명의 영국 전문가들과 함께 벨과 로렌스를 만났다. 처칠은 로렌스를 사실상 영웅으로 숭배했기 때문에 그의 영향을 받기 쉬웠다. 감축을 추구한 이력이 있던 처칠의 출발점은 국방비였다. 당시 영국은 중동에 3천 700만 파운드를 지출하고 있었다. 로이드 조지 연립정부가 군사비를 대폭 삭감하고 있던 때 처칠은 타개책을 찾고자 했다. 그는 기자들에게 "수백만 파운드를 절약해 주겠다"고 말했다. 따라서 이라크 북부에 사는 쿠르드족이 이라크에서 자신들의 자리를 받아들이지 않자, 공군력의 열렬한 지지자였던 처칠은 비행기를 보내 마을을 폭격했다. 이는 그다지 효과적이지는 않았지만 군대를 사용하는 것보다 훨씬 저렴했다. 항상 새로운 아이디어에 뛰어들기를 좋아했던 처칠은 소말릴란드를 비롯한 여러 무슬림 영토에서 공군력을 활용했고, 제3차 영국-아프가니스탄 전쟁에서는 외딴 지역을 경제적으로 통제하기 위한 수단으로 공군력을 이용했다. 하지만 처칠은 매우 순진했다. 조종사들이 산비탈에 부딪힐까 봐 두려워하여 가까이 접근하지 못했기 때문에, 아프간 부족민들은 비행기와 마주치게 되면 암벽에 몸을 납작하게 붙인다는 사실을 그는 인식하지 못했다. 마을을 폭격하는 것은 더 쉬웠지만, 영국이 이를 통해 사람들을 통제할 수 있다는 생각은 비현실적이었다. 지상에서 군대를 대체할 수 있는 방법은 없었다.[12]

한편 로렌스, 벨, 처칠로 구성된 괴짜 3인방은 이라크가 영국의 통제하에 있는 한, 이라크에 아랍 정부가 들어서기를 원했다. 그러기 위해서는 왕으로 적합한 인물을 찾아야 한다고 판단했다. 6명의 후보가 있었지만 벨은 후세인과 그의 가족을 더 좋아했다. 그녀와 로렌스는 처칠에게 후세인의 어린 아들인 파이살이 값싸고 빠른 해결책을 제시할 것이라고 조언했다. 후세인은 자신이 왕이 되기를 열망했던 시리아에서 프랑스에 의해 금지되었기 때문에, [이라크에서] 왕이 될 수 있는 상황이었다. 처칠, 벨, 로렌스는 파이살이 전쟁 영웅이자 친영국 성향이며 그의 아버지가 선지자의 37대 후손이라는 점을 내세워 강력히 옹호하는 주장을 펼쳤다. 파이살은 정식으로 이라크에 와서 전국을 순회하며 지지 서약을 받고 1921년 8월에 즉위했다. 1922년에는 선거를 치를 수 있게 되었기 때문에 이것은 좋은 타협안으로 보였다. 더욱이 벨은 자신이 그를 인도할 수 있을 것이라고 믿었다.

카이로 회담에서 처칠은 또한 후세인의 장남 압둘라가 이끄는 새로운 아랍 국가 트랜스요르단Transjordan을 정착시키기로 결정했다. 유대인들은 요르단강 서쪽에 정착할 수 있도록 하고 영국은 자신의 위임 통치권을 유지하기로 합의했다. 벨은 "아랍인들과의 정직한 거래를 가로막는 엄청난 장벽"이라며 이것을 실수라고 비난했다.[13] 벨의 주장은 옳았다. 결과적으로 아랍인들이 위임통치와 밸푸어 선언Balfour Declaration을 거부하고 1922년 정착촌에서 유대인을 학살하는 사태가 발생했기 때문이다. 그러나 카이로 회담은 요르단강을 팔레스타인의 경계로 정의함으로써 아랍인들에게 양보를 제안했다. 이는 요르단강 동쪽의 땅이 트랜스요르단에 속한다는 것을 의미하였고 사실상 밸푸어 선언의 위임 대상 지역을 사실상 절반으로 줄인 것이었다.

❋ ❋ ❋

투르크는 발칸 반도, 코카서스, 크림반도, 아라비아, 이집트의 옛 오스만 영토를 잃었을 뿐만 아니라 아나톨리아에서도 위협을 받았다. 프랑스는 아나톨리아 남부를, 그리스는 서부의 대부분을, 아르메니아는 동쪽 대부분을 점령했다. 연합군은 국제연맹의 명령에 따라 이 지역에서 철수할 것을 고려했지만, 미국은 이를 받아들이길 거부했다. 전체 인구 1,750만 명 중 1,450만 명이 투르크계 무슬림이었지만 연합국은 냉소적으로 자결권 원칙을 무시한 채 그리스, 이탈리아, 프랑스, 아르메니아로 영토 분할을 제안했다.[14] 1920년 터키는 투르크군을 5만 명으로, 해군은 소수의 선박으로 제한하고 공군은 전혀 허용하지 않는 징벌적인 조치인 세브르 조약Treaty of Sèvres*에 서명함으로써 연합국의 요구를 받아들였다. 터키의 재정은 연합군 위원회에 위임되었고 터키는 이스탄불과 북서부 아나톨리아의 작은 영토만 갖게 되었다. 이는 다른 패전국들이 받았던 대우보다 훨씬 가혹한 것이었고, 많은 터키인 사이에 영국에 대한 장기적인 원한을 갖게 하는 유산이 되었다. 그러나 당시 영국은 자신들의 성공에 도취되어 있었다. 로이드 조지는 환희에 차서 "터키는 더 이상 존재하지 않는다"라고 의기양양하게 말했다. 불행히도 로이드 조지와 처칠은 투르크 민족주의 운동Turkish nationalist movement을 완전히 오해하고 이를 범이슬람주의로 간주하였다. 그들은 투르크인들이 무슬림으로서 전적으로 종교적 정서에 의해 움직인다고 생각했고(이 착각은 21세기까지 지속되고 있음), 민족주의가 범이슬람주의와 무관한 정치적 힘이라는 것을 인식하지 못했다.

그러나 연합국은 이러한 보복성 조약을 강제함으로써 투르크인들이 사실상 민족주의 운동을 중심으로 결집하도록 하였다. 서방에서도 세브르 조약이 3년을 넘기지 못할 것이라는 예측이 있었지만, 로이드 조지는 군대가 이를 이행할 수 있다는 그리스의 확신을 받아들였다. 투르크의 저항은 처음에는 마을의 자위대와 산악 은신처에서 밀수입된 무

---

*   역자 주) 제1차 세계대전 후 1920년 파리 근교 세브르에서 연합국과 오스만제국이 체결한 조약으로 오스만제국에서 터키가 아닌 영토를 모두 해체, 점령할 뿐만 아니라, 터키 영토 일부 점령에 더해 지중해 동부지역을 영-프가 분할 점령하고, 팔레스타인은 영국의 위임통치령으로, 시리아 및 레바논은 프랑스 위임통치령으로 하는 내용을 골자로 한다.

기를 사용한 공격으로 시작되었다. 이 운동의 지도부는 술탄 타도를 도운 혁명 장교이자 갈리폴리에서 영국군을 견제했던 군사 영웅인 무스타파 케말에게 맡겨졌다. 아나톨리아 중심부의 흑해 연안으로 철수한 케말은 투르크의 국익을 보호할 수 없다며 이스탄불 정부의 권위를 거부했다. 그는 투르크 민족주의자Turkish Nationalists라는 새로운 조직을 만들었다. 한편, 영국은 의회를 강제로 해산하고 계엄령을 선포하고 케말에게 사형을 선고하였다. 하지만, 이 어리석은 행동은 이스탄불 정부가 외세의 앞잡이임을 폭로하고 투르크인들이 새로운 운동에 단결하도록 이끌었기 때문에 민족주의 대의에 도움이 되었을 뿐이었다. 1920년 이후 터키는 케말을 대통령으로 한 대국민회의Grand National Assembly를 기대했고, 그는 다양한 투르크 세력을 규합하여 외국 점령에 저항하는 데 힘을 모았다. 케말은 투르크에 필요한 무기를 공급하고 동서로 군대의 이동을 허용한 러시아와 협정을 체결했다. 이것은 그가 범이슬람-볼셰비키 동맹pan-Islamic-Bolshevik alliance을 설계하고 있다는 영국의 확신을 강화시켰다. 먼저 투르크군이 동쪽에서 아르메니아군을 물리쳤고, 그다음 프랑스군도 물리쳤는데, 프랑스는 세브르 조약의 철회와 파기를 결정하였다.

    그러나 주요 문제는 이즈미르에서 아나톨리아 중심부로 진격하여 투르크족을 학살하고 백만 명의 난민을 만든 대규모 그리스 군대에 있었다. 그리스의 침공은 영국 해군의 지원을 받았으며, 또한 그리스가 영국을 위해 해협과 동부 지중해를 확보할 것이라고 믿었던 로이드 조지의 지원을 받았다. 그는 사실상 투르크인을 그리스인으로 대체함으로써 전통적인 영국 전략을 재창조하고 있었던 것이다. 그러나 이것은 망상에 불과했다. 그리스는 인구가 400만 명에 불과했고, 한때 오스만제국처럼 해협을 지배하기에는 자원이 너무 적었기 때문이다. 1921년 그리스군은 저지되어 아나톨리아에서 강제로 퇴각해야 했고, 1922년에는 이즈미르에서 군대를 철수해야 했다.

한편, 영국군은 이스탄불 재탈환을 막기 위해 해협 지대에 머물렀다. 1922년 9월, 투르크군은 단지 영국군 3,500명이 방어하고 있던 차낙Chanak(차나칼레) 인근 마을에 접근했다. 투르크의 유럽 영토를 인정하지 않기로 결심한 내각은 지원군 파견을 제안하고 영국 동맹국들에게 지원을 호소했다. 프랑스, 캐나다, 오스트레일리아가 현명하게도 도움을 거부하자 그들은 놀랐다. 그럼에도 불구하고, 로이드 조지와 처칠은 그때까지도 상당히 비이성적인 분위기에서 허세를 부려 탈출할 수 있다고 믿었다. 그들은 케말에게 철수하라는 최후통첩을 보냈고, 차낙에 주둔한 장군 해링턴 경Sir Charles Harington에게 이스탄불로 후퇴할 수는 있지만 투르크군이 유럽으로 건너가는 것을 허용해서는 안 된다고 충고했다. 이런 식으로 또 다른 전쟁의 위험을 무릅쓰면서 로이드 조지는 자신에 대한 신뢰를 심각하게 손상시켰다. 한 달 후, 보수당 의원 회의에서 전 지도자였던 보나 로Andrew Bonar Law는 영국이 "단독으로 세계 경찰관으로 행동할 수 없다"고 주장했다. 이에 따라 의원들은 총리와 결별하는 데 표를 던졌고 로이드 조지 연립정권은 붕괴하였다.

다행히도 소수의 영국군을 이길 수도 있었던 케말은 화해에 최선을 다했다. "우리나라는 영국에 적대적이지 않다. 오히려 영국을 세계에서 가장 위대하고, 가장 정의롭고, 가장 문명화했으며, 인도적인 국가로 인정하고 존중한다."[15] 그는 또 다른 전쟁에 반대하는 영국내 여론이 결집하는 상황에서 영국은 이미 군사적, 전술적, 심지어 정치적으로도 매우 약해져 있어 싸울 필요가 없다고 판단하고 공격을 멈추었다. 한편, 해링턴은 내각에 "무스타파가 우리를 공격하고 싶어하지 않는다고 생각한다"고 조언하면서 현명하게 최후통첩을 보류했다. 이렇게 함으로써 그는 정치인들을 어리석음에서 구했다. 이로써 차낙은 영국이 무슬림 국가에서 또 다른 쓸데없는 전쟁을 막은 역사상 몇 안 되는 사례 중 하나가 되었다. 합의(로잔 조약Treaty of Lausanne)*에 도달하여 터키는 아나톨리아, 이스탄불, 동부 트라키아를 1914년 이전의 유럽 국경으로 인정하고 그리스와 터키 간의 인적 교류를 허용했다. 오스만제국은 이제 종말을 고했다. 이로써 터키 독립 전쟁War for Turkish Independence은 종결되었지만 영국군은 1923년 10월까지 이스탄불을 떠나지 않았고 해협은 13년 동안 비무장 상태로 남아 있었다.

❋　❋　❋

1923년 10월 말, 새로운 터키 공화국이 앙카라를 수도로하여 공식적으로 선포되었고, 독립을 달성하는 데 결정적인 역할을 해 명성이 높았던 케말이 의회에서 대통령으로 선출되었다. 터키는 이제 오스만제국의 복잡한 문제에서 벗어나 일관성있는 국가가 되었다. 케말 아타튀르크가 세운 세속주의secularism의 기초가 전쟁 전에 이미 만들어지고 있었다는 사실은 잊혀지기 쉽다. 오스만제국이 터키가 아닌 지역을 꾸준히 상실해가고 있을 때, 터키는 점점 더 민족적으로 통합되었다. 게다가 정치권에서 반서구주의의 성장은 서유럽의 문화적 영향력을 반영

---

*　역자 주) 1923년 터키공화국 수립 후 스위스 로잔에서 연합국과 세브르 조약의 제한 내용을 조정할 목적으로 재체결한 조약이다. 터키는 1894년까지 소유했던 이즈미르, 콘스탄티노폴리스, 동트라키아 등을 회복하였다.

하는 사회 변화를 거의 억제하지 못했다. 1907년까지 기혼 남성의 2% 만이 한 명 이상의 아내를 두었고 이스탄불의 평균 무슬림 가구 구성원이 4명 미만이었던 것은 점진적인 서구화를 보여주는 척도였다.[16] 서구화의 다른 징후로는 전통이 아니었던 소설 쓰기, 사진 촬영, 칼과 포크 사용, 시간 엄수를 위한 손목시계의 착용 등이 있다. 터키 여성들은 프랑스에서처럼 여성 잡지를 읽고, 남성없이 쇼핑을 하고, 공공장소에서 베일을 벗고, 남자들 앞에서 걷기 시작했다.[17] 적어도 이스탄불에서는 아타튀르크의 혁명을 위한 토양이 갖추어져 있었다.

그러나 케말은 칼리프제the Caliphate를 포기함으로써 터키를 프랑스의 예를 따라 현대적인 세속 사회로 변화시키고자 했다. 그는, 선지자의 후계자로서 칼리프의 기능과 술탄 또는 현세적 통치자의 기능 사이에 차이가 있음을 지적했다. 오스만제국이 무력으로 이러한 기능을 장악하여 6세기 동안 유지해 왔지만, 이제 터키 국민이 주권을 되찾았기 때문에 칼리프가 자리를 유지할 종교적 근거도 없고 실용적인 명분도 없었다. 1924년 마지막 칼리프 술탄 압둘메시드Abdulmecid는 자신의 퇴위가 법적 권한이 없다고 항의하며 터키를 떠났지만, 터키에서 별다른 반응이 없었던 것을 보면, 이 제도가 이제 무의미한 것으로 여겨졌다는 것을 알 수 있다.

이슬람 제도 기관의 입장에서는 더 많은 논란이 일었다. 헌법이 이슬람을 공식 종교로 지정하고 투르크인이 새 국가의 다수를 차지했지만, 케말은 비무슬림이 이슬람교를 따를 필요는 없다고 주장했다. 그럼에도 불구하고 110만 명의 그리스 정교회 신자가 터키를 떠나 그리스로 이주했고, 38만 명의 무슬림이 그리스에서 터키로 이주했다. 이제 불필요해진 전통적인 종교학교나 마드라사는 세속적인 터키어 학교로 대체되고, 교과서가 터키어로 쓰이게 되면서 아랍어를 배울 필요가 없게 되었다. 하나의 통일된 교육 시스템이 필요하게 되었고, 국가는 더 이상 이슬람 율법과 종교적 기반을 다루지 않게 되었다. 1924년에는 결혼, 이혼, 상속을 처리하던 종교법원이 폐지되었다. 알코올에 대한 금지령도 공식적으로 철폐되었지만, 실제로 그다지 강요되지는 않았다. 1925년 의회는 전통적인 이슬람 태양력과 일몰부터 시간을 세는 관행을 24시간제와 기독교 연대의 날짜로 대체했다. 이탈리아 법에 기초한 새로운 형법과 스위스 관행에 기초한 민법도 도입되어 남편의 단독 이혼 청구권을 폐지함으로써 여성의 권리를 향상시켰다. 여성은 1934년에야 참정권을 얻었는데, 이는 영국보다 단지 16년 늦은 것이었으며, 프랑스보다는 14년이나 빠른 것이었다! 1928년 터키는 라틴어 알파벳과 터키어 표음철자를 채택하여 아랍어 문자를 없애고 터키인들이 유럽 언어를 더 쉽게 배울 수 있도록 했다. 케말은 또한 터키인들이 사용하는 머리 두건에도 많은 관심을 기울였다. 19세기에 전통적인 터번은 기도할 때 이마가 땅에 닿을 수 있는 페즈로 대체되었지만, 햇빛을 가릴 테두리가 없다는 단점이 있었다. 급진적 근대화주의자인 케말은 터키인들 모든 계층의 사람들에게 공통적인 모자를 써야 한다고 주장했다. 그는 더운 날씨에 여성들이 얼굴을 가리는 불편한 관습을 비난했다. 그는 "그들이 세상에 얼굴을 보여주고 눈으로 보게 하자", "두려워하지 말라"고 주장했다.[18] 베일이 금지되지는 않았지만 권장되지 않았으며, 베일을 사용하던 일부 중산층은 쉽게 그 습관을 포기했다.

 시간이 지남에 따라 케말은 이슬람과 현대 사회의 양립이라는 초기 목표에 대한 흥미를 잃고 혁명적 프랑스의 사례에서 영감을 받아 종합적인 서구화 정책에 더 중점을 두게 되었다. 케말은 엄격한 이슬람교도를 공격할 준비가 되어 있었으며 심지어 전국에 자신의 동상을 세울 정도였다. 정치 시스템은 지방 선거인단 투표를 통해 전국 대표를 선출하는 영국식을 따르지 않았다. 그럼에도 불구하고 케말 자신은 영국에 대한 호의를 주장했고, 새로운 나라는 영국과의 관계를 우호적으로 만들 수 있었다. 가장 큰 문제는 터키가 영유권을 주장한 모술Mosul에 대한 영토 분쟁이었다. 최종적으로 1926년 영국, 터키, 이라크가 참여한 3자 조약에 따라 모술이 이라크에 양도되었는데, 터키는 영국의 지배를 허용하는 것보다 이를 받아들이는 게 더 쉬웠다. 두 세계대전 사이에 지중해에서 영국과 터키의 안보에 대한 이탈리아 파시즘의 위협으로 인해 두 나라 사이의 친선관계는 더욱 견고해졌다. 1936년 심슨 Wallis Simpson과 함께 지중해를 순항하던 에드워드 8세가 이스탄불을 방문하여 케말의 영접을 받으면서 정점에 이르렀다. 그의 행동은 글래드스턴과 로이드 조지와 관련된 영국 내 반터키 전통을 묻어버린 상징적인 것으로 받아들여졌다.

❈ ❈ ❈

한편, 투르크인들은 국가의 지위를 효과적으로 회복했지만, 오스만제국의 붕괴는 팔레스타인, 트랜스요르단, 이집트, 이라크, 이란, 특히 인도의 무슬림과 영국과의 관계에 거의 끝없는 파급 효과와 복잡함을 촉발시켰다. 커즌, 키치너, 인도 국무장관 몬태규Edwin Montagu가 경고했듯이, 영국-터키 분쟁Anglo-Turkish conflict은 술탄을 칼리프이자 메카와 메디나에서 가장 성스러운 곳의 수호자로 여기고 있던 6천만 인도 무슬림의 충성심을 흔들었다. 그들은 중동의 동료 종교인들을 상대로 인도 무슬림 군대를 사용하는 것을 특히 불쾌하다고 생각했다. 총독 하딩지 경Lord Hardinge은 오스만제국의 종말을 성급하게 선언한 애스퀴스Asquith를 비판하는 것이 정치적으로 맞다고 생각했다. 물론 많은 무슬림을 포함한 130만 명의 인도인들이 술탄의 지하드 요청에 별다른 관심을 기울이지 않은 채로, 메소포타미아, 팔레스타인, 시리아 연합군을 위해 싸우겠다고 자원했기 때문에 예상했던 반란은 더디게 진행되었다. 그러나 이집트에서는 일부 무슬림 군대가 터키로 탈영했고 라지는 위태로워 보였다. 한 인도 관리는 다음과 같이 경고했다. "총 한 발 쏘지 않고도 우리의 조직 전체가 카드의 집처럼 무너지게 되도록 영국을 섬기는 것이 불경스럽다는 느낌이 들기만 하면 된다."[19] 1915년 종교적으로 강한 반대를 하고 있던 파탄 군대는 메소포타미아에서 싸울 것이라는 사실을 알았을 때 랑군에서 출정을 거부했고, 1916년 바스라의 무슬림들은 '바그다드와 케르벨라Kerbela의 성지 근처에서 싸우는 데 대한 강한 종교적 양심의 가책'을 이유로 티그리스 강을 따라 진군하는 것을 거부했다. 1919년 영국이 아프가니스탄과 세 번째 전쟁을 치를 때 아미르는 영국에 대한 지하드를 선언했고, 1923년 파트와는 인도 정부를 돕는 것이 선지자를 거역하는 죄라고 선언했다.[20]

이것이 영국과 인도 무슬림의 관계에 전환점이 된 것은 국내의 복잡한 상황으로 인해 더욱 부각되었다. 영국 정책의 반이슬람적 흐름에 대한 무슬림의 민감함은 1914년과 1919년 사이에 거의 두 배로 크게 증가한 토지 수입과 식량 가격 인플레이션같이 전쟁 중 발생한 더 광범위한 문제로 인해 더욱 강조되었다. 그럼에도 불구하고 인도 국민회의는 전쟁에서 영국을 지지했고, 영국이 인도인의 충성심을 당연하게 여기고 있다고 생각한 틸락B. G. Tilak과 애니 베산트Annie Besant의 독립적인 계획 및 홈룰 리그Home Rule Leagues의* 선동 출격을 내버려 두었다. 1916년 러크나우에서 열린 힌두교와 무슬림 지도자 간의 화해로, 힌두교와 무슬림이 영국의 인도 통치에 대항하여 결코 협력하지 않을 것이라는 영국의 가정은 놀랍게도 빗나갔다. 당시 의회와 무슬림 연맹은 공동으로 자치권을 요구했고 의회가 무슬림에 대한 별도의 선거구를 인정하였다. 한편, 간디는 비하르의 참파란Champaran, 구자라트의 카이라Khaira, 아마다바드Ahmadabad에서 물질적 불만에 대한 일련의 지역적 선동을 실험하기 시작했다. 간디는 성공에 고무되어 1919년 로울라트 법안Rowlatt legislation(배심원 없이 비공개 재판을 허용함)과 암리차르 학살Amritsar Massacre**에 항의하는 전국적인 운동을 시작하였다. 전국적으로 고른 지지를 받는 것은 아니었지만 간디는 1919년부터 1920년까지 킬라파트 캠페인Khilafat campaign을 통해 조직을 확장했다. 킬라파트는 인도판 '칼리프 국가'를 뜻한다. 인도 무슬림들은 오스만제국의 보존과 술탄이 메카와 메디나를 계속 지배할 것을 요구했다. 간디는 단식, 파업, 영국산 수입품 불매 운동 등을 통해 힌두교도들에게 킬라파트 운동에 동참할 것을 촉구했고, 1920년 여름에 여러 캠페인을 하나로 통합했다.

이것은 힌두교와 무슬림 두 공동체를 하나로 모으고, 지금까지 잘

---

* 역자 주) 1916년 4월과 9월에 각각 인도의 민족주의자 틸락과 영국의 사회 개혁가이자 인도 독립 지도자인 베산트가 설립한 인도에서 단명했던 두 단체를 가리키며, 영국령 인도 정부로부터 자치권을 획득하기 위한 인도 민족주의자들의 노력을 가리킨다.

** 역자 주) 1919년 4월 롤래트법과 독립운동가 체포에 항의하기 위해 모인 시위대에 인도 영국군이 발포한 사건을 가리킨다.

알려지지 않은 시골 지역의 무슬림들을 참여시켰기 때문에 영국인들에게는 새롭게 나타난 위험으로 여겨졌다. 많은 무슬림이 간디의 비폭력 원칙에 헌신하고자 하지 않았기 때문에 이 관계에는 의심할 여지 없이 긴장이 있었다. 하지만, 이 캠페인을 통해 처음으로 많은 사람이 정치에 참여하게 되었다.[21] 무슬림 지도자들은 힌두교의 지지를 보여줄 수 있다면 영국에 실질적인 압력을 가할 수 있다는 것을 알게 되었다. 또한, 킬라파트는 간디에게 인도 민족주의자들을 통합할 수 있는 지도자로서 중요한 전략적 역할을 부여했고, 그 과정에서 간디는 영국의 전술을 철저하게 약화시켰다. 물론, 1924년 터키가 칼리프국으로 남는 것을 포기하면서 간디의 전략에 대한 신뢰도가 떨어지긴 했지만, 공조의 습관은 정착되었다. 그 후 전간기 동안 1919년과 1935년에 인도인을 체제에 참여시키기 위한 영국의 일련의 개혁 조치가 있었으며, 1920년~1922년에는 비협조, 1932년 이후에는 시민 불복종과 같은 민족주의적 선동으로 인해 이를 보완했다. 그러나 1919년~1920년의 사건들은 생각했던 것처럼 인도가 다양하지 않다는 사실과 의회가 원할 때 선동을 조장하고 필요할 때 선거에서 성공적으로 싸울 수 있는 조직과 신뢰를 갖추고 있다는 것을 보여줌으로써, 영국 권력에 큰 심리적 타격을 주었다. 결과적으로, 힌두교와 무슬림의 형제애에 대한 간디의 열망은 지나치게 낙관적이었지만, 무슬림을 위한 별도의 국가라는 생각이 시작된 후에도 간디는 무슬림의 상당한 지지를 유지했다.

민족주의 캠페인이 대중의 지지를 얻자 영국 관료들은 이에 대항할 수 있는 요소, 특히 왕자들과 무슬림에 대해 점점 더 많은 관심을 기울였다. 이로 인해 터키에 대해 광신적인 반무슬림주의자였던 처칠과 같은 정치인이 친무슬림으로 변신하게 되었다. 직접적인 원인은 그가 힌두교도로 간주한 간디와 의회에 대한 극도의 적대감 때문이었다. 그의 편견은 빅토리아 시대의 분류 체계에 의해 뒷받침되었는데, 이에 따르면 힌두교도와 같이 덜 문명화된 사람들에 비해 이슬람은 유대교-기독교적 기원을 가졌다는 이유로 상대적으로 높은 지위를 누리고 있었다. 그는 1857년 반란이 일어나기 전 영국인들이 그랬던 것처럼, 힌두교와 관련된 사회적 관습을 공격한 마요Katherine Mayo의 현대 작품『어머니 인도Mother India』(1927)로부터 많은 영향을 받았다. 사실 처칠은 1930년대의 인도에 대해 거의 알지 못했고, 1932년~1935년의 자치권 양보를 막으려는 그의 캠페인은 국내 지지 부족으로 완전히 실패했다.

❋   ❋   ❋

영국-터키 분쟁으로 인해 발생한 또 다른 주요 문제는 팔레스타인에서 유대인을 위한 장기적인 정착지에 대한 영국의 새로운 약속과 관련이 있다. 표면적으로는 전시 중의 극적인 전개 같아 보이지만, 그 기원은 19세기 후반 시온주의Zionism 성장에 있었다. 시온주의 사상은 동유럽에 거주하는 유대인들이 겪은 박해, 특히 1881년 일부 유대인이 연루된 차르 알렉산더 2세 암살 사건 이후 더욱 힘을 얻게 되었다. 이 박해로 인해 유대인들이 영국으로 이주했고 그들의 처지에 대한 동정심이 널리 퍼졌다. 1903년『유대인 크로니클Jewish Chronicle』의 편집자 그린버그Leopold Greenberg와 식민지 장관 체임벌린Joseph Chamberlain의 만남을 계기로 유대인을 위한 조국 건설 아이디어가 영국 정치권에 등장했다. 이 원칙을 받아들인 체임벌린은 그들의 국가를 어디에 위치시킬 지에 초점을 맞추었다. 시온주의자들은 시나이 사막과 키프로스를 거론했지만, 체임벌린은 '우간다 제안Uganda Offer'*이라고 불리는 동아프리카를 제안했다. 대표적인 시온주의자 중 한 명인 와이즈만Chaim Weizmann 박사는 1904년 맨체스터 대학으로 자리를 옮기면서 당시 토리당 총리와 맨체스터 하원의원이었던 밸푸어Arthur Balfour와 역시 맨체스터 자유당 하원의원이자 유대인에 호의적이었던 윈스턴 처칠과 접촉하게 되었다. 1890년대 이후 밸푸어는 유대인을 '5세기 그리스인 이후 인류가 본 가장 재능이 뛰어난 인종'이라고 표현하며 유대인을 높이 평가하는 모습을 보였다.[22] 불행히도 밸푸어는 지식인이자 감상주의자였기 때문에 팔레스타인 국가 건설의 현실성을 제대로 파악하지 못했다. 이와는 대조적으로, 팔레스타인에 대해 잘 알고 있던 거트루드 벨은 "시온주의가 사실과 전혀 무관한 완전히 인위적인 계획"이라고 주장했다.[23] 당시 영국의 주요 유대인들 대부분은 유대인이 국가가 아닌 종교를 대표한다고 믿었고 시오니즘에 대체로 반대했다.

밸푸어와 시온주의 운동 사이의 유명한 연관성에도 불구하고, 유대인 조국 건설에 대한 지원 대부분은 자유당으로부터 나왔다. 에드워드 시대 자유당 정부에는 아이작스Rufus Isaacs, 사무엘Herbert Samuel, 몬태규 등 세 명의 유대인 장관이 있었다. 전쟁 중 이 아이디어를 외무장관 그레이와 『맨체스터 가디언』의 스콧C. P. Scott에게 제안한 사람은 사무엘이었다.[24] 와이즈만과 다른 사람들은 오스만제국의 붕괴에 이어 팔레스타인이 영국의 속국이 되면 수에즈 운하를 지키기 위해 유대인 이민을 촉진할 수 있다는 주장을 펼쳤다. 이것이 1915년 사무엘이 내각에서 채

---

* 역자 주) 우간다 제안 또는 우간다 계획(Uganda Scheme) – 영국 식민청 장관 조셉 체임벌린이 영국 동아프리카 일부 지역에 유대인 조국을 건설하자고 했던 제안이다.

택한 노선이었다. 그것은 팔레스타인이 다른 강대국의 지배하에 놓이는 것을 허용할 수 없다는 것이었다. 이러한 방법으로 시온주의는 이제 영국의 이익으로 제시되었다. 1916년, 와이즈만은 군수품 생산을 촉진하는 역할로 인해 정부로부터 더 많은 인정을 받게 되었다. 많은 유대인이 전투에 자원했고, 1917년에는 왕립 보병대 5개 대대가 '유대인 군단Jewish Legion'으로 알려진 별개의 부대로 편성되었다. 그들은 언론의 찬사를 받으며 팔레스타인에서 투르크군과 싸우기 위해 진군했다.[25] 1916년 12월 로이드 조지가 총리가 되고 밸푸어가 외무장관이 되자 와이즈만은 가장 영향력 있는 인물들과 접촉할 수 있었고, 두 시온주의자 옴스비-고어William Ormsby-Gore와 사익스 경Sir Mark Sykes이 로이드 조지의 정치 비서로서 새로운 역할을 맡게 되면서 더욱 힘을 얻게 되었다.

1917년 영국군의 팔레스타인 진격이 임박했을 무렵, 유대인의 장래 역할은 더욱 커졌다. 기본적으로 시온주의자들은 유대인의 정착을 허용할 목적으로 팔레스타인에 대한 영국의 보호령을 원했다. 그러나 유대인 조국 건설에 대한 아이디어가 내각에서 논의되었을 때, 몬태규는 그것이 영국에 있는 유대인의 지위를 약화시키고 동등한 권리를 누리지 못하는 국가에서 유대인들이 불이익을 받을 것이라고 주장하며 강력하게 반대했다.[26] 그는 시온주의가 유대인들 사이에 강하게 뿌리내린 것이 아니라 본질적으로 러시아에서의 박해의 산물이라는 점을 지적했다. 인도 내 무슬림들의 적대적인 반응을 의식한 커즌은 영국이 팔레스타인에 이미 거주하고 있는 무슬림 인구를 어떻게 제거할 것인지 물었다.

나는 1,200년 전에 끝난 팔레스타인 지역에 대한 유대인의 관계가 그들에게 어떠한 권리도 부여하지 못한다고 생각한다. 이 원칙에 따라 우리는 프랑스에 대해 더 강력한 권리를 갖고 있다.

결국, 1916년 10월 회의에서 내각은 아이디어를 수정하여 유대인을 위한 조국(국가가 아닌)을 약속하고, "팔레스타인에 존재하는 비유대인 공동체의 시민적, 종교적 권리를 침해할 수 있는 어떠한 행위도 해서는 안 된다"고 주장하였다. 밸푸어조차도 이것이 유대인 국가의 초기 창건을 의미하지는 않는다고 인정했다.[27]

비록 그가 원했던 만큼은 아니었지만, 영국의 보호령에 대한 전망을 생각하면, 와이즈만에게 밸푸어 선언은 충분한 것이었다. 이제 (팔레스타인에서 프랑스를 지지했던) 러시아가 전쟁에서 물러났기 때문에 영국은 자신의 길을 가기가 더 쉬워졌다. 그러나 영국이 무엇을 할지는 확실하지 않았다. 팔레스타인 아랍인들의 광범위한 불안으로 인해 팔레스타인에 있던 많은 영국 관리들은 이 선언이 심각한 실수였다고 결론지었다. 이후 이 선언이 팔레스타인 아랍인들에게 가해진 불의를 가중시키고, 중동에서 수십 년간의 분쟁과 불행을 촉발했다는 인식이 확산하면서 그들의 견해는 확증되었다. 이는 영국 정부가 내린 외교정책에 관한 성명 중 가장 신중하지 못한 것 중 하나로 꼽힌다.

그러나 이러한 우려에도 불구하고 와이즈만은 독일이 시온주의자들을 분주히 양성하고 있다고 경고하며 장관들에게 경각심을 심어주기 위해 최선을 다했다. 1920년 산레모 회담 San Remo Conference*에서 영

---

*   역자 주) 1920년 4월 오스만제국의 영토 확정을 위해 소집된 회의이다. 이탈리아 산레모 데바찬 성에서 열린 제1차 세계대전 연합군 최고위원회의 국제회의이자 파리 평화회의의 부산물이었다. 이후 8월 세브르 조약에서 체결된 투르크와의 평화조약의 최종안이 승인되었다.

국이 대규모 유대인 이민을 장려한다는 조건으로 영국의 위임통치를 확정하였다. 많은 정치인 사이에서 팔레스타인인에 대한 편견이 비합리적인 것처럼 보이지만, 이는 인종 계층에 대한 빅토리아 시대의 관념이 살아남은 것을 반영하고 있었다. 그리고 '진짜 아랍인'의 우월한 그룹은 블런트Wilfrid Blunt, 로렌스T. E. Lawrence 같은 영국인들이 사랑했던 사막 지역의 베두인족이었다. 이들은 정치인들이 동정이나 배려를 거의 보이지 않았던 폄하되고 열등한 팔레스타인 아랍인들과는 구별되었다. 그들은 유대인의 기업이 팔레스타인 사람들에게 더 큰 번영을 가져다 줄 것이라고 믿었다.

허버트 사무엘은 팔레스타인 주재 영국 고등판무관으로 임명되었지만, 1921년 영국은 유대인 정부가 비유대인을 통치하는 것을 허용하지 않겠다고 선언하여 시온주의자들을 실망시키기 시작했다. 그는 또한 이민을 경제적으로 가능한 범위로 제한해야 한다고 주장했다. 이러한 상황에서 와이즈만이 직접 정부를 찾아가 로이드 조지, 밸푸어, 처칠을 설득하여 밸푸어 선언*을 재확인한 것은 와이즈만의 영향력을 보여주는 신호였다. 영국은 아랍인이 소수 민족에 이어 두 번째 자리를 차지해야 하고, 특별한 이유로 유대인 이민자들은 그 수에 비례하는 것 이상의 지위를 차지할 것이라는 가정을 통치의 근거로 삼았다.[28] 어쨌든 영국은 오스만제국 시대에 그랬던 것처럼 두 공동체가

---

* 역자 주) 여기서는 1917년 선언을 가리키는 것으로 영국 정부의 외교정책 방향을 제시한 문서이다. 로스차일드 경(Lord Rothschild)에게 밸푸어가 보낸 서한으로 영국 정부가 유대인을 위한 조국을 수립하는 것을 지지하면서 팔레스타인 거주 비유대인의 정치 권리나 정치적 상황이 유대인의 권리를 침해할 수 없다는 것을 골자로 한다. 이는 1915년 맥마흔이 '후세인-맥마흔 서한'을 통해 전후 아랍인 독립국가건설 지지를 약속한 것을 배반하는 것이었다.

우호적으로 함께 살 수 있다고 믿었다. 이 모든 것이 절망적일 정도로 순진해 보이시만, 이 단계에서는 유대인들이 매력적이지 않은 지역으로 얼마나 이주할지, 아랍인들의 자결 욕구가 얼마나 클지 아무도 예견하지 못했다. 대체로 팔레스타인 주재 영국 대표들은 아랍인 다수에 동정을 표했지만 보통 런던의 친시온주의자들에 의해 봉쇄되었다. 밸푸어는 아랍인들의 시위를 "내가 아일랜드에서 겪은 일에 비하면 아무것도 아니다"라며 어리석게도 무시했다.[29]

1922년 팔레스타인에는 약 60만 명의 무슬림, 8만 3천 명의 유대인, 7만 천 명의 아랍 기독교인이 있었다. 유대인 수는 1925년까지 10만 8천 명으로 증가했지만, 이것이 정점이었다. 1927년에는 경제 대공황으로 인해 유입자보다 두 배나 더 많은 유대인이 팔레스타인을 떠났다. 사무엘은 유대인들이 승리를 거두고 아랍인들이 시위를 조직하기 시작한 상황에서 공정성을 유지하려고 노력했다. 그러나 1936년 아랍인은 98만 3,000명, 유대인은 38만 2,000명으로 늘어났다 (나치 독일에서의 박해로 인하여 1933년부터 1936년에 걸쳐 17만 명이 증가했다). 그들은 팔레스타인 원주민 중 부유한 사람들로부터 비옥한 농지를 꾸준히 사들였다. 아랍 공동체는 선거에 참여하거나 사무엘이 제안한 자문위원회에 참여하는 것을 거부했다. 이는 관료들에게 책임을 떠넘기고 지역 사회 발전을 저해하는 현명하지 못한 행동이었을 수 있었다.

1936년 영국은 2만 5천 명의 병력을 보유하고 있었음에도 불구하고 팔레스타인의 상황을 통제하지 못했다. 그들은 총파업, 군대에 대한 공격, 도로 차단, 전화선 절단 등의 상황에 직면했다. 영국은 아랍의 반란을 민간인에 의한 내부 반란으로 간주하여 대응했다. 이것은 국제법이 적용되지 않는 것을 의미했기 때문에 탄약을 소지한 사람에게 사형선고를 내릴 수 있었다. 이후 재산과 가축을 파괴하고, 반란을 일으키지 않은 마을에서도 민간인을 총살하고 총검으로 살해했으며, 영국 공군이 마을에 기관총과 소이탄을 사용하고 포로를 고문하는 등 잔혹한 진압이 이어졌다.[30] 런던 정부는 필 경Lord Peel 산하에 왕실위원회를 설치하여 [이에] 대응했지만 아랍인들은 이를 거부했다. 영국의 약속과 아랍인들의 항의 사이에서 운신의 폭이 거의 없었던 위원회는 팔레스타인 분할을 선택했다. 이 안을 아랍인들이 거부하자 그 결과로 영국군은 테러로 돌아선 아랍인들을 잔인하게 진압했고, 1938년 팔레스타인은 사실상 통치불능의 상태에 빠지게 되었다. 당국은 반란을 진압하기 위해 아랍인 주동자들을 교수형에 처하고 다른 사람들은 강제수용소에 가두었으며 폭격기 사령부 4개 중대를 동원하여 공격했다. 절망에 빠진 영국은 또 다른 위원회를 임명했고, 이 위원회는 유대인 영토의 아랍인 인구를 38%로 줄임으로써 필의 보고서를 수정했다.

이 모든 것이 장기적으로 해로운 결과를 가져왔다. 1930년대 후반 정부는 분할 정책에서 완전히 물러나 1939년 백서에서 마다가스카르, 탕가니카Tanganyika, 영국령 기아나를 포함한 다양한 지역에 유대인 조국을 건설하는 방안을 고려할 정도였다. 유대인의 이민과 토지 매입은 5년 동안 엄격하게 제한되었다. 사실상 영국은 밸푸어 선언과 거리를 두기 시작했고, 영국의 당국으로부터 시온주의자들을 멀리하기 시작했다. 한편, 무슬림형제단Muslim Brotherhood은* 1940년대에 팔레스타인에 지부를 결성하기 시작했다. 이 위임통치의 결과로 영국은 팔레스

---

* 역자 주) 1929년에 조직되어 제2차 세계대전 후 이집트에서 큰 세력을 가진 이슬람교적인 사회개혁을 지향한 정치결사체이다.

타인에게, 보다 일반적으로는 무슬림 운동의 적으로 간주되었다. 전쟁 후 이집트와 요르단의 정권은 비록 아랍 민족주의자이지만 반대 세력을 탄압하는 데 도움을 주었고, 이로 인해 1970년대에는 팔레스타인 해방기구Palestine Liberation Organisation(PLO), 1980년대에는 하마스Hamas라는 새로운 이슬람주의 운동이 등장했다.

❋   ❋   ❋

영국은 이라크에서 방위비 절감을 위해 철수를 갈망했기 때문에 정반대의 길을 추구했다. 이를 위해 처칠은 공군을 동원하여 반군 쿠르드족 마을을 폭격하여 굴복시켰는데, 랜스베리George Lansbury 하원의원은 이 전술이 비무장 주민을 상대로 한 훈족의 야만적 전쟁 방식이라고 비난했다. 그 결과, 1922년과 1924년에 파이살 국왕의 정부로 권력 이양을 가속화하기로 합의가 이루어졌다. 1924년에 선거가 실시되었지만, 간접선거 방식으로 진행되었고 당국은 승인된 후보에 대해 반대 없는 복귀를 보장했다. 유일한 논란은 모술 지역을 둘러싼 터키와의 분쟁이었지만, 1925년 국제연맹 위원회League of Nations commission가 이 지역을 이라크에 넘기면서 해결되었다. 공교롭게도 1925년 모술 주변 석유 개발권이 영국, 미국, 네덜란드, 프랑스 기업들에게 부여되었고, 소유권은 아니지만 로열티의 일부가 이라크에 돌아갔다. 그러나 이라크는 아직 독립 국가가 아니었다. 1932년이 되어서야 영국 정부는 통치를 종료하고 이라크의 국제연맹 가입을 추진하기로 합의했다. 그럼에도 불구하고 영국은 그 후에도 석유 이권과 군사 기지를 계속 유지했다. 1932년부터 이라크는 독립했지만, 영국인 고문이 포함된 친영 정부를 구성했다. 파이살 왕은 영국과의 협정에 대해 불만을 품고 있었는데, 그 이유는 그가 항상 열망하던 아랍 국가들의 통일을 막았기 때문이었다. 이라크는 수니파, 시아파, 쿠르드족으로 분열된 불안정한 국가로 남아 있었고, 결과적으로 시아파의 반란으로 인해 군대가 정기적으로 개입하여 독재 정권이 탄생하였다. 1936년 최초의 군부 쿠데타로 군주제는 유지되었지만 헌법에 의한 통치는 대체로 종말을 맞이했다.

❋ ❋ ❋

팔레스타인에서 아랍인들 사이에 반란이 일어나자 영국은 이라크와 이집트 모두에서 반감이 높아졌고, 철수가 가속화되었다. 터키가 전쟁에 참전하자 영국은 케디브 통치*를 종료했다. 고등판무관 맥마흔은 이집트를 보호령으로 선포하고 계엄령 선포에 이어 언론을 검열했다. 그러나 이집트가 이제 영제국의 일부인지 여부는 여전히 불확실했다. 이집트는 거대한 전쟁 캠프가 되었고, 주둔 군대의 12%가 성병으로 인해 상시적으로 전투 불가능 상태로 있었다. 영국은 다르다넬스 해협과 메소포타미아에서 작전을 수행하기 위한 기지로 이집트를 사용했으며, 이는 이미 수에즈 운하 때문에 이집트에 부여된 중요성을 더 강화시켰다. 전쟁 초기 2년 동안 대규모 영국군이 이집트를 방어하는 데 집중되었다.

그러나 군사력 증강은 이집트 민족주의의 성장으로 인한 문제를 완

---

* 역자 주) 여기서는 터키의 이집트 파견 총독(1867~1914)을 통한 통치를 가리킨다.

화하는 데 아무런 도움이 되지 않았고, 실제로 이집트인들은 협의 없이 칼리프와의 분쟁에 끌려가는 것에 대해 당연히 적대감을 가졌다. 농민들은 전시 중 가축의 강제 수탈, 강제 노동의 재도입, 전시 인플레이션 혜택을 박탈한 면화 가격에 대한 정부의 통제에 분개했다. 그 결과 1918년 이집트인들은 새로운 민족주의 정당을 창당했고, 지도자 자글룰Saad Zaghloul은 영국-프랑스 사이의 아랍 자결주의 약속에 따라 영국에 자치권을 요구했다. 이집트의 요구를 전달하기 위해 런던에 갈 수 있게 해달라는 그의 요청이 거절되자, 이집트 장관들은 사임해야 할 의무를 느꼈다. 1919년 자글룰과 그의 동료들은 선동 혐의로 기소되어 몰타로 추방되었으며, 이는 유럽인에 대한 광범위한 폭동과 공격을 촉발시켰다. 당국은 공개 집회를 포함한 반란의 조짐을 보이는 어떠한 징후에도 장갑차 및 비행기를 투입하는 등, 강력한 대응을 펼쳤다. 로이드 조지는 통제권을 유지하기 위해 앨런비Allenby 장군을 새 고등판무관으로 파견했지만, 그가 현명하게도 민족주의 지도자들을 석방하자 깜짝 놀랐다. 그러나 이러한 조치는 민족주의자들이 영국의 즉각적인 철수를 요구하도록 부추긴 반면, 반란을 막는 데에는 아무런 도움이 되지 않았다. 밀너 경Lord Milner 산하 조사위원회가 이집트가 독립 입헌 군주국이 되어야 한다고 권고하자 당국은 충격을 받았다. 영국은 조금씩 도덕적 우위를 상실하고 있으며 이집트가 더 이상 강압으로 통제될 수 없다는 사실을 인식하게 되었다. 앨런비, 밀너, 커즌 모두 같은 결론에 도달했다. 그러나 많은 관료가 여전히 영국이 너무 많은 것을 양보했다고 믿었고 장관들은 운하에 대한 통제권을 잃을지도 모른다는 두려움에 억눌렸다.

1920년 이집트의 불안과 앨런비의 압력이 결합되면서 영국은 밀너 경이 주도하는 자치권 협상에 나설 수밖에 없었다. 이는 밀너 경이 '본래의 무능과 부패'라고 불렀던 것을 고려할 때, 실제보다 더 분명하게 의도된 것이었다. 그 후 영국은 보호령을 종료하고 1917년 영국이 옹립한 파우드 국왕King Faud의 명목상 통제하에 1922년 일방적으로 독립을 인정했다. 그러나 이 양보는 영국이 외교 및 군사 문제에 대한 통제권을 유지하고 1936년까지 영국 고등판무관이 상주하는 것을 조건으로 이루어진 것이었다. 다시 자글룰은 이번에는 세이셸Seychelles로 추방되었다. 1923년 헌법은 이집트에 보통 선거권과 선출직 상원 및 하원을 부여했지만, 입헌 군주가 되는 것을 몹시 싫어했던 파우드는 장관들을 해임하고 의회를 해산하면서 일부 상원의원을 임명할 수 있는 권한을 누렸다. 1924년 와프드 당the Wafdists이 과반수를 차지하면서 자글룰이 총리가 되었지만, 파우드와 그의 아들 파루크Farouk는 지속적으로 그들 없이 통치하려고 시도했다. 자굴를은 완전한 독립, 영국군의 철수, 영국에 의한 운하 지배 종료를 계속 요구했다.

이집트는 입헌 체제, 제국의 존재, 그리고 독재적 통치를 원하는 왕, 이들 사이의 삼자 분열에 시달렸다. 1936년에 새로운 조약이 체결되었지만, 영국은 여전히 이집트에 1만 명의 병사를 유지하고 있었고, 그들을 운하 지대와 시나이 반도로 철수시키는 정도였다. 영국은 또한 전쟁 발발시 이집트의 모든 항구, 공항 및 도로 사용 권리를 보유했다. 이에 따라 이집트는 처음으로 자국의 군대, 첩보기관, 대사관을 통제할 수 있게 되었다. 그러나 이것은 변하지 않은 사고방식의 표시였다. 새로운 왕 파루크가 1936년 이탈리아와의 대화를 시작하자, 그의 궁전은 즉시 영국 탱크들에 의해 포위되었고, 그는 영국과 협력하거나 그렇지 않으면 퇴위하라는 압박을 받았다. 당연히 하산 알-반나Hassan al-Banna에 의해 1928년에 창설된 무슬림형제단은 1936년 협약*이 이집트의 진정한 독립을 부정하는 것이라고 비난하였다.

❈ ❈ ❈

영국은 페르시아에 대한 위임 통치권을 갖고 있지 않았지만, 러시아 및 앵글로-페르시아 석유 회사와의 계약을 통해 페르시아를 제국주의 체제로 끌어들였다. 러시아 혁명은 영국의 통제를 덜 복잡하게 만들었지만 그 효과는 일시적이었다. 1930년대 후반 이 지역은 영국 석유 필요량의 22%만 공급했지만, 향후 증가할 것으로 예상되었으며, 미국과 프랑스 기업이 이 분야에 진출하면서 영국 정부는 우려하기 시작했다. 영국 해군은 당시 미국 해군을 제외한 다른 어떤 해군보다 석유에 대한 의존도가 높았기 때문에 당국은 새로운 이권을 방어하려고 했다. 커즌은 위임통치가 없는 상황에서 군대를 유지하고 페르시아 정부에 영향을 미침으로써 통제권을 유지해야 한다고 주장했다. 페르시아 주재 영국인 퍼시 콕스 경Sir Percy Cox은 1919년 영국-페르시아 조약Anglo-Persian treaty**을 협상하여 페르시아의 독립을 선언했다. 하지만, 실제로는 차관, 군수품, 정치 고문, 육군 장교들을 통해 영국에 종속되어 있었다.

---

* 역자 주) 1936년 8월 조인한 영국-이집트 조약(Anglo-Egyptian Treaty)을 가리킨다. 54년간의 영국의 이집트 점령을 종결시킨 조약이다.

** 역자 주) 1919년 8월 영국 외무장관 커즌 경이 영제국과 페르시아를 포함하고 있는 영-페르시아 석유회사 시추권, 곧 이란의 모든 유전에 대한 영국의 접근을 보장하는 내용을 페르시아 정부에 요구한 협정이다. 이란 의회에서 비준되지 못했다.

그러나 이 무렵 영국군은 매우 인기가 없었고 현지 사령관인 아이언사이드Ironside 장군은 철수가 최선의 정책이라고 믿었다. 따라서 그는 레자 칸 대령에게 그가 인수를 해도 저항하지 않을 것임을 이해시켰다. 그 결과 1921년 2월 레자 칸은 코사크 군대와 함께 테헤란에 입성하여 육군 사령관으로 임명된 후 총리로 취임했다. 1941년까지 지속된 레자 칸의 통치는 어떤 면에서는 현대화, 세속화 정책을 추진했다는 점에서 아타튀르크의 통치와 유사했다. 그는 1926년 자신을 샤로 만드는 데 동의한 마즐리스를 다시 소집했다. 그는 울레마와 샤리아 법정의 역할을 축소하고 베일 착용을 불법화했으며 남성에게 모자를 포함한 유럽식 복장을 착용하도록 했다. 1935년에는 국가명으로 이란이라는 전통적인 이름을 부활시켰다. 그러나 이 모든 것이 앵글로-이란 석유 회사Anglo-Iranian Oil Company의 힘을 약화시키지는 못했다. 1933년 레자는 정부에 지불하는 로열티를 16%에서 20%로 인상하는 협상에 성공했지만, 1961년부터 1993년까지 양허를 연장해야 했다. 레자는 영국의 영향력에 대응하는 가장 최선의 방법이 독일과의 관계를 구축하는 것이라고 생각했다. 그 결과 독일은 이란의 최대 무역 파트너가 되었으며, 이는 제2차 세계대전과 그 이후 이란이 영국으로부터 이탈하는 불길한 징조가 되었다.

❋   ❋   ❋

제1차 세계대전으로 인해 영국이 처한 딜레마에서 벗어나려는 시도의 결과로, 전간기 영국과 이슬람의 관계가 새로운 깊이에 도달한 것이 분명해졌다. 논란 속에서 유일하게 긍정적인 측면은 터키의 후원자가 되려는 전통적인 시도를 포기함으로써 터키와의 관계 악화가 상당 부분 해소되었다는 점이었다. 로이드 조지와 (간헐적으로) 처칠이 반터키 표현들을 부활시켰음에도 불구하고 터키는 볼셰비키 러시아에 대항하는 유용한 완충 장치로 부상하는 등, 마침내 안정된 기반을 마련했다. 그러나 오스만제국 해체 이후 영국이 중동 문제에 개입하고 아랍인들의 기대를 저버리면서 새로운 문제들이 속출했다. 영국은 종종 안정성이 떨어지고 필요한 자원이 부족한 일련의 약한 아랍 국가들을 만들었다. 이라크는 세 개의 공동체로 구성되어 불안정한 국가였다. 쿠르드족의 열망은 좌절되었다. 아라비아는 샤리프 후세인의 통제를 거의 받지 못했다. 이집트는 영제국주의와의 투쟁을 계속했으며, 팔레스타인은 밸푸어 선언으로 불안정해졌다. 무슬림에 대한 영국의 정책은 일관성이 전혀 없었다. 인도에서는 무슬림의 민족주의를 장려했지만, 이집트에서는 이를 억압하려 했고, 터키에서는 대부분 인식하지 못했다. 그러나 제국주의 전략과 수에즈 운하의 필요성 때문에 간섭하는 습관이 깊게 뿌리박혀 있었고, 이는 석유의 중요성 때문에 더욱 강조되었다. 그 결과는 그 후 수십 년 동안 영향을 미쳤다.

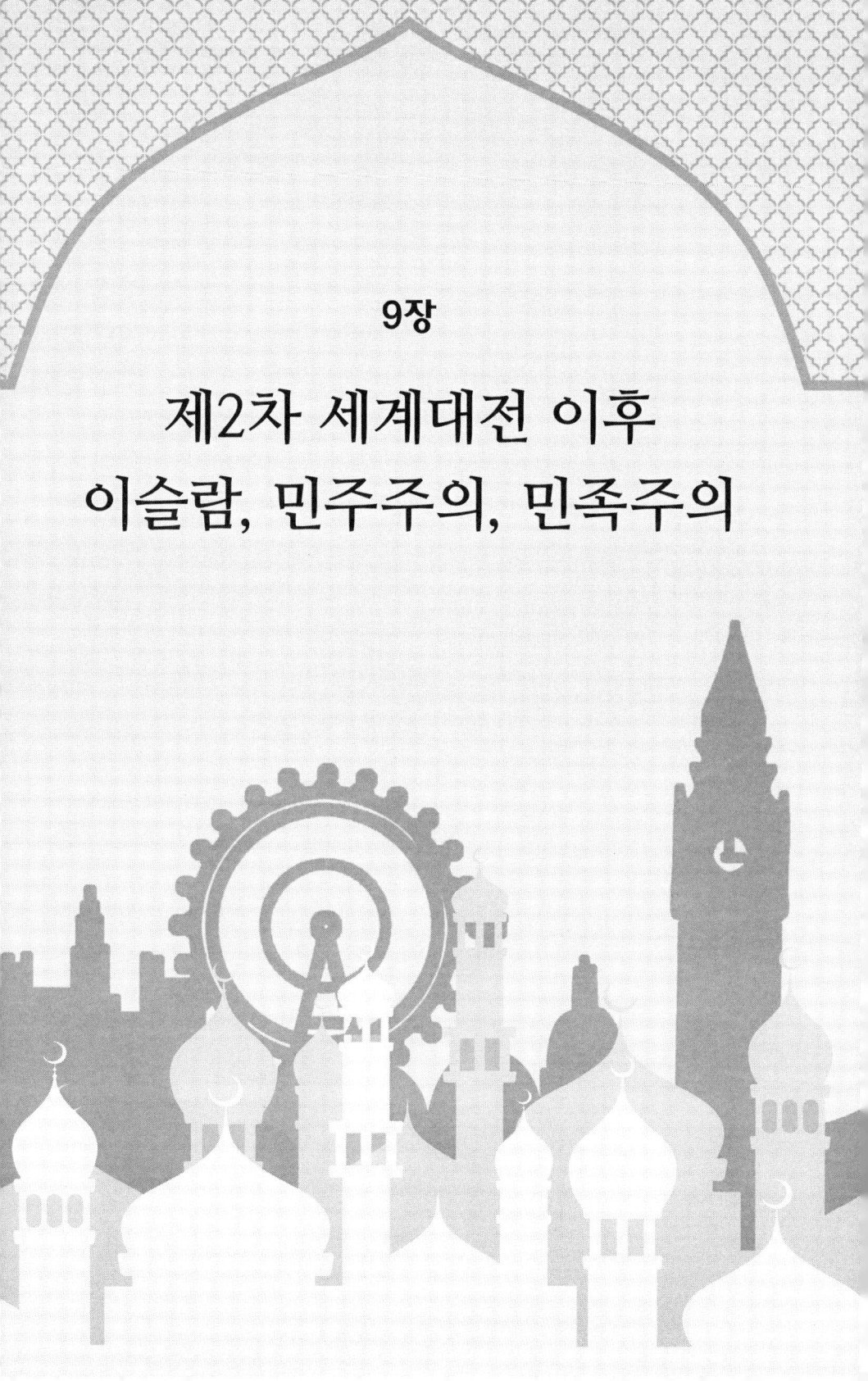

9장

제2차 세계대전 이후 이슬람, 민주주의, 민족주의

"이슬람 또는 적어도 이슬람의 근본주의 버전에는 무슬림 사회를 특히 근대화에 저항하게 만드는 무언가가 있는 것 같다."[1] 2001년 후쿠야마Francis Fukuyama가 한 이 말은 당시 미국인의 전형적인 편견을 반영한 것이지만, 과연 경험적으로나 역사적으로 타당한 것으로 볼 수 있을까? 제2차 세계대전이 발발하기 훨씬 전부터 많은 무슬림 사회는 서유럽의 폐쇄주의에 맞서 근대화된 세속적 의회 국가로의 전환을 시작했으며, 때로는 서유럽의 방해에 맞서기도 했다. 예를 들어, 터키, 이집트, 이란에서는 영국에 의해 개혁 과정이 촉진되기는커녕 대부분 저지되었고, 몇몇 국가에서는 서유럽 제국주의의 영향력에 의해 더 이상의 진전에 대해서는 위협을 받았다. 따라서 이슬람이 민주주의 발전과 어느 정도까지 양립할 수 있는지 평가하는 것은 복잡해졌고, 서구 논평가들의 광범위한 관찰은 그 가치가 모호해졌다. 이미 여러 국가에서 선거 제도가 등장했지만, 이슬람 사회에서는 종교가 민주주의 발전에 부정적인 역할을 한다는 공통의 가정이 존재하며, 실제로 일부 관찰자들은 '이슬람 예외주의', 즉 무슬림이 자유 민주주의와 세속주의에 대해 독특하게 저항한다는 견해를 옹호하고 있다.[2] 이 주장에 따르면, 서유럽 정권이 떠난 후 남겨진 민주주의 제도는 터키를 제외한 모든 곳에서 살아남지 못하고 독재와 일당제 국가로 대체되었다. 특히 이슬람주의자들은 민주주의를 지지한다고 여겨지지만, 이후에는 전복적이고 비종교적인 것으로 간주되는 민주주의 반대파를 억압하는 경향이 나타난다.[3]

부정적인 견해의 또 다른 명백한 한계는 지중해 주변의 몇몇 무슬림 국가에 초점을 맞추고, 인도와 같이 무슬림이 대다수가 아닌 국가는 물론 인도네시아와 같은 극동지역의 국가를 무시한다는 점이다. 이 두 국가는 어느 쪽도 기존의 가정과 일치하지 않는다. 뿐만 아니라 부정적인 견해는 미국과 영국이 무슬림 독재 정권과 협력하고 좌파 또는 반서방 정부를 선택할 때 민주주의를 약화시키고 전복시킨 전력이 있기 때문에, 동양 사회가 서유럽 의회 민주주의 모델을 의심스럽게 생각하는 충분한 근거가 있다는 사실을 간과하는 경향이 있다. 이는 1945년 이후 이란과 같은 국가에서 잘 알려진 악명 높은 사례이다.

더욱이 이슬람에 대한 비판자들은 편협한 영미의 관점에서 이 문제를 바라보면서 서유럽 모델에 대한 아시아의 비판이 존재한다는 사실을 인식하지 못하고 있다. 무슬림이 아니었던 마하트마 간디의 관점에서 서유럽 사회는 군국주의의 영향을 너무 많이 받고 물질주의가 지나치게 지배적인 중대한 결함을 안고 있는 것으로 보였다. 간디는 영국 생활의 여러 측면을 높이 평가했지만, 과도한 중앙집권화와 권력 계층화를 초래할 수 있다고 생각하여 전통적인 영국식 선거에 참여하는 것을 거부하였다. 물론, 최근 몇 년 동안 서구의 페미니스트들이 강력히 지지한 이 비판에는 별 이상한 점이 없다. 그러한 관점은 학문적 비판을 포함한 이슬람에 대한 서유럽 사회의 전통적인 비판이 매우 편협하고 종종 피상적이라는 것을 상기시켜 준다.

❄ ❄ ❄

단기적으로 제2차 세계대전은 영국 군대가 오랫동안 예상했던 악몽을 위험한 현실로 만들었다. 영국의 딜레마 ― 광범위한 임무를 수행하기에 너무 적은 영국의 자원 ― 는 1890년대부터 분명해졌지만, 1914년 이전에 자유당 정부는 전략적 문제를 진단하고 해군과 군대를 재배치했으며 전쟁 초기 몇 주 동안 독일의 파리 점령을 막기 위한 실행 가능한 계획을 고안하고 있었다. 그러나 1920년대와 1930년대에 걸쳐 영국은 미국이 결국 개입해 줄 것이라는 희망과 허세에 더 많이 의존했다. 영국은 일본과의 동맹을 포기하고 극동과 인도를 침략에 취약하게 만들었다. 1935년 아비시니아 위기Abyssinian crisis*에서 보여준 행동에서 알 수 있듯이, 제독들은 지중해에서 이탈리아를 두려워했다. 그들은 대륙을 위한 원정군을 양성하는 데 실패했고, 취약한 도시와 공장이 폭격으로 대규모 공격을 받을 것이라는 가능성에 직면했다. 다행히도 히틀러는 영국 침공을 우선순위로 생각하지 않았고, 영국이 전투기 부분에서 독일을 압도하기 시작하자 적의 상륙 가능성은 점점 희박해졌다.

그러나 연합군이 제2차 세계대전 기간 (이탈리아 침공 대신) 서부 전선의 개전 여부와 시기, 그리고 러시아가 동부전선에서 독일군의 공세를 감당하도록 얼마나 오래 방치할 것인지 논의하는 데 많은 시간을 보

---

* 역자 주) 왈왈(Walwal) 사건으로 알려진 왈왈 마을을 둘러싼 국제분쟁을 가리킨다. 이탈리아와 에티오피아제국 영토에 대해 국제연맹에서 반이탈리아 판결 및 경제제재를 가하면서 일어났다. 이탈리아가 판결의 제재를 무시하고 연맹을 탈퇴함과 동시에 영-프와 특별 거래를 체결하였다. 이후 2차 이탈리아-에티오피아 전쟁에서 승리한 이탈리아가 아비시니아를 합병함으로써 연맹의 신용을 떨어뜨리게 된 사건이다.

내는 동안 비유럽 세계는 자유를 쟁취해 가고 있었다. 영국은 자메이카와 골드코스트에서 민주 선거를 확대하고 몰타와 실론에 독립을 약속했다. 또 수에즈 운하의 통제권을 유지하기 위해 이집트에 군대를 배치했다. 극동지역에서 일본은 1942년~1945년 필리핀, 뉴기니, 네덜란드령 동인도 제도(보르네오, 사라왁, 셀레베스, 수마트라, 자바), 프랑스령 인도차이나(베트남, 라오스, 캄보디아), 버마(미얀마)를 휩쓸면서 반유럽 민족주의를 악용했다. 1949년 자바와 수마트라가 세계 최대 무슬림 국가인 인도네시아로 독립하게 되었을 때, 무슬림에게 일본의 점령은 큰 영향을 미쳤다. 무슬림을 포함해 250만 명의 인도인이 영국 편에서 싸웠지만 1942년 싱가포르, 홍콩, 말라야, 버마가 함락되면서 제국은 영국의 손아귀에서 거의 빠져나갔다. 19세기 내내 북서쪽 국경을 넘어 인도의 침략을 걱정했지만 실현되지는 않았고, 영국은 버마가 인도의 북동쪽으로 진출할 가능성에 직면하게 되었다. 한때 군사적 자산이었던 인도는 막대한 군사적 골칫거리가 되었다. 게다가 싱가포르와 유럽에서 영국이 당한 굴욕은 인도와 다른 많은 식민지 사람들의 눈에는 영국의 위태로운 지배가 기대고 있던 명성을 심각하게 훼손시켰다.

　이러한 좌절의 영향은 관리들의 무능으로 인해 더욱 악화되었다. 평범한 총독이었던 린리스고우 경Lord Linlithgow은 아무런 협의 없이 인도가 독일과 전쟁 상태에 있다고 선언했다. 의회 지도자들은 파시즘 타도의 필요성을 전적으로 지지하고 있었고, 당시 의회가 대부분의 지방을 통치하고 있었기 때문에, 이는 체제에 협조하고 있던 사람들을 불쾌하게 만드는 린리스고우의 실책이었다. 그는 또한 민족주의자들에게 다시 갈등을 조장하게 하는 좋은 구실을 제공했다. 일본군에 포로로 잡힌 수천 명의 인도군이 영국을 대항해 싸우고 조국의 자유를 쟁취하기 위해 훈련받고 있었기 때문에 영국은 협력을 유지하기 위해 의회에 매우 매력적인 제안을 해야 했다. 그러나 1942년 변화된 상황의 인정을 주저하던 처칠은 크립스Stafford Cripps를 보내 전후 독립을 제안하면서 인도를 여러 개의 새로운 국가로 분할할 수 있다는 조건을 제시했다. 간디는 이 제안을 '파산한 은행의 만기일이 지난 수표'라고 일축하고 '인도를 떠나라'는 캠페인을 시작했다. 그 결과 영국은 남은 전쟁 기간 지속적으로 통제력을 잃어갔다. 벵골에서 발생한 대규모 기근은 그나마 남아있던 신뢰마저 무너뜨렸다. 산업 파업, 군대의 반란, 경찰의 사기 저하, 힌두교도와 무슬림 간의 폭동은 독립을 인정할 조건에 대한 엄밀한 계획은 없었지만 이제 최종 국면이 진행되고 있음을 보여주었다.

❊　❊　❊

1945년 이후 인도는 이슬람과 민주주의가 양립할 수 없다는 가정에 대한 수정안을 제시했다. 힌두교가 대다수임에도 불구하고 (2000년 기준 1억 5,000만 명의 무슬림이 있는) 인도는 세계에서 가장 큰 무슬림 국가 중 하나이다. 무슬림이 인구의 약 20%~25%를 차지하는 사회에서 무슬림은 서구화와 민주주의에 어떻게 반응했을까? 후기 빅토리아 시대부터 인도의 무슬림은 언론의 자유, 압력 단체의 결성, 정부 정책을 바꾸기 위한 비폭력 캠페인의 조직화를 경험하였다. 이들은 세 가지 대안 전략을 만들어냈다. 하나는 아마드 칸Sayyid Ahmad Khan과 관련된 것으로, 무슬림들이 영국으로부터 양보를 얻어내기 위해 조직화해야 한다는 주장이었다. 두 번째는 영국을 축출하기 위한 국민운동에 동참하는 것이었으며, 세 번째는 1870년대에 관리들을 여러 차례 암살한 와하비파와 관련된 폭력적인 반대였다. 인도 무슬림은 메카와 오스만 칼리프국을 바라보는 국제사회의 일원이었지만, 1885년부터는 민족 운동의 필수적인 부분이기도 했다. 1888년 초 인도 국민의회Indian National Congress 연례 회의에는 힌두교도 412명과 무슬림 161명이 참석했고, 1889년에는 힌두교도 498명, 무슬림 300명이 참석했다.

전쟁의 경험은 크게 두 가지 방식으로 인도에서의 무슬림 정치 발전을 가속화했다. 첫째, 영국과 터키의 갈등으로 간디는 킬라파트 캠페인에 무슬림을 동원할 수 있었다. 둘째, 1918년에 발표된 몬타구-첼름스퍼드 개혁Montagu-Chelmsford Reforms*으로 주 의회가 확대되어 70%가 무슬림으로 선출되고 무슬림을 위한 예비 대표를 포함하게 되었다. 이 개혁은 본질적인 중요성 외에도 두 가지 측면에서 중요한 의미가 있었다. 개혁은 10년 후에 재검토되고 연장될 예정이었기 때문에, 한 차례의 사건이 아니라 하나의 과정이었다. 또한, 부분적으로는 간디에 의해 기대가 높아졌고, 부분적으로는 영국이 암리차르 학살Amritsar Massacre과 롤래트법Rowlatt Act,** 선동죄에 대한 재판 없는 투옥 등 여러 징벌적 조치를 취했기 때문에 전쟁 중에 형성된 급진적 민족주의 정신을 약화시키지 못하였다.

---

* 역자 주) 영국령 인도에서 자치기관의 도입을 위해 인도국무장관 에트윈 몽타구와 인도총독이었던 첼름스퍼드 경의 이름을 딴 1919년 인도 정부법의 기초이다. 제국 입법의회가 중앙입법의회와 국가평의회라는 두 개의 의회로 구성하며 지방은 이중정부체제 또는 왕정제를 따른다는 내용을 골자로 한다. 인도 민족주의자와 영국 보수당파 모두 비판적이었던 입법 개혁안이다.

** 역자 주) 1919년 영국령 인도제국에서 식민통치에 항거하는 인도인 독립운동 세력을 탄압하기 위해 식민지 정부가 제정, 발효한 법이다.

영국이 힌두교 민족주의Hindu nationalism에 대한 방패막이로서 무슬림 분리주의Muslim separatism를 배양한 것은 의심할 여지가 없지만, 이는 영국의 인도 통치가 앞으로 수년 동안 지속될 것이라는 그들의 가정을 반영한 것이었다. 그것이 무슬림을 위한 별도의 국가를 만들겠다는 의지를 의미하는 것은 아니었다. 오히려 영국은 18세기의 혼란 이후 수십 년 동안 쌓아온 국가, 공무원, 군대, 재정을 분리하는 것에 매우 큰 거부감을 느꼈다. 어쨌든 인도아대륙이 무슬림 국가를 갖는다는 생각은 영국인 및 인도인들 내에서 매우 느리게 나타났다. 무슬림은 언어와 문화, 사회적 지위, 수니파와 시아파로 분열되어 있었다. 벵골과 북서부 지방에 집중되어 있던 무슬림 밀집지역은 수천 마일 떨어져 있었다. 그리고 이들의 공통된 결집점이었던 칼리프 국가는 1924년 [터키 공화국의 형성으로] 투르크에 의해 제거되었다.

무슬림 연맹은 1906년부터 존재했지만, 그들의 요구는 무슬림 대표의 증가와 무슬림이 다수인 주의 신설에 국한되었고, 그보다 더 급진적인 요구는 없었다. 그럼에도 불구하고, 특히 일부 지도자들이 의회 민주주의하에서 무슬림이 영구적인 소수자로서 불이익을 받을 수밖에 없다고 주장했기 때문에 영국의 개혁은 불가피하게 무슬림을 분리된 공동체로 생각하게 만들었다. 의회 지도자들은 무슬림이 의회에 충분히 대표되고 있다는 점을 근거로 이러한 견해를 항상 거부했다. 1929년까지 무슬림 연맹의 지도자 진나M. A. Jinnah는 연방제, 지방 정부에 대한 잔여 권한, 별도의 독립 선거구 등 독립된 인도하에서 무슬림들을 위한 일련의 보호조치만을 추구했다. 무슬림을 위한 별도의 국가에 대한 아이디어는 1930년이 되어서야 비로소 모하메드 이크발 경Sir Mohammed Iqbal에 의해 제안되었다. 그 국가는 펀자브, 신드, 발루치스탄, 북서부 국경 지방으로 구성될 예정이었으며, 1933년 카슈미르, 1937년에는 벵골이 추가되었다. 이러한 하나하나의 과정 자체는 무슬림 국가 설립이 분명한 목표가 아니었다는 것을 보여준다.

세련된 도시 변호사였던 진나는 인도보다는 영국에 더 익숙했다. 1931년~1933년 런던에서 열린 원탁회의에 참석하면서 그는 노동당 후보로 선택받고자 했다. 그 시도가 실패하자 그는 보수당 후보가 되려고 했다. 하지만 지나치게 '상류층 사람'이라는 평가를 받았다. 진나는 주로 민족주의자였으며 명목상으로만 무슬림이었다. 1935년 인도 정부법에 따라 실시된 1937년 선거에서 무슬림 연맹은 무슬림에게 할당된 482석 중 109석만을 차지하였다. 그 후 선출된 무슬림들은 새로운 지방 정부에서 다른 정당과의 연합에 참여했다. 따라서 이 단계에서 무슬림들은 여전히 독립적이고 민주적인 인도의 일원으로서 미래를 향하고 있는 것처럼 보였다. 그러나 결국 진나는 '힌두 라지(힌두교도에 의한 인도통치)' 하에서 무슬림들의 운명에 대한 두려움을 불러일으킴으로써 이를 피할 수 있었다. 의회 지도자들은 이를 무시하고, 자신들의 선거 성공이 보여주는 것은 인도 유권자들이 점점 더 종교적 이념이 아닌 일반 이념의 노선으로 분열할 것이라고 순진하게 믿었다.

1940년이 되어서야 진나와 연맹은 공식적으로 영국에 별도의 국가를 요구했고, 그때까지도 이는 보다 많은 양보를 얻어내기 위한 협상 전략으로 널리 인식되었다. 전쟁 후반에 권위가 무너지자 영국은 마지못해 진나의 수정된 요구 조건을 인정했지만, 이는 자원 부족과 1946년~1947년의 정치적 의지를 반영한 것이었을 뿐 불가피한 것은 아니었다. 그러나, 수천 마일 떨어진 벵골과 북서부 지방을 결합한 새로운 파키스탄이 결코 실행 가능하지도 않았고 일관성이 없었기 때문에 이 양보는 이슬람 세계를 다시 그리는 데 실수를 의미했다. 두 지역의 무슬림들은 서로 다른 언어를 사용했고 문화와 전통도 상당히 달랐다. 영국이 저지른 또 다른 주요 실수는 기존 왕국들이 통치자의 마음에 따라 인도나 파키스탄에 합류하도록 허용한 것이었다. 그 결과 카슈미르 힌두 토호국의 왕 마하라자maharajah는 무슬림이 인구의 80%를 차지했음에도 불구하고 카슈미르를 인도에 편입시켰다. 이는 재앙적인 결정으로서 파탄 군대가 즉시 국경을 넘게 하였고, 1948년의 휴전선, 수년간 인도에서의 불안정과 폭력을 유발하였다.

새로운 파키스탄에서의 민주주의도 성공적이지 못했다. 선거와 문민정부 시기에는 번갈아가며 경찰이 질서를 유지하지 못하면 군대가 투입되어 통제하거나 계엄령이 선포되었다. 심지어 민간 정치인들도 매우 독재적이었는데, 이는 모든 권력을 스스로 장악하는 선례를 남긴 진나로부터 시작되었다. 첫 번째 문민 시대civilian phase는 1947년부터 아유브 칸Ayub Khan 장군이 쿠데타를 일으킨 1958년까지의 기간이었다. 한편, 펀자브 무슬림의 지배력은 첫 번째 선거에서 무슬림 연맹이 패배한 동뱅골을 새로운 식민지 종속 지역으로 빠르게 전환시켰다. 1970년 선거에서 아와미 연맹Awami League은 벵골에서 162석 중 160석을 차지한 반면, 파키스탄 서부에서는 라이벌인 파키스탄 인민당Pakistan People's Party이 138석 중 81석을 차지했다. 그 결과 아와미 연맹의 지도자 무자브-우르-레만Mujab-ur-Rehman은 국가 정부를 구성할 권리를 주장했다. 그러나 서부 지역에서는 벵골족을 경멸하며 진정한 무슬림으로 간주하지 않았다. 이로 인해 1971년 폭력적인 분리 움직임이 일어났고, 군대의 탄압과 인도의 개입으로 진행되며 마침내 방글라데시 건국으로 이어졌다.

결과적으로 파키스탄은 표면적으로는 더 일관성 있는 국가가 되었지만, 여러 지방이 분리 독립을 추진하면서, 여전히 완전체로 실현되지는 못했다. 1971년부터 1977년까지의 두 번째 문민정부 시기에 알리 부토Zulfikar Ali Bhutto는 군대가 증명한 것처럼 독재적인 모습을 보였다. 부토의 파키스탄 인민당은 여느 정당과 마찬가지로 개인적 야망을 위한 수단에 불과했다.[4] 부토는 시코파를 지지하는 비판자들을 제거하고, 반대자들을 위협하며, 군대를 동원해 지방의 반대파를 진압하고, 1977년 선거를 조작했다.[5] 부토는 시위를 진압하기 위해 군대를 소집했지만, 군대는 장군들의 편에 섰고, 쿠데타를 일으킨 하크Zia ul Haq 장군은 1988년 비행기 추락 사고로 사망하기까지 권력을 유지했다. 1988년부터 1999년까지 이어진 세 번째 민주화 단계에서는 자유주의자였던 베나지르 부토Benazir Bhutto와 친이슬람 성향의 나와즈 샤리프Nawaz Sharif가 권력을 나눠 가졌다. 두 사람 모두 개인적 이익을 위해 권력을 사용했으며, 부패 혐의로 기소되었다. 1999년 무샤라프Pervez Musharraf 장군은 나와즈 샤리프를 총으로 위협하여 강제로 권좌에서 끌어내렸다. 이 기간 세 차례에 걸쳐 지아Zia의 8차 개정 헌법을 이용해 국가 원수가 해임되었다. 이 무렵 파키스탄 군부는 때때로 민간인에게 정권을 맡길 수 있다는 견해를 가지고 있었고, 의회 시스템의 위상이 너무 낮아 사법부가 보통 군사개입을 승인한 경우가 많았다.

파키스탄의 독립 이후의 암울한 역사에서 인도의 경험은 간과되는 경향이 있다. 약 500만 명의 무슬림이 새로운 파키스탄으로 이주했음에도 불구하고, 독립국 인도에는 3천 600만 명 이상의 무슬림이 남아 있었고, 이들은 신생 국가의 굳건한 민주주의에 참여하게 되었다. 선출직 하원, 상원, 내각과 총리가 입법부 상층에 임명되는 인도의 의회 민주주의는 대통령의 역할과 지역 언어 및 전통을 반영한 강력한 선출직 지방 정부로 특징지어진 영국 의회제 민주주의와 유사했다. [그들의 정치체제는] 사회주의, 세속주의 의회 및 민주주의에 대한 약속에 충실했으며 인도아대륙의 모든 종교를 존중했다. 마운트배튼 경Lord Mountbatten은 독립 후 총독으로 잠시 머물렀지만, 의회는 무슬림인 자키르 후세인Zakir Hussein 박사를 인도의 제3대 대통령으로 선출했다. 무슬림은 총선에서 자주 의회 후보로 출마했지만, 지방에서도 지역 정당을 발전시켰다. 예를 들어, 인구의 5분의 1이 무슬림인 케랄라 주에서는 무슬림 연맹이 거의 언제나 연립정부에 참여했다. 요컨대, 이슬람과 의회 민주주의가 양립할 수 없다는 주장은 전후 인도의 경험에 의해 깨진 것이다.

❋ ❋ ❋

인도 무슬림의 경험은 다른 나라 무슬림들에게도 중요한 의미를 가질 수 있을까? 아니면 인도만의 특별한 경우였는가? 인도의 독립은 과거와의 완전한 단절을 의미했지만, 다른 무슬림 세계에서는 영국의 전통적인 역할과 그에 수반된 복잡한 문제들에 계속 집착했다. 종전 직후의 정부는 노동당이었지만, 외무장관은 반대파들로부터도 많은 존경을 받았던 베빈Ernest Bevin이었다. 그는 구식 제국주의자였는데, 그의 사고(특히 이란에 대한 사고)는 공산주의 영향력을 제거하려는 노동조합 지도자로서의 경험에서 많은 영향을 받았다. 러시아 팽창에 대한 베빈의 인식은 미군의 철수, 중동의 석유 공급에 대한 집착과 결합되어 정책을 전통적이고 보수적인 것으로 만들었다. 불행하게도 승전

후의 망상적인 분위기는 1950년대까지 이어졌고, 1951년 처칠의 재집권으로 더욱 강화되었다. 이제 80세가 넘었던 처칠은 1890년대에 형성된 태도를 갖고 있었기 때문에 필요한 정책 조정을 추진할 수 있는 위치에 있지 못했다. 결과적으로 1945년 이후 영국이 무슬림을 대하는 태도는 상황 변화에 대한 적응이라기보다는 연속성을 반영한 것이었다. 인도를 잃은 영국은 중동 전략의 전통적인 이유 중 하나가 없어진 것이지만, 수많은 다른 국가들도 수에즈 운하에 무역을 의존하고 있다는 명백한 사실에도 불구하고 여전히 수에즈 운하를 영국만의 고유한 이해관계로 간주했다. 중동 국가들은 기껏해야 비공식적으로 제국의 일부에 불과했지만, 영국은 일련의 고객 관계를 통해 이 지역을 관리해야 한다는 생각을 계속했다. 마치 영국은 인도를 대신할 수 있는 국가가 필요한 것처럼 보였다.

무슬림 사회를 바라보는 사고방식의 연속성은 이라크의 경우에서 분명히 나타났다. 표면적으로 이라크는 선거, 정당, 자유 언론을 갖춘 민주주의가 제대로 작동하는 것처럼 보였다. 하지만, 이 나라는 민주주의 문화를 발전시킬 기회를 전혀 갖지 못했다. 1921년 영국이 정부 형태에 대한 국민투표를 제안했을 때 사람들은 혼란스러워했다. 한 부족의 족장은 "내가 왜 참여해야 하느냐"라고 반문하기도 했다.[6] 1920년대 처칠은 파이살 국왕이 통치하는 결함 있는 정치 시스템으로 인해 장애를 겪는 영토적으로 일관성이 없는 국가를 물려받았다. 군주제는 독재적이었고 정당을 괴롭혔으며 선거를 조작했다. 권력은 봉건적 족장들에게 집중되어 있었는데, 1950년 후반 당시 족장들은 대표 의석수에서 35%를 차지했다. 지명으로 임명되는 상원은 정부를 전복시킬 수 있었다. 내각은 수시로 바뀌었지만, 모든 내각은 나이 많고 신뢰를 얻지 못하는 유사한 남성들로 구성되었다. 헌법이 너무 쉽게 정지될 수 있었기 때문에 1931년부터 1958년까지 긴급 입법에 의한 통치가 일상화되었다.[7] 영국은 이러한 권위주의 체제를 견제할 수 있었지만 나서서 그렇게 하지 못했다. 선거로 선출된 의원들이 1924년 앵글로-이라크 조약Anglo-Iraq Treaty* 승인을 거부하자 영국은 의회를 해산하고 정당을 폐쇄하는 등 위협을 가했다. 또한, 영국은 정부와 협력하여 복귀시킬 후보자 명단을 결정했다.[8] 제2차 세계대전 중 일부 이라크인들이 독립을 위해 독일, 이탈리아와 협력하자 영국은 무력으로 이들을 진압했다. 하지만, 전략적, 경제적 이익을 유지하는 것 외에는 그다지 중요하지 않았다.

그 결과, 1950년대까지 이라크는 국민들 사이에서 정통성이 결여된 정치체제 아래 불안정한 국가로 남아있었다. 결국 1956년 국민연합전선National Union Front이 결성되어 대중의 반대를 동원하고 군주제 타도를 준비했다. 이것은 1958년 7월 군부에 의해 대중의 환호를 받으며 이루어졌다. 이라크는 공화국으로 선포되었고 이슬람교가 공식 종교가 되었다. 그러나 쿠데타는 안정을 가져다주지 못했고, 1963년 사회주의-민족주의 정당인 바트Ba'ath 당이 군부와 협력하여 정권을 장악했다. 하산 알-바크르Ahmad Hassan al-Bakr는 1979년까지 대통령을 지냈고, 그의 뒤를 이어 사담 후세인Saddam Hussein이 대통령에 취임했다. 사담은 반대파를 체포, 추방, 처형하기 시작했고 1980년 영국과 미국의 지원을 받아 이란과 8년에 걸친 처참한 전쟁을 벌였다.

---

* 역자 주) 1922년 이라크의 외교 정책에 대한 영국의 통제권을 부여하면서 이라크의 자치를 허용하는 하심왕국 옹립을 골자로 한 영국과 이라크 정부간 체결된 조약이다.

영국은 또한, 민족주의자들이 칼리프 체제를 복원하고 하나의 주요 아랍국가 창건을 통해 범이슬람주의를 장려하려는 이집트의 민족주의와 민주주의에 적응하기 어려웠다. 비록 외무부를 '아랍주의자Arabist'로 간주했지만, [그것이] 효과적이지 않은 것으로 판명되었다. 영국 정치인들은 이집트인의 생각을 제대로 이해하지 못했고 민족주의에 대해 적대적인 접근 방식을 취했다. 이집트를 방문한 후 한 미국 외교관은 이렇게 보고했다. "영국인은 미움을 받고 있다. 그들에 대한 증오심은 일반적이고 강렬하다. 이 나라의 모두가 공유하고 있는 감정이다."[9] 이러한 분노는 1882년 영국 점령 이후부터 축적되어 왔으며, 이는 영국이 이슬람 세계에 간섭한 가장 초기의 것 중 하나이기도 하지만, 확실히 가장 큰 피해를 준 사례 중 하나였다. 게다가 전후 시대에는 양국 관계에 세 가지 구체적인 짜증스러운 요소가 더해졌다. 첫째, 이집트인들은 1948년 이스라엘 건국을 아랍인의 열망에 대한 배신으로 간주하고 영국을 비난했다. 둘째, 그들은 1952년 터키가 나토NATO에 가입한 것이 이슬람 세계를 분열시키려는 계략으로 보고 분개했다. 셋째, 1955년 바그다드 협정Baghdad Pact은 이라크와 터키와 같은 국가들의 참여를 보장함으로써 이 지역에 대한 서방의 지배를 유지하기 위한 것이라고 생각했다. 현재 가장 영향력 있는 아랍 국가가 된 이집트는 영국의 가장 큰 적으로 부상했고, 영국의 중동 관리 전략 상당 부분을 좌절시키기 위해 최선을 다했다.

그러나 1951년~1955년 외무장관과 1955년~1957년 총리를 지낸 이든Anthony Eden에게 바그다드조약기구Baghdad Pact*는 중동 전체의 안보

---

* 역자 주) 중동의 국제기구 가운데 하나인 국제기구로 중동조약기구(Middle East Treaty Organization, METO)로도 알려져 있다. 중앙조약기구 센토

를 보장한다는 점에서 매우 중요한 의미를 가졌다. 1955년 영국은 이라크와 터키를 설득하여 바그다드 협정 체결을 위한 과정을 시작했다. 그러나 이집트인들에게 이 협정은 영국의 조작, 즉 이 지역에 대한 지배를 연장하기 위한 새로운 수단으로 느꼈다. 이후 파키스탄과 이란이 협정에 가입했지만, 이집트는 이를 거부하고 다른 아랍 국가들의 참여를 막기 위해 영향력을 행사했다. 요르단의 바그다드 협정 가입을 논의하기 위해 영국 장군이 암만을 방문했을 때, 이집트 대통령 나세르Nasser에 대한 지지를 표명하는 폭동이 일어났다. 협정가입은 이라크의 안보 체계를 완전히 약화시켰고, 군주제를 불안정하게 만들어(위에서 언급한 바와 같이) 결국 군주제는 1958년 쿠데타로 전복되었다. 사실상 영국의 후원과의 연결이 치명적인 결함이었음이 입증된 셈이었다. 요르단과 사우디아라비아는 가입을 기권함으로써 이러한 결과를 피하고 이집트의 편에 섰다. 미국도 영국과의 관계의 유해성에 대해 비슷한 판단을 내리고 가입을 거부했다.

❈ ❈ ❈

중동 무슬림 사이에서 영국의 영향력이 감소하고 있다는 것은 1930년대 레자 샤Reza Shah가 나치와 공개적으로 관계를 맺었던 이란에서도 반영되어 나타났다. 샤는 혐오스러운 영국인 대신 독일 엔지니어와 기술자들을 환영했다. 결과적으로 영국은 제2차 세계대전 중 이란과의 관

(CENTO)의 전신이다. 1955년 이라크와 터키 간 상호방위 조약에 영국, 파키스탄, 이란이 참가해 중동조약으로 확대, 개편되면서 바그다드조약기구라는 이름으로 알려져 있다.

계를 우려스럽게 생각했고, 1941년 영국-소련 양국의 이란 점령으로 이어졌다. 1942년 독일군이 바쿠와 코카서스 유전 점령을 희망하면서 남동쪽으로 이동했기 때문에 이는 시기적으로 적절했다. 이 계획의 주된 이유는 영국과 소련 사이에 남아있는 최적의 마지막 연결고리로서 이란의 전략적 중요성에 있었다. [이란의] 도로와 철도로 서방 무기를 수송하여 독일군과 맞서는 러시아 군대에 장비를 공급할 수 있었다.[10]

레자 샤가 아들 모하메드를 위해 퇴위한 후, 왕실은 입헌 통치 의사를 밝혔고, 실제로 1944년 이란은 1920년대 이후 처음으로 진정한 대표성을 가진 마즐리스를 선출하는 선거를 실시했다. 이 시기에는 특히 서양의 영향력에 반대하는 캠페인을 벌인 공산당 투데Tudeh당을 중심으로 정당 정치 활동이 다시 활발해졌다. 영국은 자국이 받은 높은 비율의 석유 수익에 대한 대중의 분노를 깨닫지 못하고 이란의 공산주의-민족주의 의견을 적대시했다. 고문과 기술자를 파견하고 군대를 훈련시키느라 바빴던 영국의 라이벌, 미국의 개입으로 인해 영국의 역할은 더욱 복잡해졌다.

1946년까지 모든 외국 군대가 이란을 떠났지만, 대중의 시위와 샤가 독재 통치로 복귀하려한다는 두려움으로 인해 정부 체제는 약화되었다. 이러한 상황에서 새로운 민주 지도자 모사드데크Mohammed Mossaddeq가 샤의 정책에 반대하는 세력의 중심인물로 부상했다. 파리와 스위스에서 교육을 받은 모사드데크는 샤가 선호한 중앙집권제와 달리, 의회 정부와 법에 따른 자유의 진정한 옹호자였다. 모사드데크는 아편을 피우고 파자마 차림으로 공개석상에 나타나 침대에서 연설을 하는 등, 괴팍한 모습을 보이기도 했다. 그러나 그는 또한 이란의 국가 통합을 옹호하는 사람으로서 엄청난 신뢰를 받았으며, 일찍이 1919년

영국-페르시아 협정에 반대하여 나라를 떠났었고, 레자 샤의 반대자로 투옥되기도 했었다.[11]

1949년 모사드데크는 이란의 석유 국유화를 요구하며 국민전선으로 알려진 마즐리스 대의원과 연합을 결성했다. 1945년 이후 이란은 석유 로열티로 겨우 600만 파운드만 받은 반면, 영국은 1,600만 파운드를 가져갔다. 1951년 마즐리스는 국유화에 찬성표를 던졌고 모사드데크가 총리로 임명되었다. 국유화는 이란 국민들 사이에서 인기가 있었지만, 영국은 매우 비타협적인 태도를 취했다. 미국의 지원을 받은 앵글로-이란 석유 회사는 석유 수출을 봉쇄했다. 하지만, 국유화가 이란에서 큰 지지를 받자 애틀리Attlee 내각은 한발 물러섰다. 이후 처칠이 총리로 복귀하면서 1952년 영국과 미국은 협력 관계를 맺게 된다. 그들[영국과 미국]은 왕가 및 군대와 함께 CIA와 M16의 지원을 받아 모사드데크를 권좌에서 끌어내리려는 음모를 꾸몄다. 1953년 모사드데크는 체포되어 반역죄로 유죄 판결을 받고 사망할 때까지 가택 연금되었다.[12] 서방의 지원을 받은 쿠데타는 민주주의 실험을 종식시키고 샤의 정부를 복원하는 데 성공했다.

무슬림 세계에 대한 영국의 거의 모든 개입은 비생산적인 것으로 판명되었다고 말할 수 있겠다. 하지만, 이란의 경우는 상당히 과소평가된 것이다. 단기적으로는 석유를 염두에 두고 수행된 쿠데타가 실제로 이란의 석유 지분에서 영국의 점유율이 53%에서 24%로 감소하는 결과를 가져왔다. 장기적으로 보면, 이란에게 영국과 미국은 적으로 인식되었다. 또한, 중동 전역에 강한 반서방 감정을 불러일으켰고, 특히 이집트의 나세르가 1956년 수에즈 운하를 국유화하도록 자극하였다. 외국의 개입이 이 정도로 비참한 결과를 초래한 경우는 거의 없었다. 샤의 독재적이고 세속적이며 친미적인 통치는 결국 이란 사회의 모든 부분을 단결시켰고 1978년~1979년 광범위한 시위와 반란으로 절정에 달했다.[13] 샤가 서방의 간섭에 반대하는 이슬람과 민족주의를 통합시킨 것이었다. 1979년 2월, 그는 이란을 떠났고, 1964년에 추방되었던 호메이니Ayatollah Khomeini가 그 자리를 대신했다. 그 결과 탄생한 이란 이슬람 공화국은 1950년대 중반부터 영국과 미국이 추진한 잘못된 제국주의 정책의 정점을 보여주었다. 영국은 독재적이고 반소련적인 세속주의 정권을 지지하기보다는 모사드데크(결국 이란의 석유를 서방에 판매하기를 원했던)와 합의하는 것이 국익에 더 도움이 되었을 것이다. 그러나 1979년 이후에도 영국과 미국은 교훈을 얻지 못한 것 같았다. 그들은 이라크를 부추겨 이란을 공격하도록 하여 1980년부터 1988년까지 지속된 유혈 전쟁을 촉발시켰다.

❋ ❋ ❋

무슬림 국가들에서 나타난 민족주의와 근대화의 등장에 적응하지 못한 영국의 무능함은 이집트에서도 비슷한 재앙을 겪게 하였다. 제2차 세계대전 중 이집트는 공식적으로 중립을 유지했지만, 영국이 이집트의 모든 시설을 통제하는 1936년 조약 제8조를 재빨리 발동했기 때문에 이것은 대체로 학술적인 의미에 불과한 것이었다. 독일 국민은 억류되었고 사실상 계엄령 선포의 상태가 되었다. 1940년 6월 이탈리아의 참전이 없었다면 영국-이집트 관계가 크게 손상되지는 않았을 것이다. 이탈리아의 참전 결과로 이집트는 폭격을 당했고, 예상되는 이탈리아 침공에 대응하기 위해 웨이벨Wavell 장군이 5만 5천 명의 영국군을 지휘하였다. 이 위기 상황에서 영국은 파루크 국왕을 경멸하는 태도로 대했고 친 이탈리아 장관들을 해임하도록 강요했다. 그 결과 1945년까지 이집트인 대부분은 영국이 군대를 철수하고 자국이 수단과 통합되기를 원했다. 이집트인들은 팔레스타인 문제를 둘러싼 동료 아랍인들에 대한 처사에 굴욕감을 느꼈고, 그 결과 수천 명이 무슬림형제단에 가입했다. 무슬림형제단은 영국군을 상대로 게릴라전을 조직하고, 운하 기지에서 노동력을 철수시켜 신선한 식량 공급을 거부하는 등 영국을 압박하기 위한 여러 가지 방법을 전개했다.

그 후 터키의 사례에 자극을 받은 근대화주의자와 전통주의자 사이에 논쟁이 벌어졌다. 이집트 개혁가들은 터키가 이슬람과 칼리프제를 포기했다는 점에서, 그리고 그것이 이집트에 넘어가야 할 것이라고 믿었기 때문에 끝까지 터키를 따라가는 것을 꺼려했다. 사실상 민족주의자들은 군대 내 '자유 장교단Free Officers'과 무슬림형제단이라는 상호 보완적인 두 진영으로 나뉘었다. 1928년 무슬림형제단을 창설한 하산 알-반나는 터키의 세속주의에 별로 호의적이지 않은 정통 무슬림이었다. 그는 원래 이슬람을 부흥시키고 정화시키는 것을 목표로 삼았다. 외세의 억압을 없애기로 결심한 그는 북아프리카와 중동의 많은 무슬림 국가에 선교단을 파견했다. 무슬림형제단은 초기에는 가난한 이집트인들 사이에서 지지를 얻었지만 1934년 이후 카이로로 본부를 옮기고 학생, 학자, 공무원, 장교를 모집했다. 부패하고 친영적인 와프드Wafd 정부가 지배하는 의회 제도의 실패는 무슬림형제단의 성장을 촉진했고, 그 회원 수는 200만 명으로 늘어났다. 1930년대에는 영국에 대항하는 비밀 테러 운동을 위해 준군사 훈련을 받고 무기를 모으기 시작했다.[14] 군대에서 압델 나세르Gamal Abdel Nasser 대령이 이끄는 급진주의 운동은 범이슬람주의와 세속적 민족주의를 통합하려는 운동으로서 덜 정통적이었다. 나세르는 독실한 무슬림이었지만 칼리프 체제에 대한 관심보다는 자국이 서유럽식 번영을 달성하는 데 더 관심이 많았다. 그러나 그는 오스만제국의 멸망 이후 무슬림 세계의 단결과 권력을 회복하기 위한 이집트의 역할에 대해 무슬림형제단의 의견에 동의했다. 1930년대 후반부터 장교들은 영국과 군주제 모두로부터 이집트를 해방시키려는 계획을 세웠고, 전쟁이 끝날 무렵 나세르는 군대 내 세포 조직을 지휘하여 이를 달성할 수 있었다.

  1952년 7월 쿠데타로 파루크 국왕이 축출되고 새로운 정권이 들어서면서 군주제가 종식되고 이집트 공화국의 시대가 열렸다. 네기브 Neguib 장군이 대통령 겸 총리로 취임하고 나세르는 그의 부통령이 되었다. 이들은 임대료를 인하하고 대지주로부터 소작농에게 토지를 재분배하는 등 농업 혁명을 시작했다. 중동에서의 공산주의를 견제하는 효과적인 수단이라는 믿음으로 새로운 정권에 무기를 제공하려는 미국인들의 의향에 영국은 짜증을 냈다. 마지못해 처칠은 1954년 모든 잔여 병력을 철수하는 내용의 협정을 이집트와 맺었고, 외무장관 이든은 이집트인들이 영국과 협력하는 것이 자신들의 이익에 부합한다고 믿었다. 그러나 두 나라의 관계는 악화되었다. 부분적으로는 영국이 이집트의 면화를 덜 사들였고, 이집트가 영국의 중동 방위 기구 계획 Middle East Defence Organisation에 협조하지 않았으며, 또 다른 한편으로 이집트가 바그다드 협정이 다른 아랍 국가들을 분열시키고 이스라엘에 대한 이집트의 정책을 약화시키는 방법이라고 간주하였기 때문이었다. 영국은 관계 회복을 위해 최선을 다했다고 느껴 군대를 철수하고 있었지만, 계속해서 [이집트인들에게] 거부당했다. 영국은 이집트 정권의 근거가 아랍 민족주의를 강화하기 위한 수단으로 반영국 정서를 동원하는 데 있다는 것을 파악하지 못했던 것이다.

1956년 수에즈 운하를 둘러싸고 양국 관계는 최악의 사태에 도달했다. 하지만, 이것은 거의 불필요한 위기였다. 현실적인 평가에 따르면, 수에즈에서 영국의 역할은 더 이상 필요하지 않았다. 2만 명의 병력을 주둔시켰음에도 불구하고 수에즈 기지는 애물단지가 되어 버렸다. 이집트인들은 언제든지 현지 협력을 철회하고 선박을 침몰시켜 운하를 방해할 수 있었다. 1936년에 이미 이든은 20년 후 조약이 만료되면 영국이 타협해야 한다는 사실을 인식하고 있었다. 그는 외무장관으로서 수에즈 운하 기지에서 1956년까지 철수한다는 1954년 협정을 체결한 장본인이었다. 비교적 자유주의자이고 동양어를 공부한 이든은 아랍어를 구사하고 코란을 원어로 읽었으며, 다른 어떤 유력한 정치인보다 이집트 민족주의에 동의할 준비가 되어 있던 것처럼 보였다.[15] 그러나 언론은 그의 정책을 무모한 정책이라고 비판했고, 많은 보수당 동료들은 그것을 매국이라고 조롱했다. 처칠(그는 뮌헨이 나일 강에 위치한 것을 몰랐다는 말을 한 적이 있다고 전해진다)은 그가 총리 재임 중일 때와 1955년 은퇴한 후에도* 악의적으로 그를 깎아내렸다.[16] 정치적 압박과 건강 악화로 인해 이든은 합리적인 자유주의 본능을 포기하게 된 것으로 보인다.

1955년 2월 이든이 나세르를 만났을 때 상황은 좋지 않게 흘러갔다. 이집트 지도자는 자신이 무시당한다고 느꼈기 때문이었다. 보수파 사이에서는 이든이 유화책을 썼다는 비판을 받았는데, 이는 그가 매우

---

*   역자 주) 1957년에 은퇴했으므로, 저자의 오류로 보인다.

민감하게 반응하는 사안이었다. 처칠의 뒤를 이어 집권한 그는 자신도 독재자를 물리칠 수 있다는 것을 보여줄 필요성을 느꼈다. 1956년 3월 요르단의 후세인 국왕이 17년 동안 맡았던 아랍 군단 사령관직에서 글럽John Glubb 장군을 해임하자, 영국은 굴욕감을 느꼈다. 독립 국가가 그런 직책에 외국인을 임명해야 할 이유가 없었기 때문에 영국인들의 반응은 도를 넘은 것이었다. 그러나 이든은 이를 영국의 영향력을 상징하는 것으로 보고, 이러한 결정에 나세르의 책임이 있다고 확신했다.[17] 1956년 영국군이 철수를 준비하는 동안 이집트인들은 계속해서 반영국 선전을 퍼뜨렸고, 나세르는 철수 며칠 만에 회사의 양보를 연장한다는 약속을 깼다.

그러나 이러한 사건에 대한 이든의 반응은 감정적이고 비합리적이었다. [어떤] 한 관리는 한때 나세르가 살해되기를 원한다고 선언했다고 주장하기도 했다.[18] 서방 강대국들은 상황을 더욱 악화시켰다. 영국, 미국, 세계은행이 아스완 하이 댐Aswan High Dam 건설을 위해 이집트에 2억 7천만 달러의 차관을 제공하기로 합의했지만, 미국은 나세르가 굴복할 것이라 기대하면서 이를 거부했다. 그러나 이집트 대통령은 대신 소련에 눈을 돌리는 것으로 대응했다. 또한, 그는 7월 알렉산드리아에서 아랍 전역에 방송된 유명한 연설을 통해 이집트에서의 74년간의 식민 지배를 비난했다. 그는 아랍 지도자로서 수단, 시리아, 예멘, 요르단, 즉 아랍 대국을 장악하고 이스라엘을 멸망시키겠다는 야망을 품었다. 그 후 나세르는 운하를 국유화하여 주주들에게 보상금을 지급하고 선박들로부터 걷어 들이는 요금을 아스완 프로젝트에 전용할 것을 제안했다. 이러한 조치는 이집트의 독립과 나세르의 명성을 상징하는 것이었지만, 이집트인의 눈에 운하 회사는 이집트를 착취하고 고작 7%의 이익만 남기는 사기꾼에 불과했다.

　이러한 상황에서, 영국 정부는 경제적 측면에서 이 문제를 바라보았다. 서유럽 석유의 3분의 2가 운하를 통과하며, 이집트가 배를 침몰시켜 운하를 막을 수[도] 있고, 이집트는 여하간 운하를 자체적으로 효율적으로 운영할 수 없다는 등 [영국은] 터무니없는 주장을 내세웠다. 그러나 내각이 즉각적인 개입의 목표가 이집트 정부를 파괴하는 것이라는 데 동의했기 때문에, 영국의 목표는 더욱 확장되었다. 수에즈 실패의 책임은 이든에게 있었지만, 그의 주요 동료들, 특히 나중에 총리가 된 맥밀런Harold Macmillan과 홈 경Lord Home은 영국이 '또 다른 네덜란드가 되어서는 안되며,' 나세르의 국유화를 허용한다면 '끝장날 것'이라고 잘못된 판단을 하였다. 예외적이었던 『옵저버Observer』를 제외하고, 신문들은 히스테리적인 반나세르 입장을 취했으며, 무솔리니와 히틀러에 대한 언급으로 가득했다. 이런 분위기 속에서 내각은 서툴고 잘못된 군사개입 계획을 결정함으로써 판단을 내던져버렸다. 이스라엘은 이집트를 공격했고, 영국과 프랑스는 운하가 위험에 처해 있다고 주장하며 개입할 수 있는 그럴듯한 근거를 확보할 수 있었다. 이 미친 계획에 대한 건전한 대안이 있었다. 이 문제를 유엔에 회부하거나 이집트인들이 운하를 운영하도록 내버려 두는 것이었다 (실제로 그들은 완벽하게 잘 운영하고 있었다).

　그러나 내각은 미국의 이익이 직접적으로 관련되어 있지 않다는 사실을 인식하지 못하고 미국의 지지를 전제하는 오판을 하였다. 실제로 이스라엘이 시나이 해협을 점령하고 이집트 공군을 파괴하였으며 영국과 프랑스군이 운하의 3분의 1을 따라 진군하는 등 군사 작전은 성공적이었다. 그러나 그럼에도 불구하고, 이 계획은 빠르게 실패로 돌아갔다. 나세르는 운하에서 배를 침몰시켰고, 그를 암살하려는 계획은 실패했다. 유엔은 63대 5의 표결로 영국-프랑스 작전을 비난했다. 무엇보다도 이든의 동료들이 한발 물러섰고, 매파인 맥밀런이 갑자기 석유 제재가 너무 큰 위험이라는 결정을 하였다. 결정적으로, 영국 경제가 약해지면서 위기로 인해 파운드화가 폭락하고 미국인들이 파운드화 지원을 거부하는 등 영국 정부의 입지가 약해졌다. 이런 상황에서 이든은 이성을 잃고 불과 6주 만에 군대 철수를 발표했다. 이집트를 공격하기 위한 공모를 부인하고 이스라엘의 움직임을 미리 알고 있었다는 사실을 부인하는 등, 두 차례 거짓말을 했다는 증거가 드러나면서 그의 신뢰는 무너졌다. 그는 1957년 1월 사임했다.

[그렇다면] 수에즈 위기가 중요한 전환점이 되었는가? 협소한 국내 맥락에서 볼 때 수에즈 위기는 영국에게 비교적 사소한 사건이었다. 너팅Anthony Nutting과 보일Edward Boyle 두 명의 후배인사만 사임했고, 이든의 후임자인 맥밀런은 1957년 3월 버뮤다에서 아이젠하워 대통령을 만나 미국과의 관계를 회복하는 데 능숙하다는 것을 입증했다. 맥밀런은 특별한 관계를 재창조하여 영국을 미국의 고객으로 만드는 데 큰 역할을 했다. 그러나, 이것은 여러 가지 해로운 결과를 낳기도 했다. 특히 1960년대 프랑스에 의해 영국이 유럽 경제 연합European Economic Union에서 배제되는 결과를 낳았다. 영국은 탈식민지화 과정을 늦추기 위해 여러 차례 개입을 시도했지만, 수에즈는 예외적인 과잉 개입의 사례였다. 1950년대 후반에 단 세 개의 식민지만이 독립을 얻었다는 점에서 수에즈에서의 재난이 탈식민지화를 직접적으로 가속화시키지는 못했다. 그러나 맥밀런이 집권함으로써 1960년대에 26개 이상의 영토에 대한 독립 부여가 간접적으로 가속화되었다. 일부 비평

가들에게는 이것이 제국의 신중한 철수라기보다는 공황 상태처럼 의심스럽게 보였다. 무엇보다도 이 위기는 영국에 대한 거의 보편적인 반대라는 한계를 보여주었고, 오직 오스트레일리아와 뉴질랜드만이 옛 영국을 기꺼이 지지했다.

중동에서 이 사건은 영국의 영향력을 크게 약화시키는 동시에 이집트에서 나세르의 입지를 강화시켰다. 영국이 신뢰를 잃은 이 위기는 공백을 만들어냈고 이 공백은 미국과 소련에 의해 채워졌다. 이라크, 시리아, 리비아에서 친영 정권이 무너졌고 이들 국가는 영국이 의도했던 것과는 정반대로 소련에 원조와 무기를 요청했다. 물론 두 초강대국이 이미 개입한 상황이었지만 두 강대국은 1956년 이후 훨씬 더 큰 기회를 누렸다. 제국주의에 성공적으로 저항한 나세르는 무슬림들 사이에서 영웅으로 떠올랐고 제3세계 전반에 걸쳐 반제국주의를 자극했다.

반대로 나세르가 이라크, 요르단, 시리아, 레바논, 심지어 걸프만 국가와 사우디아라비아까지 점령할 수 있었다는 점에서 나세르의 야망이 수에즈에 의해 견제당했다고 주장할 수도 있다. 그러나 이러한 주장은 이집트의 힘을 크게 과장한 것이기 때문에 터무니없는 것처럼 보인다. 좀 더 겸손하게 말하자면, 이집트는 1957년 4월 운하를 재개통했고 나세르는 영국과 프랑스에게 위기 이전에 제안했던 것과 동일한 조건으로 운하 사용권을 부여했다. 그 후 영국 정부는 국유화가 초래할 것으로 예상되었던 불가능한 상황에 대해 언급조차 하지 않았다. 이러한 관점에서 볼 때, 수에즈는 무슬림 문제에 대한 영국의 또 다른 비생산적 개입의 극적인 예를 보여준다. 영국은 이집트의 의견에 일부 양보했음에도 불구하고 이집트를 후진적인 이슬람 국가로 보는 시각을 고수했으며 이슬람 국가의 민족주의 현실을 인정하는 데 어려움을 겪었다.

❋ ❋ ❋

1950년대 영국과 중동 무슬림 국가 간의 껄끄러운 관계는 이슬람에 대한 현대 서방세계의 시각과 서유럽 사상에 대응하는 이슬람의 역량을 조명하게 한다. 자유민주주의의 발전은 필연적으로 세속 사회에 기반을 두고 있으며, 세속 사회 없이는 지속 가능하지 않다는 가정에서 출발하고 싶은 유혹이 있다. 그러나 이러한 생각은 유럽의 경험에서 비롯된 것이지만 보편적인 것은 아니다. 진보적인 유럽의 기준에 따르면 여전히 종교가 현저하게 지배적인 미국의 사례는 이 개념에 의구심을 불러일으킨다. 사실 자유민주주의의 역사적 진화는 계몽주의와 유럽의 종교개혁과 같은 종교 정치와 종종 연관되어 왔다. 영국에서는 17세기부터 19세기까지 급진적인 개신교 집단, 특히 비국교도 교회들의 운동이 일반적으로 서유럽 민주주의에 필수적인 것으로 여겨지는 개인의 자유에 대한 생각을 장려했다. 이슬람 운동은 때때로 근대화와 민주주의로의 전환을 촉진하는 데 있어 개신교와 유사한 역할을 수행해 왔다.[19] 터키, 이란, 이집트와 같은 이슬람 사회에서는 이러한 전환이 유럽보다 훨씬 짧은 기간에 걸쳐 이루어졌으며, 대개 외부 압력의 불안정한 영향 아래에서 이루어졌다.

예를 들어, 이집트에서는 민주주의에 대한 압력이 이슬람 전통에도 불구하고, 기존의 서유럽식 정당으로서가 아니라 가난한 사람들을 위한 사회적 지원과 풀뿌리 조직으로서 발전했던 무슬림형제단으로부터 나왔고, 그 과정에서 선거를 통한 대중의 지지를 얻을 수 있게 되었다. 교육받지 못한 사람들 사이에서 출발한 무슬림형제단은 근대화와 능력주의 사회meritocracy에 대한 신념을 이슬람과 결합한 대학 교육을 받은 이집트 젊은이들의 지지를 받았다.[20] 이집트와 같은 국가의 이슬람주의자들은 서방의 지원을 받는 기존 권력자들이 누리는 부와 부패에서 벗어나 있는 반면, 이들은 도덕적으로 우위에 서서 서민들에게 더 가까운 겸손한 생활방식을 수용했다. 호메이니를 비롯한 이란의 지도자들은 이러한 분위기를 적극 활용했다. 이집트와 이란의 경험은 무슬림들이 세속주의와 근대화에 대해 종종 회의감을 느끼는 이유를 설명해준다. 이러한 정책들은 실패했고, 더 나아가 부패, 억압 또는 제국주의와 연관되어 있었기 때문이다. 이라크에서 영국은 수십 년 동안 주로 민주주의를 억압하고 독재를 유지하는 데 악의적인 영향력을 행사했다. 터키, 이집트, 이란을 포함한 무슬림 국가들은 단순히 서유럽식 모델에 적합하지 않았다. 터키에서는 무슬림 지식인들이 자유민주주의 체제를 위한 운동에 참여했으며, 에르도안Recep Tayyip Erdogan 총리의 정의개발당Justice and Development Party(AKP)은 이슬람주의와 유럽연합 가입을 포함한 세속 정책을 결합하는 데 성공했다.[21] 대규모 중산층의 성장, 시장경제, 고속 성장 등 일반적으로 민주주의의 필수 전제 조건으로 간주되는 요소가 이집트에서는 부족한 것으로 보여 관찰자들은 이슬람을 근대화를 이끄는 원동력의 일부로 인식하지 않는다. 그러나 인도에서는 이러한 변화가 자유민주주의 달성에 선행했다기 보다는 뒤따르는 경향이 있었다.

이란은 일반적으로 이슬람교가 민주주의를 향한 추세를 견제하는 종교적 교리의 영향을 받는 비자유주의 사회의 전형적인 사례로 인식된다. 그러나 이란은 이미 민주화 시대를 누렸으며 이러한 민주화 시대는 서방이 1953년 군주제 복원을 위해 쿠데타를 지원함으로써 갑작스럽게 종료되었다. 그 후의 억압과 근대화 단계는 자연스럽게 정치적 이슬람의 부상을 자극하였으며 정치적 이슬람이 부상한 것은 독재에 저항할 수 있는 확실한 수단을 제공했기 때문이었다. 비슷한 경험이 알제리에서 튀니지, 이라크, 시리아, 예멘에 이르기까지 많은 무슬림 국가에 영향을 미쳤다. 이란에서는 1951년~1953년의 사건이 많은 젊은이들을 샤로부터 멀어지게 했을 뿐만 아니라 정치와 개혁 전반에 환멸을 불러일으켰다. 그들이 대안적이고 보다 진정한 표현 수단으로서 종교로 회귀하는 것은 거의 불가피한 일이었다. 샤는 선거를 조작하고, 국민전선을 해체하고, 반대파에 대해 CIA와 이스라엘 비밀정보국 모사드를 동원함으로써 서유럽의 가치에 대한 반발을 더욱 가중시켰다. 서방의 열강들은 이집트, 이란, 팔레스타인에서 선출된 정권에 대항하는 독재 정권을 일상적으로 지원함으로써 상황을 악화시켰다. 2007년에는 선출된 하마스 정부에 맞서 세속적인 마흐무드 압바스Mahmoud Abbas와 그의 파타Fatah 정당(팔레스타인 최대 정당 중 하나로 레스타인 해방기구PLO를 주도 – 역자 주)을 지원했다.

어떤 면에서 인도네시아는 1945년 이후 세계에서 이슬람이 자유민주주의에 적응한 가장 놀라운 사례일 것이다. 인구 2억 3천 100만 명 중 90%가 무슬림인 인도네시아는 가장 큰 이슬람 국가이다. 다른 중동 국가들에 비해 힌두교, 불교, 토속 종교와 무슬림의 종교적 관습이 혼합된 유연한 이슬람을 실천해 왔으며, 특히 자바는 명목상으로만 무슬림으로 여겨져 왔다. 그러나 19세기 후반 네덜란드의 외세통치에 대한 분노는 이슬람의 영향력을 강화하는 효과를 가져왔고, 항의의 집결지가 되도록 했다. 그 결과 아랍 상인들이 눈에 띄게 증가하고 메카 순례에 나서는 사람들이 늘어나는 현상이 나타났다. 이슬람에 대해 무지했던 네덜란드 당국은 메카 순례를 방해하기 위해 새로운 규정을 도입했다.[22] 순례자들은 이전보다 훨씬 엄격한 이슬람 환경에 노출되었고, 이슬람의 규모와 이슬람에 대한 유럽 열강의 억압적인 태도에 깊은 인상을 받았다. 1918년 이후 메카를 방문하는 순례자의 수는 계속 증가하여 1926년에는 5만 2천 명에 달했다. 또한, 무슬림들은 유럽인, 특히 기독교 선교사들의 문화 침투에 대해 점점 더 비판적이 되었다. 그 결과 이슬람은 인도네시아의 정치 발전에서 점점 더 큰 역할을 하게 되었다. 1930년대에는 수많은 무슬림 조직이 등장했다. 하지만, 공산당에 의해 인도네시아 이슬람의 정치적 기반이 사라졌다. 1940년대에는 전통 이슬람 단체인 나흘라툴 울라마Nahdlatul Ulama, 현대 이슬람 사회주의 정당인 마스주미Masjumi, 폭력적인 방법으로 정부에 반대한 다룰이슬람Darul Islam, [이] 세 조직이 무슬림의 지지를 얻었다. 앞의 두 단체는 무슬림 가치를 장려하고 이슬람을 국가 헌법에 반영하는 정부를 목표로 했다.[23]

인도네시아는 풍부한 천연자원 덕분에 제2차 세계대전 당시 일본인들에게 매력적인 국가였다. 그러나 노동력과 식량을 잔인하게 징발하면서 독립 요구가 더욱 거세졌다. 그 결과 일본이 항복한 지 며칠 만에 인도네시아 공화국이 선포되었다. 네덜란드가 옛 식민지로 돌아왔지만 1949년 마침내 독립을 쟁취했다. 수카르노Sukarno는 1945년과 1955년에 대통령으로 선출되었으나 계엄령을 선포하고 1965년까지 군사독재 정권을 유지했다. 그의 후계자인 수하르토Suharto 대통령은 1998년까지 독재 체제를 이어갔다. 독립 후 수카르노는 판카실라Pancasila*로 알려진 새로운 종교 이데올로기를 공표했다. 그의 의도는

---

*   역자 주) 인도네시아 건국 5대 원칙을 가리키는 정치이념으로 "일신교, 정의와 문화적 인간성, 인도네시아의 단결, 합의제와 대의제를 통한 민주주의의 지혜

공산주의자들을 소외시키려는 것이었지만, 많은 무슬림이 이 이데올로기가 국가의 공식 종교인 이슬람의 우위를 위협한다고 보고 반대하는 반응을 보였다. 그러나 1965년 공산주의 쿠데타 시도로 무슬림들은 정부에 협력할 수밖에 없었고, 이후 무슬림 단체들은 군대와 협력했다. 수하르토 대통령은 교육과 결혼에 대한 무슬림의 통제를 줄이고 판카실라를 지지하며 마스주미당을 불법화함으로써 이슬람의 영향력을 줄이려고 했다. 그 결과 1966년부터 1998년까지 이슬람은 수하르토의 억압적 정권에 저항하는 핵심 세력이 되었다.[24] 급진적인 이슬람 단체들은 격렬하게 반대했다. 결국 수하르토는 무슬림의 영향력을 회복시켰고 여러 무슬림 정당이 판카실라를 받아들이기로 합의했다. 1998년 수하르토가 축출된 후, 인도네시아는 비례대표제를 도입했다. 5년마다 의회는 모여 새 대통령을 선출하고 헌법을 개정한다. 이러한 방식으로 인도네시아는 자유민주주의 체제를 갖춘 관용적이고 세속적인 사회이면서 동시에 이슬람 국가이기도 한 전형적인 사례로 부상하였다. 이러한 인도네시아가 서방에서 거의 주목을 받지 못하는 것은 이슬람에 대한 편향된 시각이 반영된 결과라고 할 수 있다.

로운 길잡이, 인도네시아 국민에 대한 사회정의"를 중시하는 인도네시아의 기본원칙이다.

10장

무슬림과 영국 국가 정체성의 위기

빅토리아 시대에 무슬림은 일반적으로 상선 선원이나 인도에서 온 학생으로 영국에 도착했지만 1945년까지 영국에 거주한 8천 명~1만 명의 무슬림 중 5천 명은 이민자가 아닌 개종자로 추정된다.[1] 1914년까지 가장 많은 무슬림 이민자는 예멘, 아덴 보호령, 소말릴란드에서 온 아랍 선원들로 카디프, 사우스실즈South Shields, 리버풀, 헐Hull 등의 항구에 도착한 사람들이었다. 다른 선원들과 마찬가지로 이들도, 일상적으로 침몰이 자주 일어나고, 항해에 적합하지 않은 선박에 과적하여 태우는 등 선주들에게 심하게 착취를 당했다. 그들은 또한 전국 선원 연합으로부터 추방을 요구받았다. 원래 임시 노동자였던 아랍인들은 대부분 젊은 남성이었지만, 전쟁 동안 거주민이 되었다. 사우스실즈에서 그들은 현지 여성들과 교제하며, 종종 그들을 매력적으로 여긴 여성들과 결혼하였다. 이로 인해, 도덕적 공황moral panics,* '반쪽 카스트' 자녀에 대한 시위, 슬럼가 정리 및 재건축 계획을 통한 격리와 같은 문제들이 발생하였다.[2] 그러나 아랍인들은 두 차례의 세계대전에서 상선 선원으로서 국가에 중요한 역할을 담당하였고, 1945년 이후부터는 아랍인에 대한 친근감으로 인해 그 편견이 줄어들었다. 북동부에서는

---

*   역자 주) 사람들 사이에 어떤 상황이나 사건이 사회의 안녕을 위협한다는 두려움이 퍼지는 현상을 의미한다.

철강 및 제철 분야에서 일자리를 얻었고, 제한된 지역에 집중되기보다는 사우스실즈 전역에 다시 정착하였다. 젊은 아랍인들은 현지 관습과 가치관을 받아들이고 영국인 어머니의 성을 흔히 사용했다.[3] 사실상 이들은 아랍인과 무슬림이라는 정체성을 거의 상실하고 지역 사회 속으로 사라졌다.

❈ ❈ ❈

그러나 제2차 세계대전 이후 이러한 오래된 아랍 공동체는 펀자브와 방글라데시로부터 온 훨씬 더 광범위한 무슬림 이민자들에게 추월당했다. 이들 대부분은 섬유 산업과 요식업의 경제적 기회에 매료된 젊은 독신 남성으로 구성되었다. 또한, 소수의 무슬림이 정치적 불안정으로 인해 터키, 키프로스, 예멘, 소말리아, 에리트레아Eritrea, 이집트, 이라크에서, 그리고 1970년대에 동아프리카에서는 우간다와 케냐 정부로부터 차별받은 성공한 무슬림 사업가들이 들어왔다. 이민을 제한하라는 보수당 내부의 압력에도 불구하고 1950년대 정부는 영연방에 반감을 줄 것이라는 두려움과 대중교통 및 국민건강보험을 유지하는 데 필수적인 이민노동자의 경제적 가치를 인식했기 때문에 개입을 꺼렸다. 많은 이민자가 농업 종사자 출신이었지만, 부족한 부분을 채우고 특히 상점 운영, 식당, 도매업, 택시 운전 등 소규모 사업을 시작하면서 이민자 특유의 유연성을 보여주었다. 모퉁이 상점에 대한 경쟁 압력과 장시간의 노동은 이민자 가족들에게 기회를 제공했다. 예를 들어, 듀스베리에서는 파키스탄인 가족 몇 명이 37개의 주류판매점을 운영했는데, 이들은 대부분 금주자였다.[4]

그러나 정치인들은 1962년 경제 침체로 노동력의 필요성이 줄어든 상황에서 이민을 제한하라는 압력에 굴복하며 영연방 이민자법Commonwealth Immigrants Act을 제정했다. 하지만 이민을 제한하려는 이 시도는 완전히 실패로 돌아갔다. 이 법은 발효도 되기 전에 이민의 쇄도를 불러왔고, 이미 들어와 있는 사람들 친척의 입국을 허용하였다. 그 결과 인도아대륙에서의 무슬림 이민이 증가했다. 1955년부터 1960년까지 파키스탄에서 온 이민자는 1만 7천 명에 불과했지만 1962년 법이 시행되기 전 18개월 동안 약 5만 명이 입국했다. 이 법은 또한 지역 사회의 성격에 큰 변화를 가져왔다. 원래는 주로 임시 거주지의 독신 남성들이 많았던 공동체가 이제는 영주권자 가족들이 주를 이루게 되었다. 이러한 변화는 많은 이민자가 파키스탄의 미르푸르와 방글라데시의 실렛과 같은 아주 작은 지역에서 왔다는 사실과 지역 마을, 씨족 또는 대가족의 사람들과 합류하는 비라다리Biradari 시스템으로 들어온 새로운 이민자들에 의해 더욱 두드러졌다. 이는 차별에 직면했을 때 물질적 수단과 안정감을 창출하는 장점이 있었지만, 지역 공동체로부터 이민자들의 고립을 촉진하는 결과도 초래하였다.

1962년 법안은 인종차별을 완화하는 데 아무런 도움이 되지 않았다. 오히려 1964년 총선을 앞두고 보수당, 특히 웨스트미들랜즈에서 반이민 정서의 악용을 합법화였다. 버밍엄 보수당 지도자들은 1964년 의도적으로 이민 문제를 주요 이슈로 삼아 전국적인 추세로는 노동당이 유리한 선거에서 4.2%의 지지율 상승을 얻었다. 1964년 보수당은 이런 방식으로 스메드위크Smethwick, 페리 바Perry Barr, 슬라우Slough에서 세 의석을 차지했다. 이 중 가장 악명 높았던 스메드위크는 수년 동안 지역 신문의 지원을 받아 악의적인 반이민 선전을 펼쳤으며 심지어 노

동당에서는 유색인 술집을 운영하기도 했다.⁵⁾

반면에 전국적인 차원에서 정당들은 1962년 법과 반이민 선전에 수치감을 느껴 몇 년 동안 휴전 상태에 들어갔다. 그러나 보수당 고위 당직자 파월Enoch Powell의 악명 높은 연설로 인해 상황은 급격히 혼란스러워졌다. 그는 1968년의 이민 제한 시도는 실패했다고 주장하며 2000년까지 인구의 5%가 '유색인종'이 될 것이라고 경고하였다.⁶⁾ 파월은 선동적인 언어를 사용하며 이민자에 대한 근거 없는 일화를 반복했고, 폭력을 예언하면서 자발적 송환을 옹호했다. 그러나 무엇보다도 이민을 영국문화와 전통에 대한 위협으로 간주하면서, 지금은 거의 기괴한 주장으로 보이지만 당시에는 널리 받아들여진, 검은 얼굴을 가진 사람이 영국인이 될 수 있다는 사실을 솔직히 거부했다. 물론 토리당 지도자 히스Edward Heath가 파월을 해임했지만, 그의 폭발적 발언은 편견에 더욱 힘을 실어주었고 여론 조사는 유권자의 67%~82%가 그의 견해를 지지하는 것으로 나타났다.

그 후 1967년에 결성되어 공개적으로 인종차별적 의견을 표명한 국민전선National Front을 시작으로 이러한 의견에 동조하는 우익 극단주의 정당들이 잇달아 등장했다. 그 결과 흑인과 아시아인에 대한 공격이 증가했다. 1976년 국민전선은 브래드포드의 무슬림 지역을 통과하는 도발적인 행진을 시작했고, 이후 영국국민당British National Party과 영국방위연맹English Defence League이 그들의 전술을 모방했다. 1978년부터 1987년까지 49명의 아시아인이 인종차별적 살인의 희생자가 되었지만, 경찰은 대개 인종차별적 폭력을 무시하고 가해자보다 피해자를 체포하려는 경향이 더 많았다.⁷⁾ 이로 인해 젊은 무슬림들은 기성세대가 너무 오랫동안 차별을 수동적으로 받아들였다는 결론을 내렸다. 그러나 1964년부터 1970년까지 집권한 노동당은 이 문제에 대해 사실상 두 개의 다른 정당으로 나뉘어 있었기 때문에, 아직은 그들이 정치 시스템을 이용해 스스로를 방어하기는 어려웠다. 1968년 노동당 내무장관 캘러헌James Callaghan은 노동자 계급의 표를 잃을 것을 두려워하여 영국 거주자와 '자손' 관계를 증명하지 못한 케냐계 아시아인의 입국을 제한했다. 반면에 윌슨Harold Wilson의 노동당 정부는 1965년 인종관계법Race Relations Act을 통과시켜 주택과 고용의 차별에 대한 법적 구제를 목적으로 인종관계위원회Race Relations Board를 설립했다. 내무장관으로서 젠킨스Roy Jenkins는 이 법을 강화하여 간접적 차별을 다루기 위해 기회의 균등, 문화적 다양성 수용, 상호 관용을 장려했다. 실제로 정치인들은 이민자 공동체를 보호하고, 그들만의 문화를 육성하며, 이민자에 대한 대중의 편견을 견제하기 위해 신중한 조치를 취해야 할 필요성을 인식하고 있었던 것이다. 장기적으로 이 법안은 영국에서 인종차별을 없애는 데 성공적이었다.

1982년에 발표된 인구조사에 따르면, 파키스탄 출신 37만 1천 명, 방글라데시 출신 9만 3천 명, 아랍 국가 출신 6만 3천 명 등 무슬림 인구는 69만 명으로 추산되었다. 이는 1991년에 약 100만 명, 2000년에는 200만 명으로 증가했다. 무슬림은 주로 런던의 이스트엔드, 랭커셔, 요크셔, 웨스트미들랜즈, 클라이드사이드Clydeside와 사우스웨일스에 정착했다. 저임금으로 일할 준비가 된 이들은 듀스베리, 허더스필드, 블랙번, 번리와 같이 쇠퇴하는 섬유 도시에 노동력을 공급했다. 안정된 주거와 일자리를 찾기 위해 가족을 따라 이주한 무슬림 이민자들은 2002년까지 맨체스터 인구의 11%, 버밍엄의 15%, 브래드포드의 17%, 레스터의 12%, 런던의 14%를 차지할 정도로 집중되었다.[8] 이러한 집중 현상은 수십 년 동안 소수민족 공동체의 위협에 대한 관심을 집중적으로 보도한 『더 선The Sun』, 『데일리 메일』, 『데일리 익스프레스Daily Express』, 『스타Star』 등 유명 신문의 역할에 의해 더욱 부각되었다. 2000년 12월, 『데일리 메일』은 연이어 경각심을 불러일으키는 헤드라인을 실었다. '백인이 소수가 될 영국 도시들', '백인을 소수민족으로 만들 수 있는 베이비붐' 등이었다.[9] 수년간의 언론 선전의 효과는 많은 사람의 머릿속에 이민자들의 규모에 대해 과장된 생각을 심어주었다. 그 결과 2014년까지 대중은 무슬림만으로 영국 인구의 21%를 차지하고 있다고 믿었지만, 실제 수치는 5% 미만이었다.[10]

영국 전통의 위협에 대한 경고성 보도는 위축된 시장에서 언론사 소유자들의 인기 신문 판매 촉진 전술의 일환인 향수 정치politics of nostalgia의 징후였다. 그러나 더 사악한 방식도 작용하고 있었다. 포퓰리즘 언론은 소유주와 편집자의 정치적 목적을 달성하기 위해 고안된 오래된 전략을 사용하였다. 이는 미국에서 이미 오랫동안 효과적으로 사용되어온 방식으로, 남부의 가난한 백인들의 처지를 역시 가난한 흑인들 탓을 함으로써 이용하는 것이었는데, 실제 양측의 진정한 이익은 그들을 억압하는 반동 세력에 맞서 단결하는 데 있었다. 마찬가지로 영국에서 대부분의 신문사는 부유한(그리고 종종 외국인) 기업가들이 소유하고 있었는데, 이들은 우파 정부와 그들이 가져다주는 세제 혜택을 유지하고 싶어 했다. 이를 위해서는 사회 각계각층에서 불이익을 받는 사람들을 서로 분리시켜야 했다. 예를 들어, 여성 고용에 대한 남성의 두려움을 악용하거나, 개인연금 감소로 고통받는 근로자와 국가연금 유지 근로자를 대립시키고, 주택 소유자와 공동주택 세입자, 저임금 일자리에서 일하기를 거부하는 사람과 같은 조건에서 일하는 사람을 대립시키는 등 여러 방법이 있었다. 이렇게 촉발된 분노는 약자들이 투표소에 결집하여 더 평등한 사회를 위해 투표하는 위험을 막는 데 도움을 주었다. 무슬림은 상대적 빈곤으로 인해 20세기 후반 수십 년 동안 이 전략의 자연스러운 희생자가 되었다. 1980년대와 1990년대에 영국이 다시 대량 실업의 시대로 접어들고 숙련된 육체노동 일자리가 사라지면서 그 영향은 더욱 악화되었다. 2016년까지 전체 실업률이 5.4%에 달했을 때, 무슬림의 실업률은 12%였다.

❈ ❈ ❈

그러나 1970년대에는 많은 무슬림이 영국에서 태어났기 때문에 더 이상 이민자가 아니었다. 1994년에는 파키스탄계 52%, 방글라데시계 44%가 영국 태생으로 요크셔, 랭커셔, 이스트엔드 억양을 사용했다. 또한, 파키스탄 출신 47%, 방글라데시 출신 43%가 16세 미만이었다. 그 결과 파키스탄 남성의 78%, 방글라데시 남성의 75%가 영어를 유창하게 구사한다고 평가되는 등 여러 면에서 영국 사회에 잘 적응하고 있었다.[11] 편견의 경험에도 불구하고 이들은 점진적으로 주류 사회에 통합되는 과정에 참여하게 되었으며, 이 시기에는 자신을 무슬림이라기보다는 '흑인' 또는 아시아인으로 생각하는 경우가 많았다. 이는 무슬림 공동체가 서로 다르고 분리되어 있다는 기존 시각과 상충되는 것처럼 보이지만, 공통점과 상호 작용을 간과하는 시각으로 볼 수 있다. 1970년대 후반 요크셔의 직물 마을인 듀스베리 출신 와르시Sayeeda Warsi는 학교 친구들과 영국인 이웃을 통해 지역 문화에 매우 익숙해졌다. 그녀는 지역 사회와 자신의 파키스탄 유산 사이의 차이점을 알고 있었지만, 영국 주류 사회에 참여하고자 하는 열망도 키웠다. 그녀의 아버지는 1962년 영국에 도착했을 때, 결국에는 이슬라마바드에 있는 '고향'으로 돌아갈 수 있기를 기대하였다. 그러나 그것은 '거의 모든 사람이 실패한 실험'이었다. 그러는 동안 그는 가정을 꾸리고 사업을 일구며 영국 생활에 전념하게 되었다.[12] 그녀의 어머니는 영어 수업을 듣고 운전을 배우며 딸들의 대학 진학을 독려했다. "저의 부모님은 영국에서 좋은 점을 수용하도록 격려해 주셨으며, 항상 큰 발전의 순간이라고 생각하는 것들을 우리가 경험하기를 열망하셨습니다." 새로 개통된 험버 브리지Humber Bridge로의 가족 나들이도 그러한 순간 중 하나였다.

또한, 1세대 영국 무슬림은 사회적 행동과 종교적 관습에 대해 상당히 관용적이었다. 남성대부분은 유럽식 옷을 입었고 일부는 술을 마시고 혼전 성관계를 가졌다. 그러나 1962년 이후 여성 인구의 증가는 전통적인 가족생활에 기반을 둔 공동체로서 무슬림 사회의 가장 특징적인 측면을 강화하는 결과를 가져왔다. 이는 마약을 피하고, 술을 적게 마시고, 여성의 정숙함을 추구하며 성적 과잉을 싫어하는 것을 의미했다. 그러나 이 중 어느 것도 관습에 대한 문제나 도전을 의미하는 것은 아니었다. 무슬림의 결혼은 매우 안정적이어서 이혼율이 약 3%~4%에 불과했고 혼외 출산도 거의 없었다.[13] 요컨대, 무슬림들의 사회적 습관은 그들을 영국의 전통적이고 심지어 관습적인 가치 체계 안에 편안히 자리 잡도록 하였다.

영국은 이민자 공동체, 특히 빅토리아 시대에 아일랜드인, 1890년대 이후에는 유대인을 받아들인 경험이 있었기 때문에 무슬림의 경험도 특히 이례적인 것은 아니었다. 1914년까지 약 30만 명에 달했던 유대인 공동체는 고유문화를 유지하고 소중히 여기며 독자적인 조직을 설립하였고, 비즈니스와 고용에서 독특한 역할을 개발하는 동시에 정치, 노동조합, 미디어, 스포츠, 군대를 통해 영국 시민으로서 참여할 수 있었다. 1900년 무렵에는 다문화주의multiculturalism라는 용어가 사용되지 않았지만, 이는 영국 다문화주의의 특징이었다. 그보다 훨씬 이전 글래드스톤이 웨일스에 대해 유사한 접근 방식을 채택했었는데, 그는 의도적으로 웨일스의 독특한 언어, 교육, 문화를 육성하고 웨일스 사람들을 영국 국가 기관에 참여시킨 바 있다. 다문화주의의 성공은 유대인 4만 1천 명이 자원하여 참전했던 보어 전쟁과 제1차 세계대전 등 국가적 위기 상황에서 국가적 노력에 기여한 유대인의 공헌에서 분명하게 드러났다.[14] 1951년 매스 옵저베이션Mass Observation 조사에 따르면 반유대주의가 사라지지는 않았지만, 대부분의 사람들은 유대인이 영국 사회에 편안하게 적응하고 있다고 받아들였다. 1950년대 이후 무슬림 이민자들의 경험은 특정 도시 중심의 정착, 공동체 조직의 설립, 고용과 교육의 점진적 증가, 차별에 대한 법적 보호, 국가 정치 참여 등 초기 아일랜드 및 유대인 이민자들의 경험과 유사했다. 다문화주의에 대한 논란이 암시하는 것처럼 영국의 접근 방식은 기이하지도 않다. 오늘날 호주는 세계에서 가장 성공적인 다문화사회라고 자랑하고 있으며, 캐나다는 1988년 국가 정체성을 촉진하기 위해 실제로 다문화법Multicultural Act을 통과시켰다. 그러나 다문화주의에 대한 현대 비평가들은 영국의 역사에 익숙하지 않기 때문에 이러한 수용 패턴은 널리 인식되지 못하고 있다.

❋ ❋ ❋

무슬림 2세대는 일시적인 경제 이민자로 영국에 온 것이 아니었기 때문에 이전 세대보다 소극적이지 않았으며, 영국에서의 기회와 권리를 더 확신하고 있었다. 이들에게 주류 사회로의 통합은 편견에 맞서 자기주장을 강화하고 영국인 아시아인로서의 정체성을 인식하는 것과 함께 이루어졌다. 1980년대와 1990년대에 접어들면서 젊은 세대는 세속 사회에 익숙해져 부모 세대와 점점 멀어졌고, 많은 이들이 모스크의 세계를 지루하다고 여겼다. 와르시는 부모님과의 차이점을 인식하게 되었다. "많은 아시아 젊은이들이 살았던 유명한 이중생활은 싫증 나는 일이었다. 우리는 여기에 살고 있다. 영국이 고향이고, 내가 속한 곳이며, 내가 중요하게 생각하고 싶은 곳이다."[15] 필연적으로 공동체들의 행동은 점점 비슷해지기 시작했다. 예를 들어, 1990년에는 파키스탄인과 방글라데시인의 54%가 의무교육을 넘어서는 교육을 받았는데, 백인 인구에서는 56%였다. 가족 규모가 급격히 감소한 것도 현지 문화를 점진적으로 수용하고 있음을 보여주는 또 다른 지표이다.[16] 무슬림들은 또한 다른 방식으로 주류 사회의 관행을 반영하기 시작했다. 더 많은 20대 여성이 미혼으로 남았고, 언어 능력과 자격을 갖추어 유급 취업 가능성이 더 상승했다. 런던에서 직업을 갖고 있는 한 젊은 여성은 "나는 무슬림이고 파키스탄 출신일 수 있다. 하지만 나는 영국인이다. 돈과 훌륭한 삶, 일자리를 원한다. 나는 서유럽, 자유, 위선이 없음을 사랑한다"고 하였다.[17] 일부 무슬림 여성은 히잡을 여성 정체성을 상징하는 수단으로 사용하여 전적으로 서유럽식 복장을 채택하라는 압력에 저항하면서, 무슬림 남성에게 존중받아야 함을 나타냈다.[18] 이것은 종속의 표시가 아니라 두 사회의 문화를 적절하게 수용한다는 것을 보여주는 현명한 방법이었다.

다른 무슬림들은 한편으로는 영국 관습을 완전히 받아들이는 것과 다른 한편으로는 전통을 유지하는 것 사이에서 서로 다르지만 실행 가능한 타협안을 발전시켰다. 예를 들어, 크리켓 선수 아흐메드Mushtaq Ahmed는 1995년부터 영국에서 일했고, 처음에는 새로운 삶에 거의 잘 적응해 갔다. 그러나 그는 결국 가족을 소홀히 하고 있으며 영국 사회의 과도한 물질주의와 극단적인 자유주의에 굴복하고 있다고 판단했다.[19] 그 결과 그는 자신의 종교를 재발견하고 독실한 무슬림이면서도 영국 생활에 적응하는 것이 가능하다는 믿음으로 정착하게 되었다. 아흐메드의 경험은 무슬림이 주로 가족 중심의 공동체이며 현대 서유럽 사회에서 흔히 볼 수 있는 물질주의, 알코올 중독, 여성의 정숙하지 못한 태도, 노골적인 성적 취향에 불쾌감을 느낄 수 있다는 사실을 보여준다. 하지만 이러한 태도가 위협을 의미하는가? 아니면 무슬림에게 영국의 전통적인 가치를 강화할 수 있는 잠재력을 주는 것인가? 이러한 혼란은 2000년 한 영국 소녀의 사례를 보도한 『데일리 메일』에 의해 의도치 않게 반영되었다. 이 소녀는 자발적으로 아시아계 가족과 함께 살기 위해 집을 떠났다가, 이후 무슬림이 되어 대학 교육을 받은 무슬림 컴퓨터 엔지니어와 결혼하였다. 그녀는 정숙하게 옷을 입고 결혼 전에 성관계를 갖지 않으며 "남편이 다른 여자를 쳐다보지 않고 술이나 도박을 하지 않을 것이라는 것을 확실히 알기 때문에 행복하다"고 했다.[20] 그녀는 두 번의 결혼 실패를 겪은 어머니의 경험에 반감을 갖고 무슬림과의 결혼을 통해 보다 안정적이고 가정적인 삶을 기대했을지도 모른다. 하지만 『데일리 메일』은 "내 딸이 이슬람에 유혹당했다"는 전형적인 자극적인 제목으로 기사를 내보냈다. 이 기사는 그녀가 '모양 없는 긴 옷'을 입었고 이미 아기를 돌보고 있었다고 보도했다. 사실상 그녀는 『데일리 메일』에서 독자들에게 권장된 전통적 가치관과 삶의 방식을 채택했음을 보인 셈이었다! 그러나 신문은 무슬림을 위협적인 존재로 규정하는 이슬람 혐오 의제에 거의 부합하지 않았기 때문에 이를 인정하지 않았다.

※　※　※

초기 무슬림 세대는 노동력 부족을 채우고, 소규모 사업을 시작하고, 수용된 지역 사회의 사회적 습관을 일부 받아들임으로써 영국 생활에 제한적으로 적응하는 데 성공했다. 그들은 이슬람교를 믿었지만 과시적인 무슬림은 아니었다. 안타깝게도 1980년대에 이러한 점진적인 동화 과정은 근본적인 정치적 경향과 극적인 단기적 우발 상황의 조합으로 인해 완전히 중단되지는 않았지만 복잡해지기 시작했다. 이 시기에는 일반적으로 뉴라이트the New Right에 의해 이민자에 대한 공격이 다시 시작되었다. 1979년부터 1990년까지 총리를 지낸 대처 여사Mrs. Thatcher는 이민자들의 '습격'이라고 부른 두려움을 정당화하는 데 일조했다. 『솔즈베리 리뷰Salisbury Review』와 같은 반동적 저널에서 다문화주의에 대한 격렬한 논쟁이 1990년대 동안 일상적인 특징이 되었다. 이로 인해 일련의 극단적인 이슬람 혐오 단체들이 주변부에서 벗어나 더 넓은 존경과 지지를 얻기 위해 움직이게 되었다. 1950년대에 제국충성연맹League of Empire Loyalists은 모슬리 경Sir Oswald Mosley의 전 지지자들과 몇몇 토리당(보수당) 의원들을 영입했지만, 곧 쇠퇴하였다. 그

후 조던Colin Jordan의 백색방위연맹White Defence League이 뒤따랐고, 이는 1967년 국민전선에 의해 추월당했으며, 이후에는 영국국민당, 영국독립당UK Independence Party(UKIP),* 영국방위연맹이 뒤를 따랐다. 경제 침체, 영국을 유럽연합에 가입시킨 보수당 지도자들에 대한 배신감, 그리고 영국이 국가 정체성을 잃어가고 있다는 근본적인 인식에 자극받은 이 단체의 신인들은 주류에서 입지를 다지기 시작했다. 그들은 "무슬림이면서 동시에 영국인이 될 수 있는가?"라는 질문을 제기했다. 결국 이러한 압력은 많은 무슬림에게 이전에는 일반적으로 하지 않았던 무슬림으로서의 정체성을 더 강하게 요구하는 효과를 가져왔다. 이는 실제로는 영향이 미미했던 다인종 정책의 결과가 아니라 단순히 근본적인 추세와 사건들의 압력에 의한 것이었다.

결과적으로. 세기 후반 수십 년 동안 무슬림과 영국 사회 사이의 관계 악화에 대한 설명은 단순히 종교적 측면에서만 찾을 수는 없다. 종교는 국가 정체성을 유지하기 위해 고군분투하는 사회에서 더 광범위한 문제 중 하나의 증상에 불과했다. 어떤 면에서는 근본적인 경제 및 정치적 동향, 또 다른 한편으로는 즉각적인 상황의 영향으로 인해 발생했기 때문이다. 전자의 경우, 1980년대와 1990년대에 대처 여사의 경제 실험으로 인해 두 차례의 대규모 경제 불황이 발생하고 철강, 석탄, 엔지니어링, 조선 분야에서 약 200만 개의 제조업 일자리가 사라졌다는 점은 중요한 의미를 갖는다. 이는 고임금, 숙련된 육체노동을 누리던 아버지 세대에 엄청난 사회적, 정치적 결과를 가져왔지만, 그

---

* 역자 주) 1993년 창당된 영국의 유럽연합에 회의적인 우익 포퓰리즘 정당으로 독립이란 유럽연합(EU)으로부터의 독립(브렉시트, 영국의 유럽연합 탈퇴)을 뜻하며, 반이슬람 행동 강령을 선언하기도 하였다.

들은 확장하는 서비스 산업에서 일하기에는 자격이 부족하고 농업, 소매업, 서비스업의 저임금 일자리는 기피하는 딜레마에 빠졌다. 거의 필연적이었던 결과는 일자리를 빼앗기 위해 이민자라는 희생양을 찾는 것이었다. 하지만, 실제로 이민자들이 맡은 일은 영국이 충분한 자격을 갖춘 인력을 배출하지 못한 엔지니어링 및 건설과 같은 분야이거나 임금이 너무 낮고 조건이 너무 열악하여 영국 노동자들이 받아들이기를 거부하는 분야였다. 대처-블레어 시대의 또 다른 부산물인 주택 비용의 엄청난 상승, 즉, 150만 채의 시의회 주택 매각(이 중 상당수가 엄청난 임대료를 부과하는 매입 임대업자에게 넘어감), 지방 당국의 규제로 인해 잃어버린 주택을 대체할 수 없게 되면서 불만이 더욱 고조되었다. 이는 또 다른 사회적 재앙으로, 사회주택을 구하거나 민간 부문 임대료를 감당하거나 주택담보대출을 받기 어려운 세대를 만들어냈다. 주택 소유를 당연하게 여겼던 세대가 그 기회를 잃게 된 것이었다. 다시 말하자면, 실제로 이민자들은 임대료 상승을 억제하는 조치와 사회주택 건설 정책에 대한 공통의 관심사를 가지고 있었음에도 불구하고, 이민자들이 주택에서 특혜를 받고 있다고 주장하는 것은 너무도 쉬운 일이었다.

무슬림 공동체에 즉각적인 영향을 미친 사건 중 하나는 1988년 9월 루슈디Salman Rushdie의 저서 『악마의 시The Satanic Verses』가 출간된 것이었다. 이 작가는 간디Indira Gandhi 아버지 네루Jawaharlal Nehru를 대신해 명예훼손 소송을 제기하게 만든 『한밤중의 아이들Midnight's Children』이라는 도발적인 작품으로 이미 명성을 누리고 있었다. 더 나아가 『악마의 시』에서 루슈디는 코란을 하느님의 선지자로 가장한 모하메드의 작품으로 취급했다. 그는 중세 기독교인들이 선지자를 가리키는 '마하운드Mahound'라는 용어를 부활시키며 이슬람의 기원에 대한 가상의 설명을 제공했다. 루슈디는 이슬람에 대한 신중한 비판이 아니라 고의적으로 이슬람을 경멸하는, 이전 시대로의 불쾌한 회귀를 묘사하는 글을 썼다. 무슬림들은 당연히 이를 선지자와 그들의 종교에 대한 모독으로 생각했다.

물론 『악마의 시』는 대부분의 무슬림 국가에서 판매되었으며, 인도와 사우디아라비아에서 가장 큰 반발을 불러일으켰다. 이 책은 1989년 호메이니가 금서로 규정하는 파타와를 발표하고 루슈디 목에 현상금이 걸리면서 훨씬 더 큰 의미를 갖게 되었다. 이러한 상황에서 출판사인 펭귄은 이 책을 철회하라는 압력을 거부했고, 영국 정부는 책 금지 압력에 저항하면서 동시에 루슈디를 비판함으로써 두 세계에 최악의 상황을 초래했다. 그들은 자신의 종교와 입양한 고향을 배신한 루슈디를 싫어했지만, 운동의 주요 원인을 이란으로 보았기 때문에 오히려 무슬림의 감정에 반응하기를 꺼리는 갈등을 느꼈다. 사실상 자유주의 여론이나 무슬림 정서 어느 쪽도 진정되지 않았다.

루슈디 사건은 영국 무슬림 공동체의 분수령으로 여겨질 만큼 파괴력이 있었던 사건이었다. 무슬림들은 왜 정부가 신성 모독에 관한 법률을 기독교뿐만 아니라 자신들의 종교까지 확대 적용하지 않는지 의문을 제기했다. 당시 많은 사람이 신성모독법을 시대착오적인 것으로 여겼기 때문에 영국이 세속적인 사회로 변해가는 과정에서 무슬림이 얼마나 강한 감정을 가졌는지 인식하는 데 느렸다는 것이 문제였다. 하지만 이로 인해 무슬림 사이에는 여전히 강한 불만의 감정이 남아있었다. 브래드포드 모스크 협의회Bradford Council of Mosques 회장 아잠Sher Azam은 "우리는 예전에 우리가 누구인지, 어디로 가는지에 대해 질문을 하곤 했다. 이제 우리는 알게 되었다. 우리는 무슬림으로서 우리 자신을 발견했다"고 그 중요성을 요약했다.[21] 이처럼 이 사건은 여러 세대를 하나로 묶어주었고, 이전에는 종교가 없고 영국문화에 익숙했던 일부 젊은 무슬림들이 자신의 정체성을 재고하도록 이끌었다. 이전에는 자신을 무슬림은 커녕 아시아인도 아닌 '흑인'으로 여겼던 이들이 루슈디를 통해 처음으로 경쟁적인 충성심과 이슬람에 대한 헌신 중 하나를 선택해야 한다는 압박에 직면하게 되었다.[22]

정부가 『악마의 시』를 금지하거나 신성 모독에 관한 법률을 이슬람에게까지 확대하는 것을 거부한 또 다른 부산물은 무슬림을 위한 우산 조직을 추진하려는 시도를 자극하는 것이었다. 1992년 시디키Kalim Siddiqui는 무슬림의 이익이 무시되고, 무슬림의 가치가 공격받고 있으며, 자신감 회복이 필요하다는 이유로 무슬림 의회 창설을 주장했다. 그러나 무슬림 의회는 선출되지 않았고 대부분의 무슬림이 대표성을 인정하지 않았으며, 오히려 무슬림이 주류 정치에 진출하는 것을 막는 것처럼 보였다.[23] 1996년 시디키가 사망할 때까지 무슬림 의회는 충분한 지지를 확보하지 못했다. 그러나 정부의 묵살이 계속되자 그해 모든 무슬림 의견을 대변하는 영국 무슬림 위원회Muslim Council of Britain(MCB)가 새로이 구성되었다. 이는 영국 유대인 대의원회Board of Deputies of British Jews를 설립한 초기 유대인의 노력과 비슷했다.

1997년부터 2005년까지 MCB는 정부와 긍정적인 관계를 유지하며 정부 관계자들의 자문을 받았다. 2016년까지 약 500개의 모스크, 학교, 자선단체를 대표했으며 언론에 널리 인용되기도 했다. 그러나 하마스에 대한 지원과 블레어Tony Blair의 친이스라엘 동정심 문제로 노동당 정부와 관계가 틀어졌다. 2016년 캐머런David Cameron 정부는 2005

년 7/7 테러*의 충격에 대응해 이 단체가 너무 '이슬람주의적'(공식 정책에 대해 너무 비판적이라는 의미)이어서 무슬림 의견의 진정한 대표자가 되지 못한다고 판단했다. 당국의 공식적인 비난으로부터 MCB가 무슬림들 사이에서 더 많은 신뢰를 얻기 위해 MCB는 정부와 어느 정도 거리를 두는 것은 불가피했다. 무슬림에 대한 부정적이고 부정확한 보도가 계속되는 것에 분노한 위원회는 언론 기관에 정정보도를 요청하기 시작했다. 하지만, 2016년 말까지 20건의 철회 승인과 언론 규제 기관에서 추가로 20건의 정정보도 검토라는 제한적 성공에 그쳤다. 2016년 MCB는 테러에 가담할 수 있는 신병 모집을 방지하기 위해 설계된 정부의 예방 전략에 맞서기 위해 자체 프로그램을 시작하기로 결정했다. 예방 전략이 모든 외교 정책 비판자를 극단주의자 또는 잠재적 테러리스트로 몰아가는 이념적 테스트를 시행하고 있다고 주장하였다. 시간이 지나면서 MCB의 범위가 확장되었다. 2018년에 MCB는 영국 유대인 대의원회 및 잉글랜드 국교회Church of England 주교 60명과 함께 첫 두 자녀에 대해서만 세금 공제를 신청할 수 있도록 한 정부 정책의 폐기를 요구했다. 세 종교 지도자 모두 이 정책이 아동 빈곤을 증가시키는 원인이라고 주장했다.[24] 사실상 이러한 단체의 출현은 무슬림이 정치적 주류로 편입되고 있다는 것을 의미했다. 이들은 독립적인 조직을 유지하면서도 기존 정당을 통해 활동함으로써 정치적 위상을 높이기 위한 대안 또는 보완 전략을 채택하고 있었다.

---

*   역자 주) 런던 대중 교통 시설에서 이슬람 테러리스트들이 일으킨 연쇄 자살 폭탄 테러 사건이다.

❄ ❄ ❄

　그러나 20세기 후반 영국 사회에서 무슬림이 겪은 경험은 유대인이나 아일랜드인이 겪은 초기 경험과 어떤 면에서는 비슷했지만, 한 가지 중요한 역사적 차이가 있었다. 1850년대에서 1920년대 사이에 영국에 도착한 이민자들은 산업, 해군, 제국주의, 군주제 강국으로서 전성기를 누리고 있던 국가를 만났고, 국가 정체성, 정치체제 및 국가로서의 목적에 대한 확고한 생각을 갖고 있었다. 그러나 1970년대, 1980년대, 1990년대, 2000년대 초반까지 국가 정체성을 지탱해 온 제도들이 사라지거나 신뢰성을 잃고, 전통적 가치는 약화되고, 연방에 대한 충성심이 무너지고, 영국의 대외적 역할에 대해 깊은 분열이 일어나면서 이러한 자신감은 크게 무너졌다. 이로 인해 영국 사회는 새로운 이민자, 변화된 환경, 세계에서 영국의 지위 하락에 어떻게 대응해야 할지 불확실하고 훨씬 취약한 상태에 놓이게 되었다. 이러한 의구심은 밀레니엄을 기념하는 행사로 구체화 되었고, 영국인들은 과거를 돌아보고 유럽의 중견 강국으로서의 미래를 내다보게 되었다. 하지만, 많은 노년층은 이를 받아들이길 거부했다.

　이러한 상황에서 무슬림들은 그 틈바구니에 끼어들게 되었다. 이슬람과 기독교의 직접적인 충돌 때문이 아니라 무슬림이 대량으로 유입된 시기가 교회가 급격히 쇠퇴하던 시기와 맞물렸기 때문이었다. 종교는 분명 국가 정체성을 둘러싼 딜레마의 한 측면을 구성하고 있었다. 2016년~2017년 영국 사회 태도 조사에서 영국인의 약 52%~53%가 종교적 성향이 없다고 답했다. 전체 인구의 2.6%에 해당하는 110만 명만이 정기적으로 성공회 예배에 참석하는 것으로 나타났는데, 이는 기성 교회로서는 당혹스러운 수치였다. 성공회는 겨우 14%, 가톨릭 8%, 기타 기독교 교파 10%, 무종교라고 답한 비율이 8%로 나타났다.

이러한 쇠퇴는 세속주의의 위협과 기독교 결혼 및 전통적 도덕의 소멸에 대한 반격을 촉발시켰다. 극우 성향의 선동가들은 세속화 추세가 무슬림 도착보다 수십 년이나 앞섰다는 사실을 무시한 채, 언제나 기독교 국가로서 외국의 영향으로부터 영국을 방어해야 한다고 주장했다. 1836년 영국은 시민 결혼을 도입하고 모든 종교 단체를 성공회 독점으로부터 해방시켰다. 유대인 결혼은 영국 유대인 대의원회에서 등록할 수 있었는데, 이는 다문화주의의 초기 사례였다. 1857년, 이혼은 교회 법원의 전통적인 통제에서 벗어나 민사 영역으로 옮겨졌다. 교육에서 교회의 역할은 1870년 교육법, 중등 교육의 확대, 비성공회 신자에 대한 대학 교육의 개방으로 인해 점차 축소되었다. 상업적 여가 활동의 대대적인 발전은 이러한 세속 사회로의 장기적인 전환의 징후를 가중시켰다. 그 결과, 2000년에 이르러 성공회가 더 이상 영국의 도덕과 행동에 큰 영향력을 행사하고 있다고 말할 수 있는 사람이 아무도 없게 되었다. 기껏해야 여성 성직자, 동성애 관계, 이혼자의 결혼을 허용하는 등 사회적 추세를 따를 뿐이었다. 성공회는 우익 정치인들에게 너무 자유주의적인 것으로 간주되어 전통적인 권위를 상실했기 때문에 기성 교회로서 성공회의 정치적 역할도 약화되었다. 26명의 주교가 상원에 앉아있는 형태로 살아남은 그 정치적 역할은 완전히 시대착오적이 되어 성공회가 국교임이 실질적으로는 중단되었다는 사실을 간신히 가리고 있을 뿐이다.

기존 종교의 이러한 약점을 의식한 많은 사람은 빠르게 성장하는 종교에 매우 민감하게 반응했고, 이슬람이 서양의 문화를 전복시킨다는 주장에 힘을 실어주었다. 이러한 반응의 대표적인 징후는 새로운 모스크의 건축이나 개원을 막으려는 노력이었다. 골더스 그린Golders Green에서는 2017년 옛 경마장을 커뮤니티 센터와 모스크로 개조하려는 제안이 "폭력과 테러를 초래할 수 있다"는 이유로 지역 유대인들로부터 공격받았다. 그러나 이 건물은 무슬림 센터로 매입되기 전 10년 동안 기독교 복음주의자들이 사용하던 곳이었다.[25] 2018년 리즈의 한 사업가는 6만 파운드를 모금하여 루이스 섬의 스토노웨이Stornoway에 있는 버려진 건물을 개조하여 시리아 전쟁 난민을 포함한 소수의 가족을 위하여 아우터 헤브리디스Outer Hebrides 제도 최초의 모스크로 사용했다. 이에 대해 스코틀랜드 자유교회Free Church of Scotland는 반대를 했다. 블런트David Blunt 목사에 따르면,

> 우리는 모든 거짓 종교의 홍보에 반대한다 … 만일 이슬람교 사원이 문을 열게 되면, 이슬람교는 우리 지역 사회 대다수의 종교적 신념과 동떨어져 있음에도 불구하고 공공 예배를 통해 우리 가운데서 스스로를 홍보할 수 있게 될 것이다. 이슬람은 또한 우리의 종교적, 시민적 자유와 양립할 수 없으며 실제로 위협을 가하고 있다.[26]

중세주의를 연상시키는 이러한 편협한 발언은 목사의 고립과 이슬람에 대한 무지를 강조한 것이었다. 실제로 현지 여론은 대체로 그를 지지했다. 해리스 섬에서 가장 큰 교회를 소유하고 있는 스코틀랜드 자유교회의 매키버James Maciver 목사는 잘 통합된 지역 무슬림들을 환영했다. "나는 양심의 자유라는 관점에서 이 문제에 접근한다. 나는 누군가의 양심과 그들의 신 사이에 끼어들 권리가 없다"고 말했다. 그의 발언은 모스크 건축에 대한 반대가 체계적이지 않고 산발적이라는 사실을

상기시켜 주었다. 그러나 이러한 부정적인 시각은 기독교가 방어적인 태도를 취하고 있다는 증거이기도 했다. 이것은 영국이 기독교 2,000주년을 기념하는 밀레니엄 행사를 치르지 못한 것에 대해, 2000년에 『데일리 메일』에 표현된 분노와 좌절감을 설명하는 데 도움이 된다.

기독교 쇠퇴에 대한 두려움은 또한 터무니없는 공포 이야기를 만들어냈는데, 그중 가장 재미있고 오래 지속되는 것은 '윈터발Winterval'*이라고 불리는 전통적인 크리스마스를 억압하려는 음모와 관련이 있다. 이 개념은 2000년에 노동당 지방 당국을 공격하는 데 유용한 무기가 될 수 있다는 『더 메일The Mail』에서 처음 등장했다.[27] 그러나 BBC 라디오 4에서 윈터발 도입에 대한 17건 이상의 보도를 조사했지만, 이 주장에 대한 사실적 근거를 전혀 찾을 수 없었다! 어쨌든 그것은 본질적으로 터무니없는 아이디어였다. 예수는 항상 무슬림들에게 위대한 선지자 중 한 명으로 존경받아왔고, 무슬림들은 선지자의 생일 축하 허용 여부에 대해 동의하지 않더라도, 일부 수니파는 그렇게 하고 있기 때문이다. 그러나 윈터발 아이디어는 제1차 세계대전 당시 '몽스의 천사Angels of Mons'와 같은 다른 대중의 가공된 이야기와 마찬가지로 일부 사람들이 믿고 싶어했기 때문에 지속되었다.

그러나 불안 조장자들과 이슬람 혐오론자들이 영국 역사에 대해 더 잘 알고 있었다면 영국의 크리스마스 진화에서 윈터발이 어떠한 위치에 있는지 이해하는 데 어려움이 없었을 것이다. 세속적인 영국 크리

---

*   역자 주) winter와 festival의 합성어로 1997년 11월~12월과 1998년 10월~1999년 1월, 버밍엄에서 시작된 두 번의 공공이벤트 시즌을 가리켰으나, 이후 비기독교인을 배제하지 않기 위해 크리스마스를 '브랜드 변경'하려는 시도로 사용되기도 한다.

스마스의 저자들은 실제로 크리스마스 카드, 크리스마스 크래커, 크리스마스 트리 및 크리스마스 쇼핑에 대해 관대하고 현대적인 취향을 개척한 빅토리아 시대 사람들이었다. 1890년 무렵에는 상업주의가 너무 발전하여 완전히 애국적이고 친영적인 간행물 『유대인 크로니클』은 독자들에게 크리스마스의 순수한 기독교적 의미가 이제 어느 정도 뒷전으로 밀려났다는 설명을 하였다. "이 위대한 겨울 축제는 … 요즘에는 종교적이라기보다는 국가적인 행사이다."[28] 이 신문은 특히 불가지론자들이 다른 누구보다 크리스마스를 축하하는 만큼, 크리스마스를 기독교 이웃과 함께 나누라고 유대인들에게 촉구했다.

그러나 증거 부족에 굴하지 않는 『더 메일』은 좋은 기사를 놓치는 것을 꺼렸다. 보도에 따르면, '크리스마스 개장을 앞두고 공격당한 상점들'이라는 제목으로, 세인즈버리, 울워스, 코업, 버겐스가 비기독교인 공동체와 다문화 정서를 달래기 위해 슬라우, 밸햄, 사우스얼, 루이섬, 로햄턴, 홀리 등의 지역에서 크리스마스에 개장할 것을 제안했다고 비난했다. 그러나 조사 결과, 전통적인 영국식 이름을 가진 이 지역의 쇼핑객들은 모두 크리스마스 개장에 열광했으며, 이는 영국의 상업화와 박싱데이 세일을 기다릴 수 없는 소비자들의 조바심에 크리스마스가 굴복한 것이 진짜 이유라는 신호였다.[29]

그러나 증거가 부족함에도 불구하고 윈터발이 사라지도록 내버려둘 수 없었다. 2006년 루턴의 홍보 담당자는 "우리는 매년 이런 일을 겪는다"고 불평했다. "매년 얼마나 많은 악의적인 기자들이 있느냐에 따라 달라진다. 우리는 그들에게 헛소리라고 말한다."[30] 같은 해 괴짜 작가 윌슨A. N. Wilson은 단념하지 않고, "루턴의 지방 의회를 구성하는 미친 갱단에 의해 크리스마스가 폐지되고 있다"고 주장했고, 『더 선』은 "정치적 올바름의 죽은 손이 축제 정신의 숨통을 조이고 있다"고 불평했으며, 전 캔터베리 대주교 캐리George Carey와 옥스퍼드 주교 샌터Mark Santer도 어리석게도 이 주장에 동조했다.[31] 이 성직자들은 쇠퇴하는 기독교가 다른 종교에 대해 지능적으로 반응하지 못하고 있음을 보여주는 표증이었다. "이맘때쯤이면 무슬림이 크리스마스를 좋아하지 않는다는 이야기가 떠돌아다닌다." 와르시 부인은 "우리 당(보수당)도 과거에 그렇게 했다. … 우리는 '크리스마스를 금지하는 노동당' 이야기를 찾으려고 노력했고 항상 인종적 연관성이 있었다"라고 말했다.[32] 그녀의 말이 맞았다. 2010년 말, 토리당 의원 오퍼맨Guy Opperman은 노동당 노섬벌랜드 카운티 의회가 크리스마스를 공격한다는 주장을 제기했지만 증거를 제시하지 못했다.[33]

그러나 현대 영국 크리스마스의 증거를 찾고자 했던 언론인들은 근거 없는 비방에 의존하기보다는 음식과 음료에 대한 영국인의 열정을 기념하기 위해 전국 곳곳에서 성황을 이루고 있는 크리스마스 시장을 방문했을 수도 있다. 맨체스터의 거대한 시장에서 그들은 수많은 랭커셔 무슬림들이 다른 사람들과 함께 행사를 즐기는 모습을 보았을 것이다. 이들을 보면서 무슬림들이 다른 사람들과 함께 세속적인 축제로 기념하는 영국 크리스마스에 아무런 위협이 되지 않는다는 것을 깨달을 수 있었을 것이다. 2017년 크리스마스에 테스코Tesco의 크리스마스 텔레비전 광고에는 무슬림 가족이 축하하는 모습도 등장했는데, 테스코는 이것이 '우리 고객들이 축제 시즌에 함께 모이는 다양한 방법'을 보여주는 증거라고 하였다. 일부 무슬림은 메카 여행을 위해 크리스마스를 이용하기도 했지만, 많은 무슬림은 칠면조, 트리, 크래커 등 단순히 축하 행사를 준비했다. 사실상 언론과 정치인의 영향력은 상업적 압력과 사회 변화의 조합에 의해 크게 밀려났다.

※　※　※

그러나 종교적 쇠퇴는 영국이 국가 정체성을 상실하는 데 있어 한 가지 요소일 뿐 가장 중요한 요소는 아니었다. 1947년 인도의 독립 이후 탈식민화 과정은 1950년대에는 천천히 진행되다가 1960년대에 가속화되었다. 별다른 논란이 일어나지 않자 제국주의에 대한 감성이 그다지 깊지 않았고 따라서 상실감도 크지 않은 것처럼 보이기 시작했다. 그러나 이러한 인상에도 불구하고 영국인들은 제국의 상실을 받아들이지 못했고, 그 공백을 메우기 위해 다양한 시도를 하였다. 1950년대에 제국의 날Empire Day은 영연방의 날Commonwealth Day이 되었지만, 영연방이 일반 대중보다는 정치 엘리트들 사이에서 크게 인식되었기 때문에 별다른 영향을 미치지 못했다. 정부 일각에서는 제국의 대안을 모색했고, 일부는 공동 시장Common Market 가입을 통해 대안을 찾았다고 생각했다. 하지만, 이 선택은 대중의 큰 호응을 얻지 못했다. 차선책으로 일부 정치인들은 강대국의 지위를 유지하기 위한 방편으로 미국과의 특별한 관계를 발전시켰지만, 애틀리, 이든, 맥밀런, 윌슨, 대처, 블레어 등 총리들이 미국과의 관계로 인해 겪은 복잡한 문제들로 인해 이 방법은 의심스러운 편법이 되었다. 경제 분야에서는 전통적인 영제국 시장이 유지되었기 때문에 어느 정도 연속성이 있었다. 그러나 제국은 국내 경제에서 남성을 빼내어 권위 있고 보수가 좋은 일자리를 제공함으로써 중요한 안전판 역할도 했다. 그러나 1960년대에 이르러 그 안전판은 사라졌다. 1950년대에는 소비경제가 일자리를 창출하고 경제가 급속한 성장을 이루는 한, 큰 문제가 되지 않았다. 그러나 1970년대에는 실업률이 증가하고 경제 성장이 둔화하면서 영제국이 전통적으로 제공하던 기회의 상실이 큰 영향을 미쳤다. 영국인들은 희생양을 찾기 시작했다.

이민자 공동체가 직면한 근본적인 딜레마는 영국 제국주의 철수로 인한 편견이나 빈곤보다는 심리에 있었다. 1970년대에 이르러 영국이 국가 문서에 영제국을 거의 쓰지 않으면서 많은 사람이 영제국 철수가 성공인지 패배인지에 대해 무지하고 불확실한 상태에 놓이게 되었음이 분명해졌다. 이러한 혼란은 런던 시장 리빙스톤Ken Livingstone이 트라팔가 광장의 주각 중 하나를 빅토리아 시대 장군이었던 해이블록Henry Havelock이 영구적으로 점유하고 있는 이유에 대해 의문을 제기하면서 불거진 논란으로 잘 포착되었다. 비평가들에게 이것은 제국의 과거를 부정하려는 시도로 보였다. 하지만 리빙스톤의 지적은 일리가 있었다. 해이블록은 1857년 인도 반란 당시 부하들을 이끌고 칸푸르에서 세 차례에 걸쳐 러크나우 포위망을 뚫고 진격했지만, 성공하지 못한 평범한 군인이었기 때문이다. 그는 업적이나 재능 면에서 명성을 얻을 자격이 없었지만 유명한 제국의 좌절과 연관된 인물이라는 이유로 주좌에 앉게 되었다. 이 에피소드는 제국이 얼마나 민감한 주제였는지를 강조하는 것이었다. 역사가들조차 제국의 경제적 가치가 크게 과장되었다는 연구 결과를 내놓으며 문제를 복잡하게 만들었다. 또한, 제국은 노예무역을 통해 얻은 부, 케냐와 같은 곳에서 민족주의 운동을 진압하는 데 사용된 방법, 영국인을 슈퍼 인종으로 여기는 관념의 배양에 대해 당혹스러운 도덕적 문제를 제기하기도 했다. 하지만 영제국의 기록이 부정적인 것만은 아니었으며, 인도에서 세계 최대의 민주주의를 육성한 영국의 역할은 가장 주목할 만한 성과 중 하나였다. 그러나 영국은 제국주의에 관한 박물관을 세우고 학교 커리큘럼에 이 주제를 포함시키는 데는 소극적이었다. 이러한 신중함은 많은 힌두교와 무슬림 인구가 밀집해 있는 브래드포드에 새로운 기관을 건립하여 방대하지만 거의 알려지지 않은 인도 유물 활용 계획을 실현하려한 빅토리아 앤 앨버트 박물관Victoria and Albert Museum의 실패에서 나타났다.

    제국의 상실을 받아들이지 못했기 때문에 이러한 무능력은 영국 무슬림들을 특히 불편한 입장에 처하게 했다. 지아우딘 사르다르Ziauddin Sardar는 할아버지와 아버지가 모두 영국군에서 명예롭게 복무했다는 사실을 알고 완전히 놀랐다. 그의 할아버지는 제1차 세계대전에서 80만 명의 다른 인도인과 함께, 아버지는 제2차 세계대전에서 250만 명의 동포와 함께 참전했다. 무슬림 쿠다다드 칸(위 6장 참조)은 1914년 두 차례 세계대전에서 인도 군인이 받은 31개의 빅토리아 십자훈장 중 첫 번째 훈장을 수여 받았다. 그러나 이러한 기록에도 불구하고 무슬림은 영국 역사의 이 장에서 아무런 자리를 차지하지 못한 것처럼 보였다. 사르다르의 말을 빌리자면 "나를 맞이한 영국은 기억의 말살, 역사의 말살이었다."[34] 오랜 세월 동안 군대에서 싸운 인도인이나 영국 상선 해군에서 복무하다 전사한 이들을 위한 추모비는 없었다. 사르다르의 말처럼, 영국의 아시아계 이민자들은 사실 영국 역사의 필수적인 부분이었음에도 불구하고 마치 역사가 없는 새로운 민족으로 재구성된 것 같았다. 결국, 2002년 11월, 런던의 컨스티튜션 힐Constitution Hill 정상에 기념비가 세워짐으로써 옛 영제국 출신 남성들의 공헌이 인정받게 되었다. 이는 메소포타미아 전투에서 의무병으로 활약한 아버지를 둔 영국 최초의 아시아계 여성인 플래더Flather 여사의 업적이기도 하다. "우리는 이 기념관이 오늘날 다인종 국가인 영국의 상징이 되어야 한다고 믿는다"라고 그녀는 선언했다. "우리가 공유한 희생을 기억함으로써 우리는 상호 존중과 이해를 바탕으로 진정으로 응집력 있는 사회를 함께 만들 수 있다고 확신한다."[35] 다인종 영국이 뒤늦게 과거를 받아들이고 있다는 증거가 여기에 있다.

❋ ❋ ❋

영국의 국가 정체성에 대해 누적된 의구심은 밀레니엄을 기념하는 불행한 시도로 구체화 되었다. 과거에 영국은 이러한 행사를 큰 어려움 없이 치러냈다. 1851년 만국박람회Great Exhibition, 1887년과 1897년 빅토리아 여왕의 희년행사Queen Victoria's jubilees, 1924년 영제국박람회 British Empire Exhibition, 1951년 브리튼 페스티벌Festival of Britain을 성공적으로 치렀기 때문이다. 이러한 전시회는 과거에 대한 자부심과 미래에 대한 자신감으로 기획되었다. 하지만 2000년이 다가오면서 영국은 불확실한 미래에 허우적거렸다. 정부는 런던 동부의 버려진 부지에 밀레니엄 돔을 짓는다는 아이디어를 내놓았지만, 투자자들이 이 프로젝트에 대한 지원을 꺼리면서 조롱으로 뒤덮였다. 알리바이-브라운 Yasmin Alibhai-Brown이 말했듯이, 밀레니엄 돔은 '국가 정체성에 대한 그릇되고 얕은 생각의 구체화'였다.[36] 불운한 돔은 무엇을 기념해야 하는가와 영국은 미래에 어디로 갈 것인가에 대한 영국의 불확실성을 단순히 상징하는 것이었다. 2000년 12월 31일 저녁, 블레어 총리와 여왕이 템스강 북쪽 강변에서 불편한 축하 행사를 가졌을 때 의구심은 절정에 달했다. 자정이 되었을 때, 여왕 폐하가 '올드 랭 사인Auld Lang

Syne'의 가사를 몰랐고, 총리와 팔짱을 껴야 한다는 사실도 깨닫지 못했다는 것이 분명해 보였다. 그들의 어색함은 이 행사가 영국인들에게 얼마나 큰 도전이었는지를 상징하는 것이었다.

밀레니엄을 기념하는 다른 방법도 있었는데, 그중에는 '성스러운 것에 대한 우리의 감성을 다시 불러일으키기 위해' 이 행사를 기독교 2000년의 역사로 기념하길 원했던 『데일리 메일』과 그 언론인들이 지지한 완전히 시대착오적인 방법도 있었다.[37] 향수의 정치를 악용하고 기독교, 결혼, 가족을 홍보하며 여성 해방, 동성애, 다인종 사회, 자유주의 전반을 공격하려는 헛된 시도를 한 『데일리 메일』은 블레어식의 밀레니엄 행사를 혐오스러운 것으로 간주했다. [이 행사가] 현대 사회의 가치 및 문화와 얼마나 동떨어져 있는지 이 신문이 여실히 드러내 주었기 때문에 많은 사람이 분노했다. 그러나 이미 우파는 이 전략에 생명을 불어넣으려 시도했었고 실패하였다. 1990년대 초, 메이저 John Major 총리는 전통적인 가치, 가족생활, 전통적 도덕성에 대한 믿음을 되살리기 위해 '기본으로 돌아가자' 캠페인을 시작했다. 그러나 많은 동료의 부도덕성에 대한 폭로가 터져 나오면서 그의 얼굴에 먹칠을 했으며, 『데일리 메일』의 도덕성이 보수당 내에서도 더 이상 번성하지 못하고 있음을 보여주는 것 같았다. 메이저 총리의 실패는 1997년 선거 대패로 이어졌고, 자유주의, 유럽, 이민, 다문화주의가 영국인의 삶에 위협이 된다는 우파의 일반화된 논리의 일부가 되었다.

따라서 밀레니엄은 1960년대 이후 국가적 쇠퇴로 인식된 시기의 정점을 의미하며, 이는 외부 위협에 대한 부정적인 반응에서 점점 더 뚜렷하게 나타났다. 한 가지 대안 전략은 유럽연합EU 탈퇴와 이를 통해 기대했던 국가 통제권의 회복이었다. 그런 의미에서 밀레니엄은

2016년의 유럽연합 탈퇴 국민투표를 향한 발걸음이었다. 이러한 분위기의 또 다른 징후는 스코틀랜드와의 연합에 대한 신뢰가 점차 상실되고 국경 북부 독립에 대한 지지가 증가함에 따라 잉글랜드에서 민족주의가 급격히 부상한 것이었다. 스코틀랜드의 분리주의는 잉글랜드에서 민족주의의 부상으로 대응되었고, 이는 무슬림 및 기타 소수민족 공동체와 같은 집단에 긍정적으로 대응하려는 노력을 복잡하게 만들었다.

영국의 국가 정체성 해체의 중요성은 오랜 제국주의 역사에도 불구하고 사회가 더 안정되어 보였던 스코틀랜드와 대조를 이루면서 더욱 심화되었다. 스코틀랜드에서는 무슬림 공동체와의 관계가 더 좋았고 이민자에 대한 적대감이 훨씬 적었으며 노동당과 스코틀랜드국민당 Scottish National Party(SNP)을 통해 무슬림의 정치 참여를 환영할 준비가 되어 있었다. 2017년 스코틀랜드 노동당은 무슬림을 당 대표로 선출하는 데 근접했었다. 놀랍게도 2014년 국민투표에서 아시아인의 64%가 스코틀랜드 독립에 투표했다.

이들이 SNP 정치에 통합된 것은 스코틀랜드 무슬림의 이익을 지속적으로 존중하고 발전시켜온 새먼드 Alex Salmond 총리의 장기적인 전략이 반영된 결과였다. 2007년 바시르 아마드 Bashir Ahmad가 스코틀랜드 의회의 첫 비백인 의원이 되었을 때, 그는 영어와 우르두어로 선서를 했다. 이는 영국 반동주의자들을 자극할 수 있는 다문화주의의 작은 신호였다. 또한, 스코틀랜드국민당은 이라크 전쟁에 대한 강력한 반대와 팔레스타인 대의에 대한 동정을 통해 스코틀랜드 무슬림들에게 신뢰를 얻었다. 던디는 나블루스 Nablus와, 글래스고는 베들레헴과 자매결연을 맺었다. 바시르 아마드는 '독립을 위한 스코틀랜드 아시아인'을 설립했다. "출신은 중요하지 않다. 중요한 것은 우리가 한 국가로서 함께 어디로 가는가이다."[38] 스코틀랜드 아시아 여성 협회를 설립한 아흐메드-셰이크Tasmina Ahmed-Sheikh는 이렇게 설명했다. "나는 먼저 스코틀랜드인이다. 그리고 나는 스코틀랜드계 아시아계 무슬림이다."[39]

많은 스코틀랜드인이 이민자 출신이었기 때문에 이민에 대해 보다 관용적 태도를 취하는 것도 그 이유 중 하나일 수 있다. 이는 인구 감소에 대한 현재의 우려와 경제 성장에 기여한 이민자들에 대한 감사로 인해 더욱 강화되었다. 하지만, 스코틀랜드의 대응은 보다 근본적인 측면이 있다. 새먼드는 '스코틀랜드성Scottishness이란 매우 위협적이지 않고 받아들이기 쉬운 정체성'이라고 설명한 적이 있다. 스코틀랜드인들은 자신의 정체성에 대해 더 자신감을 갖게 되었고, 잉글랜드인보다 유럽의 제국과 분열에 대한 집착이 덜하기 때문에 더 여유로울 수 있다. 1997년 총선과 분리독립 국민투표 이후 스코틀랜드는 더 많은 권한을 획득하고, 노동당-자유민주당 연립정부에 이어 스코틀랜드국민당 행정부까지 두 개의 실행 가능한 정부를 유지하는 위임된 분리독립 의회를 받아들였다. 영국인들이 자신의 정치 시스템과 세계에서의 역할에 대해 점점 더 분열되고 불확실해졌을 때, 위임된 정부의 경험은 스코틀랜드인들의 자신감과 목적의식을 고양시켰다. 그 결과 스코틀랜드인들은 무슬림 공동체를 위협으로 여기지 않고 수용하는 데 성공하였다.

11장
이슬람 혐오증

이슬람주의Islamism, 이슬람 근본주의Islamic fundamentalism, 급진적 이슬람주의radical Islamism로 다양하게 알려진 이슬람주의의 기원은 1960년대 파키스탄, 이집트, 이란의 소수 무슬림들이 민족주의 운동으로 인해 종교에서 멀어지게 되었다고 생각했던 사상에서 비롯되었다. 이들의 비판은 1970년대 초 정치 운동으로 등장해 1979년 이란 혁명으로 절정에 달했다. 비록 일부 무슬림들이 서유럽식 도덕과 정치에 비판적이었지만, 이슬람주의는 근본적으로 반서방이 아니라 이슬람 세계 대부분을 지배해 온 부패하고 권위주의적이며 세속적인 정권에 대한 반작용이었다. 그 목표는 이들을 축출하고 보다 순수한 형태의 이슬람으로 돌아가 이슬람 국가를 재창조하는 것이었다. 서방에서의 과장된 평판을 고려할 때, 이 운동은 대체로 실패했다는 점을 기억할 필요가 있다.[1] 그러나 근본주의fundamentalism는 소수에게만 호소력이 있지만, 많은 무슬림이 서방 세력의 정책에 불만을 품고 있는 것도 사실이다. 무슬림들이 서방의 침략과 개입주의의 희생자로 여기도록 한두 차례의 아프가니스탄 전쟁, 보스니아 대량 학살, 루슈디 사건Rushdie affair, 1990년 제1차 걸프전 등의 직접적 원인과 더불어 팔레스타인에 대한 영국과 미국의 일관된 친이스라엘 정책에 대한 오랫동안 누적된 불만에서 그 원인을 찾을 수 있다.

2000년까지 팔레스타인 사람들은 1948년 이후 두 세대에 걸쳐 팔레스타인 땅에서 쫓겨나 난민 캠프에 갇혀 이스라엘이 아랍 땅을 불법으로 몰수하는 상황을 견뎌야 했다. 이로 인해 팔레스타인 해방기구와 하마스가 등장하게 되었다. 불행하게도 영국과 미국은 웨스트뱅크에서는 요르단과, 가자지구에서는 이집트와의 협력에 의존해 이슬람주의 운동을 진압함으로써 무슬림과 불화를 겪었다. 그들은 팔레스타인을 위한 국가 건설추진에는 실패했고, 팔레스타인 영토에의 군사적 침공을 통해 아랍 땅에 이스라엘의 건국을 허용했으며, 팔레스타인을 포위해 경제를 마비시키는 대규모 봉쇄를 허용했다. 영국은 이스라엘에 무기를 계속 공급했고, 2014년에는 하마스의 로켓 공격에 대한 이스라엘의 공격적 대응에 비난하기를 거부함으로써 팔레스타인 사람들의 막대한 인명 손실을 초래했다. 이로 인해 보수당 정부의 유일한 무슬림 장관인 와르시는 총리가 모든 도덕적 권위를 상실했다고 비난하며 사임했다. 그녀는 캐머런 총리의 이스라엘 공격에 대한 묵인이 "과격화의 기반이 될 것이며, 이는 앞으로 수년 동안 우리에게 영향을 미칠 수 있다"고 경고했다.[2)]

  무슬림들 사이에서 점점 커지는 환멸의 또 다른 주요 요인은 보스니아에서 세르비아계의 무슬림 학살에 연관이 있었던 구 유고슬라비아 해체로 인해 발생한 분쟁에 있다. 영국과 유엔은 이들을 돕기 위해 무기를 보내는 것은 분쟁을 장기화할 뿐이라며 개입을 늦췄다. 그러나 이로 인해 영국의 극단적인 이슬람주의자들은 감수성이 예민한 젊은 무슬림들에게 보스니아에 있는 동료 종교인들을 구할 수 있는 유일한 방법이 발칸 반도에 이슬람 국가를 세우는 것이라고 설득할 수 있었다. 그들은 "우리가 이슬람 국가를 세우면 칼리프가 이슬람 군대를 보내 세르비아인들을 학살할 것"이라고 주장했다고 한다.[3] 확실히 보스니아 전쟁Bosnian War은 영국 무슬림들의 과격화를 촉발하는 촉매제 역할을 했다. 정보기관은 영국 무슬림들의 반응을 충분히 알고 있었지만 이를 외면하고 심지어 아프가니스탄 지하드 투사들이 발칸 반도로 싸우러 가도록 부추겼다. 이는 젊은 무슬림 세대의 동원을 촉진하고 '이슬람 국가'라는 개념에 존경을 표하며 이슬람주의자들이 일부 지역 사회에 뿌리를 내릴 수 있도록 하였다. 히즈브 우트-타흐리르Hizb ut-Tahrir(수니파 이슬람 급진적 정치단체[이슬람 해방당] – 역자 주) 추종자들은 공공 도서관을 방문하여 선거인 명부를 확인하고 무슬림 유권자를 확인하는 등 캠페인을 확대했다. '우리는 민주주의에 반대하며, 이슬람 단체 최초로 총선 투표를 하람haram(아랍어로 종교적·도덕적·윤리적 금기사항을 의미 – 역자 주)이라고 선언한 단체'임을 설파했다.[4] 그러나 히즈브 우트-타흐리르는 극소수의 극단주의 비주류에 불과했으며, 자원봉사자들이 일반 무슬림의 집을 방문하면 대개는 적대감과 학대를 받았다.

영국-미국의 친이스라엘 정책에 대한 반감은 1979년 이란 혁명으로 더욱 악화되었다. 이 혁명은 서방을 무슬림의 적으로 만들었으며, 특히 1953년 선출된 이란의 지도자를 영국과 미국이 쫓아낸 것은 수십 년간 지속된 무능한 개입의 슬픈 정점이었다. 상식적으로 이란을 지역 초강대국으로 인정하는 것은 맞지만, 서방 강대국들은 테헤란의 근본주의 정권을 견제할 방법을 모색했다. 이를 위해 그들은 이라크의 사담 후세인을 경쟁자로 삼고, 1980년 이란과 전쟁을 벌이도록 부추겼다. 사담 후세인의 정권은 잔인하고 무자비한 정권이었지만, 영국과 미국은 사담이 자신들의 목표를 위한 도구로 사용될 수 있는 한 반대하지 않았다. 또 다른 비용이 많이 드는 개입이었던 이 전쟁은 근본주의 정권을 전복하는 데 실패했을 뿐만 아니라, 서방이 쿠웨이트 침공을 허용할 것이라는 확신으로 쿠웨이트 침공 위험을 감수할 정도로 사담의 야망을 키웠기 때문에 끔찍하게 비생산적인 것으로 판명되었다. 이로 인해 쿠웨이트를 해방시키기 위한 서방의 추가 군사개입이 촉발되었고, 여느 때와 마찬가지로 쿠웨이트 해방은 성공했다. 하지만, 사담이 권력을 유지하면서 미국은 승리가 문제를 해결하지 못했다는 것을 너무나 잘 알고 있었다. 결과적으로 미국은 개입할 또 다른 구실을 찾고 있었다.

그 결과 이라크와 아프가니스탄에서 두 차례의 비참하고 비생산적인 서방의 개입이 이루어졌다. 1839년, 1879년, 1919년 영국이 아프가니스탄에서 벌인 전쟁은 서방 군대를 카불로 파병하는 것이 그리 어렵지 않다는 것을 보여주었지만, 이후 아프가니스탄을 통제하는 것이 거의 불가능했고 군대 철수가 어려웠다는 것을 드러내었다. 아프가니스탄은 카불에서 쉽게 통제할 수 없는 지역 군벌과 부족에 대한 충성심이 강한 지역으로 구성되어 있다는 점에서 본질적으로 중세 국가(또는 서방세계의 관점에서 실패한 국가)로 남아 있었다. 그러나 20세기에는 아무도 과거의 교훈을 배우지 못했고, 러시아는 이전 침략자들의 경험을 거의 반복했다. 러시아는 중앙아시아의 무슬림들에 대한 외부 이슬람의 영향력과 파키스탄에 대한 미국의 간섭을 우려했다. 따라서 서방과 마찬가지로 불안정한 무슬림 정권의 조종을 열망했다. 1973년 러시아는 40년간 통치하던 자히르 샤Zahir Shah를 전복시킨 아프가니스탄 혁명에 무장 지원을 했다. 그러나 그의 후계자인 다우드Daud 대통령이 서방과의 관계를 유지한다는 사실을 알게 되자 러시아는 그를 살해하고 1978년 친공산주의 정권으로 교체했다. 하지만 아프가니스탄 정권은 러시아에게 더 많은 지원을 호소했다. 소련은 철도 시스템을 통해 결국 14만 명에 달하는 군대를 공급할 수 있었다. 러시아는 마을과 마을을 연결하는 주요 도로를 통제하는 것만으로 충분하리라 생각했고, 따라서 새로운 정권이 집권하면 철수할 수 있을 것으로 여긴 듯했다. 이는 전략이라기보다는 '비현실적인 포부'로 묘사되었지만, 2000년 이후 미국의 침공에서도 전반적으로 반복되었다.[5] 소련은 1979년 이후 아프가니스탄의 모든 지역을 점령했지만 1989년 실패를 인정하고 철수하면서 150만 명의 사망자를 남겼다.

불행히도 러시아의 실수는 미국과 영국 정부를 새로운 오판으로 이끌었다. 러시아 정권에 대한 국지적 공격에 만족한 이들은 무모하게도 탈레반 전사들을 무장시켜 러시아의 불만을 이용하려 했다. 이는 이슬람 근본주의자들을 효과적으로 부추겼고, 결국 1989년 러시아가 철수하자 탈레반이 아프가니스탄을 장악할 수 있었다. 하지만 탈레반의 아프가니스탄은 러시아의 아프가니스탄보다 더 나빴다. 탈레반의 승리는 아프가니스탄뿐만 아니라 전 세계 무슬림 빈곤층에 이슬람 근본주의를 강화하는 효과를 가져왔다. 이 전쟁은 PLO와 하마스에 영감을 주어 미개한 무슬림 세력이 서방 초강대국을 물리칠 수 있다면 하느님이 반드시 그들 편일 것이라고 믿게 했다. 이슬람이 이전 시대에 누렸던 지배력을 회복할 수 있다는 망상에 어느 정도 신빙성을 부여했다. 이런 식으로 정치인들의 면전에서 또 한번 서방의 개입이 터졌다.

아프가니스탄에 대한 서방의 개입과 메카를 장악하고 있는 사우디아라비아 주둔 미군의 역할, 가자지구에 대한 이스라엘의 새로운 보복에 대한 분노가 결합하면서 미국을 향한 이슬람주의자들의 연쇄 공격이 이어졌고, 2001년 9월 오사마 빈 라덴Osama Bin Laden이 주도한 쌍둥이 빌딩 공격으로 절정에 이르렀다. 결과적으로 미국과 영국 정부는 두 차례에 걸쳐 전적으로 재앙적인 대응을 하게 되었다. 러시아의 실패와 탈레반의 성공을 교훈 삼아 부시Bush 대통령과 블레어 총리는 직접적인 군사적 수단으로 테러리즘을 제거할 수 있다는 믿음으로 2001년 새로운 폭격 작전과 아프가니스탄 침공, 2003년의 이라크 침공에 착수했다. 영국에서는 새로운 아프가니스탄 전쟁이 얼마나 오래 지속될지 아무도 예상하지 못했기 때문에 거의 논란을 불러일으키지 않았다. 이는 서방이 이슬람에 대한 일반적인 성전에 참여하고 있다는 인상을 더욱 강화하는 효과가 있었고, 부시의 어리석은 언어표현으로 인해 더욱 신빙성을 얻었다. 그러나 실제로 탈레반은 아프가니스탄 외부에 대한 야망이 없었고 서방에 위협이 되지 않았다. 빈 라덴을 파키스탄으로 초청한 것은 파키스탄이었지만, 탈레반은 빈 라덴에게 아프리카와 다른 곳에서의 공격을 중단하라고 말했다.

이후 17년 동안 미국은 아프가니스탄에 10만 명의 병력을 배치하고 7천 400억 파운드를 지출했으며 '국가 건설'에 더 많은 돈을 쏟아부었지만 아무런 효과를 거두지 못했다. 공식 선전에서는 진격이 이루어졌다고 반복적으로 주장했지만, 나중에 탈레반 세력이 잃어버린 마을을 되찾았다는 사실이 밝혀지는 등 전투는 계속 돌고 돌았다. 블레어, 고든 브라운Gordon Brown, 캐머런이 이끄는 정부는 실제로 달성한 것이 없다는 사실을 대중에게 감추기 위해 민주주의 확립, 여성 해방, 아편 재배근절 등 영국의 목표를 정기적으로 재정의하였다. 영국군은 헬만드 지방에 병력을 쏟아부었지만, 지속적인 통제권을 확보하는 데 실패했다. 하지만 헬만드는 아프가니스탄의 34개 주 중 하나에 불과했다! 실패의 원인 중 하나는 2004년부터 탈레반이 농민들에게 아편용 양귀비 재배를 확대하도록 장려하면서 부활했다는 점이다. 2001년 180톤이었던 생산량이 2007년에는 8,000톤으로 증가했다. 아프가니스탄은 유럽 공급량의 80%를 생산하는 세계 최대의 헤로인 생산국이 되었다. 이는 경작자들에게는 수익성이 높았고, 기존 작물보다 9배나 많은 노동자를 필요로 했으며, 지하드 투사들이 장기적인 작전을 지속할 수 있을 만큼 충분한 수익을 창출했다. 탈레반은 새로운 작물을 재배하는 전사들에게 적절한 임금을 지급할 수 있었다. 그 결과 나토는 체면을 완전히 잃지 않으면서 병력을 철수하는 방법을 찾기 위해 안간힘을 썼다. 2018년까지 아프간 전쟁은 서방에 17년간의 충격적인 패배를 안겨주었다.

언뜻 보기에 더 쉬운 목표는 사담 후세인 정권을 제거하기 위한 목적으로 시작된 2003년의 이라크 침공이었다. 그 동기는 본질적으로 미국이 초기 걸프전에서 이 목표를 달성하지 못한 것에 대한 부시 대통령의 후회에 있었다. 쌍둥이 빌딩에 대한 공격은 그에게 기회를 제공했다. 그러나 사담 정권이 불쾌하고 폭압적이긴 했지만, 이슬람이 아닌 세속적인 정권이었기 때문에 이 개입은 특히 더 비뚤어진 것이었다. 적어도 서방의 간섭을 받기 전까지는 이라크에는 이슬람 테러리스트가 없었다. 사실 테러리즘을 은닉하고 물질적으로 지원한 것은 서방의 동맹국인 사우디아라비아와 파키스탄이었다.

당시 거의 모든 영국 정치권의 지지를 받았던 이 정책은 현대 최악의 외교 정책 실수였으며, 무슬림 세계를 대하는 영국의 무능함을 여실히 드러낸 사례였다. 대부분의 논란은 침공이 불법이라는 인식에서 비롯되었지만, 이는 미미한 고려사항이었다. 진정한 결함은 국가의 목적에 아무런 도움이 되지 않고 늘 그렇듯이 비생산적인 것으로 판명되어 온 무익함에 있었다. 블레어 정부는 이라크에 화학무기가 있고 '대량살상무기'를 운반할 능력을 보유하고 있다고 주장하며 국민과 의회를 협박했다. 이는 명백한 거짓이었지만, '공격 45분 전'이라는 『런던 이브닝 스탠다드London Evening Standard』의 경고와 "놈을 잡았다, 놈을 잡자"는 『더 선』의 충고 등 왜곡된 '정보'가 생산되었고, 대부분의 신문은 이를 무비판적으로 받아들였다. 이 선전은 블레어 총리에 대한 신뢰를 깨뜨렸고 향후 수년 동안 당국과 전문가에 대한 국민의 신뢰를 심각하게 훼손했다.

❋ ❋ ❋

이 비참한 침공의 장기적인 결과는 불쾌하지만 강력한 정권이었던 이라크를 내전에 시달리는 매우 불안정한 국가로 변모시킨 것이었다. 그 결과 이라크 국경을 넘는 대규모 이주가 발생했다. 근본주의자들은 서방 정부를 군사개입으로 끌어들이고 이슬람의 위협에 대한 무모한 수사를 통해 그들의 전술이 성공하는 것처럼 보이도록 했다. 서방 정치인들은 실패에도 불구하고 무슬림 세계 전역에서 계속해서 잘못된 선택을 지지했다. 그들은 무슬림들에게 민주주의를 채택할 것을 촉구했지만, 세속적이고 민주적인 급진주의가 나타날 때마다 계속해서 반대했으며, 보수적이고 종교적인 요소를 유리하게 활용할 수 있다는 생각을 선호했다. 이 문제는 테러에 대한 서방 정부의 집착으로 인해 더욱 악화되었다. 이로 인해 중동에서 일어나고 있는 민주화 운동에 대한 서방 정부의 정책 적용 능력은 떨어질 수밖에 없었다. 풀뿌리 무슬림 운동에 맞서 억압적인 정권을 뒷받침하는 위험성을 인식하지 못한 미국과 영국은 중동 전역에서 스스로를 적으로 간주하게 만들었다. 그 결과 부시와 블레어가 무슬림들에게 민주주의를 도입하라고 촉구하기 시작했을 때, 그들은 거의 신뢰를 얻지 못했다. 실제로 미국은 좌파 또는 반미 정부가 선출될 때마다 민주주의를 탄압한 인상적인 전력이 있으며, 이러한 미국의 개입은 이슬람 사회를 급진화시키는 주요 원인으로 작용했다. 따라서 이집트, 사우디아라비아, 파키스탄, 모로코, 요르단, 말레이시아, 인도네시아에서 발생한 이슬람 무장 세력은 대부분 미국이 억압적인 정권을 지원한 것에 대한 반작용이었다. 수년 동안 서방은 특히 이집트, 이란, 이라크, 사우디아라비아의 억압적인 정권을 지원했으며, 이들 정권의 통치자들은 민주화 운동을 질식시키기 위해 최선을 다했다. 그들은 이슬람주의가 주로 서방에 대항하는 운동이 아니라 중동 대부분을 지배하고 있던 독재적이고 부패한 이슬람 정권을 전복시키려는 운동이라는 사실을 인식하지 못했다.

서유럽국가들의 무능함에 대한 이러한 견해는 2011년 '아랍의 봄 Arab Spring'의 출현으로 확증되었다. 민주주의를 향한 이 운동은 공무원과 정치인은 말할 것도 없고, 무슬림 세계에 대한 서유럽의 전문가와 당국자들에게도 완전히 놀라운 일이었다. 이 시기에 무슬림들은 튀니지, 이집트, 리비아, 예멘, 바레인, 시리아의 독재 정권에 반대하는 시위를 벌였다. '아랍의 봄'은 일부 성급하고 무분별한 후퇴를 가져왔고 서방 정책을 심각한 혼란에 빠트렸다. 튀니지와 이집트에서 서방은 억압적인 정권에 대한 지원을 철회했지만, 바레인과 사우디아라비아 정권은 계속 지원했고, 시리아에 대한 개입은 거부했으나 리비아에서는 공습을 감행했다.

이러한 비일관성은 영국과 미국의 무슬림 세계에 대한 접근 방식이 무능하고 혼란스러웠다는것을 극명하게 드러내 주었다. 서방 정부는 전통적인 사고방식에서 벗어나기를 꺼렸다. 예를 들어, 그들은 이집트의 무바라크Hosni Mubarak가 제시한, 무슬림형제단을 진압하기 위해서는 자신과 같은 정권이 필수적이라는 논리를 받아들였다. 영국 정부는 무슬림형제단이 평범한 이집트인들을 대신해 복지 분야에서 인상적인 성과를 거둔 진정한 풀뿌리 사회운동으로 인정하기 어려웠다. 형제단의 조직원들은 투옥과 고문에서 풀려난 후 해방된 정치 체제 내에서 활동하는 것에 만족했다. 대중적인 운동이었던 형제단은 서방이 장기적으로 다루어야 할 대상이었으며, '극단주의자' 또는 '이슬람주의자'라고 꼬리표를 붙이는 것은 전혀 적합하지 않았다. 이러한 견해는 영국에서 무슬림형제단 활동가들이 민주주의 문화와 꽤 잘 어울리고 런던에서 알-카에다al-Qaida의 영향력에 맞서는 데 도움이 되었다고 보고한 전직 메트로폴리탄 경찰관 램버트Bob Lambert의 경험으로 확증되었다. 그는 실제 경험을 바탕으로 무슬림형제단을 극단주의자로 악마화하려는 시도가 단순히 잘못된 것이라고 결론지었다.[6] 그러나 2014년 캐머런 총리는 폭력적 극단주의와 연계되어 있다는 이유로 형제단을 금지하겠다고 위협했다. 그는 이집트 정권과 마찬가지로 선거에서 승리한 형제단을 치명적인 적으로 간주했던 사우디아라비아 주재 영국 대사를 통해 조사를 지시했다. 따라서 영국은 이집트에서의 잘못된 기록을 계속 유지했다. 민주 선거에서 무슬림형제단은 40%의 득표율을 얻었고, 지지자들과 함께 새 정부를 구성했다. 그러나 영국은 선출된 수장이 무력으로 축출되는 것을 방관하고 알-시시al-Sisi의 권위주의적 통제권 회복을 묵인했다. 공식적인 사고방식은 여전히 이집트와 같은 국가에서 교육받은 젊은 무슬림들이 근대주의자이자 이슬람주의자가 될 수 있으며, 부패하고 부유한 세속 정권에 적대적이며 더 엄격하고 도덕적인 대안 정치형태의 개발을 열망할 수 있다는 사실을 인정하기 어려웠다. 이슬람 혐오적인 선전에 현혹된 영국과 미국은 이른바 '이슬람주의'를 받아들일 수 없었다.

❋   ❋   ❋

영미 양국의 아프가니스탄과 이라크 침공은 어떠한 결과를 가져왔는가? 이라크에서만 50만 명이 사망하는 등 중동 지역에 끔찍한 영향을 미쳤다. 17년이라는 긴 세월이 흘렀지만 아프가니스탄 전쟁은 결국 승리하지 못했다. 한편, 이라크 전쟁은 정권교체에는 성공했지만 일련의 파괴적인 결과를 초래했다. 세속주의 국가를 근본주의 국가로 바꾸고 중동과 파키스탄에서 신병들을 끌어들여 테러리스트들의 은신처를 만들었다. 알-카에다와 같은 극단주의 조직은 서방 군사력의 공세에서 벗어나 예멘과 소말리아 같은 새로운 중심지로 조직을 확장했다. 2010년 미군이 이라크를 떠날 무렵 알-카에다는 '이라크의 아들들 the Sons of Iraq'이라는 이름으로 조직을 재건하기 위해 다시 돌아왔다. 게다가 이 침공은 이란이 시리아 같은 정권을 무너뜨릴 준비가 되어 있고 핵무기를 보유한 지역 초강대국이 되어 중동 내 영향력을 확대했다는 점에서 미국의 목표를 완전히 좌절시켰다. 이라크에서 선거가 치러졌을 때, 이란이 개입하여 정당들을 하나로 모으기 전까지 7개월 동안 정부를 구성하는 것이 불가능하다는 사실이 드러났다.[7] 미국에게 이것은 지역 강대국으로서 이란의 역할을 부정하려는 시도가 얼마나 부질없는 것인지를 보여주는 굴욕적인 결과였다.

그러나 무엇보다도 최악이었던 것은 서방의 개입주의가 이라크를 불안정하게 만들어 유럽으로의 이민 물결을 일으켜 영국과 다른 EU 국가들의 국내 문제를 크게 악화시켰다는 것이었다. 영국의 정치인들도 이라크에서의 실수를 배우지 못했다. 2011년 가난한 사람들의 블레어가 되겠다고 노력하고자 했던 캐머런은 입맛에 맞지 않는 카다피Qaddafi 대령의 리비아 정권을 상대로 또 다른 전쟁을 기꺼운 마음으로 시작했다. 영국은 프랑스와 함께 리비아를 폭격하여 정권을 무너뜨렸다. 하지만, 정권 제거로 인해 국가가 불안정해지고 수년간의 내전, 폭탄 테러, 암살, 총리 납치, 군벌의 석유 터미널 점유로 이어지면서 개입은 역효과를 낳는다는 것을 또다시 입증하였다. 최악의 상황은 리비아를 휩쓴 혼란으로 인해 4만 명의 리비아 군대가 추방된 후 무기를 들고 아프리카 사헬 지역을 가로질러 말리, 나이지리아 등의 국가에서 보코하람Boko Haram의 이익을 위해 반란을 선동했다는 점이다. 그 결과 아프리카 남부 국가에 거주하는 수천 명의 사람이 유럽으로 이주하기 위해 리비아로 향하기 시작했다. 그들은 캐머런의 이민자가 되었다. 블레어와 마찬가지로 캐머런도 자신이 이해하지 못하고 있는 지역에 또 하나의 비생산적 개입이라는 실수를 저지른 것이다.

영국에게 무슬림 전쟁의 두 번째 피해는 국내 문제였다. 테러로부터 대중을 안전하게 지키는 데 실패한 개입주의는 이슬람이 영국의 가치와 정치에 위협이 된다는 무책임한 공포와 선전의 물결에 힘입어 전통적인 영국의 자유를 훼손하려는 반동적인 움직임을 정당화하는 데 사용되었다. 세계무역센터 테러가 발생하기 훨씬 전에 조지 부시 대통령은 '테러와의 전쟁'과 '중동 무슬림 세력에 맞서는 새로운 십자군 전쟁'에 대한 터무니없는 발표를 한 바 있다. 블레어, 캐머런, 메이Theresa

May 등 역대 총리들은 테러가 발생할 때마다 일상적으로 영국의 생활 방식과 자유 민주주의 자체에 위협이 된다고 주장하며 대응해 왔다. 이는 전혀 근거가 없는 주장이었지만 일련의 극단적인 조치를 정당화하는 데 기여했다.

안타깝게도 몇몇 학자들이 정치인들의 주장에 권위를 부여했다. 1993년 고 버나드 루이스Bernard Lewis는 『이슬람의 위기The Crisis of Islam』(2003)에서 유럽이 문명 간 갈등을 겪고 있다는 주장을 펼쳤으며, '분노의 정치'를 언급하며 이슬람을 '기독교와 서방세계에의 증오에 기반한 종교'라는 빅토리아 시대 오리엔탈리스트의 인식을 부활시켰다. 이슬람 혐오적인 글은 하버드 대학교 교수인 헌팅턴Samuel P. Huntington의 『문명의 충돌The Clash of Civilizations』(1998)에서 확장되었다. 헌팅턴은 다소 정교하지 않은 논문에서 세계는 항상 야만 세력과 진보 세력 간의 투쟁에 의해 지배되어왔으며, 이러한 투쟁은 향상된 통신과 세계화로 인해 미래에도 계속될 것이라고 주장했다. 그러나 헌팅턴의 주장은 이슬람에 관한 것이라기보다는 항상 편집증에 걸리기 쉬운 미국인의 사고방식을 드러낸 것이었다. 특히 소련의 붕괴는 우익 극단주의자들이 선전을 위해 의존했던 외부 위협을 없앴고 대안을 모색하게 하였다.

현대 유럽 역사에 대한 기초적인 지식이 있는 사람이라면 공포를 조장하는 문학의 논조는 우울할 정도로 친숙할 것이다. 1920년대에는 내부 전복과 볼셰비즘의 확산에 대한 두려움으로 인해, 1905년 러시아에서 나온 악명 높은 위작 『시온 장로 의정서The Protocols of the Elders of Zion』를 바탕으로 한 『유대인의 위험The Jewish Peril』이 출간되었다. 이 책은 자유주의, 사회주의, 공산주의를 포함한 좀먹은 사상들을 퍼뜨려 서유럽국가들의 전복과 파괴를 목표로 하는 기독교에 대한 증오로 촉발된 유대인들의 수 세기에 걸친 음모를 묘사했다. 1920년대의 신경증적인 분위기 속에서 이 책은 『타임스』와 『모닝 포스트Morning Post』에서 '가장 뛰어난 해설서'라는 찬사를 받는 등 명성을 얻었다. 유대인의 영향력에 대한 에드워드 시대의 선전이 워낙 잘 준비되어 있었고, 제2차 세계대전 전까지 사회가 모든 수준에서 반유대주의가 만연해 있었기 때문에 위작이라는 폭로는 별다른 영향을 미치지 못했다. 전간기 반유대주의 선전의 주요 요소가 현대 이슬람 혐오 자료에서 어떻게 다시 등장했는지는 매우 놀라운 일이다. 이는 유럽과 미국에서 외부의 위협과 전복을 식별할 필요성이 깊게 뿌리 박혀 있음을 의미한다.

일단, 유럽에서 이슬람 전복이라는 주제가 유행처럼 번지자, 이 주제는 콜드웰Christopher Caldwell의 『유럽 혁명에 대한 성찰: 이민, 이슬람, 그리고 서구Reflections on the Revolution in Europe: Immigration, Islam and the West』(2009), 필립스Melanie Phillips의 『런던니스탄: 영국이 테러 국가를 만드는 방법Londonistan: How Britain is Creating a Terror State Within』(2006), 고브Michael Gove의 『섭씨 7/7Celsius 7/7』(2006) 등 여러 공포 조장적이고 기회주의적인 책에서 열광적으로 채택되었다. 콜드웰의 연구는 무슬림 이민자들에 의해 전복되고 유럽이 침략당한다는 망상을 불러일으키는 교활한 시도였다. 퍼거슨James Fergusson의 『나의 나라 알-브리타니아: 무슬림 영국을 통한 여정Al-Britannia, My Country: A Journey Through Muslim Britain』(2017), 사르다르의 『발티 브리튼Balti Britain』(2008), 와르시의 『내부의 적: 무슬림 영국인의 이야기The Enemy Within: A Tale of Muslim Britain』(2017)와 같은 연구와는 대조적으로 이 저자들은 무슬림 공동체의 생생한 현실에 대해 거의 무지했다. 이슬람에 대한 권위자가 아닌 반동 소설가 아미스Martin Amis는 이슬람이 문화적으로 후진적이고 내부 지향적이며 종말의 쇠퇴기에 접어들었다는 빅토리아 시대의 선전을 부활시키며 무슬림에 대한 자신의 울분을 표출했다. 그는 모든 증거에도 불구하고 무슬림 국가들이 민주적 통치를 유지할 수 없다고 주장하며, "본질적으로 설득할 수 없을 정도로 서방의 존재를 반대하는 비합리주의적이고 고뇌에 찬 신정주의적theocratic/이념적인ideocratic 체제에 서방이 직면하고 있다"라고 경고했다.[8] 존경받는 『타임스 리터러리 서플리먼트Times Literary Supplement』에서도 한 평론가는 "공산주의 붕괴 이후 이슬람의 부상이 자유민주주의의 승리에 강력한 도전을 제기한다는 사실을 부인할 사람은 거의 없을 것"이라고 주장했다.[9] 이슬람 혐오증Islamophobia의 가장 불쾌한 증상 중 일부가 『데일리 메일』에 등장했다. 2018년, 악명 높은 칼럼니스트 중 한 명인 홉킨스Katie Hopkins는 런던 자연사 박물관 밖에서 발생한 교통사고가 테러의 공격이라고 주장하여 독자들을 놀라게 했다. 이 주장이 완전히 거짓이라는 증거를 접한 홉킨스는 "나는 테러 공격이라는 생각을 지지한다. 나의 개인적인 의견이다"라는 비합리적인 태도를 보였다. 2018년 맨체스터 아레나 테러 이후 홉킨스는 영국 무슬림들을 위한 '최종 해결책'을 촉구했다.[10] 우둔하게도 홀로코스트를 관련시켰던 이 발언은 대중의 큰 반발을 불러일으켰다. 홉킨스는 혐오 발언으로 고발당했고 『데일리 메일』과의 계약이 해지되었다. 당연히 이슬람 혐오 문학은 빠르게 신뢰를 잃었다. 그러나 2018년 머레이Douglas Murray는 『유럽의 이상한 죽음: 이민, 정체성, 이슬람The Strange Death of Europe: Immigration, Identity, Islam』에서 낡고 신뢰받지 못하는 자료를 재가열시키려 했다. 그는 유럽은 신이 없고 죽어가고 있으며 '역사에 지쳐있다'며, 런던은 더 이상 백인이 다수인 도시가 아니며 이민자들이 강간과 테러를 일삼고 있다고 주장했다. 머레이가 영국 술집의 폐점에 대해 무슬림 탓이라고까지 비난한 것은 이 글의 지적 수준이 어느 정도인지 알 수 있는 대목이다. 실제로 술집 폐점의 원인은 낮은 슈퍼마켓 가격, 양조업자가 부과하는 과도한 임대료, 24세 미만 인구의 30%가 금주주의자가 되었다는 사실에 있다. 그러나 무슬림을 다목적 희생양으로 삼으려는 사람들에겐 관련없는 이야기였다.

그 과정에서 영국제일주의당Britain First, 영국 이교도The Infidels of Britain, 영국 남동부동맹the South East Alliance, 영국 자유당Liberty GB 등 일련의 극단주의 단체를 통해 이슬람 혐오가 주류로 편입되었고, 영국방위연맹의 쇠퇴로 생긴 공백을 메웠다. 2018년에는 영국제일주의당의 지도자이자 부대표인 골딩Paul Golding과 프란센Jayda Fransen이 무슬림에 대한 일련의 증오 범죄로 징역형을 선고받았다. 하지만, 가장 큰 반무슬림 조직은 영국독립당이었다. 영국독립당 의원 중 한 명인 배튼Gerard Batten은 무슬림이 특별 행동 강령에 서명해야 한다고 주장하며 유럽이 '그들의 땅 전역에 모스크의 폭발적 증가'를 허용한 것은 실수라고 경고했다.[11] 그러나 2017년~2018년 영국독립당은 급격히 쇠퇴하며 광적으로 이슬람을 혐오하는 소규모 정당으로 축소되었다. 불행히도 노동당의 부상은 노동계급 유권자들에게 매력적인 대안으로 나타났고, 일부 노동당 후보들은 우파 극단주의에 영합하도록 겁을 주는 경향이 있었다. 2010년 선거에서 올드햄 이스트의 노동당 후보 울라스Phil Woolas는 자신의 의석을 지키기 위해 필사적으로 노력했고, 자신의 대리인이 다음과 같은 경고 이메일을 보내도록 허용했다. "백인들이 분노하도록 하지 못하면 그들은 떠나갈 것이다. 목표를 반복하라. 미친 무슬림들 … 우리는 캠페인을 이용하여 『더 선』을 읽는 백인 유권자들을 선동할 수 있다."[12] 비록 이러한 전술 때문에 울라스는 나중에 법원에 의해 해임되었지만, 일부 노동당 의원들은 그를 옹호했다. 이는 해롤드 윌슨이 총선에서 인종차별적 방법을 비난했던 1960년대 이후 당의 사기가 얼마나 떨어졌는지를 보여주는 징표이다.

한편, 극우파는 먼데이 클럽Monday Club* 시절부터 보수당 내에서 누려온 기반을 그대로 유지했다. 와르시가 부의장으로 임명되었을 때, 그녀는 무슬림에 대한 편견이 얼마나 큰지 알게 되면서 충격을 받았다. 무슬림 단체는 당 회의에서 외면당했고 비주류 모임도 허용되지 않았다. 당의 웹사이트인 보수당 홈페이지에는 무슬림이 토리당 후보가 되기 위해 충족해야 할 10가지 조건 목록이 발표되었다.[13] 그러나 캐머런은 당 대표 취임 초기에 당을 더욱 포용적으로 만들고 기업가 정신과 보수주의와의 연관성을 높이 평가한 와르시 같은 무슬림을 영입하기 위해 노력했다.[14] 안타깝게도 2012년 캐머런은 극우파의 압력으로 이러한 전략을 포기했고, 당은 무슬림이 보수당에 투표할 가능성이 높지 않기 때문에 무슬림은 그다지 중요하지 않다고 판단했다.

테러 공격이 발생할 때마다 이슬람을 임박한 위협으로 조장하기 위해 페이스북과 트위터를 이용해 가짜 뉴스를 퍼뜨려 여론을 조작하는 반무슬림 활동가들의 네트워크에 의해 와르시와 같은 정치인들도 피해를 입었다. 예를 들어, 맨체스터 테러가 발생한 지 48시간 만에 영국방위연맹의 전 리더였던 로빈슨Tommy Robinson, 야슬리-레논Stephen Yaxley-Lennon은 이미 보유하고 있던 10만 명에 달하는 팔로워에 4만 명을 추가했다. '비엔나의 문Gates of Vienna' 블로그 기고자인 웨스턴Paul Weston은 무슬림과의 임박한 내전에 대해 글을 썼다. 2014년에는 캐머

---

*   역자 주) 영국의 정치 압력 단체로 보수당의 실제 지지는 받지 않는 극우단체이면서 북아일랜드 민주연합당(DUP) 및 얼스터 통합당(UUP)과 연계되어 있다.

런이 장관으로 임명한 와르시를 공격하기 위해 고안된 고전적인 소설로, 내각의 한 구성원이 영국 정부의 심장부에 침투하기 위해 비밀리에 위장 투입된 근본주의자라는 공포를 촉발시켰다. 2017년 3월 웨스트민스터 테러가 발생한 후 한 트위터 사용자는 이후에 러시아에서 만든 가짜 계정이라는 사실이 밝혀졌지만, 희생자를 돕는 사람들을 무시하는 것으로 추정되는 무슬림 여성의 사진을 올리기도 했다.[15] 소셜 미디어 플랫폼의 부주의로 인해 사회는 이러한 선전에 무방비로 노출되었다.

❋ ❋ ❋

그러나 소셜 미디어 플랫폼의 이슬람 혐오 선전이 그러한 광범위한 주장에 대한 실증적 근거가 부족하다는 사실을 완전히 가릴 수는 없다. 유럽을 장악하려는 이슬람의 음모는 실제로 어떤 진전을 이루었는가? 얼마나 많은 영국인이 이슬람으로 개종했는가? 무슬림이 어떤 방식으로 정치 체제를 약화시켰는가? 어떤 의미에서 경제는 무슬림에 의해 통제되었는가? 영국 외교 정책의 어떠한 측면이 무슬림의 영향으로 결정되었는가?

이슬람주의가 전 세계 대부분에서 실패했다는 것이 이슬람 혐오 선전의 가장 명백한 결함이다. 그다지 안정적이거나 일관성 없는 이슬람주의는 대체로 탄압을 받다가 다른 지역에서 다시 등장했지만, 대다수 무슬림을 대표하지는 못했다. 이슬람 국가의 대표적 보기인 이란조차도 서방세계가 대처하는 법을 뒤늦게 배운 나라이다. 후에 트럼프Donald Trump에 의해 포기되기는 했지만, 오바마Obama 대통령은 이란과 핵 정책을 둘러싼 권한 합의에 이르렀으며, 이는 서방 국가에서 널리 환영받았고 여전히 EU의 지지를 받고 있다.

이슬람 혐오증은 분명히 주요 정치인들에 의한 규칙적인 반복을 통해 신뢰성을 얻을 수 있는 과장과 일반화가 포함되어 있다. 일반적인 생각과는 달리 영국 인구 중 무슬림은 300만 명 미만(4.8%)이며, 이슬람교로 개종하는 사람들은 연간 5천 명 정도에 불과하다. 무슬림의 출산율이 더 높긴 하지만, 그 비율이 감소하고 있고 거의 전체 인구 출산율에 수렴하고 있어 무슬림이 다수가 될 것이라는 주장은 터무니없다. 또한, 기존 종교의 쇠퇴로 인한 공백이 이슬람교로 채워지고 있다는 증거는 많지 않다. 오히려 주요 도시의 불교 센터에서 마음 챙김과 명상에 관한 수업에 참석하는 것이 오늘날 영국에서 일어나고 있는 가장 확장하는 종교 운동을 나타낸다.

이슬람 혐오증의 또 다른 결점은 블레어, 캐머런, 메이 등 역대 총리들이 취한 현명하지 못한 태도에 있다. 테레사 메이는 이슬람 테러리즘으로 인해 영국인의 생활방식이 위협받고 있다는 주장을 일상적으로 아무 생각 없이 반복해 왔다. 그러나 번영하고 잘 방어된 서방 국가의 안보는 실제로 위험에 처해 있지 않다. 그렇게 주장하는 것은 과잉 반응이다. 그것은 테러리스트들을 기쁘게 하고, 그들의 주장을 신빙성 있게 만들어 그들이 젊은 신병을 모집할 수 있게 해준다. 이라크 침공 당시 MI6의 수장이었던 디어러브 경Sir Richard Dearlove은 정부가 이슬람 테러리즘의 위협을 과장하고 있다고 비난했다. 중동의 문제였고, 영국은 주요 표적이 아니었기 때문에 영국은 '미미한 영향'만 받았을 뿐이라고 말했다. 1970년대와 1980년대 아일랜드 테러리즘의 관점에서 보면, 위협의 규모와 범위가 분명해진다. 1969년부터 2015년까지 아일랜드 테러리스트에 의해 3천 583명이 사망했다. 이슬람 테러리스트의 공격으로 사망하거나 부상당한 숫자는 IRA*의 표적이 된 사람들과 비교하면 극히 작은 비율일 뿐이다. 예를 들어, 2007년부터 2016년까지 총 26명이 테러로 사망했는데, 그중 23명은 아일랜드 테러리스트에 의해, 2명은 극우 테러리스트에 의해, 1명은 이슬람 테러리스트로 추정되는 이에 의해 살해되었다. 그러나 누구도 IRA가 자유민주주의에 심각한 위협이 된다고 생각하지 않았고, 실제로 당시 정부에서는 이들을 정치적인 문제가 아닌 범죄자로 취급했다.

테러리스트의 수는 여전히 매우 불확실하며 여기에도 과장이 적용되고 있다. 프랑스 혁명의 시대였던 18세기 이래로 영국은 스파이와 체제 전복자에 대한 제보를 위해 사람들에게 돈을 지불하게끔 하였고, 정보에 더 많은 돈을 쓸수록 더 많은 체제 전복자가 발견된다는 것이 분명해졌다! 오늘날에도 마찬가지이다. 2000년 이후 MI5가 파악한 국내 테러리스트는 수십 명에 불과했는데, 블레어는 의심스럽게도 이 수치를 곧바로 250여 명으로 늘렸다. 이후 이 수치는 2005년에는 800명, 2006년에는 1,200명, 그 후 1,600명으로 증가했다. 2001년부터 2010년까지 테러와 관련하여 총 1,834명이 체포되었다. 그러나 이 중 1,000명은 무혐의로 풀려났고 422명이 테러 관련 범죄로 기소되었으며 유죄 판결을 받은 사람은 237명에 불과했다. 이 수치는 우리

---

* 역자 주) 아일랜드의 무장단체. 1910년대 말 아일랜드 독립전쟁에 뛰어든 독립군으로 시작해 각 시기별로 IRA의 이름을 쓴 수많은 단체가 있었으나 다른 설명이 없이 언급할 경우의 IRA는 1969년부터 존재해온 '임시 아일랜드 공화국군'이라는 단체를 일컫는다. 1970년~1980년대에는 많은 테러를 행했으나 2000년대 들어 온건주의 노선을 표방하면서 무장 투쟁을 포기한다는 공식 입장을 밝혔다.

가 문제의 정도를 거의 알지 못한다는 것을 시사한다. 우리가 아는 것은 소련이 붕괴된 후, 안보 기관이 본연의 목적을 잃었고, 새로운 목적을 마약, 돈세탁, 대량살상무기, 테러리즘에서 찾으려고 고군분투했다는 사실뿐이다. 당국은 주기적으로 '위협' 수위를 높여 여론을 조작하기 위해 노력해 왔지만, 이는 대중이 공식적인 주장에 대해 냉소적으로 되는 효과를 가져왔다.

이슬람 혐오 선전은 또한 이슬람이 자유민주주의에 위협이 된다는 주장에 의존한다. 그렇다고 자유민주주의가 압박을 받고 있다는 사실을 부정하는 것은 아니다. 그레일링A. C. Grayling의 『민주주의와 그 위기 Democracy and Its Crisis』(2017), 런시먼David Runciman의 『민주주의의 종말 How Democracy Ends』(2018)을 비롯한 여러 저명한 저자들이 최근 이 문제를 다루고 있다. 지역 신문의 소멸, 소수의 우파 소유주에 의한 전국 언론의 소유권 집중, 적색 헤드라인 언론들Red-tops이 설정한 아젠다에 따른 BBC의 위협 등, 영국의 민주주의가 장기적인 약점으로 어려움을 겪고 있다는 데에 동의한다. 인터넷, 극단주의 단체의 소셜 플랫폼 조작, 허위 정보의 유포, 미국 대통령 선거와 영국 EU 국민투표에 대한 러시아의 간섭 등으로 인해 민주주의 체제는 신뢰를 잃고 있다. 2018년 선거관리위원회는 영국의 민주주의가 위협받고 있음을 인식하고, 온라인 정치 캠페인 스캔들, 잘못된 정보, 개인 데이터 오용, 불법 지출 및 외국 간섭 등의 일련의 사건을 인정하며 이에 따라 법의 개혁을 촉구했다.[16]

그러나 이 모든 증거 중에서 이슬람의 영향력이 민주주의를 훼손한다고 비난할 수 있는 실증적 근거를 아무도 찾지 못했다. 이 주제에 대한 총리의 수사는 무슬림 국가에서 반민주적인 정권을 지지하는 영국의 역할을 무시하는 것이기 때문에 단지 비뚤어진 것이라고 할 수밖에 없다. 이슬람주의 운동에 대한 과도한 공포 조성은 그들의 목표가 서방에 중점을 두는 것이 아니라, 중동의 부패하고 권위주의적인 세속 정권을 무너뜨리고 이 지역에서 미국의 영향력을 근절하는 것이라는 것을 묵살한다. 이것은 완전히 합법적이고 합리적인, 서유럽 열강에 의해 종종 좌절된 목표이기도 하다. 어쨌든 이러한 주장은 무슬림이 영국 정치 시스템에 완전히 관여해 있으며 인도와 같은 국가에서 수십 년 동안 서유럽식 민주주의에 참여해 왔다는 증거를 단순히 무시하는 것이다. 실제로 이라크 전쟁의 부산물 중 하나는 대규모 항의를 유발한 것이었다. 2003년 2월 런던의 시위에서 약 200만 명이 정부의 조치에 분노하여 무슬림과 합류한 바 있다.

❆　❆　❆

영국 테러리즘의 경우, 영국 자체가 이라크와 같은 정권에 의한 테러의 표적이 아니었다는 사실이 이제 널리 인식되고 있다. 오히려 블레어와 부시의 개입주의가 이를 표적으로 삼았다. 전 MI5 수장이었던 매닝햄-불러Eliza Manningham-Buller는 칠콧 청문회에서 블레어의 정책이 "더 적절한 말을 찾을 수 없는데, 젊은 세대 전체를 급진적으로 만들었다. 그들은 이라크와 아프가니스탄에 대한 우리의 개입을 이슬람에 대한 공격으로 보았다"고 했다.[17] 그녀는 이미 전쟁 여부를 결정할 때 단편적인 정보에 지나치게 의존할 경우 초래될 수 있는 결과와 위험에 대해 정부에게 경고한 바 있다. 그러나 1990년대와 2000년대 정부는 테러리즘이 대체로 국내에서 발생한 현상이거나 정치인들이 피할 수 있는 오류의 부산물이라는 사실을 인정하지 않으려 했다. 그들은 테러리즘을 단순히 해결하기 어려운 이데올로기 문제, 즉 이슬람 사회와 서방 사회의 양립 불가능성을 반영하는 근본적인 문화 충돌로 보는 것을 선호했다. 그러나 이데올로기를 표적으로 삼는다는 것은 실제로 설명할 수 없는 문제에 꼬리표를 붙이는 것이었다. 이로 인해 공식 외교 정책을 비판하는 개인과 무슬림형제단과 같은 민주적 조직이 기소되었다. 블레어와 고든 브라운은 법과 질서에서 보수당보다 우위를 점하고 싶어 했고(비록 그것이 『데일리 메일』의 의제에 동조하는 것을 의미하더라도), 테러에 대한 강력한 조치가 그들의 광범위한 전략을 강화하는 것으로 보았다. 그들은 국가 안보를 보호한다는 명분으로 시민의 자유에 대한 공격을 퍼부었고, 북아일랜드에서 테러리즘에 대처한 영국의 경험을 간과했다. 북아일랜드에서 재판 없이 구금하는 것은 역효과인 것으로 판명되었지만, 블레어 정부는 무슬림 테러리스트들에 대해 이를 다시 도입했다. 그러나 영국의 대표적인 테러리즘 학자인 윌킨슨Paul Wilkinson은 효과적인 대테러 정책을 유지하기 위해 법치주의를 중단할 필요가 없고, 국내 테러를 물리치는 열쇠는 좋은 첩보를 확보하는 데 있으며, 이는 지역 사회가 소외되면 좌절된다고 지적했다.[18]

이러한 조언에도 불구하고 블레어와 그의 내무장관인 블렁킷David Blunkett과 리드John Reid는 1990년대 말부터 2000년대 초까지 대량의 테러 관련 법률을 제정했다. 용의자들은 벨마쉬 교도소에 재판 없이 수감 되었는데, 이는 법원에 의해 불법으로 판결되었고, 피해자 중 한 명인 바바르 아흐마드Babar Ahmad는 2004년부터 2012년까지 아무런 기소 없이 수감되었다. 재판 없이 투옥하는 것이 영국의 가치를 지키고 싶다고 주장하는 사람들의 이상한 정책이었다. 가혹한 테러 법안으로 인해 런던 중심가에서 사진을 찍었다는 이유로 관광객이 체포되고, 테러조직을 위해 정찰하는 듯한 행동을 했다는 이유로 기차 감시원들이 심문을 당했으며, 2005년 노동당 집회에서 잭 스트로Jack Straw*를 야유했다는 이유로 노령의 노동당 당원이 체포되는 등 실제 반테러 정책에 대한 대중의 지지를 약화시키는 일이 발생했다. 이러한 억압적인 법안은 무슬림과 정부 외교 정책에 대한 비판자들을 위협하기 위해 고안된 일련의 계획들로 뒷받침되었다. 2000년에 제정된 테러방지법에 따라 경찰은 의심 없이 사람들을 멈춰 세우고 수색할 수 있었다. 2009년에는 1만 1,248건의 수색이 이루어졌지만 체포된 사람은 겨우 594명에 불과했으며, 유죄 판결은 커녕 기소된 사람도 없었다! 무슬림은 다른 인구에 비해 불심검문의 피해자가 될 가능성이 42배 더 높았다.[19] 2010년 웨스트미들랜드 경찰은 버밍엄의 두 무슬림 지역구인 스파크브룩Sparkbrook과 워시브룩Washbrook에 49대의 CCTV 카메라와 169대의 번호판 인식 카메라를 설치하는 비밀 계획을 세웠다. 그들은 이 카메라가 마약을 탐지하기 위한 것이라고 주장하며 지역 의원들을 속였다. 일단 노출된 이러한 정책은 무슬림 공동체를 소외시켰기 때문에 절망적으로 역효과를 내었다. 이러한 조치가 영국을 경찰국가로 만들지는 않았겠지만, 경찰국가로 가는 길로 절반 정도는 인도했다.

이슬람 테러리즘에 대한 공식 정책 역시 대상을 식별하는 데 큰 어려움을 겪었다. 부분적으로는 개인 이메일 감시가 반복적으로 확대됨에 따라 경찰이 관리할 수 있는 것보다 훨씬 더 많은 정보가 쇄도했기 때문이다. 그러나 독립적인 검토자들은 당국이 더 많은 정보를 제공하

---

* 역자 주) 토니 블레어와 고든 브라운 노동당 정부에서 내무장관, 외무장관, 대법관과 법무장관을 역임한 정치인이다.

는 것이 아니라 이미 사용 가능한 정보를 더 잘 활용했다면 여러 공격을 예방할 수 있었다고 결론지었다. 2017년까지 정보기관은 약 2만 3천 명의 '요주의 인물'에 대한 데이터베이스를 구축했다. 이 중 3천 명을 우선순위로 지정하고 500명에게 가장 높은 우선순위를 부여했다. 그러나 신병 모집과 급진화는 매우 빠르게 일어났고, 일반적으로 모스크와 관련이 없었으며, 쉽게 구할 수 있는 무기에 의존했기 때문에 여전히 감지하기 어려웠다.

결과적으로 일부 무슬림이 테러리스트가 된 배경에 대한 의문이 제기되었다. 언론과 정치인들은 급진적인 과격파 이맘들과 극단주의 모스크에 초점을 맞추었지만, 실상은 더 복잡한 것으로 드러났다. 에드 후세인Ed Husain은 『이슬람주의자The Islamist』(2007)에서, 16세 때 오마르 바크리Omar Bakri*와 히즈브 우트-타흐리르의 영향을 받아 런던 대학에서 5년간 극단주의자로 활동하게 된 과정을 설명했다. 그는 결국 종교가 실제로 얼마나 작은 영향을 미치는지 깨닫고 환멸을 느껴 근본주의를 거부했다.[20] 그 후 그는 은행 업무로 직업을 바꾸었고, 얼마 지나지 않아 '이슬람주의는 먼 기억'이 되었다.[21] 당국에게 이것은 매력적인 설명이었지만 앞뒤가 맞지 않았다. 특히, 후세인이 갑자기 고액 금융업에 뛰어들면서 독실하고 박식한 무슬림이라면 의심할 여지 없이 제기했을 질문들은 전혀 제기되지 않았다. 그의 이야기가 우리에게 시사하는 바가 있다면, 급진적 이슬람의 온상이 한 극단에서 다른 극단으로 급속히 전환되기 쉬운 감수성이 예민하고 정보가 부족한 젊은이들 사이에 존재한다는 것이다.

---

* 역자 주) 시리아 이슬람 무장 지도자로 영국에서 Hizb ut-Tahrir를 개발하는 데 중요한 역할을 한 인물이다.

정치 운동에서 자주 그렇듯이 극단주의자들은 주로 범죄에 연루되거나 대의명분과 흥미를 찾고 있던 불우한 삶을 살던 젊은 남성들로 개종한 사람들이었다. 이슬람 극단주의와 관련된 폭력은 그들의 충성심을 증명하고 새로운 공동체로부터 인정받기 위한 방법이었다.[22] 그 결과, 2016년까지 약 1만 2,500명의 불만을 품은 젊은 무슬림들이 감옥에 수감되었고, 그곳에서 이들은 당국이 모집한 200명의 데오반디 Deobandi* 성직자들로부터 더 엄격한 버전의 이슬람에 노출되는 비뚤어진 상황에 처하게 되었다. 이슬람에서 매우 보수적인 학파를 대표하는 데오반디는 여성 해방에 반대하고 모든 과학은 코란에서 찾을 수 있다고 믿었으며, 무슬림은 자신들에게 전해진 견해를 의심 없이 받아들여야 한다고 주장했다. 그들의 영향은 주류 사회로부터 수감자들의 소외감을 심화시키기 위해 거의 계산된 것이었다.

반면에 가장 악명높은 테러리스트에 대한 대부분의 정보는 그들이 성공했고 사회에 적응했다는 것을 암시한다. 2007년 런던 폭탄 테러의 세 주범인 시디크 칸Mohammed Sidique Khan, 탄위르Shehzad Tanweer, 하시브 후세인Hasib Hussein은 리즈 교외의 별 볼 일 없는 비스턴에서 태어났다. 칸은 초등학교에서 교무 조수로 일했고 결혼했으며 경영학 학위를 가진 조용한 청년으로, 종교적이거나 정치적인 성향이 뚜렷하지 않았다.[23] 당국은 그런 사람이 자살 폭탄 테러범이 되어야 하는 이유를 거의 알지 못했다. 그러한 사람들 중 상당수가 기성세대의 문화를 거부했다. 그들은 무슬림이었지만, 대부분 서유럽식 습관을 수용하였다. 일부는 사회에서 분리되어 갱단과 마약과 관련된 범죄 활동에 가담했

---

* 역자 주) 인도의 이슬람 신학교 중심으로 결성된 수니파 이슬람 내 이슬람 부흥운동을 주도한 학파로 인도 독립에도 중요한 역할을 하였다.

지만, 많은 테러리스트가 교육을 받았고 취업했었으며, 분명히 [사회에] 잘 융화된 것으로 보였고 특별히 종교적이지도 않았다. 리 릭비Lee Rigby 병사를 살해한 범인은 실제로 기독교인으로 자란 인물이었다. 테러의 원인으로 급진적 이맘을 지목하려는 당국의 노력도 큰 성과를 거두지 못한 것으로 드러났다. 웨스트민스터 테러범인 마수드Khalid Masood는 조용한 삶을 살았으며 50대 초반까지 이슬람으로 개종하지도 않았다. 공통적인 요인은 무슬림이 서유럽 열강의 부당한 표적이 되었다는 느낌이었다. 시디크 칸은 영국의 외교 정책으로 인한 무슬림의 죽음으로 자신이 소외감을 느꼈다고 설명했다. "우리의 말은 여러분에게 아무런 영향을 미치지 않습니다. 그러므로 여러분이 이해하는 언어로 여러분과 이야기할 것입니다."[24]

당연히, 그러한 신병 중 상당수는 첩보 보고서에 등장하지 않았거나 기껏해야 위험이 낮다고 간주되었다. 런던 브리지 테러의 주범인 쿠람 버트Khurram Butt는 런던 동부 출신의 극단주의자로, 극단주의에 관한 채널 4 다큐멘터리에 출연했을 정도로 잘 알려져 있었다.[25] 웨스트민스터, 핀스버리 파크, 맨체스터 아레나, 런던 브리지의 공격자들 모두 어떠한 형태로든 일종의 감시를 받고 있었으며 울위치, 맨체스터, 웨스트민스터의 공격은 모두 더 나은 정보로 막을 수 있었다. 테러범들은 이슬람 사원을 통해 포섭되거나 증오로 가득 찬 이맘의 설교를 통해 과격화된 것도 아니었다. 사실 이들은 지하드 단체에 가입하기 전까지는 종교적이지도 않았다. 이맘들은 추종자들에게 이슬람교가 테러, 자살, 무고한 사람들의 살인을 비난한다는 사실을 자주 상기시킨다. 실제로 종교에 대해 진지하게 연구하는 사람들은 극단주의와 폭력적인 급진주의의 호소에 더 잘 저항할 수 있다고 주장할 수 있다.[26]

히즈브 울-타흐리르에 모집된 젊은 신병들은 새로운 이슬람 국가에 대해 유창하게 말했지만, 코란 암송이나 기본적인 이슬람 예절 유지에 관해서는 전혀 알지 못했다.[27] 버밍엄 테러범인 사르와르Yusuf Sarwar와 모하메드 아흐메드Mohammed Ahmed는 2014년 시리아로 갈 준비를 하면서 『멍청이들을 위한 이슬람Islam for Dummies』을 구입하기 위해 아마존을 드나들은 것으로 유명했다!

이러한 상황은 이라크 국가와 군대의 붕괴로 이른바 이슬람 국가가 등장하고 시리아에서 내전이 발생한 2015년에도 반복되었다. 2016년까지 약 800명의 영국 지하드 투사들이 이라크 및 시리아 이슬람 국가 Islamic State of Iraq and Syria(ISIS)를 위해 싸우고자 떠났다.[28] 영국 지하드 투사들에 대한 조사를 통해 그들의 배경과 동기가 밝혀졌다. 아부 자말 Abu Jamal로 알려진 한 랭커셔 지하드 투사는 영국에서 선량한 무슬림으로 성장하지는 못했다. 그는 담배를 피우고, 술을 마시고, 클럽을 즐겼으며, 여자 친구도 있었다. 그에게 종교가 있었다면 맨체스터 유나이티드였다. 그는 수업에 참석하면서 천천히 이슬람에 대해 더 많이 배웠다. 그러나 좋은 무슬림이 된다는 것이 서유럽 사회 거부를 의미하지는 않았다. 그의 동기는 외부적인 것이었다. 그는 시리아 내전에 충격을 받고 무언가 해야 한다고 느꼈다. 영국이 시리아 반군 편인 것처럼 보였기 때문에, 아사드Bashar Assad 대통령을 제거하기 위해 싸우면서 그는 이전에 군사개입을 옹호했던 캐머런의 조언을 사실상 따르고 있었다.[29] 그러나 그는 자신의 경험에도 불구하고 귀국 후 영국 안보에 위협이 되지는 않을 것이며, 자신이 여전히 영국에서 태어나고 자란 영국 시민이라는 사실을 받아들였다. 아부 자말의 사례는 당국이 종교적 광신주의를 도처에서 목격했기 때문에 그들의 목표를 크게 놓치고 있는 정도를 잘 보여준다.

    불행히도 정치인들은 중동에서의 경험에서 교훈을 얻지 못했고, 국내 테러 문제는 여전히 다루기 어려운 문제로 남아 있었다. 새로운 문제가 발생할 때마다 새로운 군사개입을 모색하는 것이 습관이 되어버렸다. 그러나 2013년이 되자 아프가니스탄에서는 탈레반이 부활했고, 알-카에다는 아랍 세계를 거쳐 이라크와 시리아로 확산되었다. 헬만드에서 미군에 의해 구출된 영국군은 어둠 속에서 바스라를 경유하여 이라크를 떠나야 했다. 그 결과 국민은 개입주의에 대한 신뢰를 잃었다. 2013년 캐머런 총리가 아사드에 대한 개입을 제안했지만 하원에서 부결되었다. 그러나 이라크 침공 문제가 지속되자 2014년 9월 의회의 승인을 받아 이라크 내 이슬람 국가IS 목표물에 대한 공습을 시작하면서 파탄적인 정책으로 돌아갔다. 1년 후인 2015년 12월, 아무런 성과도 얻지 못했지만, 캐머런은 시리아 공습을 결정했고 이번에는 하원에서 397표 대 223표로 가결되었다. 비평가들은 폭격이 영국의 거리를 테러로부터 어떻게 더 안전하게 만들 수 있을지 의문을 제기했다. 캐머런은 지상군 없는 폭격은 효과가 없다는 것을 잘 알고 있었기 때문에 '매일 업데이트 되는 상세한 분석에 근거하여' 약 7만 명의 반 이시스ISIS 병력을 사용할 수 있다는 허구의 주장에 의존했다.[30] 전임자들과 마찬가지로 캐머런은 이시스에서 설치한 함정에 계속 빠져들었다. 민간인을 죽인 폭탄 보복과 이슬람주의에 대한 과장된 수사는 대의에 동참하는 새로운 신병을 지속적으로 확보하는 데 도움이 되었다. 보다 지능적인 전략을 위해서라면, 걸프 국가들이 시리아와 이라크의 테러리스트들에 대한 무기 공급을 막고, 터키가 새로운 이시스 전사들의 유입을 막기 위해 국경을 봉쇄하고, 이시스의 주축이었던 이라크와 시리아의 수니파를 재통합하는 것이 필요했을 것이다.

※　※　※

첩보활동을 통해 잠재적 테러리스트를 식별하려는 이러한 시도는 치료를 통해 테러리스트의 주의를 돌리기 위해 고안된 캠페인인 예방 프로그램으로 보완되었다. 이는 무슬림 전반을 표적으로 취급하고, 문제를 퇴치하고 심지어 근절할 수 있는 이데올로기로 정의하는 것처럼 보였기 때문에 이중적인 결함이 있었다. 2011년 뮌헨에서 행한 악명 높은 연설에서 캐머런 총리는 다음과 같이 주장했다. "우리는 문제의 근원에 도달해야 한다 … 바로 이슬람 극단주의라는 이데올로기의 존재이다." 그러나 안타깝게도 원인보다는 증상을 너무 강조한 것이었다. 2005년 무슬림 여성들의 히잡, 니캅, 부르카 착용을 둘러싼 논란은 잭 스트로 전 외무장관이 자신의 지역구 간담회에 이런 복장을 한 여성들이 나타난 것에 불만을 제기하면서 촉발되었다. 이 문제는 두 가지 측면에서 중요했다. 첫째, 영국의 접근 방식에 대해 안심할 수 있는 무언가가 있다는 것을 시사했다. 프랑스에서는 히잡을 금지하는 법안이 제정되었는데, 이는 국가 정체성에 대해 영국보다 훨씬 더 명확하고 엄격한 관념을 가지고 있으며, 더 높은 수준의 준수를 요구하는 프랑스 전통에 부합하는 것이었다. 반면 영국에서는 법으로 (프랑스의 반응이 지나치다고 생각하여) 히잡 착용을 제한하려는 시도가 없었다. 스트로가 논란을 일으킨 후, 이 문제는 2018년까지 거의 사라졌다.

둘째, 영국의 무방책은 무슬림 복장에 대한 우려가 완전히 과도했다는 사실을 반영했다. 예를 들어, 법정에서 증인이 배심원에게 얼굴

전체를 보여줘야 하므로 니캅에 대해 합법적으로 이의를 제기할 수 있는 상황도 있지만, 니캅을 벗게 하는 것은 판사의 권한에 속한다. 이러한 경우를 제외하고 모든 종류의 여성은 단순히 자신의 선택권을 행사할 뿐이다. 작가 게리 영Gary Younge은 어머니와 딸 한 명은 히잡을 쓰지 않기로 결정한 반면, 다른 두 명의 딸은 자발적으로 히잡을 채택한 한 가족의 예를 인용했다.[31] 이러한 사례는 히잡을 둘러싼 선동을 바로잡을 수 있는 유용한 정보를 제공한다. 실제로 영국 무슬림 중 베일을 쓰는 사람은 거의 없으며, 베일을 쓰는 사람들도 강제가 아닌 자발적 선택에 따라 베일을 채택한다. 다른 젊은이들과 마찬가지로 무슬림은 때때로 자신이 입는 옷을 통해 자신의 입장이나 의견을 표시하기로 결정한다. 따라서 히잡은 여성이 정숙하게 옷 입기를 원하고, 서유럽 사회의 특징적인 신체 과시를 거부한다는 표시가 된다. 어떤 사람들은 히잡이 존경을 표하며, "남성들이 자신을 쳐다보는 것을 원하지 않는다"고 믿는다.[32] 블랙번에서 와카스 시디키Waqas Siddiqui는 다음과 같이 설명했다. "히잡을 사는 사람들은 대부분 어린 소녀들이다. 사람들이 당신의 종교를 비판할 때, 당신은 그 종교를 조금 더 고수하게 되고, 당신이 편안하게 느끼는 것으로 되돌아가게 된다."[33] 결과적으로 문제가 제기될 때마다 히잡의 판매량은 증가하는 효과가 있다! 영국의 금지 조치 회피는 실용적이고 합리적이라는 결론을 내릴 수밖에 없다. 히잡 금지는 불필요한 도발이 될 것이다. 가장 진보적인 스포츠가 아닌 축구조차도 관용적인 태도를 취했다. 2007년 FIFA는 히잡이 선수의 목을 조를 수 있고(실증적 증거가 없음), 종교적 상징을 경기에 도입한다는 이유로(남자 선수에게는 허용되었지만) 여자 축구 선수의 히잡 착용을 금지했다. 그러나 2014년에는 시크교도와 유대인의 모자 착용 금지와 함께 히잡 금지가 철회되었다. 영국인들은 암묵적으로 여성 복장에 대한 금지가 문제의 해결책이라는 것을 인식했던 것 같다. 이는 2018년 존슨이 부르카를 입은 여성을 '우편함'이라고 부르며 은행 강도처럼 보인다고 어리석게 묘사하면서 확증되었다.[34] 그러나 중요한 것은 그가 금지 조치 도입을 거부했다는 것이다. 존슨 총리의 동기는 뉴스에 자신을 계속 노출시키고 토리당 지도부 선거에 출마하기 위한 전략의 일환으로 널리 알려졌고, 그 결과 이 문제는 대중의 관심에서 빠르게 사라졌다.

부르카에 대한 관용적 태도와는 대조적으로 영국 정부는 무슬림이 이슬람주의의 영향력 아래 놓이는 데 책임이 있다고 생각되는 과정, 즉 교육에 집중하기로 결정했다. 2015년 캐머런 총리는 약 20만 명의 무슬림 어린이들이 매일 저녁 2시간씩 코란을 공부하는 마드라사에 대한 단속을 발표했다. 그는 무슬림들에게 영국의 가치를 흡수하고 채택할 것을 촉구했다. 실제로 보수당은 가톨릭, 유대교, 무슬림 등 모든 종류의 종교 학교 설립을 장려하고 있었기 때문에 정부 정책의 혼란을 이보다 더 잘 보여줄 수는 없었다. 이 과정에서 그들은 학교에서의 분리로 인해 지역 사회가 분열되었던 북아일랜드의 오랜 경험을 무시했다.

게다가 캐머런의 정책을 적용하는 것은 어려운 것으로 판명되었다. 월섬 포레스트에서는 10살 정도의 어린 학생들 사이에서 이슬람주의적 태도를 발견해낼 수 있도록 교사들을 훈련시켰다.[35] 또한, NHS 신탁, 지방 당국 및 교도소에는 사람들이 테러에 연루되는 것을 방지해야 할 법적 의무가 부과되었으며(사실상 이행 불가능), 정부는 대학들에게 학생들의 의견을 알아내도록 설득하려고 노력했다. 극단주의와 관련된 언어가 있는지 학생들의 인터넷 활동을 감시하도록 설계된 소프

트웨어가 학교에 판매되었다. 그 결과는 불길하고 기괴했다. 손에 화상을 입고 응급실을 찾은 한 남성은 폭탄 제조 실험 혐의로 경찰에 연행되었다. 많은 교사가 이슬람주의의 초기 징후를 파악하는 데 열중했다. 네 살짜리 한 아이는 '오이cucumber'를 발음하려고 할 때 '쿠커 폭탄cooker bomb'이라고 말했다. 열 살짜리 용의자는 '연립주택terraced house'을 쓰고자 했는데 '테러리스트 집terrorist house'이라고 썼다. 네 살짜리 어린이들은 급진주의화 여부에 대한 감시를 받고 있었다. 한 학자는 "그들은 정치적인 것은 말할 것도 없고 언어적 능력도 부족하다. 제정신이 아니다"라고 말했다.[36] 2005년에 시작된 예방 프로그램은 2011년, 2013년, 2015년에 개편되었다. 이는 당국조차도 이 프로그램이 효과가 없다는 것을 인식하고 있었다는 것을 나타낸다. 2015년~2016년 동안 약 7천 631명이 공식적인 극단주의 반대 프로그램에 의뢰되었지만, MCB(영국 무슬림위원회)가 지적했듯이 대다수는 단순히 오인된 사례였다. 추가 조사 결과, 실제로 위협이 존재하지 않는 것으로 확인되어 의뢰가 거부된 경우도 있었다. 일반 대중의 의뢰는 10건 중 1건도 되지 않았으며, 경찰은 실제로 급진주의화 위험에 있는 많은 사람이 전혀 의뢰되지 않았다는 사실을 인정했다. 2016년에 테러 방지 캠페인을 주도한 경찰청장 사이먼 콜Simon Cole은 극단주의에 대한 공식 정책이 너무 결함이 많아 '사상 경찰thought police'을 만들 위험이 있으며, 경찰이 '사람들이 말할 수 있는 것과 말할 수 없는 것'의 판단자가 되기 때문에 집행할 수 없다고 불평했다.[37] 그는 정부가 실제로 극단주의에 대한 유용한 실무적 정의가 없기 때문에 실제 테러를 옹호하지 않는 사람들을 포함하며 '극단주의자'의 정의를 확장하고 있다고 느꼈다. 이런 식으로 예방 프로그램은 가치있는 정보를 제공할 수 있는 사람들을 격리시킬 위험이 있었다. 예를 들어, 듀스베리에서는 위원회가 파견한 5명의 대테러 요원들이 지역 사회와 전혀 교류하지 않는 스파이로 간주되었다.[38] 2016년 11월, 루턴에 있는 26개 이상의 이슬람 사원(거의 모든 사원)은 위원회의 최고 책임자에게 예방 프로그램 전략이 불공정하고 비생산적이기 때문에 협력을 철회한다고 말했다.[39] 예방 프로그램은 무슬림이 문제라고 정의하고, 무고한 사람을 감시하는 것을 은폐하고, 정부 외교 정책에 대한 모든 비판자를 잠재적 극단주의자로 취급한다는 이유로 널리 비난받았다.[40] 예방 프로그램에 의뢰된 사람들 중 실제로 극단주의에서 벗어나기 위해 전문적 지원을 받은 사람은 전체의 5%에 불과하다는 사실에서 그 비효율성이 입증되었다.

2016년 하원 여성평등위원회House of Commons Women and Equalities Committee의 보고서는 정부가 대테러 전략에 대한 적절한 재정 및 장관급 지원을 제공하지 못한 것에 대해 불평했다. 캐머런 총리는 무슬림 여성의 22%가 영어를 제한적으로 또는 전혀 구사하지 못한다고 비판하며(정확한 수치는 6%에 불과), 이들의 학습을 돕기 위해 2천만 파운드의 계획을 세웠지만, 그의 정부는 이미 이민자들의 영어교육 계획에서 2억 5천만 파운드를 삭감한 바 있었다![41] 와르시 여사는 영어를 배우지 못한 것이 이슬람주의의 원인이 아니라는 점을 상기시키며 '외교 정책에 대한 반응이 급진주의화의 더 큰 원인'이라고 주장했다. 한편, 이슬람 사원은 비무슬림이 방문할 수 있도록 개방의 날을 조직하여 대응 조치를 취하기 시작했다. 제임스 퍼거슨은 2015년 극단주의로 악명이 높았던 액턴의 안누르 커뮤니티 센터An-Noor Community Centre를 방문했을 때 이 모스크가 2007년부터 감시받아왔다는 사실을 알게 되었다. 그는 영국 국교회에서나 들을 수 있을 법한 물질주의의 위험성에 대한 설교를 들었다. 카메라가 모든 것을 녹화하여 이슬람 사원이 극단주의라는 어떤 비난도 반박할 수 있었다.[42]

　15세 미만 아동 2천 127명을 포함, 예방 프로그램에 의뢰된 사람들의 33%가 학교와 대학에서 발생함에 따라 논란은 점차 젊은 세대에 집중되었다. 그러나 전문가들은 교사가 급진주의화를 식별하는 데 도움이 되는 명확한 지침이 없다고 불평했다. 복장 변화, 교사 및 부모와의 대화 거부 등 제안된 지표 중 상당수는 10대 청소년의 일상적인 행동에 불과했다.[43] 그럼에도 불구하고, 이슬람 혐오 선전이 얼마나 대중의 두려움을 조장하는지는 2014년 트로이 목마 사건으로 강조되었다. 버밍엄 시의회에 보낸 한 익명의 편지는 버밍엄의 25개 공립학교에 이슬람 극단주의자들이 학교를 장악하려 침투했다고 주장했다. 이슬람주의에 대한 마녀 사냥꾼과도 같은 마이클 고브 교육부 장관은 즉시 감찰관을 파견하고 스코틀랜드 야드Scotland Yard의 전 대테러 책임자를 임명하여 '극단주의자들이 학교에 침투한 증거'를 찾도록 했다. 그러나 웨스트미들랜드 경찰은 조사할 사항이 없고, 보고서에서도 아무런 증거를 찾지 못했다고 말했다! 그 후 원본 편지는 가짜이고 그 주장은 근거가 없다는 것이 밝혀졌다.[44] 『가디언』의 말에 따르면, "모든 것이 사기에 의해 촉발된 마녀 사냥이었다."

　하지만, 마이클 고브는 단념하지 않았다. 정부는 부당한 종교적 영향력을 행사했다는 이유로 15명의 교사를 해임하려 했지만, 법적 조치 끝에 법원에 의해 해임이 기각되었다. 트로이 목마 사건 이후, 중립적이라고 여겨지던 학교 감찰 조사기관 오프스테드Ofsted는 이슬람주의에 대한 공식 정책의 주요 기관으로 바뀌었다. 오프스테드는 "영국의 가치를 홍보하지 않았다"는 이유로 런던의 6개 학교를 폐쇄하겠다고 협박했다 (조사관에게 그러한 권한이 없음에도 불구하고). 브래드포드에서는 오프스테드가 고브 장관의 지시에 따라 극단주의의 위협에 대해 충분히 가르치지 않았다는 이유로 5개 학교에 특별 조치를 취했다. 버밍엄의 한 학교인 파크뷰(최근까지 '우수' 등급을 받았던)는 갑자기 '불충분 또는 낙제' 등급을 받았다. 조사관들은 다른 버밍엄 학교에서도 성별 분리, 여학생의 교실 뒷자리 배치, 생물학 수업 제한, 음악 금지, 아랍어 강조, 크리스마스 트리 금지 등 일련의 문제점을 발견했다.[45] [그러나] 모든 주장이 거짓으로 밝혀졌다![46] 2016년 오프스테드가 9세 남학생과 여학생을 분리한 것을 비판하고 특별 조치를 취했을 때, 학교가 사법 심사에서 조사관의 지적에 이의를 제기하면서 결정이 번복되었다.[47] 성별 분리는 많은 영국 중등학교와 사립학교에서 전통적인 관행이었기 때문에 오프스테드의 조치는 거의 우스꽝스러울 정도로 차별적인 것으로 보였다. 2018년 오프스테드는 검사관들이 무슬림 초등학생에게 히잡을 착용하는지 질문할 것을 권고했다. 이에 1,000 명이 넘는 교사와 종교 지도자들이 즉각 철회를 요구하며 오프스테드를 '무모하고 차별적이며 제도적으로 인종차별적'이라고 비난했다. 사실상 오프스테드는 너무 갑작스럽게 자신의 판단을 바꾸어 교육 비평가들에게 [그가] 교육적 의제보다는 정치적 의제를 따르는 것처럼 보이도록 하였다. 게다가 오프스테드의 간섭은 해로운 영향을 미쳤다. 정부는 파크뷰 학교 이름을 바꾸고 무슬림 교장을 해임한 후 학교를 사학 통제하에 두었다. 그 결과, 교사들이 이탈하고, 임시교사에 의한 교육에 의존하게 되었으며, 시험 성적은 급격히 저하되었다.

    그러나 정부는 주요 신문의 지원을 받고 있었기 때문에 억압적인 정책에 대한 무슬림의 반응을 무시할 수 있다고 생각했다. 가장 충격적인 스캔들 중 하나는 2017년에 발생했는데, 『타임스』는 타워 햄릿에서의 사건을 바탕으로 '무슬림 위탁가정에 강제 입양된 기독교 어린이'라는 충격적인 머리기사를 1면에 실었다. 이것은 언론에 급속하게 히스테리를 불러일으켰다. 『데일리 메일』의 홉킨스Katie Hopkins는 "타워 햄릿의 어느 누가 이 어린 소녀를 학대한 책임이 있습니까?"라고 물었다. 이 주장이 곧바로 믿어지는 분위기가 느껴졌다. 『더 선』에서 전 평등책임자였던 필립스Trevor Phillips는 타워 햄릿의 행동을 "아동 학대와 비슷하다"고 흥분하며 묘사했다. 그러나 조사 결과, 언론에 유포된 일련의 경고주의적 주장은 전적으로 거짓임이 밝혀졌다.[48] 이 사건은 무슬림에 대한 논의가 일각에서 얼마나 양극화되었는지를 보여주었고, 대중의 공포에 편승하는 언론의 편견이 일상화되어 있었음을 나타내었다.

　이 시기의 이슬람 혐오 정책은 무슬림 국가에 대한 끊임없는 개입이 역효과를 일으키고 있음을 인식하지 못한 정치인들의 무능력을 반영한 것이었으며, 그들 자신의 반자유주의는 무슬림이 영국의 가치와 자유민주주의를 수용해야 한다고 요구할 수 있는 입지를 약하게 만드는 것이었다. 영국의 가치에 대한 그들의 공언된 신념은 혐의 없는 용의자 구금, 배심원 없는 재판, 카다피와 무바라크 같은 독재자 양성, 송환을 빌미로 한 인권 유린과 함께 불안해졌다. 노동당의 블레어나 보수당의 캐머런 모두 영국의 전통적인 가치와 정치사를 잘 이해하지 못했기 때문에 무슬림에게 국가 정체성에 대한 그럴듯한 지침을 제시하는 데 어려움을 겪었다. 다행히도 정치 지도자들이 허둥대는 동안 사회적 및 상업적 세력은 영국 사회 전반에서 그들의 영향력을 약화시키고 있었다.

12장
영국 주류 속 무슬림

이슬람 혐오로 인한 시끄러운 분위기 속에서 300만 명에 달하는 영국 무슬림 공동체의 진화과정과 오늘날 사회에서 그들의 역할에 대해 대안적 서술이 있다는 사실을 인식하기란 쉽지 않다. 이 대안적 설명은 두 가지 주요 이유로 인해 많은 헤드라인을 장식하지 못하고 있다. 첫째, 폭력과 전복이라는 극적인 이야기를 앞세우는 신문 대부분 및 기타 언론 매체의 의제에 맞지 않기 때문이다. 둘째, 기저를 이루는 사회적, 정치적, 상업적 변화가 다소 이질적인 연결로 구성되어 있어 하나의 깔끔한 과정으로 쉽게 표현할 수 없기 때문이다. 그러나 여기에는 한 가지 중요한 추세, 즉 영국 내 무슬림 공동체와 비무슬림 공동체 간의 점진적 융합이 포함된다. 역사학자의 입장에서 보면, 특히 24시간 내내 즉각적인 뉴스가 쏟아지는 세상에서 정치인, 언론, 오피니언 리더들이 엄청난 관심을 끌고 있음에도 불구하고, 종종 조용한 사회 혁명에 의해 역사의 방점이 찍히기 때문에 크게 놀랄 일은 아니다. 그러나 정치인들의 영향력은 그들이 매일같이 누리는 끊임없는 유명세에 비해 훨씬 더 제한적이다.

    영국 사회에 대한 나이 든 비평가들이 종종 영국이 1950년대와 같지 않다는 불평을 하는 것을 자주 듣게 된다. 사회가 여러 가지 면에서 변화했기 때문에 그들의 말은 맞다. 특히, 남성과 여성 모두에게 퍼진 페미니즘적 태도, 성적 취향의 차이(동성 간 성관계 및 동성결혼 포함)에 대한 관용의 증가, 인종적 편견의 감소(예를 들어, 영국의 높은 인종 간 결혼 비율과 백만 명의 혼혈아에서 볼 수 있듯이), 사회 변화의 주요하고 명백한 엔진이었던 대학 교육의 대규모 확산에 따른 젊은 세대 사이에서 자유주의의 현저한 확장 등 보다 자유로운 사회로의 꾸준한 진화가 있었다. 그러나 이 모든 것들은 『데일리 메일』, 『더 선』, 『데일리 익스프레스』, 『데일리 텔레그래프Daily Telegraph』의 페이지와 칼럼에서 엄청난 좌절감을 불러일으키고 있다. 그러나 이러한 신문이 신문 판매의 대부분을 차지하더라도 충성도가 높은 독자들이 매년 대거 사망하고 있기 때문에 이러한 머리기사들이 사회 변화의 근본적인 패턴에는 거의 영향을 미치지는 못하고 있다. 2016년 EU 탈퇴를 묻는 국민투표는 보기 드문 반작용의 승리였지만, 이는 장기적인 변화의 조짐이 아니라 그래프상의 일시적인 현상일 뿐이었다. 이를 통해 이슬람과 무슬림에 대한 허위사실 유포와 공포의 조장, 소셜 미디어 플랫폼을 통한 유해 정보의 확산, 국내 무슬림에 대한 강경 대응과 해외 무슬림 국가에 대한 무능한 간섭의 독성 복합물을 제대로 파악할 수 있다. 이슬람의 유럽 점령에 대한 경종을 울리는 서적 시장은 실증적 근거가 부족하다는 이유로 붕괴되기 시작했으며, 무슬림들이 어떻게 영국 사회의 주류로 진입해 왔는지 고려해야 할 여지를 많이 남기고 있다.

❋ ❋ ❋

1968년 파월Enoch Powel이 흑인이면서 영국인이 되는 것은 불가능하다고 주장한 견해는 결코 사라지지 않았지만, 오늘날 그것은 점점 더 시대착오적인 것으로 보인다. [이러한 견해는] 오늘날 영국 무슬림의 정체성은 어디까지 존재하는가와 같은 대안적인 질문으로 대체되었다. 2016년의 정책 교환Policy Exchange 보고서에 따르면 영국 무슬림은 전체적으로 다른 대규모 소수 민족 문화권보다 다소 분리되어 살고 있는 것으로 나타났다.[1] 그러나 이 보고서는 93% 이상의 무슬림이 영국에 강한 애착을 갖고 있고, 주요 이슈에 대한 그들의 태도가 다른 인구와 대체로 일치한다고 설명하며 일상생활에서 무슬림이 점점 주류 사회의 일부가 되고 있다는 것을 인정함으로써 스스로 모순을 드러냈다. 실제로 여론 조사에 따르면, 최근 수십 년 동안 영국성Britishness이라는 개념이 다소 후퇴한 잉글랜드 토착민들에서보다 일반적으로 소수민족 공동체에서 영국인의 정체성British identity은 더 강한 것으로 나타났다. '잉글랜드인'은 인종적-문화적 정체성인 반면, '영국인'은 영국 제도를 구성하는 4개의 [특징적인] 지역을 포괄하는 정치적 정체성이기 때문에 이는 당연한 결과이다. 또한, 무슬림의 약 70%가 25세 미만이며 영국에서 태어났기 때문에 가족의 출신 국가와의 연관성이 적고 서유럽식 생활방식에 더 잘 적응해 있다. 그 결과, 그들은 자신을 '영국계 아시아인'이라고 표현하는 경우가 늘고 있다. 하지만, 소말리아, 이라크, 이란, 시리아 출신 무슬림이 이러한 정체성을 사용할 가능성은 작다. 무슬림이 분리된 공동체라는 주장은 영국 무슬림의 절반이 모스크에 다니지 않고, 라마단 기간에 금식하는 사람이 거의 없으며, 집에서 술을 마시지는 않지만 주점pub에 가는 사람이 많다는 파퓰러스Populus와 국민의견조사National Opinon Polls(NOP)의 여론조사 결과에 의해 정기적으로 반박되고 있다. 이슬람 사원의 광신적인 이맘에 의해 이들이 과격화되었다는 생각은 대부분 허구임이 드러났다. 실제로 여론조사 결과에 따르면 무슬림은 주류 사회에 꾸준히 흡수되고 있는 것으로 나타났다. 물론 이는 정보기관이 테러 조직에 가담하는 젊은 무슬림을 식별하기 어려운 이유를 설명하는 데 도움이 된다. 시위 운동이 종종 그랬던 것처럼 종교의 언어를 채택할 수는 있지만, 그들의 급진주의화는 본질적으로 종교적이지 않기 때문이다.

그 결과, 영국은 현재 두 공동체 간의 놀라운 양방향 상호 작용을 경험하고 있다. 한편으로는 무슬림들이 주류 사회에 참여하려는 보다 의도적인 노력과 다른 한편으로는 이슬람의 존재를 인식하고 이에 대응하기 위한 사회 전반의 상업적인 성격의 새로운 계획들이 시도되고 있다. 2005년부터 관찰자들은 음악(이슬람 음악과 힙합), 예술, 미디어, 패션에 대한 무슬림의 참여를 가리키는 '무슬림 쿨Muslim Cool'이라는 문구를 만들어냈다. 여기에는 서유럽식 젊은이 문화와 이슬람 신앙이 결합되어 있다. 많은 모스크가 비무슬림 방문객에게 개방되었다. 1893년에 설립된 리버풀 압둘라 퀼리엄 모스크Abdullah Quilliam Mosque는 모든 종파의 사람들에게 문을 열고 바비큐와 청량음료를 제공하였다. "모스크에서 월드컵을 상영하는 것은 이번이 처음이다"라고 모스크의 최고 책임자는 말했다. 모스크는 각계각층의 사람들을 환영하며 축구를 통해 사람들을 하나로 모으고 지역 사회의 결속을 장려한다. 영국에 있는 2천여 개의 모스크 중 리젠트 파크의 런던 센트럴 모스크London Central Mosque, 서리Surrey의 워킹Woking에 있는 샤 자한Shah Jahan, 런던 남부의 파즐 모스크Fazl Mosque, 리버풀의 조지아식 테라스에 있는 모스크 등 몇몇 모스크는 현재 건축물 문화재로 지정되어 있다.

이[리버풀의 조지아식 테라스에 있는 모스크]는 리버풀이 국제적으로 중요한 항구이자 무역 중심지로서의 역할로 인해 발전한 사회적, 문화적 다양성을 보여주는 증거이며, 또한 다양한 문화와 신앙 공동체를 포용하는 리버풀의 역량을 보여주는 사례이다.[2]

무슬림이 인구의 4분의 1을 차지하는 버밍엄에서는 2017년 6월 라마단 성월의 끝을 알리는 이드Eid(라마단의 종료를 축하하는 대축제 - 역자주)가 시작될 때 10만 명의 사람들이 스몰 히스Small Heath에 모였다. 대규모 기도가 끝난 후, 그들은 놀이기구, 미니 골프, 클레이 비둘기 사격, 로데오 황소 타기 등을 즐겼다. 사실상 무슬림 축제는 전통적인 카니발로 변모하고 있었다. 이 과정은 두 공동체의 꾸준한 사회적 통합에 의해 뒷받침되었다. 1세대 무슬림의 54%를 괴롭혔던 빈곤은 여전히 심각한 문제로 남아 있지만, 현재는 3세대 무슬림의 25%에게만 영향을 미치고 있다. 무슬림 출산율은 영국 평균 수준으로 떨어지고 있으며, 한 부모 무슬림 가정은 7만 7천가구, 부양 자녀가 있는 기혼 가정은 26만 가구에 달하고 있다. 젊은 무슬림의 교육 경험에서도 유사한 현상이 분명하게 드러난다. 1990년까지 파키스탄과 방글라데시 출신 가정에서는 54%가 의무교육 이후의 교육을 받고 있으며 이것은 같은 정도의 교육을 받는 백인 인구 비율 56%와 거의 비견된다. 런던, 북부 및 미들랜드에 대학이 빠르게 확산되어 많은 무슬림이 자기 지역에서 대학 교육을 받을 수 있게 되면서 이러한 추세는 가속화되고 있다. 현재 무슬림 학생 중에서 여성이 차지하는 비율은 43%에 달하고 있다.

또한, 특히 진보적인 젊은 무슬림들 사이에서 조직적-정치적 융합이 진행되고 있다. 2017년 리즈의 대표적 지도자인 카리 아심Qari Asim은 젊은이들을 위해 '21세기 영국의 맥락에 이슬람을 이식'하고 영국의 가치에 부합하는 이슬람 해석을 장려하는 진보적 종교 판결을 내릴 국가 위원회를 만들자고 제안했다. 그는 이 위원회가 '강제 결혼, 여성 생식기 손상, 명예 살인'과 같은 논란이 되는 문제에 대한 지침을 제공할 것이라고 말했다. 이러한 관행은 이슬람 신앙에 의해 승인된 것이 아니라 특정 배경을 가진 무슬림 공동체에 침투한 문화적 관행이기 때문이다.[3] 이러한 추세는 여성이 운영하는 최초의 이슬람 사원을 설립하고자 하는 브래드포드 소재 무슬림 여성위원회Muslim Women's Counc와 모스크 운영 이사진에 여성 배제 반대 캠페인을 벌이는 버밍엄 소재 무슬림 여성네트워크Muslim Women's Network 등 여성 압력 단체의 등장으로 더욱 가속화되고 있다. 수년 동안 노동당에서 여성은 지도자 역할을 맡을 수 없었는데, 주로 남성 무슬림들이 지역 정당을 설득하여 여성 후보를 지명하지 못하도록 했기 때문이다. 2005년 보수당 후보로 출마한 와르시는 무슬림 남성들의 반대에 부딪혀 듀스베리에서 패배했다. 그러나 2003년부터 2012년까지 야쿱Salma Yaqoob이 이끄는 리스펙트당Respect Party에서 무슬림 여성들이 광범위한 역할을 수행했기 때문에 결국 노동당은 이에 대응해야 할 의무를 느꼈다. 그녀는 남성의 우편투표 통제 때문에 여성의 참정권이 박탈당하고 있다는 불만을 강조했고, 2012년 리스펙트당이 노동당으로부터 브래드포드 서부를 탈환하는 데 기여했다. 2017년 총선에서 무슬림 후보로 당선된 15명 중 8명이 여성이었다.

　융합은 일방향적인 과정이 아니다. 다문화주의에 대한 다소 쓸데없는 논쟁은 영국 사회가 비영어권 공동체의 존재를 인식하고 적응하는 정도를 때로는 거의 무의식적으로, 때로는 의도적으로 모호하게 만드는 경향이 있다. 영국인은 거의 종교적인 민족이 아니기 때문에 이러한 과정의 증상은 여가, 오락, 음식 및 음료의 매력에 대한 현대 영국 소비자의 감수성 등 다른 곳에서 찾아야 한다. 증거는 우리 주변 곳곳에 있다. 바비큐와 크리스마스 시장은 영국의 전통은 아니지만 무슬림과 비무슬림 모두에게 열광적으로 받아들여지고 있다. 매년 수천 명의 영국인이 터키에서 휴가를 즐기고 있으며, 그곳에서 현재 정권의 독재적 성격에도 불구하고 서유럽식 기업가 정신에 잘 적응하고 민주주의를 실천하는 친절하고 매력적인 사람들을 만난다. 이로 인해 거의 모든 터키인이 무슬림이라는 사실을 간과하기 쉽다. 햇볕 아래서 휴가를 보내는 것을 좋아하는 영국인은 인도, 이집트, 튀니지, 모로코, 인도네시아의 무슬림과 접촉하게 된다.

더 중요한 것은 무슬림 중산층의 부상과 영국 무슬림의 연간 310억 파운드에 달하는 소비 지출로 인해 기업들이 미개척 시장에 대한 경각심을 갖게 되었다는 것이다. 그 결과, 상업적 고려는 흥미로운 문화적 상호작용을 촉진하고 있다. 예를 들어, 영국 농부들은 양고기 판매에 가장 좋은 시기가 가격이 킬로그램당 5펜스~10펜스 상승하는 이드와 같은 무슬림 축제 기간과 일치한다는 사실에 익숙해지고 있다. 한 가축 시장 책임자는 "무슬림 커뮤니티는 양고기를 꽤 많이 먹는 것 같고, 예전에는 그렇지 않았는데 농부들은 그것에 더 신경 쓰고 있다"라고 말했다.[4] 히잡을 쓴 무슬림 바비 인형의 판매는 진정한 할랄halal로 인정받지 못하는 등 모든 상업적 반응이 환영받는 것은 아니다. 더 인상적이고 성공적인 사례로, 스완지에 있는 80년 전통의 가족기업인 루이스 파이Lewis Pies는 "할랄 제품이 잘 디자인되고 마케팅된다면 틈새시장에서 주류로 이동하고 있는 일반 대중의 관심을 불러일으킬 수 있다"는 결론을 내렸다. 이를 위해 이 회사는 사업 3분의 1을 할랄 제품으로 전환했다.[5] 심지어 두 개의 축구 클럽이 테라스에서 먹을 수 있는 할랄 파이를 공급해 달라고 요청받기도 했다. 루이스 파이는 무슬림 공동체를 안심시키기 위해 할랄 모니터링 위원회의 승인을 의미하는 '트러스티Trusty' 라벨과 할랄 당국 위원회의 인증을 의미하는 '크레센트Crescent' 라벨을 부착하여 다양한 제품을 판매하고 있다. 특정 날짜에는 전적으로 할랄 제품 생산에 전념하며 제품 생산 시에 할랄 담당자가 전 공정을 검사한다.[6] 이 회사는 많은 무슬림이 양치기 파이와 같은 영국의 전통 음식을 할랄 버전으로 원한다는 사실을 인식하고, 이슬람 신앙과 영국의 소비주의가 결합된 무슬림 밀레니얼 세대Muslim millennials의 소비력에 대응한 것이다.

❄ ❄ ❄

여가, 오락, 음식에 대한 대중의 민감성은 지난 30년 동안 영국 사회가 어떻게 셀레브리티celebrity 문화에 영향을 받게 되었는지 설명하는 데 도움이 된다. 유명인사들은 신문, 특히 BBC를 비롯한 TV 방송국에서 시청자를 늘리기 위한 방법으로 활발하게 홍보되어 왔다. 이 전략에는 저명한 유명인을 중심으로 솔직하게 프로그램을 제작하고, 시청자가 잘 모르는 주제를 다루는 프로그램의 전면에 유명인을 내세우거나, 또는 전혀 유명하지 않았던 사람들에서 새로운 유명인을 만들어 내는 방식이 포함된다. 이들의 성공은 일반 대중과 유명인들 사이의 일체감을 촉진하는 소셜 플랫폼의 대중적 사용으로 인해 더욱 가속화되었다.

  셀레브리티 문화의 간접적 효과 중 하나는 무슬림과 다른 사람들이 실제로 그렇게 할 의도가 없으면서도 그 과정을 널리 알리지 않고도 영국 주류 사회에 진입하는 것이 점점 더 쉬워졌다는 것이다. 예를 들어, BBC 라디오 및 텔레비전 방송인으로 친숙하고 존경받는 미샬 후세인Mishal Husain은 일반적으로 무슬림임을 밝히지 않고도 대중적인 인지도를 얻었다. BBC 경제 편집자 카말 아흐메드Kamal Ahmed도 마찬가지이다. 그의 표현을 빌리자면 [그 자신은] '영국에 거주하는 지극히 영국적인 사람'이라고 할 수 있다.

이와는 대조적으로 굴람 칸Gulam Khan과 샤지아 미르자Shazia Mirza 같은 일부 무슬림은 서유럽의 무슬림이 직면한 인종과 종교 문제에 맞서기 위해 보다 직접적인 수단으로 코미디를 사용했다. 이는 이전에 인도계 힌두교 배경을 가진 코미디언들이 따랐던 방편이었다. 영국 최초의 여성 무슬림 스탠드업 코미디언인 미르자는 논란의 여지가 있는 주제를 정면으로 다루며 명성을 얻었다. 그녀는 청중에게 이렇게 말했다. "나는 샤지아 미르자이다. 적어도 내 조종사 면허증에는 그렇게 적혀 있다." 무슬림과 비무슬림 모두에게 섹스가 즐거운 일이라는 것을 알고 있는 그녀는 ISIS에 가입하기 위해 중동을 방문하는 여성들을 조롱하며 "그들은 종교적이지 않고 단지 성적으로 흥분한 것뿐이다. 그들은 할랄 버전의 브래드 피트를 찾고 있다"고 조롱하였다.[7]

영국인들의 음식에 대한 집착을 활용하는 다른 무슬림들이 등장했다. 수백만 명의 시청자들이 유명 셰프가 출연하는 프로그램을 열광적으로 시청하고 이로부터 파생되어 발간된 요리책을 구입한다. 이러한 성공 공식은 〈그레이트 브리티시 베이크 오프The Great British Bake Off〉와 같은 경쟁력 있는 프로그램을 만들어냈고, 지금까지 무명의 사람들에서 새로운 유명인을 만들어내는 데 성공했다. 이러한 방식으로 등장한 뛰어난 인물 중 한 명은 〈그레이트 브리티시 베이크 오프〉 우승

자인 나디야 후세인Nadiya Hussain으로, 소탈한 매력과 겸손함으로 단숨에 유명인이 되었으며 주류 사회에서 성공적으로 활동하는 모범적인 무슬림이기도 하다. 나디야 후세인의 중요성은 반동적인 언론인들 사이에서 그녀의 성공이 불러일으킨 적대적인 반응으로 추정될 수 있다. 『데일리 메일』의 플라텔Amanda Platell은 경쟁자들이 초콜릿 모스크를 구워야 한다고 비꼬았고, 『더 선』의 로스Ally Ross는 BBC가 정치적 올바름political correctness을 대신해 이념 전쟁을 벌이고 있다고 터무니없는 비난을 퍼부었다. 그러나 이러한 한심한 비방은 반동적인 언론이 사회 변화에 얼마나 뒤처져 있는지를 강조할 뿐이었다.

기혼 여성이자 세 아이의 엄마인 후세인은 쉽게 불신받기에는 너무 안심이 되는 인물이다. 후세인 자신이 〈데저트 아일랜드 디스크Desert Island Discs〉에 출연하여 그녀의 명품 항목으로 마마이트(영국인이 주로 빵에 발라 먹는 이스트 추출물로 만든 제품 - 역자 주)를 선택하여 비평가들의 기선을 제압했다! 그녀 스스로 말했듯이 그녀는 '다른 사람만큼이나 영국인'이었다. 그녀는 또한 "내 어린 시절의 음식은 두 세계의 충돌이었다"라며 독특함과 친숙함을 동시에 유지하는 방법에 대한 예리한 판단을 담은 책 『나디야의 영국 음식 모험Nadiya's British Food Adventure』(2017)을 출간하기도 했다. 영국을 다양한 지역 국가로 인식하는 후세인의 레시피는 요크셔, 랭커셔, 스코틀랜드를 방문하여 스테이크-키드니 파이, 요크셔 푸딩, 구운 콩과 같은 전통 요리에 동양적인 재료와 방법을 더해 더욱 풍성한 맛을 선사한다. 그것들은 참신하면서도 든든한 음식을 좋아하는 영국인의 입맛을 만족시키기 위해 고안된 요리라고 할 수 있다. 그녀의 레시피에는 으깬 감자로 속을 채운 파라타스parathas와 마늘과 향신료가 들어간 소시지 스튜가 있다. "소시지는 예전에는 할랄 식단을 따르는 사람들이 널리 이용할 수 있는 음식이 아니었다"라고 그녀는 말했다. "[하지만] 정말 멋진 소개였다! … 나는 아침에는 완전히 영국식 아침식사를 하고, 점심에는 소시지와 달걀 샌드위치, 저녁에는 토드-인-홀toad-in-the-hole(소시지에 튀김옷을 입혀 튀긴 영국 요리 – 역자주)을 먹었다."[8] 2018년, 그녀는 새로운 텔레비전 시리즈를 시작하여 콘월식 파이Cornish pasties를 다루고, 인도 음식인 사모사samosas를 큰 파이를 좋아하는 영국 전통에 맞게 변형시켰다. 물론 음식의 중요성을 폄하하기는 쉽지만, 그것은 대중문화에 미치는 영향을 무시하는 것이다. 나디야 후세인의 레시피는 그녀를 인정받는 성공적인 영국 무슬림임을 드러내는 동시에 반동 세력 외부에서 그녀를 무슬림으로 유형화하는 것을 불가능하게 만드는 지능적인 전략에 의존한다. 저널리스트 힌슬리프Gaby Hinsliff는 "요리 프로그램 하나만으로는 편견 없는 영국으로 나아가는 데 한계가 있지만, 모든 단계가 중요하다"라고 말했다.[9] 1,340만 명이 넘는 사람들이 〈베이크 오프〉 결승전을 시청했다는 것은 영국성에 대한 대중의 표현이 정치인보다 더 널리 사회에 영향을 미친다는 사실을 상기시켜 준다.

❄ ❄ ❄

영국인들은 특히 전통적으로 규칙을 통해 축구, 럭비, 복싱, 테니스, 크리켓, 경마, 골프, 심지어 스키까지 현대 스포츠를 창조하는 자신들의 역할에 자부심을 가져왔기 때문에, 유명인 문화는 스포츠에도 강하게 반영되어 오랫동안 영국 국가 정체성의 핵심 요소로 자리 잡았다. 스포츠는 규칙 존중, 규율, 팀 정신, 페어플레이, 인내심 등 영국의 핵심 자질을 구현하는 것으로 널리 간주되어 왔다. 빅토리아 시대에 일부 영국인들은 잉글랜드적인 것을 선호하여 외국인들과 함께 스포츠(조정, 축구 등) 하는 것을 거부하기도 했다![10] 1886년 축구를 위한 '국제위원회International Board'가 구성되었을 때 잉글랜드, 스코틀랜드, 웨일즈, 아일랜드로 구성되었다! 크리켓, 폴로, 멧돼지 사냥은 적어도 인도의 왕자들에게 영국의 가치와 관습을 가르치는 정도에서 인도를 영국에 묶어 두기 위해 고안된 제국 전략의 일부가 되었다.

국가 정체성을 나타내는 전통적인 요소 대부분이 무의미해지거나 힘을 잃은 시기에 스포츠는 최근 영국성을 나타내는 가장 긍정적인 단일 요소로 부상하고 있다. 많은 스포츠 종목의 진입을 통제하고 제한하던 전통적인 사교 신사 클럽이 쇠퇴하고, 1990년 이후 국가 지원금이 크게 증가하면서 영국 스포츠의 저변이 확대되고 성공을 촉진함으로써 이러한 추세가 가속화되었다. 최근 몇 년 동안 영국 스포츠는 특히 올림픽과 사이클링, 체조, 조정과 같은 특정 분야에서 르네상스 시대를 맞이했다. 처음에는 전문가들의 인정을 받지 못했지만, 이는 다인종 사회multi-racial society인 영국의 주요 성과였다. 2018년 축구 월드컵에서 놀랄 만한 성공적인 성적을 거둔 영국 대표팀 23명 중 11명이 흑인이거나 혼혈인이었다. 그러나 이러한 부흥에 무슬림이 얼마나 참여했는지 간과하는 것은 너무도 쉽다. 2012년 런던 올림픽에서 모 파라Mo Farah는 1만 미터에서 이 종목이 올림픽에 포함된 지 100년 만에 영국인 최초로 금메달을 획득하고 영국 국기를 휘날리며 명성을 얻으며 스타로 도약했다. 파라 선수는 9살 때 소말리아에서 무슬림 난민으로 영국에 도착했었다.

19세기부터 권투는 영국성과 밀접히 연관되어 왔으며 심지어 불법이었을 때도 큰 인기를 누렸다. 경마와 함께 귀족과 빈민층을 이어주는 역할을 하였다. 최근 몇 년 동안 권투는 화려한 미들급 파이터인 하메드Naseem Hamed와 같은 무슬림 스타를 포함한 인물들을 계속 배출하고 있다. 가장 유력한 인물은 18세의 나이로 2004년 아테네 올림픽에서 은메달을 목에 걸고 돌아와 고향 볼턴에서 시민 환영을 받은 것으로 유명한 아미르 칸Amir Khan으로, 이후 볼턴 원더러스Bolton Wanderers와 함께 훈련한 것으로 알려져 있다. 예의 바르고 표현이 명확한 칸은 자신의 충성심에 대해 일관되게 분명한 태도를 보였다. "나는 영국인이다. 나는 영국을 위해 올림픽에 출전했다. 내가 파키스탄인 같았다면 파키스탄 대표로 출전할 수도 있었을 것이다."[11] 그러나 미국에서의 경험을 통해 그는 인종과 종교가 자신의 경력을 얼마나 복잡하게 만들었는지 인식하게 되었다. "내가 백인 선수였다면 영국에서 슈퍼스타가 되었을지도 모른다." 칸은 성공에도 불구하고 링 위에서 야유를 받기도 했고, 채팅방에서 거친 편견의 표적이 되기도 했다. 하지만, 그렇다고 해서 젊은 아시아인들의 롤모델이자 공동체를 잇는 가교로서의 책임감을 포기할 수 없었다. "나는 아시아 공동체와 영국 공동체 사이의 문제를 해결하려고 노력해야 한다. … 나는 그 장벽을 깨기 위해 노력했다."[12] 그는 2009년 미국 유대인과의 시합에 앞서 성숙함을 보여주었는데, 두 선수는 서로에 대한 존중을 강조함으로써 인종과 종교를 부각시키려는 미디어의 유혹에 저항했다.[13] 칸은 성공과 애국심을 결합하여 주류에 진입하고 젊은 무슬림 남성들이 소외감에 맞서는 것을 가능하게 하였다.

인도와 카리브해 출신 선수들의 제국 전통을 지닌 크리켓은 무슬림들에게도 중요한 스포츠임이 입증되었다. 초기 참가자로는 하비브

Aftab Habib와 아프잘Usman Afzaal이 있었다. 특히 레그-스피너leg-spinner로 유명한 아흐메드Mushtaq Ahmed의 활약은 특히 인상적이다. 펀자브 출신인 아흐메드는 서섹스, 서레이, 서머싯에서 뛰며 52경기에서 185개의 위켓wicket*을 획득했다. 그는 자신이 기도를 할 수 있도록 팀 동료들이 투어 버스를 멈춰주곤 했다고 회상했다. "영국 사람들은 매우 개방적이어서 당신의 것을 받아들일 수 있다."14) 2012년 런던 올림픽을 앞두고 영국 외무부가 아흐메드를 모델로 삼아 영국의 관용적인 다종교 사회를 강조하는 동영상을 제작했다. 그는 젊은 무슬림 남성들을 향해 이렇게 말했다. "우리는 영국이라는 나라에 살고 있고, 다섯 번씩 기도하고 있으며, 모스크가 있고, 그곳에는 자유가 있다." 아흐메드는 소외와 급진주의화에 취약한 젊은 무슬림들에게 또 다른 이상적인 롤모델이 되었다.

가장 흥미로운 크리켓 선수 중 한 명은 나세르 후세인Nasser Hussain으로, 그는 첸나이 출신 무슬림과 콘월 출신 영국인 여성의 아들로 7살에 영국에 도착했다. 영국계 아시아인이 중산층 생활 스타일을 발전시키고 있다는 신호로서 후세인은 사립학교에서 교육을 받고 대학에서 만난 영국인 여자와 결혼했다. 그의 아버지는 "나는 아이들이 영국에서 자랐으면 한다. 영국 방식을 존중하길 바란다"고 주장했다.15) 2000년, 후세인은 가족의 중산층 생활방식과 열망을 높이 평가한 『데일리 메일』에서 '수년 만에 가장 성공한 크리켓 주장'이라는 찬사를 받았다.16) 후세인은 크리켓에서의 성공으로 잉글랜드와 웨일즈 크리켓

---

* 역자 주) 볼러가 공을 던져 맞추지 못하도록 세 개의 트럼프 구조물인 위켓 앞을 막아 선 상태에서 배트맨을 아웃시키는 것으로 볼러가 빼앗은 위켓의 숫자는 볼러의 능력을 가늠하는 중요한 기준의 하나이다.

위원회가 관중 수를 늘리기 위한 수단으로 자신을 인식하고 있다는 사실을 깨달았다. 두 공동체 모두에 편안함을 느낀 그는 "아시아인 2세대와 3세대가 … 인도아 대륙의 뿌리에 집착하고 있다고 비판하며, 반면에 자신은 아시아 공동체가 잉글랜드의 돛대에 자신들의 색을 입힘으로써 얻을 수 있는 이득이 많다"고 생각했다. 그의 정체성은 의심의 여지가 없었다. "나는 항상 내 자신을 완전한 영국인이라고 생각했다. 영국계 아시아인의 롤모델이라고 생각해 본 적이 없다"고 말했다.[17] 하지만, 이러한 증거에도 불구하고 『데일리 메일』은 그의 경력이 다문화사회를 지지하는 것이라고 좀처럼 인정하지 않았다.

영국계 아시아인 선수 참여는 2011년 오스트레일리아로부터 디 애시스the Ashes*를 탈환하는 등 영국이 크리켓에서 성공을 거둔 것과 밀접한 관련이 있는 것으로 보인다. 25년 동안 단 세 번의 시범 경기에서 승리한 영국에게 이것은 국가적인 전환점으로 여겨졌다. 2000년에 파키스탄을 상대로 거둔 승리는 부분적으로 아시아계 부모의 아들인 사지드 마흐무드Mahmood와 시크교도인 파네사르Monty Panesar의 활약 덕분이었다. 팬들은 그를 기리기 위해 가짜 수염과 터번을 착용했다. 이전 세대에 크리켓은 파키스탄에 대한 지지를 통해 그들의 문화유산을 표현하는 수단을 제시하는 것이었지만, 이제는 상황이 바뀌었다. 마흐무드가 나타났을 때 그는 영국 팬들이 아니라 파키스탄 팀에서 뛰었어야 한다고 생각한 파키스탄 팬들로부터 야유를 받았다. 2000년대에 들어 영국계 아시아인들은 아들이 영국을 위해 뛰고 싶어 한다는 사실을 점점 더 인식하게 되었다. 사람들은 이렇게 결론을 내렸다. "미래는 영

---

*　역자 주) 영국과 오스트레일리아 간 전통적인 라이벌리 크리켓 경기 시리즈이다. 이 경기의 트로피를 가리키는 말이기도 하다.

국인 파키스탄인이 영국을 지지하는 것이다. … 영국인이면서 무슬림이 될 수 있다."[18]

아흐메드, 나세르 후세인 같은 크리켓 선수들의 성공은 점차 젊은 세대에도 이어져 하미드Haseeb Hameed의 커리어에서 극적으로 나타났다. 그의 부모님은 1969년 구자라트의 한 마을을 떠나 볼턴으로 이주하여 지역 면화 공장에서 일하며 마을의 빈민가에 있는 2층짜리 주택에서 살았다. 하시브는 어렸을 때부터 모스크 수업을 마치고 겨울과 여름에 크리켓을 하러 가곤 했다. 세 명 이상의 하미드의 아들들이 훌륭한 크리켓 선수가 되었지만, 하시브는 지역 코치에게 뛰어난 재능을 빠르게 인정받았다.[19] 랭커셔에서 크리켓 장학금과 공립학교 교육을 받은 그는 10살에 100승을 달성했다. 2016년 19세의 나이에 영국 대표팀으로 인도와 경기를 치른 하시브는 1949년 이후 두 번째 10대 선수의 기록을 세웠다. 테러리즘과 다문화주의에 대한 미디어의 집착과 다른 그의 이야기는 21세기 영국의 아시아계 공동체에 인상적인 비유를 제공한다.

주류 스포츠에 대한 무슬림 참여가 균일하지 않고 실제로 무슬림이 팀 스포츠에서 배제되는 경향이 있다고 널리 알려져 있지만, 놀랍게도 잘 알려지지 않은 참여의 증거가 있다. 주로 백인 남성들이 즐기는 보수적인 스포츠인 럭비 리그에서 버트Ikram Butt는 1995년 잉글랜드 팀에서 활약한 최초의 아시아인이 되었다. 파키스탄인 부모 사이에서 태어난 버트는 리즈, 페더스톤, 허더스필드, 헌슬렛에서 럭비를 하며 진정한 요크셔맨으로 자랐다. 독실한 무슬림이었던 그는 영국 럭비 유니폼에 기독교의 상징인 세인트 조지의 십자가가 새겨져 있다는 사실을 깨닫지 못했다. 하지만, 그는 젊은 아시아인들의 럭비 참여를 장려하기 위해 영국계 아시아인 럭비 협회를 설립했다. "나보다 영국에서 뛰는 것을 더 자랑스러워하는 사람은 없었다. 영국은 나의 조국이며 조국을 위해 무엇이든 할 것이다"라고 그는 기록했다.[20]

겉보기에 훨씬 덜 유망한 종목은 축구인데, 축구는 지지자와 경영진 모두 고립주의insularity와 인종차별로 오랫동안 악명 높은 스포츠였기도 하다. 축구는 인종차별을 근절하기 위한 오랜 노력에도 불구하고 프로 경기가 품고 있는 편견에 대한 새로운 폭로로 인해 정기적으로 불신을 받아왔다. 그러나, 인종차별주의자들은 영국방위연맹English Defence League과 힘을 합친 무슬림 혐오 단체 풋볼 래드 얼라이언스Football Lads Alliance의 부추김에 힘입어, 선구자 역할을 한 카리브해 흑인 선수들로부터 공격 목표를 옮겼다. 그러나 이러한 계획은 가장 낙후된 스포츠 분야에서도 자유주의적인 태도가 발전하고 있다는 점에서 인종차별이 약화되고 있음을 나타낸다. 벵골 소년의 60%가 축구를 한다는 사실은 놀랍게도 토종 영국인보다 더 높은 비율이며, 일부는 프로 경기에 진출했다.[21] 리버풀에서 뛰며 '이집트의 왕'으로 불리는 이집트 국적의 '(모)' 살라'Mo' Salah는 프리미어 리그 최고의 선수이며, 광신도와 외국인 혐오자들이 무시하기에는 너무 성공한 선수이다. 2018년 그는 프리미어리그 득점왕에 올랐고, 그의 축구화는 대영박물관에 기증되어 현대 이집트 섹션에 전시되어 있다. 살라는 전국적인 유명인사로 성장하고 있다. 훌륭한 무슬림인 살라는 골을 넣은 후 잠시 그라운드에 엎드려 리버풀 팬들이 다음과 같이 환호하는 동안 몸을 숙인다.

그가 당신에게 충분히 좋은 사람이라면
그는 나에게 충분히 좋은 사람이다.
만약 그가 몇 점 더 득점하면

그럼 나도 무슬림이 될거야.

살라가 유일한 사례는 아니다. 2016년 이적료가 9천만 파운드에 달하고 연봉의 대부분을 자선단체에 기부한 포그바Paul Pogba(맨체스터 유나이티드), 마레즈Riyad Mahrez(맨체스터 시티), 캉테N'Golo Kante(첼시), 외질Mesut Ozil(아스널), 투레Yaya Toure(전 맨체스터 시티), 사코Mamadou Sakho(크리스탈 팰리스), 슬리마니Islam Slimani(뉴캐슬 유나이티드), 엘리우누시Mohamed Elyounoussi(사우스햄튼), 토순Cenk Tosun(에버턴) 등 많은 무슬림을 영입한 상위 팀들이 있다.[22] 영국 유명인 사회에서 이들은 백인 축구팬들 사이에서 인종적 고정관념을 약화시키는 데 도움을 주고 있다. 그들은 축구 코치에게 코란을 읽는 사진이나 심지어 메카를 방문하는 사진으로 영국 젊은 무슬림들에게 성공의 롤모델을 제시하기도 한다.

❅ ❅ ❅

정치는 주류로 진입할 수 있는 더 위태로운 사다리를 제공한다. 일부 무슬림들은 독실한 무슬림이 소수 공동체로서 유럽의 정치 생활에 참여하는 것이 정말 가능한지에 대해 의문을 제기해 왔다. 인도에서는 수년 동안 정확히 그렇게 해왔기 때문에, 이것은 놀라울 정도로 비역사적인 견해이다. 그러나 일부 사람들은 더 나아가 이슬람에서는 선거가 알려지지 않았고, 민주주의 제도는 이슬람의 가치나 기준을 존중하지 않으며, 무슬림은 다른 무슬림에게만 충성을 바칠 수 있다고 주장한다. 타리크 라마단Tariq Ramadan은 비록 증거를 제시하지 못했지만, "서유럽의 무슬림은 투표를 거의 하지 않거나 아예 하지 않는다"라고 주장했다.²³⁾ 이러한 회의론은 무슬림이 유럽 국가에서 완전한 시민권을 부여 받았음에도 불구하고, 실제로 정당을 통해 참여해야 하며, 이는 이슬람에 대한 충성도를 약화시키는 것으로 여겨질 수 있다. 전통적으로 이러한 관점은 종교적 권위와 정치적 권위의 분리에 대해 항상 더 명확한 개념을 갖고 있었던 기독교인들과 무슬림들을 갈라놓아 왔다.

그러나 이러한 의구심에도 불구하고 무슬림의 정치 참여에 대한 부정적인 시각이 상당히 잘못되었다는 증거는 부족하지 않다. 이 제도가 이슬람적이지 않다는 주장에 맞서 영국 무슬림 협의회Muslim Council of Britain 전 사무총장 사크라니Iqbal Sacranie는 무슬림이 투표할 의무가 있다고 주장했다. "우리는 더 넓은 사회와 관계를 맺고 이웃을 이해하며 그들이 우리를 이해하도록 하는 것이 필요하다"고 하였다.²⁴⁾ 무슬림의 유권자 등록은 1970년대에 75%까지 증가했으며 1991년에는 85%에 달했다. 1997년 총선에서는 약 4분의 3이 투표한 것으로 추정되는데, 이는 나머지 인구에 비해 약간 낮은 수치이다.²⁵⁾

무슬림이 지방 정부 선거에서 승리하는 것은 비교적 쉬운데, 부분적으로 이는 소선거구제이기도 하고 또한 브래드포드, 레스터, 버밍엄, 타워 햄릿과 같은 지역에 무슬림이 다수인 선거구가 집중되어 있기 때문이다 (이전 세대의 유대인의 경우와 마찬가지로). 예를 들어, 버밍엄에서는 무슬림의 90%가 도심 5개 구에만 거주하였다.²⁶⁾ 그 결과, 1980년대 이후 지방 정부에서 무슬림 의원이 점점 더 많이 당선되고 있다. 2001년에는 217명의 의원이, 2018년에는 300명이 넘는 의원이 런던 동부(뉴햄, 타워 햄릿, 월섬 포레스트), 브래드포드 및 버밍엄에 집중되었다. 최초의 무슬림 시장은 브렌트(1981년)와 브래드포드(1985년)에서 취임했다. 이러한 발전의 상징적 인물은 다섯 살 때 어머니와 여동

생과 함께 소말리아를 탈출한 마지드Magid Magid 셰필드 시장이다. 그의 어머니는 셰필드에서 청소부로 일했고, 마지드는 헐에서 학위를 취득했는데, 그곳에서 학생회 회장으로 선출되었다. 디지털 마케팅 컨설턴트인 그는 2016년에 녹색당 시의원으로 선출되었다.[27] 관습에 얽매이지 않는 태도는 마지드를 순식간에 유명인사로 만들었다. 그는 검은색 닥터 마틴 부츠와 노란색 야구 모자와 함께 시장을 상징하는 금색 칼라를 착용한다. 비록 적대감의 표적이 되었지만 '친절로 없애버리고 미소로 묻어 버리는 것'이 그의 신조이다. "당신은 가장 인종차별적인 사람이 될 수 있다. 하지만, 나는 여전히 당신에게 친절하게 대할 것이다. … 사람들을 만나는 것만으로도 사람들은 변할 수 있다고 믿는다."[28]

한편, 국가 차원에서 무슬림은 종교 공동체가 아닌 정당(보통 노동당)의 대표로 주로 세속적인 기준에 의해 선출되었다. 1997년에는 사르와르Mohammad Sarwar(당시 글래스고 고반, 그 다음 센트럴)가 의원으로 선출되었다. 2001년에는 칼리드 마흐무드Khalid Mahmood(버밍엄 페리 바)가 선출되었으며, 2005년에는 말릭Shahid Malik(듀스베리)이 선출되어 2007년에는 최초의 무슬림 장관이 되었다. 또한, 2015년에는 브래드포드 웨스트에서 갤로웨이George Galloway를 누르고 당선된 나즈 샤Naz Shah가 있다. 2017년까지 무슬림 하원의원은 14명이었는데, 2명의 보수당 의원을 제외하고는 모두 노동당 소속이었다. 이는 1929년 17명, 1945년에는 28명의 하원의원을 배출한 유대인 기록과 비교된다. 나지르 아흐메드 경Load Nazir Ahmed, 우딘 부인Lady Pola Uddin, 와히드 알리 경Load Waheed Alli, 와르시 부인 등 여러 무슬림도 상원의 일대 귀족peer이 되었다.

불행하게도, 정치적 야심을 가진 무슬림들은 자신의 입지를 방해하고 패배시키기 위해 고안된 비방과 풍자에 시달려 왔다. 그러나 정당들은 와르시의 경력을 통해 알 수 있듯이, 무슬림이 없이는 완전해질 수 없다는 것을 잘 알고 있다. 북부 노동계급 출신의 무슬림 여성으로서 명료하고 성격 좋은 와르시는 대부분의 무슬림이 노동당에 투표하던 시기에 보수당이 보다 포용적인 전국적인 정당으로 거듭나기 위해 필요한 모든 것을 대표했다. 2005년에 와르시를 포함한 소수의 무슬림 후보들이 낙선했지만, 캐머런 총리는 기민하게 와르시를 자산으로 보고 동료이자 보수당 부의장, 외무부 차관으로 임명했다. 하지만 와르시는 보수당 정치에서 자신의 경력을 쌓는 데 어려움을 겪었다. 보수당 무슬림으로서 그녀의 역할을 환영하기는커녕 반동적인 언론이 그녀를 깎아내리기 시작했기 때문이었다. 『데일리 텔레그래프』의 길리건Andrew Gilligan은 넛지-넛지 저널리즘 스타일nudge-nudge style of journalism*을 사용하여 '화이트홀의 거대한 음모'라는 제목으로 그녀가 이슬람 급진주의자들의 정부 진출을 조장하고 있다고 주장했다.29) 동료들의 일상적인 편견과 정부 정책의 반무슬림 편견 사이에 갇힌 그녀는 점점 더 불편한 삶을 살게 되었다. 2011년에 그녀는 무슬림을 온건주의자나 극단주의자로 고정관념화한 신문 비평가들을 공격하며, "이슬람 혐오증은 이제 식탁 테스트를 통과했다"며 수다쟁이들 사이에서 존경받을 만한 존재가 되었다는 의미로 유명세를 탔다. "수염이 길거나 부르카를 쓴 사람에 대한 농담을 하는 것은 무슬림이 아닌 사람에게는 괜찮다. 무슬림이라는 단어를 흑인이나 유대인으로 바꾸면 인종차별주의자나 반유대주의자로 곧바로 공격받을 것이다."30) 그녀의

---

* 역자 주) 넛지는 '슬쩍 찌르다'라는 의미를 가지고 있어, 슬며시 간혹 개입하여 언급하는 방식의 저널리즘을 의미한다.

발언은 일부 보수주의자들을 화나게 했고 그녀는 정부에서 자리를 잃게 되었지만 영국 무슬림 협의회와 무슬림 청소년 헬프라인Muslim Youth helpline으로부터 찬사를 받았다.

그러나 당은 이 문제를 다루는 데 주저하는 모습을 보였다. 물론 보수주의는 무슬림을 대하는 데 몇 가지 문제를 겪었다. 우선, 이슬람의 사회주의 성향은 시장경제와 조화를 이루기 어려웠다. 노동당과 달리 보수당은 아프가니스탄과 이라크 전쟁이 실수였다는 사실을 인정하고 싶지 않았다. 2018년 영국 무슬림 위원회의 베르시Miqdaad Versi는 보수당 후보와 의원들의 발언을 담은 보수당의 이슬람 혐오증에 관한 서류를 작성하고 당 의장에게 이 문제에 대한 조사를 요구했다. 와르시 부인은 "나는 우리 당의 무슬림 문제에 대해 너무 오랫동안 경고해 왔다. 그러나 3년이 지나도록 아무런 조치가 취해지지 않았다"라고 불평했다.[31] 무슬림 혐오 웹사이트에서 가져온 자료를 사용한 혐의로 기소된 블랙먼Bob Blackman 의원에게는 아무런 조치가 취해지지 않았다. 하지만, 지방 정부 차원에서는 많은 토리당 후보와 의원들이 당원 자격이 정지되었거나 당을 떠났다. 지역 후보로 출마한 한 무슬림은 "많은 무슬림이 보수당의 가치를 공유한다"고 설명했지만, 그는 무슬림에 대한 편견과 경멸적인 태도에 소외감을 느꼈다고 말하였다.[32] 그러나 보수당 의장과 당 지도부는 이슬람 혐오에 대한 일반적인 비난을 발표하는 것 외에 추가 조치가 필요하지 않다고 생각했다. 2017년 무슬림의 11%만이 보수당에 투표했기 때문에 이는 위험해 보였다. 메이 총리는 2018년 존슨의 무슬림 여성에 대한 어설픈 농담에 대해 그녀가 사과를 요구했을 때 이를 인식한 것처럼 보였다.

지금까지 가장 중요한 무슬림 정치 경력은 투팅 지역 노동당 하원의

원으로 선출되어 에드 밀리밴드Ed Miliband의 선거 사무장으로 활동했으며 무슬림 최초로 내각에 진출한 전직 인권 변호사 사디크 칸Sadiq Khan의 경력이다. 근면하고 온건한 칸은 공격하기 어려운 인물이었다. 그는 (2006년 토니 블레어와 언쟁을 벌일 정도로) 무슬림에 대한 정부 정책을 기꺼이 비판했지만, 자신의 경력에 분명히 해를 입히지는 않았다. 그는 노동당의 주류로 진입하면서 동시에 무슬림을 위해 목소리를 높이는 것이 가능하다는 것을 보여주었다. 그 정점은 칸이 2016년 런던 시장 후보로 지명된 것이었다. 그는 반무슬림 감정을 의도적으로 불러일으키려는 보수당 후보 골드스미스Zac Goldsmith의 인종차별적 비방 캠페인에 직면했다. 이 과정에서 골드스미스는 이슬람 극단주의와 연관시키려고 시도한 캐머런, 테레사 메이(내무장관), 팰런Michael Fallon(국방장관)의 지원을 받았다.[33)] 우익 언론은 조직적으로 그에 대한 신뢰감을 떨어뜨리려고 했다. 『더 선』은 "칸이 '지하드의 검은 깃발'을 휘날리며 연설했다"고 보도했고, 『데일리 텔레그래프』는 "온라인 빈 라덴과 연결된 칸"이라고 주장했으며, 『선데이 타임스Sunday Times』는 "노동당의 칸이 집회에서 급진 이맘에 합류했다"고 선언했고, 『이브닝 스탠더드Evening Standard』는 "사디크 칸의 가족이 극단주의 조직과 연결돼 있다"고 언급했다. 사디크 칸에 따르면, 캐머런은 "런던의 공동체를 분열시키기 시작했고 … [그는] 공포와 풍자를 이용해 다양한 인종과 종교 집단을 서로 적대시하도록 만들었다."[34)] 중요한 것은 테러와 극단주의의 비판자로서 캐머런의 평판 좋지 않은 비방은 상당히 효과가 없었으며, 골드스미스의 패배가 우파 정치의 이러한 측면을 불신하는 데 어느 정도 일조했다는 점이다. 실제로 사디크 칸의 편안한 승리는 민주주의와 이슬람이 화해할 수 없다거나 서방세계가 이슬람과 전쟁 중이라는 이슬람주의자들의 주장에 대한 최고의 반박이었다. 그의 대중적 당선은 영국의 이슬람 혐오 선동가들에게 큰 좌절을 안겨주었으며, 무슬림이 주류 정치에 참여하도록 설득하려는 그의 노력이 입증된 것이기도 했다.

2018년, 테레사 메이 내각의 잇따른 사임으로 인해 자비드Sajid Javid는 무슬림 최초로 주요 정부 부처 중 하나인 내무부 장관에 오르게 되어 많은 주목을 받았다. 자비드의 부상이 얼마나 중요한지는 평가하기 쉽지 않다. 로치데일에서 태어난 그는 1960년대에 주머니에 1파운드를 넣고 영국에 도착한 버스 운전사의 아들로 태어났다고 전해질 정도로 평범한 가정 출신이다. 어떤 의미에서 그의 상승세는 칸보다 훨씬 더 중요했다. 2010년 브롬스그로브 지역구 하원의원으로 선출된 자비드는 진보주의자라기보다는 대처주의자이자 전직 투자은행가로서 본능적으로 정치 우파에 속하는 인물이었다. 2015년 이후 상무부 장관으로 취임한 그는 노동조합의 권리를 탄압하고 브렉시트 대의에 편승했다. 이는 그가 무슬림의 대변인이 되려고 했다기보다는 보수당의 정통성에 자신을 맞추고 있었음을 시사한다. 그러나 자비드는 보수당 내의 편견에 도전할 준비가 되어 있음을 보여주었다. 에녹 파월의 반이민 연설 50주년을 맞아 그는 우파에서 널리 존경받는 한 인물의 사상을 솔직하게 폄하했다. 신임 내무장관으로서 그는 테레사 메이가 영연방 이민자들에게 가하려 했던 '적대적인 환경'에 대해 '도움이 되지 않는다'며 "국가로서의 우리의 가치를 대변하지 않는다"라고 즉각 반대했다.[35] 그는 오랜 이민자들에 대한 대우를 언급하며 "그게 바로 우리 엄마, 우리 아빠, 우리 삼촌, 내가 될 수 있다고 생각한다"고 말했다. 이런 식으로 인종에 대한 토리(보수당)의 태도에 대해 더 자유당에 가까운 기준을 설정함으로써 자비드는 정치적 전환점을 만들었을지도 모른다. 물론 해협을 건너는 소수의 난민에 대한 언론의 히스테리에 영합하려는 그의 결의는 이것을 의심스럽게 만들고 있기는 하다.

❋　❋　❋

무슬림의 정치 참여는 분명한 사실이고, 경제에서 무슬림 공동체의 역할은 덜 분명하지만, 주류 사회와 상호작용하는 현상들은 더욱 분명히 드러나고 있다. 그러나 정치학과 마찬가지로 경제학도 독실한 무슬림에게 의문을 제기한다. 1880년대부터 이슬람은 특히 더 많은 무슬림 학생들이 유럽으로 여행하면서 사회주의의 영향을 받게 되었다. 이미 자국에서 서유럽식 자본주의적 착취에 비판적이었던 그들은 평등이 이슬람의 핵심이라고 믿었다. 자말 알-딘 알-아프가니는 사회주의적 자급자족을 무슬림 공동체의 모델로 여겼고, 베두인 아랍인들을 이 공동체의 원형으로 보았다. 이집트에서는 무슬림형제단을 포함한 근대주의자들이 지역 사회 복지와 같은 사회주의 사상을 장려했다. 일부는 모든 재화가 궁극적으로 하느님의 것이며 공정하게 공유해야 한다는 점에서 이슬람이 사회주의를 지지한다고 솔직하게 주장하였다.[36)] 나세르의 이집트, 바트당Ba'ath party의 시리아, 카다피 치하의 리비아는 모두 사회주의 정권이었고 알제리와 소말리아는 '이슬람 사회주의Islamic socialism'라는 정책을 채택했다. 리비아에서 사회주의는 부의 재분배, 산업의 국유화, 도박과 음주 제한을 통한 대중의 도덕성 개선 등을 포함했다. 사실상 이슬람 사회주의는 코란에서 가져온 정통사상을 반영하였지만, 서양의 방종과 착취에 대한 반작용으로 강조된 것이다. 최근 일부 무슬림들은 서방세계의 지나친 물질주의를 기독교의 이상에서 이교도로의 퇴보를 가리키는 징후로 간주하고 있다.

이러한 맥락에서 일부 사람들은 서유럽에 거주하는 무슬림들에게 대부분의 금융 거래와 투자가 종교적 원칙에 부합하지 않는다는 주장을 해왔다. 심지어 이러한 견해 때문에 일부 무슬림이 경제활동을 자제하고 있다는 주장도 있었다.[37] 은행에서 대출을 받아 집을 사는 것이 합법적인지에 대한 합의가 이루어지지 않고 있으며, 엄격한 무슬림들은 은행이 이자를 부과함으로써 '불로소득 unearned gain'을 얻는다고 믿고 있다. 코란에는 고리대금업을 명백히 금지하는 것으로 보이는 구절이 있다. "사탄의 손길에 미친 자들처럼 고리를 취하는 자들은 (부활의 날에) 일어서지 못할 것이다." 그들은 거래와 고리대금업이 같은 것이라고 주장하지만, "알라께서는 거래는 합법적이지만 고리대금업은 금지하였다."[고 주장했다].[38] 그렇다면 은행에서 부과하는 이자는 고리대금업에 해당하는가? 오래전인 1920년대부터 무슬림들은 이집트, 팔레스타인, 인도에 은행을 설립하기 시작했으며, 오늘날 터키와 이집트의 은행은 이자를 부과하고 있다.

그러나 경제활동에 대한 개념적 제한에도 불구하고 부분적으로는 석유산업의 결과로 이슬람 은행이 크게 성장했다. 2013년 무슬림 국가가 아닌 곳에서 열린 세계 이슬람 경제 포럼의 첫 번째 회의에서 캐머런은 "런던이 세계 최고의 이슬람 금융 수도 중 하나로 두바이와 어깨를 나란히 하고 싶다"고 선언했다.[39] 그는 이슬람 율법과 투자 원칙을 준수하는 2억 파운드 규모의 이슬람 채권(수쿠크)을 발행하고 최초의 이슬람 시장지수를 출범할 재무성의 계획을 발표했다. 이를 통해 런던은 글로벌 이슬람 투자의 일부를 확보하고 이슬람 금융의 수도 중 하나가 될 수 있다는 내용이었다.

변화의 방향은 2004년에 설립되어 2014년 알 라얀Masraf Al Rayan에 인수된 이후 알 라얀 은행Al Rayan Bank으로 알려져 있는 버밍엄에 본사를 둔 영국 이슬람 은행의 성공으로 알 수 있다. 런던, 버밍엄, 맨체스터, 레스터, 브래드포드, 블랙번, 투팅, 루턴, 웸블리, 일포드에 지점을 두고 있는 이 은행은 금요일 오후에 직원들이 주마Jummah, 즉 기도에 참석할 수 있도록 잠시 문을 닫으며, 샤리아를 준수하는 금융 서비스를 제공하는 선도적인 은행이다. 한 설문조사에 따르면 현재 무슬림의 36%만이 샤리아를 준수하는 뱅킹 서비스를 이용하고 있는 것으로 나타났다. 알 라얀의 운영은 코란과 선지자의 모범에서 가져온 이슬람 율법을 기반으로 하고 있다. 이는 돈에는 본질적 가치가 없다는 생각에서 출발한다. 신앙의 문제로 무슬림은 돈을 빌려주고 이자로 수익을 내는 것을 기대할 수 없다. 이슬람 금융에서 부는 유형 상품의 합법적인 거래를 통해서만 창출될 수 있으며, 돈은 투기적인 방식이 아닌 생산적인 방식으로 사용되어야 한다. 따라서 무역을 통해 얻은 이익은 자본을 제공한 사람과 전문성을 제공한 사람 간에 공유된다.[40]

알 라얀이 실행하는 이슬람 금융은 생각보다 훨씬 덜 주변부적이었다는 점에 주목할 필요가 있다. 이 은행은 8만 명의 개인, 기업 및 소매 고객들에게 일반적인 서비스를 제공하는 일반 은행이다. 모든 종교를 가진 사람들에게 열려 있으며, 2017년에는 영국 155개 은행 중 세 번째로 빠르게 성장하였다. 또한, 비무슬림에게도 윤리적인 은행으로 매력을 끌고 있다. 예를 들어, 이 은행은 생활 임금을 지급하는 고용주이다. 투기에 기반하고 있거나 위험 요소가 높은 금융 상품을 사용하지 않는다. 투자는 유형 자산으로 뒷받침되고 있으며, 도박, 술, 담배,

무기, 또는 음란물에는 절대 투자하지 않는다.[41] 이러한 정책은 이 은행이 무슬림과 비무슬림 공동체 사이의 가교역할을 하며 현대 영국인의 사고방식에 얼마나 잘 적응하고 있는지를 보여준다.

알 라얀의 예에서 알 수 있듯이 영국에서 전통적으로 무슬림이 차입과 투자를 억제하는 것은 이슬람 사상 내에서 존중될 수 있다. 은행의 위험을 분담함으로써 은행 이윤의 일부를 얻는 것이 허용되기 때문에 저축, 투자 및 경상 계좌가 모두 가능하며 주택담보대출도 마찬가지이다.[42] 영국에서는 초기부터 많은 무슬림이 랭커셔와 요크셔 지역의 저렴한 빅토리아 시대 테라스를 가진 주택에 정착했으며, 1990년대 초에는 64%가 소유주가 되었다.[43] 오늘날 알 라얀 은행은 모든 종교의 저축자들에게 2년 만기 저축 계좌에 '기대 수익률' 4%를 제공하고, 주택 구매 시 5%~10%의 예치금을 요구한다. 이로 인해 무슬림은 주택담보대출을 받고 주택 소유자가 되는 습관을 갖게 되었다. 이는 부동산 소유에 집착하는 영국 주류 사회의 가치 체계에 동화되고 있다는 증거가 아닐 수 없다. 그러나 이러한 융합의 증거조차도 『데일리 메일』의 가장 반동적인 언론인 중 한 명인 멜러니 필립스Melanie Phillips에 의해 '영국 사회를 이슬람 식민지로 만들려는 시도의 전초기지'라고 비난을 받았다.[44] 극단적으로 비뚤어지고 유치한 필립스는 무슬림이 그렇게 하든 그렇게 하지 않든 이슬람 혐오자들에 의해 어떻게 저주를 받는지 보여준다.

영국에서 가장 유명한 무슬림 기업가 중에는 베스트웨이 그룹Bestway Group의 회장인 페르베즈 경Sir Anwar Pervez과 런던 상공회의소 회장을 역임한 눈 경Lord Gulam Noon이 있다. 그러나 최근에는 이념적 의구심에 구애받지 않고 기업가적 재능을 발휘하고자 하는 수많은 젊은 무슬림들이 그들을 추월하고 있다. 이슬람 패션은 70만 명의 유튜브 구독자를 보유한 디나 토르키아Dina Torkia와 40만 명의 구독자를 보유한 아메나 칸Amena Khan에 의해 대중화되고 있다. 2007년 노팅힐의 아파트에서 미디어 및 기술 회사를 설립한 임란 아메드Imran Amed는 세계에서 가장 영향력 있는 디자이너를 포함해 190개국 50만 명이 구독하는 웹사이트 '패션 사업The Business of Fashion'을 운영하고 있으며, 매년 9월 패션 업계의 파워 리스트인 BoF500을 발간하고 있다.[45] 2017년 아메드는 패션에 기여한 공로로 MBE*를 수상했다. 물론 이슬람 패션은 이슬람의 가치를 희석시킨다는 비판을 받기도 하지만, 이슬람 패션을 지지하는 사람들은 스타일링 팁과 전통적인 여성의 정숙함 사이에 부조화가 있다고 생각하지 않는다.

"젊은 무슬림 소비자는 번화가에서 원하는 제품을 찾지 못하면 본능적으로 직접 제품을 만들려고 한다"고 오길비 누르Ogilvy Noor의 한 담당자는 설명한다. 오길비 누르는 2010년에 설립된 이슬람 브랜딩 에이전시로 처음에는 700만 명의 미국 무슬림을 타깃으로 했지만, 지금은 전 세계 시장을 대상으로 하고 있다. 무슬림 정체성을 지지하는 브랜드를 선호하는 80%의 소비자들이 소외감을 느끼지 않도록, 오길비 누르는 기업이 무슬림의 가치를 이해하고 시장을 공략할 수 있도록 돕는다.[46] 영국에서는 이러한 철학이 젊은 무슬림 기업가들 사이에서 비즈니스의 물결을 일으키기 시작했다. 2000년, 요크셔의 웨이크필드 대학에 재학 중이던 디자인 전공 학생 유니스Adeem Younis는 가족으로부터 결혼하라는 압박을 받던 중 자신이 직접 사장이 되고 싶다는

---

* 역자 주) Member of the Most Excellent Order of the British Empire, 즉, 영제국 최고훈장의 일원을 가리킨다.

생각에 무슬림 결혼 웹사이트인 싱글무슬림닷컴SingleMuslim.com을 설립했다. 무슬림들에게 이 사이트는 일반적으로 주점이나 클럽에서의 데이트가 차지하던 공간을 채우고 있다. 30명의 직원으로 구성된 싱글무슬림닷컴은 영국에서 거의 100만 명에 가까운 사용자를 확보하고 있으며 5만 건의 결혼식을 성사시켰다.[47] 이러한 성공을 바탕으로 유니스는 2017년에 1,400만 파운드를 모금한 자선단체 페니 어필Penny Appea과 기술 벤처에 초기 자본을 제공하는 새로운 펀드 등 다른 벤처 사업을 시작할 수 있게 되었다. 그는 2017년 영국 디렉터 협회Institute of Directors로부터 요크셔 및 동부지역의 '올해의 젊은 디렉터'로 선정되기도 했다.

보다 수수한 수준에서 많은 젊은 무슬림들이 특히 패션, 화장품, 개인용품 및 식품 분야에서 창업을 하고 있다.[48] 예를 들어, 아압Aab은 2008년에 시장 가판대에서 판매되는 전통적인 히잡보다 소박하지만 더 세련되고 매력적인 다양한 의류를 여성들에게 제공하기 위해 패션 브랜드를 설립하였다. "우리 옷에는 틀림없는 DNA가 있다. 겸손한 실루엣을 지닌 대부분의 의복은 무릎 길이 아래로 내려오고 소매가 길며 높은 목선을 갖고 있다."[49] 자체 모델을 사용하여 옷을 판매하는 아압은 이슬람 원칙을 유지하면서 서양의 관습에 적응하고 있다. 세렌디피티 테일러메이드Serendipity Tailormade는 주로 24세~32세의 전문직 종사자를 대상으로 할랄 친화적인 휴가, 호텔, 여행, 결혼식을 마케팅하여 기존 기업들이 놓치고 있는 틈새를 메우고 있다. 이 회사는 무슬림이 여행을 하면서도 '신앙을 지킬 수 있도록 하는 것'을 목표로 삼고 있으며, 여행용 기도 매트를 서비스에 포함하고 있다.[50] 세렌디피티 테일러메이드는 학교, 고아원, 청각 장애인이 이슬람을 접할 수 있도록 하는 계획 등 수익의 일부를 자선 활동에 기부하고 있다. 특히 흥미로운 기업은 런던 비어드 컴퍼니London Beard Company로 이 회사의 제품에는 할랄 수염 오일과 스킨 제품, 빗, 가위, 포마드 등의 제품이 있다. "우리는 덥수룩한 괴짜부터 풍성한 수염을 기르는 사람까지 모든 유형의 수염을 기르는 사람들을 위해 제품을 제공한다."[51] 이 회사의 웹사이트에는 2018년 어느 날 이람과 모하메드뿐만 아니라 개빈Gavin, 던컨Duncan, 라지Raj, 안줌Anjum 등이 포함된 다양한 고객들의 사례가 소개되었다. 이는 소비라는 매개체를 통해 영국의 다양한 공동체 간의 경계를 넘나드는 데 성공했음을 보여주는 놀라운 사례이다.

일반적인 가정과는 달리, 무슬림 여성도 역시 새로운 비즈니스에서 중요한 역할을 담당하고 있다. 이는 파키스탄과 방글라데시 공동체에서 주요한 문화적 변화를 반영하는 것일 수 있다. 1990년에는 고등교육을 받은 남성이 여성보다 2대 1~3대 1로 많았지만, 2016년에는 21세~34세 여성의 25%가 학위를 취득한 반면, 남성은 22%에 불과했다.[52] 여성 무슬림들은 익명의 저자가 2017년에 출간한 『무슬림 성 매뉴얼: 마음을 뒤흔드는 섹스를 위한 할랄 가이드The Muslimah Sex Manual: A Halal Guide to Mind Blowing Sex』라는 책에서 관계와 섹스 분야에서 노골적인 격려를 받는다. 이 책은 여성에게 다양한 성생활을 즐기고 주도적으로 행동할 수 있도록 준비해야 한다는 조언을 한다. 저자는 이것이 단지 출산뿐만 아니라 결혼의 맥락에서 육체적 관계를 즐기는 것을 강조하는 이슬람 전통과 전적으로 일치한다고 주장한다. "남편이 아내를 성적으로 만족시키는 것은 아내의 권리에 해당한다."[53] 영국 무슬림 여성 네트워크와 같은 단체는 "이슬람은 남성에게 여성의 즐거움을 보장할 책임을 부여하지만, 조언이 없으면 여성은 종종 어떤 성행위가 허용되는지 불확실한 상태로 남아있게 된다"는 이유로 이 책을 높이 평가했다.

　1990년대 이후 무슬림 기업가 정신의 모태는 파키스탄인의 24%와 방글라데시인 19%가 자영업을 하고 있다는 것에서 [확인할 수] 있다.[54] 높은 자영업 비율에 대한 설명은 어렵지 않게 찾을 수 있다. 이는 보다 일반적인 고용 형태에서 나타나는 차별을 피해야 한다는 압박과 섬유 산업과 같은 전통적인 부문에서 구할 수 있는 일자리의 감소를 반영한다. 이민자들 대부분은 자격증이 거의 없이 육체노동자로 시작했지만, 이제는 고등교육에 참여함으로써 더 높은 지위를 얻을 수 있다. 또한, 펀자브, 인도 북부, 방글라데시 출신의 많은 이민자는 이미 영국에서 부인이 남편을 도와 가족이 운영하는 소규모 상점과 레스토랑에서 기업가 정신을 발휘하는 문화를 누리고 있다. 처음에는 상점 운영을 기반으로 한 아시아계 사업가 중산층이 등장했지만, 점차 패션, 컴퓨터, 전자제품, 식품 제조 분야로 확장되었다. 이러한 무슬림 기업가 정신은 도시 전체 인구의 5분의 1에 해당하는 7만 명의 무슬림이 거주하는 레스터에서의 경제 부흥에 부분적으로 기여하였다. 많은 사람이 사업에서 영리하기로 명성 높은 구자라트에서 이민자로 왔으며 1970년대 지역 섬유 산업의 붕괴로 인한 공백을 메우는 데 도움을 주었다.[55] 시의회의 격려에 힘입어 레스터는 현재 인구의 대다수를 차지하는 민족 공동체의 다양성을 기념하는 경향이 있다. 예를 들어, 이 도시는 40개의 모스크를 자랑한다. 레스터는 또한 영국 지역 사회가 음식에 대한 공동 축하 행사에 얼마나 많이 참여했는지를 보여주고 있다. 모든 슈퍼마켓에서 인도식 처트니chutneys와 식사를 판매하고 있으며, 버밍엄의 영국계 아시아인들은 발티Balti 카레를 발명하여 영국인의 입맛에 맞게 전통을 재포장하는 것으로 유명하다. 음식은 독특한 문화를 유지하는 동시에 주류 사회에 적응하는 데 효과적으로 도움이 된다. 예를 들어, 2013년 〈그레이트 브리티시 베이크 오프〉에 참가했던 임다드Ali Imdad는 무슬림이 술집이나 클럽을 찾지 않고 대신 '무알콜 칵테일'과 디저트를 먹으러 갈 수 있다는 점에 착안하여 버밍엄에 디저트 레스토랑 아티잔Artisan을 개업했다.

가처분 소득이 증가하고 미개척 시장인 젊은 무슬림의 잠재력을 글로벌 브랜드가 인식하고 있다는 증거가 늘어나면서 새로운 무슬림 기업가들의 성공이 더욱 두드러지고 있다. 무슬림의 평균 연령은 23세로 모든 종교 집단 중 가장 젊기 때문에 주요 소비층으로 부상했다. 2016년 무슬림 라이프 스타일 엑스포 행사에서는 무슬림이 구매시 종교의 영향을 받는다는 보고가 있었으며, 그동안 기업들이 이들에게 더디게 다가갔다고 보고되었다.[56] 다른 슈퍼마켓과 마찬가지로 할랄 고기를 판매하는 참가 전시업체 중 하나는 아스다Asda였다. 실제로 아스다의 웹사이트에는 치킨 소시지, 치킨 누들, 양고기 패티, 고기 사모사, 칠면조 래셔rashers, '초리조chorizo', 셰퍼드 파이shepherd's pie 등 무슬림을 겨냥한 60개 이상의 할랄 품목이 '훔자Humza', '아이샤Aisha', '타히라Tahira' 및 '아흐메드Ahmed' 라는 이름으로 판매되고 있다. 돌체앤가바나Dolce and Gabbana는 무슬림에게 어필할 수 있도록 디자인된 옷을 판매한다. 2016년에 막스 앤 스펜서Marks & Spencer는 '부르키니burkinis', 즉 풀 커버 수영복을 판매하기로 결정했다. H&M 패션 체인은 히잡을 쓴 모델을 사용하기도 했다. 광고주들은 젊고 교육 수준이 높으며, 소셜 미디어에 참여하고, 기술에 능숙하며, 종교적이기보다는 영적인 성향이 있는 글로벌 도시 무슬림, 즉 '구미Gummies'를 식별했다.

보다 일반적으로 말하자면, 영국의 라마단 경제 규모는 현재 2억 파운드에 달하는 것으로 추정되며, 많은 무슬림이 이 기간에 평소보다 더 많은 지출을 하기 때문에 슈퍼마켓과 브랜드에서 이들을 타깃으로 하는 마케팅이 증가하고 있다. 무슬림 인구가 많은 지역의 테스코, 세인즈버리스Sainsbury's, 아스다Asda, 모리슨스Morrisons에서는 라마단 동안 식품, 초콜릿, 화장품 등을 포함한 다양한 특별 행사 및 전시를 진행하고 있다. 모리슨스에서는 숫자 뒤에 과자가 숨겨져 있는 라마단 카운트다운 달력을 판매하고 있는데, 이는 크리스마스 전 달에 판매되는 대림절 달력과 매우 흡사하다. 이는 한 문화가 다른 문화에 어떻게 영향을 미치는지 보여주는 좋은 예이다. 2018년에는 유럽 최대 쇼핑센터인 웨스트필드Westfield(런던)에서 이드 축제를 개최하여 특별 행사, 공연, 팝업 푸드 가판대pop-up food stalls, 라이브 캣워크 쇼live catwalk show 등을 선보였다.[57] 그러나 라마단은 영국의 상황에 맞게 수정되었다. 체육관은 해질녘과 새벽 사이에 이용할 수 있도록 개장 시간을 조정한다. 중동에서처럼 휴무는 없으며, 무슬림의 절반 정도만 직장을 쉬는 것으로 알려져 있다. 라마단이 끝날 때 이드에 대한 축하 행사와 가족 방문은 여러 주말에 걸쳐 분산되어 있다. 사실상 전통적인 이슬람 관습이 서유럽 사회의 삶에 적응하고 있는 것이다.

❇ ❇ ❇

영국과 무슬림 사이의 관계에 대한 이 조사에서 어떤 결론이 도출될 수 있는가?

공식적인 정치적 수준에서 결론은 분명히 부정적이다. 정부는 전 세계 무슬림 사회의 문제에 간섭하는 영국의 습관이 거의 항상 역효과를 냈다는 사실을 인식할 기미가 거의 보이지 않는다. 정책 입안자들은 무슬림을 주로 종교에 의해 주도되고 이슬람주의 이데올로기의 영향을 받는 공동체로 보고 있으며, 이슬람주의는 엮이기보다는 어떻게든 근절해야 한다는 인식을 고수하고 있다.

반면에 역사적 관점에서 볼 때, 영국 무슬림 공동체의 경험은 거의 안심할 수 있을 정도로 매우 친숙해졌다. 초기 유대인 이민과 관련된 대부분의 특징이 반복되었다. 그 결과 오늘날 유대인 공동체는 자신들의 고유한 문화와 가치를 유지하고 기념하는 동시에 경제, 정치, 스포츠, 학계, 엔터테인먼트 등 영국 사회 전반에 걸쳐 폭넓게 수용되고 있다. 그러나 유대인은 상당히 독립적인 삶을 사는 정통 공동체부터 사회의 주류와 거의 구별되지 않는 유대인까지 다양한 스펙트럼에 걸쳐 있기 때문에 차이가 있을 수 있는 여지가 많다. 영국의 국가 정체성이 명확하지 않은 상황에서 무슬림은 스스로를 정의해야 할 필요성을 느낄 수밖에 없었다. 하지만, 스포츠, 엔터테인먼트, 정치, 경제 분야에서 영국계 아시아인으로서 역할을 수행하면서 점차 정체성을 확립해 나가고 있다. 영국의 다른 소수민족 공동체와 마찬가지로 이들의 경험은 다인종 사회의 확장에 직면하여 편견이 장기적으로 감소하고 있음을 반영한다. 백인 피부를 가진 사람만이 영국인이 될 수 있다는 파월파의 오래된 관념은 전국적으로 다양한 삶의 측면에서 무슬림이 두드러지면서 꾸준히 약화되고 있다. 파월의 옛 지역구였던 울버햄프턴을 현재 카리브해 출신 의원인 엘리너 스미스Eleanor Smith가 차지하고 있다는 것은 상징적이다. 1968년만 해도 런던의 무슬림 시장과 무슬림 내무장관은 상상할 수 없는 일이었다.

특히 '문명의 충돌'이라는 선동은 과거에 영국 사회에서 가졌던 신뢰를 점차 잃어가고 있다. 이는 부분적으로는 러시아, 헝가리, 트럼프 대통령의 미국과 같은 곳에서 자유민주주의에 대한 위험의 근원이 점점 더 많이 확인되고 있기 때문이다. 그러나 지금까지 가장 강력한 경향은 이전 영국 역사의 초기 민족 공동체의 경우에서처럼, 무슬림과 비무슬림이 사회적 행동에서 꾸준히 수렴하고 있다는 증거에서 드러난다. 오늘날 영국 사회를 지배하는 경제 참여와 만연한 소비주의를 통해 점진적인 동화 과정은 멈출 수 없는 것처럼 보인다. 시간이 지남에 따라 이러한 영향은 일상적인 의제에 시끄럽게 개입하는 정치적 인물이나 정치적 사건보다 훨씬 더 큰 영향을 미치게 될 것이다.

주

❖ 1장 이슬람: '기독교의 분파'?

1) 이 구절은 Thomas Carlyle(1795-1881)이 'The Hero as Prophet' (1841), p. 76에서 처음 사용함.
2) Karen Armstrong, *Muhammad: Prophet for our time* (London: Harper Press, 2006), pp. 37-38.
3) Armstrong, *Muhammad*, pp. 41-43.
4) Qur'an 5:4;Andrew Rippin (ed.), *The Blackwell Companion to the* Qur'an (Oxford: Wiley-Blackwell, 2009), pp. 7-8.
5) Keith Kahn-Harris, *Judaism* (London: Hodder Education, 2012), pp. 11-15, 34-5; A.C. Bouquet, *Everyday Life in New Testament Times* (London: Batsford, 1953), pp. 16-17, 11-19.
6) Qur'an 16:57; 2:216; 5:92; P.J. Stewart, *Unfolding Islam* (Stroud: Sutton, 2008), p. 75; D.S. Roberts, *Islam: A Westerner's guide* (London: Kogan Page, 1981), pp. 134-135.
7) Qur'an 2:184.
8) John L. Esposito (ed.), *The Islamic World: Past and present* (Oxford: Oxford University Press, 2004), Vol. 3, p. 15.
9) Qur'an 4:40; Esposito, *The Islamic World*, Vol. 1, p. 128; Stewart, *Unfolding Islam*, p. 98.
10) Esposito, *The Islamic World*, Vol. 3, p. 29.
11) Qur'an 3:42.

12) Qur'an 7:15-19.
13) Chris Horrie and Peter Chippindale, *What Is Islam?* (London: Virgin Books, 2003), pp. 129-133, 136-138.
14) Roberts, *Islam: A Westerner's guide*, pp. 51-2; Horrie and Chippindale, *What Is Islam?*, pp. 148-151.
15) Christopher de Bellaigue, *The Islamic Enlightenment* (London: The Bodley Head, 2017), pp. 188-189.
16) Qur'an 4:10.
17) Rippin, *Blackwell Companion to the* Qur'an, pp. 8-11; Qur'an: 4:25.
18) 저자의 개인적인 관찰, 1969-1971.
19) Qur'an 4:34.
20) Rippin, *Blackwell Companion to the* Qur'an, pp. 300-302; Qur'an 36:21; 2:36.
21) Qur'an 2:240.
22) de Bellaigue, *The Islamic Enlightenment*, p. 195.
23) Qur'an 26:165.
24) Qur'an 7:80; Scott Siraj al-Haqq Kugle, *Homosexuality in Islam* (Oxford: Oneworld Publications, 2010), pp. 23-24, 66-67.
25) Kugle, *Homosexuality in Islam*, pp. 39-40, 50, 53, 56.
26) de Bellaigue, *The Islamic Enlightenment*, p. 196.
27) Kugle, *Homosexuality in Islam*, p. 200.
28) Christopher Lloyd, *English Corsairs on the Barbary Coast* (London: Collins, 1981), p. 124.
29) Linda Colley, *Captives: Britain, empire and the world 1600-1850* (London: Cape, 2002), pp. 128-129.
30) Christopher Tyerman, *The Crusades: A very short introduction* (Oxford: Oxford University Press, 2004), p. 79.
31) Rippin, *Blackwell Companion to the* Qur'an, pp. 311-315.
32) Bernard Lewis, *The Crisis of Islam* (London: Phoenix, 2003), pp. 11-17.
33) Roberts, *Islam: A Westerner's guide*, pp. 73-76.
34) Bernard Lewis, *The Arabs in History* (Oxford: Oxford University Press, 1993), p. 46.
35) Lewis, *The Arabs in History*, pp. 87-88.
36) Ehsan Masood, *Science and Islam: A history* (London: Icon Books, 2009), pp. 66-68.
37) Masood, *Science and Islam*, pp. 61-62.

❖ 2장　십자군 전쟁의 신화들

1) Stephen Greenblatt, *The Rise and Fall of Adam and Eve* (London: The Bodley Head, 2017), pp. 7, 121.
2) R.W. Southern, *Western Views of Islam in the Middle Ages* (Cambridge, MA: Harvard University Press, 1962), pp. 16–17; N. Matar, *Islam in Britain 1558–1685* (Cambridge: Cambridge University Press, 1998), pp. 121, 157.
3) Christopher J. Walker, *Islam and the West* (Stroud: Sutton, 2005), p. 62; Lewis, *The Arabs in History*, pp. 139–40; Southern, *Western Views of Islam*, pp. 19–22.
4) Southern, *Western Views of Islam*, p. 36에서 인용.
5) Southern, *Western Views of Islam*, p. 101에서 인용.
6) Jerry Brotton, *This Orient Isle: Elizabethan England and the Islamic world* (London: Allen Lane, 2016), p. 114.
7) Samuel C. Chew, *The Crescent and the Rose: Islam and England during the Renaissance* (New York: Octagon Books, 1965), pp. 224–226.
8) Samuel C. Chew, *The Crescent and the Rose: Islam and England during the Renaissance* (New York: Octagon Books, 1965), pp. 224–226.
9) Tyerman, *The Crusades*, pp. 2–3.
10) Simon Lloyd, *English Society and the Crusade 1210–1301* (Oxford: Clarendon Press, 1988), pp. 74–77.
11) Lloyd, *English Society and the Crusade*, pp. 93–95.
12) Brotton, *This Orient Isle*, p. 67.
13) C. Hillenbrand, *The Crusades: Islamic perspectives* (Edinburgh: Edinburgh University Press, 1999), pp. 50–2; Niall Christie, *Muslims and Crusaders* (London: Routledge, 2014), pp. 21–23.
14) Hillenbrand, *The Crusades*, pp. 33–36.
15) Christie, *Muslims and Crusaders*, pp. 77–79; Hillenbrand, *The Crusades*, pp. 293–294.
16) Hillenbrand, *The Crusades*, pp. 274–280.
17) Christie, *Muslims and Crusaders*, pp. 73–76.
18) Brotton, *This Orient Isle*, p. 27.
19) Tyerman, *The Crusades*, p. 52에서 인용.
20) Roy Porter, *Edward Gibbon: Making history* (London: Weidenfeld and Nicolson, 1988), p. 114.
21) Tyerman, *The Crusades*, p. 10에서 인용.

❖ 3장 종교개혁의 영향

1) Brotton, *This Orient Isle*, p. 9.
2) Colley, *Captives*, p. 115.
3) Andre Clot, *Suleiman the Magnificent* (London: Saqi, 2005), pp. 129-137.
4) Brotton, *This Orient Isle*, pp. 56-57.
5) Brotton, *This Orient Isle*, p. 75.에서 인용.
6) Brotton, *This Orient Isle*, p. 78에서 인용.
7) Walker, *Islam and the West*, p. 113.
8) Peter Frankopan, *The Silk Roads: A new history of the world* (London: Bloomsbury, 2015), pp. 234-235.
9) Brotton, *This Orient Isle*, pp. 11-12.
10) Chew, *The Crescent and the Rose*, pp. 144-145.
11) Chew, *The Crescent and the Rose*, pp. 395-396에서 인용.
12) Chew, *The Crescent and the Rose*, pp. 443-444.
13) Chew, *The Crescent and the Rose*, pp. 36-37.
14) Chew, *The Crescent and the Rose*, p. 119.
15) Anna Pavord, *The Tulip* (London: Bloomsbury, 1999), pp. 13-14.
16) Frankopan, *The Silk Roads*, p. 245.
17) Walker, *Islam and the West*, p. 110.에서 인용.
18) Chew, *The Crescent and the Rose*, pp. 164-169.
19) Qur'an 2:257; Matar, *Islam in Britain*, p. 106.
20) Walker, *Islam and the West*, pp. 145-148.
21) Colley, *Captives*, p. 44.
22) Colley, *Captives*, pp. 117-118.
23) Chew, *The Crescent and the Rose*, pp. 373-378.
24) Adrian Tinniswood, *The Pirates of Barbary* (London: Cape, 2010), p. 149.
25) Matar, *Islam in Britain*, pp. 16-17, 22.
26) Tinniswood, *Pirates of Barbary*, p. 42.
27) Colley, *Captives*, pp. 122-123.
28) Matar, *Islam in Britain*, pp. 15-16.
29) Brotton, *This Orient Isle*, p. 141.
30) Tinniswood, *Pirates of Barbary*, pp. 42-43.
31) Tinniswood, *Pirates of Barbary*, pp. 47-48.

❖ 4장 인도와 앵글로-무슬림의 밀월관계

1) Richard Burton, *The Arabian Nights* (London, Macmillan, 1886), p. xix.
2) Philip Lawson, *The East India Company: A history* (Harlow: Longman, 1993), pp. 5-7의 수정내용을 보라.
3) P. Hardy, *The Muslims of British India* (Cambridge: Cambridge University Press, 1972), pp. 2-9.
4) S.N. Mukherjee, *Sir William Jones: A study in eighteenth-century British attitudes to India* (Cambridge: Cambridge University Press, 1968), p. 119에서 인용.
5) William Forbes (ed.), *The English Factories of India 1618-1669* (1906-1927), Vol. I, pp. 39-40, in William Dalrymple, *White Mughals: Love and betrayal in eighteenth-century India* (London: Penguin, 2002), p. 17.
6) William Dalrymple, *The Last Mughal: The fall of a dynasty, Delhi, 1857* (London: Bloomsbury, 2006), pp. 64-66.
7) Ronald Hyam, *Empire and Sexuality: The British experience* (Manchester: Manchester University Press, 1990), p. 25.
8) Dalrymple, *White Mughals*, p. 6.
9) Dalrymple, *White Mughals*, p. 19.
10) Dennis Kincaid, *British Social Life in India, 1608-1937* (London: Routledge, 1973), pp. 43-44.
11) John Masters, *Bugles and a Tiger* (London: Michael Joseph, 1956), p. 174.
12) Masters, *Bugles and a Tiger*, pp. 153-154.
13) Kenneth Ballhatchet, *Race, Sex and Class under the Raj* (London: Weidenfeld and Nicolson, 1980), p. 120; Hyam, *Empire and Sexuality*, p. 60에서 인용.
14) Hyam, *Empire and Sexuality*, pp. 29-30.
15) David Omissi, *The Sepoy and the Raj: The Indian Army 1860-1940* (Basingstoke: Macmillan, 1994), pp. 49-50, 98, 101-102.
16) Omissi, *Sepoy and the Raj*, p. 129.
17) Masters, *Bugles and a Tiger*, p. 95.
18) Omissi, *Sepoy and the Raj*, p. 66에서 인용.
19) Hyam, *Empire and Sexuality*, pp. 128-129.
20) Hardy, *Muslims of British India*, p. 24.
21) Rippin, *Blackwell Companion to the Qur'an*, pp. 311-315.
22) Reginald Heber, *Narrative of a Journey through the Upper Provinces of India* (1828), pp. 393-394, Hardy, *Muslims of British India*, p. 33에서 인용.

23) Hardy, *Muslims of British India*, pp. 37-46.
24) Hardy, *Muslims of British India*, p. 38.
25) Quoted in Hardy, *Muslims of British India*, p. 72에서 인용.

❖ 5장 영국과 이슬람 쇠퇴의 관리

1) Walker, *Islam and the West*, p. 174에서 인용.
2) Edward Gibbon, *The Decline and Fall of the Roman Empire* (1776), Vol. III, p. 336.
3) Porter, *Gibbon*, p. 114.
4) Porter, *Gibbon*, pp. 130-131.
5) Thomas Carlyle, 'The Hero as Prophet: Mahomet and Islam,' in *On Heroes, Hero-Worship and the Heroic in History* (1841), p. 43.
6) Carlyle, 'The Hero as Prophet', p. 64.
7) Carlyle, 'The Hero as Prophet,' p. 54.
8) Carlyle, 'The Hero as Prophet,' p. 76.
9) Fiona MacCarthy, *Byron: Life and Legend* (London: John Murray, 2002), pp. 544-545.
10) Orlando Figes, *Crimea: The last crusade* (London: Allen Lane, 2010), p. 45에서 인용.
11) Figes, *Crimea*, pp. 4-5, 17-21.
12) David Brown, *Palmerston: A biography* (London: Yale University Press, 2010), pp. 363-365.
13) Peter Mansfield, *The British in Egypt* (London: Weidenfeld and Nicolson, 1971), pp. 5-6.
14) Mansfield, *British in Egypt*, p. 19.
15) Mansfield, *British in Egypt*, p. 19.
16) Lord Cromer, *Modern Egypt* (London: Macmillan, 1908), pp. 4-7, 17, 538.
17) Cromer, *Modern Egypt*, p. 394.
18) Robin Neillands, *The Dervish Wars: Gordon and Kitchener in the Sudan 1880-1898* (London: John Murray, 1996), p. 75.
19) John Marlowe, *Cromer in Egypt* (London: Elek Books, 1970), p. 251에서 인용.

❖ 6장   빅토리아 시대, 이슬람, 진보사상

1) Nigel Yates, 'Pugin and the Medieval Dream', in Gordon Marsden, ed., *Victorian Values* (Harlow: Longman, 1990), pp. 80-82.
2) Edgar Johnson, *Walter Scott: The great unknown* (London: Hamish Hamilton, 1970), pp. 686-687, 738, 933-937.
3) Thomas Metcalf, *Ideologies of the Raj* (Cambridge: Cambridge University Press, 1994), pp. 75-77.
4) Metcalf, *Ideologies of the Raj*, pp. 75-77.
5) David Gillard, *The Struggle for Asia 1828-1914* (London: Methuen, 1977), p. 49.
6) Gillard, *Struggle for Asia*, p. 47.
7) Gillard, *Struggle for Asia*, p. 54.
8) Eugenio Biagini, *Gladstone* (Basingstoke: Macmillan, 2000), pp. 61-64.
9) Eugenio Biagini, 'The European mind of late-Victorian liberalism: W.E. Gladstone and Joseph Chamberlain,' *Journal of Liberal History*, 98, Spring (2018), p. 15.
10) Burton, *Arabian Nights*, xix.
11) Burton, *Arabian Nights*, xix.
12) Burton, *Arabian Nights*, vi.
13) Wilfred S. Blunt, *The Future of Islam* (Dublin: Nonsuch Publishing, 1882, 2007 edn), p. 158.
14) Blunt, *The Future of Islam*, p. 12.
15) Blunt, *The Future of Islam*, pp. 172-173.
16) Blunt, *The Future of Islam*, pp. 175, 191.
17) R.H. Davidson, 'Turkish attitudes concerning Christian-Muslim equality in the nineteenth century,' *American Historical Review*, 4 (1954), p. 845.
18) Davidson, 'Christian-Muslim equality,' pp. 850-851.
19) Davidson, 'Christian-Muslim equality,' pp. 856, 863.
20) Karl Meyer and Shareen Blair Brysac, *Tournament of Shadows: The Great Game and the race for empire in Asia* (London: Little Brown, 1999), pp. 175-176.
21) Meyer and Brysac, *Tournament of Shadows*, p. 177에서 인용.
22) Gillard, *Struggle for Asia*, pp. 153-154.
23) W.S. Churchill, *The River War*, Vol. II (London: Macmillan, 1899), pp. 248-250.
24) Warren Dockter, *Churchill and the Islamic World* (London: I.B. Tauris,

2015), p. 23에서 인용.
25) Dockter, *Churchill and the Islamic World*, p. 17.
26) Churchill to Lady Randolph Churchill, 6 April 1897, in Randolph Churchill, *Churchill*, Vol. I (London: Heinemann, 1966), p. 332.

❖ 7장 이슬람 - 서구화 아니면 오리엔탈리스트?

1) Pankaj Mishra, *From the Ruins of Empire: The revolt against the west and the remaking of Asia* (London: Allen Lane, 2012), pp. 100-101.
2) Kenneth Rose, *Superior Person* (London: Macmillan, 1969), p. 88.
3) John Marlowe, *Cromer in Egypt*, p. 280에서 인용.
4) Hardy, *Muslims of British India*, pp. 38-39, 80-88.
5) *Ibid*.
6) Anil Seal, *The Emergence of Indian Nationalism* (Cambridge: Cambridge University Press, 1971), p. 318에서 인용.
7) *Ibid*., p. 317에서 인용.
8) Aijaz Ahmad, *Aligarh Muslim University: An educational and political history 1920-47* (Ghaziabad: Lata Sahitya Sadan, 2005), pp. 18-19.
9) Qur'an 22:63, 70; 67:1, 5; 71:15.
10) Mishra, *From the Ruins of Empire*, pp. 54-59, 92.
11) Shompa Lahiri, *Indians in Britain* (London: Frank Cass, 2000), pp. 161-162.
12) Lahiri, *Indians in Britain*, pp. 125-126, 177, 222.
13) Ahmad, *Aligarh Muslim University*, p. 19.
14) Ahmad, *Aligarh Muslim University*, p. 62-63.
15) Ahmad, *Aligarh Muslim University*, pp. 28-29.
16) de Bellaigue, *The Islamic Enlightenment*, pp. 5-7.
17) de Bellaigue, *The Islamic Enlightenment*, p. 23.
18) de Bellaigue, *The Islamic Enlightenment*, p. 45.
19) de Bellaigue, *The Islamic Enlightenment*, pp. 37-38.
20) de Bellaigue, *The Islamic Enlightenment*, p. 31.
21) Lord Cromer, *Modern Egypt*, p. 540.
22) Mansfield, *British in Egypt*, p. 7.
23) Marlowe, *Cromer in Egypt*, pp. 258-259.
24) Justin McCarthy, *The Ottoman Turks* (Harlow: Longman, 1997), p. 202.
25) de Bellaigue, *The Islamic Enlightenment*, pp. 62-64.
26) de Bellaigue, *The Islamic Enlightenment*, p. 74.

27) McCarthy, *The Ottoman Turks*, pp. 295–296.
28) M. Nain Turfan, *Rise of the Young Turks: Politics, the military and Ottoman collapse* (London: I.B. Tauris, 2000), pp. 133–145.
29) Turfan, *Rise of the Young Turks*, p. 145.
30) de Bellaigue, *The Islamic Enlightenment*, pp. 77–79.
31) de Bellaigue, *The Islamic Enlightenment*, p. 115.
32) Mishra, *From the Ruins of Empire*, p. 107에서 인용.
33) Ali Gheissari and Vali Nasr, *Democracy in Iran* (Oxford: Oxford University Press, 2006), p. 118.

❖ 8장 세계대전과 오스만제국의 재건

1) Dockter, *Churchill and the Islamic World*, p. 53.
2) Paul Addison, *Churchill on the Home Front 1900–55* (London: Jonathan Cape, 1992), pp. 156–157.
3) Andrew Hyde, *Jihad: The Ottomans and the Allies 1914–1922* (Stroud: Amberley Publishing, 2017), pp. 21–23.
4) T.G. Fraser, *The Makers of the Modern Middle East* (London: Ginkgo Publishing, 2015), pp. 11–15.
5) Michael Asher, *Lawrence: The uncrowned king of Arabia* (London: Viking, 1998), pp. 102–103.
6) Asher, *Lawrence*, pp. 42–43.
7) McCarthy, *The Ottoman Turks*, p. 354.
8) Christopher Sykes, *The Man Who Created the Middle East* (London: William Collins, 2016), p. 255.
9) Sykes, *The Man Who Created the Middle East*, pp. 256–259.
10) Asher, *Lawrence*, pp. 240–241.
11) Liora Lukitz, *A Quest in the Middle East: Octavia Bell and the making of modern Iraq* (London: I.B. Tauris, 2006), p. 130.
12) 처칠의 폭격 정책에 대한 믿기 어렵지만 상세한 변론은 Dockter, *Churchill and the Islamic World*, pp. 115–120을 보라.
13) Georgina Howell, *Daughter of the Desert* (London: Macmillan, 2006), p. 399.
14) McCarthy, *The Ottoman Turks*, p. 373.
15) Fraser, *The Makers of the Modern Middle East*, p. 265에서 인용.
16) de Bellaigue, *The Islamic Enlightenment*, p. 159.
17) de Bellaigue, *The Islamic Enlightenment*, pp. 162–163.

18) Andrew Mango, *Ataturk: The biography of the founder of modern Turkey* (London: John Murray, 1999), p. 434에서 인용.
19) Omissi, *Sepoy and the Raj*, p. 130.
20) Omissi, *Sepoy and the Raj*, pp. 129, 140.
21) Judith Brown, *Gandhi's Rise to Power: Indian politics 1915-1922* (Cambridge: Cambridge University Press, 1972), pp. 210-216.
22) S.H. Zebel, *Balfour* (Cambridge: Cambridge University Press, 1973), pp. 39-41.
23) Walter Reid, *Empire of Sand: How Britain made the Middle East* (Edinburgh: Birlinn, 2013), p. 142에서 인용.
24) Fraser, *The Makers of the Modern Middle East*, pp. 50-54.
25) Reid, *Empire of Sand*, pp. 43-45.
26) Fraser, *The Makers of the Modern Middle East*, p. 92.
27) Zebel, *Balfour*, p. 247.
28) Zebel, *Balfour*, p. 239.
29) Zebel, *Balfour*, p. 241.
30) Matthew Hughes, 'The banality of brutality: British armed forces and the repression of the Arab revolt in Palestine 1936-39,' *English Historical Review*, CXXIV (2009), pp. 313-354.

❖ 9장 제2차 세계대전 이후 이슬람, 민주주의, 민족주의

1) Francis Fukuyama, *Wall Street Journal*, 5 October 2001.
2) Nader Hashemi, *Islam, Secularism and Liberal Democracy* (Oxford: Oxford University Press, 2009)에서 논의됨.
3) Lewis, *The Crisis of Islam*, pp. 96, 101, 112, 139-40을 보라.
4) Dominic Lieven, *Pakistan: A hard country* (London: Allen Lane, 2011), pp. 206-207.
5) Owen Bennett Jones, *Pakistan: Eye of the storm* (New Haven: Yale University Press, 2002), pp. 227-230.
6) Adeed Dawisha, *Iraq: A political history from independence to occupation* (Princeton: Princeton University Press, 2009), p. 45.
7) Dawisha, *Iraq*, pp. 151-154.
8) Dawisha, *Iraq*, pp. 161-162.
9) David Carlton, *Britain and the Suez Crisis* (Oxford: Blackwell, 1988), p. 11에서 인용.
10) Michael Axworthy, *Empire of the Mind: A history of Iran* (London: Hurst

and Company, 2007), pp. 232-233.
11) Gheissari and Nasr, *Democracy in Iran*, p. 48.
12) Axworthy, *Empire of the Mind*, pp. 241-242.
13) Gheissari and Nasr, *Democracy in Iran*, pp. 55-58.
14) Tom Little, *Modern Egypt* (London: Ernest Benn, 1967), pp. 131-133.
15) D.R. Thorpe, *Eden* (London: Chatto and Windus, 2003), p. 382.
16) Thorpe, *Eden*, pp. 420-421.
17) Carlton, *Britain and the Suez Crisis*, p. 28.
18) Carlton, *Britain and the Suez Crisis*, p. 29.
19) Hashemi, *Islam, Secularism and Liberal Democracy*, p. 48.
20) Hashemi, *Islam, Secularism and Liberal Democracy*, p. 54.
21) Hashemi, *Islam, Secularism and Liberal Democracy*, pp. 155-157.
22) P.M. Holt, Ann Lambton and Bernard Lewis (eds), *The Cambridge History of Islam* (Cambridge: Cambridge University Press, 1970), Vol. 2, pp. 69-71.
23) Esposito, *The Islamic World*, Vol. 3, pp. 24-25.
24) Hashemi, *Islam, Secularism and Liberal Democracy*, pp. 158-165.

❖ 10장 무슬림과 영국 국가 정체성의 위기

1) Humayun Ansari, *The Infidel Within: Muslims in Britain since 1800* (London: C. Hurst and Co., 2004), p. 138.
2) Richard I. Lawless, *From Ta'izz to Tyneside: An Arab community in the north-east of England during the early twentieth century* (Exeter: Exeter University Press, 1995), pp. 175-181.
3) Lawless, *From Ta'izz to Tyneside*, pp. 245-248.
4) Robert Winder, *Bloody Foreigners: The story of immigration to Britain* (London: Little, Brown, 2004), p. 298.
5) Birmingham Borough Labour Party minutes, 13 June 1962; Patrick Gordon Walker diary, 11 September 1962, Gordon Walker Papers 1/4; Martin Pugh, *Speak for Britain: A new history of the Labour Party* (London: The Bodley Head, 2010), pp. 331-332.
6) Robert Shepherd, *Enoch Powell* (London: Hutchinson, 1996), pp. 325-369를 보라.
7) Kenan Malik, *From Fatwa to Jihad: The Rushdie affair and its legacy* (London: Atlantic Books, 2009), p. 40.
8) Ansari, *The Infidel Within*, pp. 176-177.
9) *Daily Mail*, 7 and 8 December 2000.

10) *Guardian*, 29 October 2014.
11) Ansari, *The Infidel Within*, p. 182.
12) Sayeeda Warsi, *The Enemy Within: A tale of Muslim Britain* (London: Allen Lane, 2017), x-xxiii.
13) Ansari, *The Infidel Within*, pp. 262-265.
14) *Jewish Chronicle*, 2 January 1885, 5 and 12 January 1900, 7 August and 4 September 1914 을 보라.
15) Warsi, *The Enemy Within*, xxii.
16) Ansari, *The Infidel Within*, p. 212.
17) Ansari, *The Infidel Within*, p. 295에서 인용된 Alibhai Brown으로부터.
18) Ansari, *The Infidel Within*, p. 289.
19) Mushtaq Ahmed, *Twenty20 Vision* (London: Granta, 2006), pp. 151-155.
20) *Daily Mail*, 1 December 1999.
21) Malik, *From Fatwa to Jihad*, p. 29.
22) Malik, *From Fatwa to Jihad*, viii-xxi; Gary Younge, *Who Are We?* (London: Penguin Books, 2010), pp. 173-174.
23) *Guardian*, 7 April 2018.
24) *Observer*, 15 October 2017.
25) *Guardian*, 10 April 2017.
26) *Guardian*, 17 April 2017.
27) *Daily Mail*, 22 December 2000.
28) *Jewish Chronicle*, 26 December 1890.
29) *Daily Mail*, 22 and 26 December 2000.
30) *Guardian*, 8 December 2006.
31) *Guardian*, 8 December 2006.
32) Warsi, *The Enemy Within*, p. 4.
33) Martin Pugh to Guy Opperman (copy), 12 October 2010.
34) Ziauddin Sardar, *Balti Britain* (London: Granta, 2008), p. 209.
35) Sardar, *Balti Britain*, p. 236.
36) *Independent*, 21 September 2000.
37) *Daily Mail*, 1 and 3 January 2000.
38) James Fergusson, *Al-Britannia, My Country: A journey through Muslim Britain* (London: Bantam, 2017), p. 253.
39) Fergusson, *Al-Britannia*, p. 255.

❖ 11장 이슬람 혐오증

1) Gilles Kepel, *Jihad: The trail of political Islam* (London: I.B. Tauris, 2002), pp. 13-14.
2) *Guardian*, 6 August 2014.
3) Ed Husain, *The Islamist* (London: Penguin Books, 2007), pp. 75, 82, 91.
4) Husain, *The Islamist*, p. 136.
5) Rodric Braithwaite, *Afgansty: The Russians in Afghanistan 1979-89* (London: Atlantic, 2011), p. 123.
6) *New Statesman*, 20 November 2011.
7) *Guardian*, 18 October 2010.
8) Martin Amis, *The Second Plane* (London: Little Brown, 2008), pp. 21, 78, 84.
9) Malise Ruthven, *Times Literary Supplement*, 20 October 2010.
10) *Guardian*, 28 November 2018.
11) *Guardian*, 5 February 2014.
12) *Guardian*, 8 November 2010.
13) Warsi, *The Enemy Within*, pp. 124, 212, 213.
14) Fergusson, *Al-Britannia*, p. 86.
15) *Observer*, 26 November 2017.
16) *Guardian*, 26 June 2018.
17) *Guardian*, 21 July 2010.
18) Paul Wilkinson, *Terrorism Versus Democracy: The liberal state response* (Cambridge: Cambridge University Press, 2001), pp. 82-83, 95.
19) *Guardian*, 20 October 2010.
20) Husain, *The Islamist*, pp. 146-149.
21) Husain, *The Islamist*, pp. 179-182.
22) Fergusson, *Al-Britannia*, pp. 51-52.
23) Malik, *From Fatwa to Jihad*, pp. 81-82.
24) Warsi, *The Enemy Within*, p. 56에서 인용.
25) *Guardian*, 9 June 2010.
26) Qur'an 5:28; Sardar, *Balti Britain*, pp. 304, 322; Fergusson, *Al-Britannia*, pp. 12, 84.
27) Husain, *The Islamist*, p. 146.
28) *Guardian*, 16 January 2016.
29) *Guardian*, 26 July 2014.
30) *Guardian*, 3 December 2015.
31) Younge, *Who Are We?*, p. 147.

32) Fergusson, *Al-Britannia*, pp. 186–188.
33) *Guardian*, 9 August 2018.
34) *Guardian*, 7 August 2018.
35) *London Evening News*, 3 February 2010.
36) *Guardian*, 11 June 2015. 37. *Guardian*, 25 May 2016.
37) *Guardian*, 25 May 2016.
38) Fergusson, *Al-Britannia*, p. 38.
39) Fergusson, *Al-Britannia*, pp. 247–248.
40) Warsi, *The Enemy Within*, pp. 87–88; *Guardian*, 10 August and 10 November 2017.
41) *Guardian*, 19 January 2016.
42) Fergusson, *Al-Britannia*, pp. 62–66.
43) *Guardian*, 21 March 2016.
44) *Guardian*, 4 June 2014; *Observer*, 8 June 2014.
45) *Guardian*, 22 November 2014.
46) Fergusson, *Al-Britannia*, p. 106.
47) *Guardian*, 12 July 2017.
48) *Guardian*, 2 September and 3 October 2017; *Observer*, 3 September 2017.

❖ 12장 영국 주류 속 무슬림

1) *Guardian*, 2 December 2016.
2) *Guardian*, 13 March 2018.
3) *Guardian*, 19 August 2017.
4) *Hexham Courant*, 6 September 2018.
5) *Observer*, 25 June 2017.
6) Lewis Pies 웹사이트를 보라.
7) Fergusson, *Al-Britannia*, pp. 198–200; *Guardian*, 9 October 2015.
8) Nadiya Hussain, *Nadiya's British Food Adventure* (London: Michael Joseph, 2017), p. 83.
9) *Guardian*, 9 October 2015.
10) Martin Pugh, *Britain: Unification and disintegration* (Sandy: Authors Online/Bright Pen Books, 2012), p. 209.
11) *Guardian*, 5 December 2009.
12) *Guardian*, 5 December 2009.
13) *Guardian*, 23 October 2009.
14) *Evening Standard*, 22 March 2011.

15) Nasser Hussain, *Playing with Fire* (London: Granta, 2004), p. 29.
16) *Daily Mail*, 13 December 2000.
17) Hussain, *Playing with Fire*, p. 242.
18) *Observer*, 13 August 2006.
19) *Observer*, 20 November 2016.
20) *Guardian*, 28 October 2009.
21) Ansari, *The Infidel Within*, p. 225.
22) *Observer*, 25 February 2018.
23) Tariq Ramadan, *Western Muslims and the Future of Islam* (Oxford: Oxford University Press, 2004), pp. 158-159, 165.
24) Ansari, *The Infidel Within*, p. 247에서 인용.
25) Ansari, *The Infidel Within*, pp. 237-238.
26) Ansari, *The Infidel Within*, p. 213.
27) *Guardian*, 23 June 2018.
28) *Guardian*, 23 June 2018.
29) Warsi, *The Enemy Within*, p. 151.
30) *Guardian*, 21 January 2011.
31) *Guardian*, 4 July 2018.
32) *Guardian*, 1 June 2018.
33) *Guardian*, 1 March 2016.
34) *Observer*, 7 May 2016; *Guardian*, 6 May 2016.
35) *Guardian*, 1 May 2018.
36) Esposito, *The Islamic World*, Vol. 3, pp. 93-94.
37) Ramadan, *Western Muslims*, p. 188.
38) Qur'an 2:280.
39) *Guardian*, 29 October 2013.
40) Al Rayan Bank website.
41) Al Rayan Bank website.
42) Esposito, *The Islamic World*, Vol. 3, pp. 64-65.
43) Ansari, *The Infidel Within*, pp. 179-180.
44) Melanie Phillips, *Londonistan: How Britain is creating a terror state within* (London: Gibson Square, 2006), xiii.
45) *Observer Magazine*, 9 September 2018.
46) Ogilvy Noor website.
47) *Guardian*, 11 November 2017.
48) *Observer*, 16 October 2016.
49) Aab website.

50) Serendipity Tailormade website.
51) London Beard Company website.
52) *Observer*, 3 April 2016.
53) *Observer*, 16 July 2017.
54) Ansari, *The Infidel Within*, p. 194.
55) Fergusson, *Al-Britannia*, pp. 152-154.
56) *Observer*, 3 April and 16 October 2016.
57) *Observer*, 29 April 2018.

참고문헌

Addison, Paul, *Churchill on the Home Front 1900–55* (London: Jonathan Cape, 1992).
Ahmad, Aijaz, *Aligarh Muslim University: An educational and political history 1920–47* (Ghaziabad: Lata Sahitya Sadan, 2005).
Ahmed, Mushtaq, *Twenty20 Vision* (London: Granta, 2006).
Amis, Martin, *The Second Plane* (London: Little Brown, 2008).
Anderson, Olive, *A Liberal State at War: English politics and economics during the Crimean War* (London: Macmillan, 1967).
Ansari, Humayun, *The Infidel Within: Muslims in Britain since 1800* (London: C. Hurst and Co., 2004).
Armstrong, Karen, *Muhammad: Prophet for our time* (London: Harper Press, 2006).
Asbridge, Thomas, *The First Crusade* (London: The Free Press, 2004).
Asher, Michael, *Lawrence: The uncrowned king of Arabia* (London: Viking, 1998).
Axworthy, Michael, *Empire of the Mind: A history of Iran* (London: Hurst and Company, 2007).
Baldock, John, *The Essence of Sufism* (London: Arcturus Publishing, 2016).
Ballhatchet, Kenneth, *Race, Sex and Class under the Raj* (London: Weidenfeld and Nicolson, 1980).
Bayly, C.A., *Indian Society and the Making of the British Empire* (Cambridge: Cambridge University Press, 1988).
Bennett Jones, Owen, *Pakistan: Eye of the storm* (New Haven: Yale University Press, 2002).
Biagini, Eugenio, *Gladstone* (Basingstoke: Macmillan, 2000).
Biagini, Eugenio, 'The European mind of late-Victorian liberalism: W.E. Gladstone and Joseph Chamberlain', *Journal of Liberal History*, 98, Spring (2018).
Blunt, Wilfred S., *The Future of Islam* (Dublin: Nonsuch Publishing, 1882, 2007 edn).
Bolt, Christine, *Victorian Attitudes to Race* (London: Routledge, 1971).
Bose, Mihir, *The Spirit of the Game: How sport made the modern world* (London: Constable, 2011).
Bouquet, A.C., *Everyday Life in New Testament Times* (London: Batsford, 1953).
Bourne, Kenneth, *The Foreign Policy of Victorian England 1830–1902* (Oxford: Clarendon Press, 1970).
Bradley, Ian, *The Call to Seriousness: The evangelical impact on the Victorians* (London: Allen and Unwin, 1976).
Braithwaite, Rodric, *Afgansty: The Russians in Afghanistan 1979–89* (London: Atlantic, 2011).

Brotton, Jerry, *This Orient Isle: Elizabethan England and the Islamic world* (London: Allen Lane, 2016).
Brown, Callum G., *Religion and Society in Twentieth-Century Britain* (Harlow: Longman, 2006).
Brown, David, *Palmerston: A biography* (London: Yale University Press, 2010).
Brown, Judith, *Gandhi's Rise to Power: Indian politics 1915–1922* (Cambridge: Cambridge University Press, 1972).
Brown, Judith, *Modern India: The making of an Asian democracy* (Oxford: Oxford University Press, 1985).
Brown, Judith M., *Gandhi: Prisoner of hope* (New Haven and London: Yale University Press, 1989).
Burke, Jason, *The New Threat from Islamic Militancy* (London: The Bodley Head, 2015).
Burton, Richard, *The Arabian Nights* (London: Macmillan,1886).
Caldwell, Christopher, *Reflections on the Revolution in Europe: Immigration, Islam and the West* (London: Allen Lane, 2009).
Carlton, David, *Anthony Eden* (London: Allen Lane, 1981).
Carlton, David, *Britain and the Suez Crisis* (Oxford: Blackwell, 1988).
Carlyle, Thomas, 'The Hero as Prophet: Mahomet and Islam', in *On Heroes, Hero-Worship and the Heroic in History* (1841).
Chandra, Bipan, *India's Struggle for Independence* (London: Penguin, 1988).
Chew, Samuel C., *The Crescent and the Rose: Islam and England during the Renaissance* (New York: Octagon Books, 1965).
Christie, Niall, *Muslims and Crusaders* (London: Routledge, 2014).
Churchill, Randolph, *Churchill* (London: Heinemann, 1966).
Churchill, W.S., *The River War* (London: Macmillan, 1899).
Clot, Andre, *Suleiman the Magnificent* (London: Saqi, 2005).
Colley, Linda, *Captives: Britain, empire and the world 1600–1850* (London: Cape, 2002).
Cromer, Lord, *Modern Egypt* (London: Macmillan, 1908).
Dalrymple, William, *White Mughals: Love and betrayal in eighteenth-century India* (London: Penguin, 2002).
Dalrymple, William, *The Last Mughal: The fall of a dynasty, Delhi, 1857* (London: Bloomsbury, 2006).
Davidson, R.H., 'Turkish attitudes concerning Christian-Muslim equality in the nineteenth century', *American Historical Review*, 4 (1954).
Dawisha, Adeed, *Iraq: A political history from independence to occupation* (Princeton: Princeton University Press, 2009).
de Bellaigue, Christopher, *The Islamic Enlightenment* (London: The Bodley Head, 2017).
Dockter, Warren, *Churchill and the Islamic World* (London: I.B. Tauris, 2015).
Esposito, John L., *The Islamic Threat: Myth or reality?* (Oxford: Oxford University Press, 1999).
Esposito, John L. (ed.), *The Islamic World: Past and present* (Oxford: Oxford University Press, 2004).
Fakhry, Majid, *The Qur'an: A modern English version* (Reading: Garnet Publishing, 1997).
Fergusson, James, *Al-Britannia, My Country: A journey through Muslim Britain* (London: Bantam, 2017).
Fieldhouse, D.K., *Economics and Empire 1830–1914* (London: Weidenfeld and Nicolson, 1973).
Figes, Orlando, *Crimea: The last crusade* (London: Allen Lane, 2010).
Flinders Petrie, W.M., *Egypt and Israel* (Basingstoke: Macmillan, 1910).
Foot, Paul, *Immigration and Race in British Politics* (London: Penguin, 1965).
Frankopan, Peter, *The Silk Roads: A new history of the world* (London: Bloomsbury, 2015).
Fraser, T.G., *The Makers of the Modern Middle East* (London: Ginkgo Publishing, 2015).
Gheissari, Nader Ali, *Democracy in Iran* (Oxford: Oxford University Press, 2006).
Gibbon, Edward, *The Decline and Fall of the Roman Empire* (1776).
Gilbert, Martin, 'A path to peace inspired by the past', *History Today*, 60, August (2016).

Gillard, David, *The Struggle for Asia 1828–1914* (London: Methuen, 1977).
Glubb, John Bagot, *The Great Arab Conquests* (London: Hodder and Stoughton, 1963).
Gove, Michael, *Celsius 7/7* (London: Weidenfeld and Nicolson, 2006).
Grayling, A.C., *Democracy and Its Crisis* (London: Oneworld Books, 2017).
Greenblatt, Stephen, *The Rise and Fall of Adam and Eve* (London: The Bodley Head, 2017).
Guillaume, Alfred, *Islam* (Harmondsworth: Penguin, 1968).
Haig, Christopher, *Elizabeth I* (London: Longman, 1988).
Hamid, Mohsin, *The Reluctant Fundamentalist* (London: Penguin, 2007).
Hardy, P., *The Muslims of British India* (Cambridge: Cambridge University Press, 1972).
Hasan, Mushirul, *Moderate or Militant: Images of Indian Muslims* (Oxford: Oxford University Press, 2008).
Hasan, Rumy, *Multiculturalism: Some inconvenient truths* (London: Routledge, 2010).
Hashemi, Nader, *Islam, Secularism and Liberal Democracy* (Oxford: Oxford University Press, 2009).
Haugaard, W.P., *Elizabeth and the English Reformation* (Cambridge: Cambridge University Press, 1968).
Hillenbrand, C., *The Crusades: Islamic perspectives* (Edinburgh: Edinburgh University Press, 1999).
Holmes, Colin, *John Bull's Island: Immigration and British society 1871–1971* (Basingstoke: Macmillan, 1988).
Holt, P.M., Ann Lambton and Bernard Lewis (eds), *The Cambridge History of Islam* (Cambridge: Cambridge University Press, 1970).
Holt, Richard, *Sport and the British* (Oxford: Oxford University Press, 1989).
Horrie, Chris and Peter Chippindale, *What is Islam?* (London: Virgin Books, 2003).
Howell, Georgina, *Daughter of the Desert* (London: Macmillan, 2006).
Hughes, Matthew, 'The banality of brutality: British armed forces and the repression of the Arab revolt in Palestine 1936–39', *English Historical Review*, CXXIV (2009).
Husain, Ed, *The Islamist* (London: Penguin Books, 2007).
Hussain, Nadiya, *Nadiya's British Food Adventure* (London: Michael Joseph, 2017).
Hussain, Nasser, *Playing with Fire* (London: Granta, 2004).
Hyam, Ronald, *Empire and Sexuality: The British experience* (Manchester: Manchester University Press, 1990).
Hyde, Andrew, *Jihad: The Ottomans and the Allies 1914–1922* (Stroud: Amberley Publishing, 2017).
Johnson, Edgar, *Walter Scott: The great unknown* (London: Hamish Hamilton, 1970).
Kahn-Harris, Keith, *Judaism* (London: Hodder Education, 2012).
Keay, John, *Sowing the Wind: The seeds of conflict in the Middle East* (London: John Murray, 2003).
Kedourie, Elie, *Politics in the Middle East* (Oxford: Oxford University Press, 1992).
Keegan, John, *The Iraq War* (London: Hutchinson, 2004).
Kepel, Gilles, *Jihad: The trail of political Islam* (London: I.B. Tauris, 2002).
Kincaid, Dennis, *British Social Life in India, 1608–1937* (London: Routledge, 1973).
Kinross, Lord, *Ataturk: The rebirth of a nation* (London: Weidenfeld and Nicolson, 1964).
Kostick, Conor (ed.), *The Crusades and the Near East: Cultural histories* (London: Routledge, 2011).
Kugle, Scott Siraj al-Haqq, *Homosexuality in Islam* (Oxford: Oneworld Publications, 2010).
Kyle, Keith, *Suez* (London: Weidenfeld and Nicolson, 1991).
Lahiri, Shompa, *Indians in Britain* (London: Frank Cass, 2000).
Lawless, Richard I., *From Ta'izz to Tyneside: An Arab community in the north-east of England during the early twentieth century* (Exeter: Exeter University Press, 1995).
Lawson, Philip, *The East India Company: A history* (Harlow: Longman, 1993).
Lewis, Bernard, *The Jews of Islam* (Princeton: Princeton University Press, 1987).
Lewis, Bernard, *The Arabs in History* (Oxford: Oxford University Press, 1993).
Lewis, Bernard, *What Went Wrong? Western impact and Middle Eastern response* (London: Weidenfeld and Nicolson, 2002).

Lewis, Bernard, *The Crisis of Islam* (London: Phoenix, 2003).
Lewis, Philip and Sadek Hamid, *British Muslims: New directions in Islamic thought, creativity and activism* (Edinburgh: Edinburgh University Press, 2018).
Lieven, Dominic, *Pakistan: A hard country* (London: Allen Lane, 2011).
Lings, Martin, *Muhammad* (London: Allen and Unwin, 1983).
Little, Tom, *Modern Egypt* (London: Ernest Benn, 1967).
Lloyd, Christopher, *English Corsairs on the Barbary Coast* (London: Collins, 1981).
Lloyd, Simon, *English Society and the Crusade 1210–1301* (Oxford: Clarendon Press, 1988).
Loyn, David, *Butcher and Bolt: Two hundred years of foreign engagement in Afghanistan* (London: Hutchinson, 2008).
Lukitz, Liora, *A Quest in the Middle East: Octavia Bell and the making of modern Iraq* (London: I.B. Tauris, 2006).
Lyons, Malcolm and D.E.P. Jackson, *Saladin* (Cambridge: Cambridge University Press, 1982).
MacCarthy, Fiona, *Byron: Life and legend* (London: John Murray, 2002).
MacMillan, Margaret, *Peacemakers: Six months that changed the world* (London: John Murray, 2001).
Malik, Kenan, *From Fatwa to Jihad: The Rushdie affair and its legacy* (London: Atlantic Books, 2009).
Mango, Andrew, *Ataturk: The biography of the founder of modern Turkey* (London: John Murray, 1999).
Mansfield, Peter, *The British in Egypt* (London: Weidenfeld and Nicolson, 1971).
Marlowe, John, *Mission to Khartoum: The apotheosis of General Gordon* (London: Gollancz, 1969).
Marlowe, John, *Cromer in Egypt* (London: Elek Books, 1970).
Mason, Philip, *A Matter of Honour: An account of the Indian Army, its officers and men* (London: Cape, 1974).
Masood, Ehsan, *Science and Islam: A history* (London: Icon Books, 2009).
Masters, John, *Bugles and a Tiger* (London: Michael Joseph, 1956).
Matar, Nabil, *Islam in Britain 1558–1685* (Cambridge: Cambridge University Press, 1998).
Matthew, H.C.G., *Gladstone*, Vol. 2 (Oxford: Clarendon Press, 1996).
McCarthy, Justin, *The Ottoman Turks* (Harlow: Longman, 1997).
McLeod, Hugh, *Religion and Society in England 1850–1914* (Basingstoke: Macmillan, 1996).
Metcalf, Thomas, *Ideologies of the Raj* (Cambridge: Cambridge University Press, 1994).
Meyer, Karl and Shareen Blair Brysac, *Tournament of Shadows: The Great Game and the race for empire in Asia* (London: Little Brown, 1999).
Milton-Edwards, Beverley, *Islamic Fundamentalism since 1945* (London: Routledge, 2005).
Mishra, Pankaj, *From the Ruins of Empire: The revolt against the west and the remaking of Asia* (London: Allen Lane, 2012).
Morris, Marc, *King John: Treachery, tyranny and the road to Magna Carta* (London: Hutchinson, 2015).
Mukherjee, Ramkrishna, *The Rise and Fall of the East India Company* (New York: Monthly Review Press, 1974).
Mukherjee, S.N., *Sir William Jones: A study in eighteenth-century British attitudes to India* (Cambridge: Cambridge University Press, 1968).
Nagus, Ralph and Eden Naby, *Afghanistan: Mullah, Marx and mujahid* (Oxford: Westview Press, 2002).
Neillands, Robin, *The Dervish Wars: Gordon and Kitchener in the Sudan 1880–1898* (London: John Murray, 1996).
Nicoll, Fergus, *Gladstone, Gordon and the Sudan Wars* (Barnsley: Pen and Sword Books, 2013).
Omissi, David, *The Sepoy and the Raj: The Indian Army 1860–1940* (Basingstoke: Macmillan, 1994).
Orga, Irfan and Margarete Orga, *Ataturk* (London: Michael Joseph, 1962).

Palmer, Alan, *The Banner of Battle: The story of the Crimean War* (London: Weidenfeld and Nicolson, 1987).
Pavord, Anna, *The Tulip* (London: Bloomsbury, 1999).
Pemble, John, *The Raj, the Indian Mutiny and the Kingdom of Oudh, 1801–1859* (Hassocks: Harvester Press, 1997).
Phillips, Jonathan, *The Second Crusade* (London: Yale University Press, 2007).
Phillips, Melanie, *Londonistan: How Britain is creating a terror state within* (London: Gibson Square, 2006).
Polk, William R., *Understanding Iraq* (London: I.B. Tauris, 2006).
Ponting, Clive, *The Crimean War: The truth behind the myth* (London: Chatto and Windus, 2004).
Porter, Roy, *Edward Gibbon: Making history* (London: Weidenfeld and Nicolson, 1988).
Pugh, Martin, *Speak for Britain: A new history of the Labour Party* (London: The Bodley Head, 2010).
Pugh, Martin, *Britain: Unification and disintegration* (Sandy: Authors Online/Bright Pen Books, 2012).
Ramadan, Tariq, *Western Muslims and the Future of Islam* (Oxford: Oxford University Press, 2004).
Rauf, Imam Feisal Abdul, *What's Right with Islam* (San Francisco: Harper Collins, 2004).
Reid, Walter, *Empire of Sand: How Britain made the Middle East* (Edinburgh: Birlinn, 2013).
Riley-Smith, J., *The Crusades: A short history* (London: Macmillan, 1987).
Rippin, Andrew (ed.), *The Blackwell Companion to the Qur'an* (Oxford: Wiley-Blackwell, 2009).
Roberts, D.S., *Islam: A Westerner's guide* (London: Kogan Page, 1981).
Roberts, J.M., *The Triumph of the West* (London: Guild of Publishing, 1985).
Rogerson, Barnaby, *North Africa: A history from the Mediterranean shore to the Sahara* (London: Duckworth Overlook, 2012).
Rose, Kenneth, *Superior Person* (London: Macmillan, 1969).
Said, Edward, *Covering Islam* (Cambridge: Cambridge University Press, 1981).
Sardar, Ziauddin, *Balti Britain* (London: Granta, 2008).
Sardar, Ziauddin, *The Islamic World* (London: Robinson, 2009).
Sardar, Ziauddin (ed.), *The Britannica Guide to the Islamic World* (Philadelphia: Running Press Book Publishers, 2009).
Sen, K.M., *Hinduism* (Harmondsworth: Penguin, 1981).
Shepherd, Robert, *Enoch Powell* (London: Hutchinson, 1996).
Southern, R.W., *Western Views of Islam in the Middle Ages* (Cambridge, MA: Harvard University Press, 1962).
Stewart, P.J., *Unfolding Islam* (Stroud: Sutton, 2008).
Stokes, Eric, *The Peasant and the Raj* (Cambridge: Cambridge University Press, 1978).
Sykes, Christopher, *The Man Who Created the Middle East* (London: William Collins, 2016).
Thomson, Andrew, *The Empire Strikes Back? The impact of imperialism on Britain from the mid-nineteenth century* (Harlow: Longman, 2005).
Thorpe, D.R., *Eden* (London: Chatto and Windus, 2003).
Tinniswood, Adrian, *The Pirates of Barbary* (London: Cape, 2010).
Turfan, M. Naim, *Rise of the Young Turks: Politics, the military and Ottoman collapse* (London: I.B. Tauris, 2000).
Tyerman, Christopher, *The Invention of the Crusades* (London: Cape, 1998).
Tyerman, Christopher, *The Crusades: A very short introduction* (Oxford: Oxford University Press, 2004).
Walker, Christopher J., *Islam and the West* (Stroud: Sutton, 2005).
Ward, Paul, *Britishness since 1870* (London: Routledge, 2004).
Warsi, Sayeeda, *The Enemy Within: A tale of Muslim Britain* (London: Allen Lane, 2017).
Wilkinson, Paul, *Terrorism Versus Democracy: The liberal state response* (Cambridge: Cambridge University Press, 2001).

Winder, Robert, *Bloody Foreigners: The story of immigration to Britain* (London: Little, Brown, 2004).
Yates, Nigel, 'Pugin and the medieval dream', in Gordon Marsden (ed.), *Victorian Values* (Harlow: Longman, 1990).
Younge, Gary, *Who Are We?* (London: Penguin Books, 2010).
Zebel, Sidney, *Balfour* (Cambridge: Cambridge University Press, 1973).

찾아보기

번호

14개 조항 251
1936년 협약 277

B

BoF500 415

C

CIA 299

I

IRA 366
IS 375
ISIS 375, 395

M

M16 299
MBE 415

MCB(영국 무슬림위원회) 379
MI5 366
MI6 365

ㄱ

가자지구 348, 351
가톨릭주의 79
간디 206, 328
개입주의 232, 241, 347, 358, 368, 375
거룩한 전쟁 23, 111
걸프전 347, 353
경기병대 136
계몽주의 211, 308
계시 3, 4, 6, 10-12, 85, 128, 197
   계시 문서 4
고든 브라운 352
   고든 장군 102, 148-149
고립주의 403
고브 360
골드스미스 409
관용법 123

광신주의 51, 56, 123, 127, 158, 174, 177, 190, 374
괴짜 3인방 254
교회 해방 협회 162
구르카족 117
구미 419
국민연합전선 295
국민의 개인 권리 223
국민의견조사(NOP) 389
국민전선 299, 310, 318, 327
국제연맹 위원회 273
굴리스탄 조약 229
그랜드 마스터 160
　기사 동료 160
　기사 선구자 160
그랜드 투어 130
그레이 경 217, 250
그레이트 게임 164, 186
극단주의자 14, 79, 331, 356, 359, 371-373, 379-381, 407
근대화주의자 261, 301
근본주의 283, 347, 349, 351, 354, 357, 364, 371
근육적 기독교 136, 149
글래드스톤 136, 140, 144, 146, 150, 162, 170-174, 178-179, 185-186, 188-189, 207, 245, 323
　고든의 살인자 150
글로리아나 92
기독교 복음주의자 334
기번 56, 126
길리건 407

ㄴ

나디르 샤의 습격 228

나바리노 전투 131
나세르 230, 297, 299, 301-307, 402, 411
　압델 나세르 301
나세르 후세인 400
나와브 113-114, 209
나의 나라 알-브리타니아 360
나토NATO 296, 353
낚시 함대 119
너팅 306
넛지-넛지 저널리즘 스타일 407
네기브 장군 302
네루 206, 328
네스토리우스파 5
노스브룩 경 207
노예무역 16-17, 110-111, 148, 161, 180, 339
노예무역 반대 운동 16
노예제도 16-17, 74
놀스 65
눈 경 414
뉴라이트 326
능숙한 비활동 167
니잠 98, 117
니캅 377
니콜슨 103, 110

ㄷ

다룰이슬람 311
다르 알-이슬람 23-25
다르 알-하르브 23, 25, 108
　전쟁의 거처 108
다문화주의 323, 326, 333, 342-343, 392, 402
다우드 대통령 350

다윈 162
　『종의 기원』 162
다인종 사회 398
달하우지 경 112
대국민회의 257
대처-블레어 시대 328
대처 여사 326
대항종교개혁 63
댈람 75
데르비쉬 15
데르비시 177
데오반디 372
도덕적 공황 315
도스트 모하메드 165, 168-170, 182
동인도회사
　동인도 무역 상인 회사 92
두르바르 117, 159
디 바르테마 39
디 애시스 the Ashes 401
디즈레일리 138-140, 144-145, 159-160, 171-172, 183-185

ㄹ

라마단 9, 205, 389, 391, 420
라만 11
라이트너 175
라자 115
라지 119-120, 164-165, 182-183, 187, 228, 263, 290, 417
란지트 싱 165, 167
랜스베리 273
러시아와 비밀조약 251
러시아-투르크 전쟁 151
러크나우 106, 112, 264, 339
런던 비어드 컴퍼니 417

런던 상공회의소 414
런던 폭탄 테러 372
런던 협약 138
런시만 경 56
레네가도 85
레드 포트 106
레반트 45, 54, 73, 75, 77
　레반트 상인 회사 73
　레반트인 85
레자 샤 297-299
레자 칸 232
레판토 해전 53
로 경 65, 84, 99, 200, 212, 330, 379, 403, 411
로드 80
로렌스 103, 110, 178, 270
　존 로렌스 110
로버츠 경 185
로스차일드 144, 270
로울라트 법안 264
로이드 조지 245-246, 252, 254, 256-258, 262, 268, 270, 275, 279
로이터 남작 230
로잔 조약 259
롤래트법 288
루슈디 328-330
　루슈디 사건 347
루터 55
　루터파 64
루퍼스 48, 51
　윌리엄 2세 48
르낭 198
리스펙트당 392
리처드 1세 45, 47, 158
　사자심왕 45, 245

리턴 경 159
리폰 경 207

■

마드라사 15, 260, 378
마드라스 이슬람 문학 협회 107
마요 266
마요 경 118, 182
마즐리스 231, 278, 298-299
마지드 406
마하운드 328
마호메트교도 85
마훈 42
마흐디 10, 14, 148, 150, 192
마흐무드 2세 220
마흐무드 압바스 310
만지케르트 44
맘루크 211
　맘루크 왕조 141
　맘루크족 17, 32, 75, 212
매닝햄-불러 368
매콜리T. B. Macaulay 155, 207
맥나그텐William Macnaghten 169
맥마흔 249-250, 270, 274
　맥마흔 경 249
맥밀런Harold Macmillan 305-306, 338
먼데이 클럽 363
멍청이들을 위한 이슬람 374
메디나 4, 6, 29, 38-39, 141, 262, 264
메이 358, 365, 408-410
메이저 342
　메이저 총리 342
메흐메트 2세 53, 67-68, 75
멜러니 필립스 414

명예의 샘 159
모로코의 초석 63
모사드데크Mohammed Mossaddeq 298-300
모스크 8, 25, 32, 66-67, 73, 113, 123, 141, 175-176, 324, 330, 334, 362, 371, 380, 389-390, 392, 396, 400, 402, 418
모슬리 경 326
모플라 반란 108
　마필라 반란 108
모하메드 아흐메드 374
모하메드 알리 142-143, 147, 212-215, 222
모하메드 이크발 경 289
모하츠 전투 53, 61
몬타구-첼름스퍼드 개혁 288
몬태규 123, 262, 267-268
　몬태규 부인 123
　메리 부인 124
몰리-민토 개혁 209, 241
무굴제국 24, 65-67, 91-92, 105-106, 112-113, 115, 124, 159
　무굴 정부 100
무바라크 356, 383
무슬림 밀레니얼 세대 394
무슬림 분리주의 289
무슬림 연맹 204, 206, 264, 289-291, 293
　무슬림 연맹 라호르 지부 204
무슬림 청소년 헬프라인 408
무슬림 쿨 390
무슬림형제단 272, 277, 301-302, 308, 356, 369, 411
무하마드 픽홀 176
문명의 충돌 56, 177, 359, 422

문민 시대 291
   문민정부 시기 292
미샬 후세인 395
미친 물라 192
밀너 경 275-276

ㅂ

바그다드조약기구 296
바그다드 협정 296-297, 302
바스라 239, 241-242, 247, 249-250, 253, 263, 375
바트당 295, 411
바하두르 샤 106, 115
바하두르 샤 자파르 2세 106
반가톨릭 고든 폭동 127
반삼위일체론 78, 125
반서구주의 213, 241, 259
반성직주의 56
반유대주의 50, 323, 360, 407
반유럽 민족주의 286
반이슬람 선전 40
반지성주의 33
반쪽 카스트 315
반투르크주의 132
발칸 민족주의 131
발칸 전쟁 239-240, 244
백년전쟁 51
백색방위연맹 327
밸푸어 선언 255, 269-270, 272, 279
버튼 경 91, 176
번즈 164-165, 168
범이슬람-볼셰비키 동맹 257
범이슬람주의 178
베두인족 178, 242, 270

베르베르족 32
베를린 회의 138
베빈 293
베이컨 56
베일 18-19, 205, 215, 260-261, 278, 377
벤팅크 경 111
벨 248
벨푸어 선언
   밸푸어 267
벵골 아시아 학회 95
보스니아 대량 학살 347
보스니아 전쟁 349
보카라 72, 163, 167
복음주의 56, 109-111, 117, 149, 161, 163, 171
복음주의 기독교 127
복음주의 부흥 운동 171
볼셰비즘 210, 359
부르카 19, 376, 378, 407
부시 대통령 352
분노의 정치 359
불가리아의 공포와 동방의 문제 172
불가지론자 94, 336
붉은 십자가 46
브라간자의 캐서린 84
브라운 40
브래드포드 모스크 협의회 329
브렉시트 410
블런트 177, 270
블레어 330, 338, 341-342, 352, 354-355, 358, 365-366, 368-369, 383, 409
비국교도 양심 162
비라다리 시스템 317

비밀 교황주의자 80
비엔나의 문 363
비엔나 포위 61
비잔티움제국 8, 28, 44, 47, 134
비협력 및 킬라파트 운동 206
빅토리아 시대 16, 46, 91, 99, 105, 119, 139, 155-159, 161, 163, 173-177, 188, 190, 198, 203, 245, 266, 270, 287, 315, 322, 336, 339, 359, 361, 398, 414
빅토리아 십자훈장 136, 174, 340

ㅅ

사담 후세인 295, 349, 353
사디크 칸 409
사라센 39-40, 42, 49, 59
사라센의 머리 71
사르와르 374, 406
사무엘 267, 270-271
   허버트 사무엘 267
사비안교 4
사상 경찰 379
사이드 아흐메드 칸 경 201
사이비 선지자 무함마드의 종교 40
사익스 경 250, 268
사익스-피코 협정 250-252
사파비제국 53, 91
사회 다윈주의 190
산레모 회담 269
산 스테파노 조약 138
살라딘 45, 52, 158
살라딘 십일조 46
샌터Mark Santer 337
샤리아 26-27, 278, 413
샤 슈자 165, 169

샤 압바스 66, 76
샤 자한 66-67, 99, 175, 390
서방의 개입 350-351, 358
선교 운동 7
선동하는 요원들 241
선택받은 자 14
성 비드 38-39
성지성전 교회 70
세계무역센터 테러 358
세브르 조약 256-257, 259, 269
세속주의 25-26, 63, 109, 242, 259, 283, 293, 300-301, 309, 333, 357
세속주의 의회 293
세일 40, 125
세포이 115, 117
센토CENTO 296
셀림 3세 219
셀주크튀르크 26, 44
   셀주크족 31, 44, 74
   셀주크튀르크제국 44
셜리 경 76
   로버트 셜리 77
   셜리 가문 76-77
   앤서니 셜리 76
셰익스피어 68-69
소비주의 394, 422
솔즈베리 경 140
수니파 14-15, 25, 62, 66, 72, 205, 252, 274, 289, 335, 349, 372, 376
수라트 100
수에즈 운하 119, 143-144, 215, 246, 267, 274, 279, 286, 294, 299, 303
   수에즈 운하 회사 144
수카르노 311
수티 111-112

사티 112
수피즘 14, 30, 106
수하르토 311-312
순나 11, 21
술레이만 대제 60, 67
술탄 마흐무드 2세 180
술탄 아마드 3세 219
술탄 압둘아지즈 224
술탄의 노예 220
스코틀랜드국민당SNP 343
스코틀랜드 아시아 여성 협회 344
스콧 경 157
스펜서 92
시노프 전투 135
시디크 칸 372-373
시디키 330
시민 불복종 265
시아파 14, 25, 62, 66, 72, 228, 252-253, 274, 289
시어라이트 대위 105
시온 장로 의정서 359
시온주의 266-272
   시온주의 운동 267
   시온주의자 266-272
시토 수도회 38
신드 29, 93, 112, 167-168, 182-183, 289
실용주의 77, 123, 163
십자군 8, 34, 44-56, 59-60, 63, 79, 134, 158, 161, 163, 179, 245, 358
   십자군 영토 45, 49
   십자군 운동 45, 47, 50
   십자군 원정 45
   십자군 전쟁 23, 28, 34, 44-56, 59, 63, 158, 161, 245, 358

ㅇ

아가 86
아놀드 윌슨 253
아동 예비제도 220
아라비 대령 145
   문맹인 광신도 145
아랍 민족주의 252, 273, 303
아랍의 봄 355
『아랍의 역사 표본』 80
아랍주의자 296
아레나 테러 361
   맨체스터 테러 361
아마드Mohammed Ahmad 148
아마드 칸 287
아미르 165
아미르 셰르 알리 182
아미르 카비르 230
   미르자 타키 칸 파라하니 230
아바스 왕조 30-31
아부 바크르 14
아부 자말 374
아부키르 만 129
아브드 알-라흐만 32
아브라함 4-5, 39
아비시니아 위기 285
아스완 댐 216, 304
   아스완 하이 댐 304
아스완 프로젝트 304
아와미 연맹 291
아잠 329
아크바르 66-67, 91-92
아타튀르크 26, 66, 215, 226, 232, 259-260, 278
아편 352
   아편 재배근절 352

아프가니스탄 전쟁 169, 347, 352, 357
　아프간 전쟁 104, 169, 185
아프가니스탄 혁명 350
아프리카의 뿔 150
아흐마드 칸 24
아흐메드 325, 400
아흐메드 3세 71
아흐메드-셰이크 344
『악마의 시』 328-330
안달루시아 44, 81
안드레아스 수도원 원장 37
안셀름 48
알 라얀 413
알라위파 14
알렉시우스 1세 44
알리 14
알리가르 무슬림 대학 19, 205
알리 파샤 142
알-마문 33
알마 전투 136
알-말리크 64
알-시시 356
알-아누리 63
알-아즈하르 32, 141
알-아프가니 178, 203, 213, 411
알-안달루시아 63
알 알-키탑 4
알-이슬람 186
알-자바르티 211
알-카에다 356-357
암리차르 학살 264, 288
압둘라 퀼리엄 175
압둘 라흐만 칸 185
　철의 아미르 185
압둘메시드 260

압둘메시드 1세 222
압둘 카림 159
　문시 159
압바스 미르자 229
압살롬 86
애니 베산트 264
애버딘 경 135
애스퀴스 245
애틀리Attlee 299, 338
앨런비Edmund Allenby 장군 251, 275
앵글로-이라크 조약 295
앵글로-이란 석유 회사 278, 299
앵글로-페르시아 석유 회사 242
야르무크 전투 29
어거스틴 37-38
『어머니 인도』 266
에드워드 1세 51
에드워드 경 110
에드워드 시대 175, 237, 267, 360
에드워드 존 스탠리 176
에르도안 309
여성 해방 215, 342, 352, 372
여성 혐오 17, 38
연립정부 135, 254, 293, 344
영국계 아시아인 럭비 협회 403
영국국민당 318, 327
영국 남동부동맹 362
영국독립당UKIP 327, 362
영국 무슬림 위원회MCB 330
영국 무슬림 협의회 405, 408
영국방위연맹 318, 327, 362-363, 403
영국-아프가니스탄 전쟁 254
영국 유대인 대의원회 330
영국-이집트 조약 277
영국 자유당 362

영국제일주의당 362
영국-터키 분쟁 262, 266
영국-페르시아 조약 277
영러 협상 188, 232
영불 협상 217
영연방 이민자법 317
영허즈번드 대령 186
예니체리 17, 220-221
오리엔탈리스트 95, 249, 359
오마르 바크리 371
오바마 대통령 364
오사마 빈 라덴 351
　빈 라덴 351, 352
오스만제국 13, 16-17, 26-27, 31-32, 49, 51, 53, 55-56, 59-60, 62-67, 72-78, 81, 84, 91, 93, 124-125, 128-135, 137-138, 140-143, 145, 147, 151, 163, 166, 171-172, 178-181, 187-188, 193, 199, 211-212, 216, 218-219, 221-222, 225-228, 233, 237-239, 243-244, 248-249, 252, 256-257, 259-260, 262-264, 267, 269- 270, 279, 302
오크터로니 경 96, 111
오클랜드 경 168
오퍼맨 337
옴두르만 전투 151
옴스비-고어 268
와르시 321, 324, 337, 348, 360, 363-364, 380, 392, 406-408
와이즈만 267-270
와카스 시디키 377
와프드 당 276
왈왈 사건 285
우간다 제안 267
우드 왕국 112-113

우르바누스 2세 45
우마르 14
우마이야 왕조 30
우스만 10, 14
울레마 13, 202, 212, 231-232, 278
　울라마 13
워드 83
　해적 워드 86
웨스턴 363
웨이벨 장군 300
윈터발 335-336
윌슨A. N. Wilson 336
윌슨Harold Wilson 319
윌슨Woodrow Wilson 251-252, 338
윌킨슨 369
유니테리언 78, 123, 125-126, 175, 179
　유니테리언주의 79, 125
유대인 군단 268
유럽 경제 연합 306
유럽연합EU 309, 327, 342, 358
유럽연합 탈퇴 국민투표 343
유일신 4-6, 127
　아랍 유일신론 4
율법의 사나이 이야기 42
의회 민주주의 223, 284, 289, 292-293
　의회제 민주주의 293
이드 9, 391, 393, 420
이드 알-피트르 9
이든 296, 302-306, 338
이라크의 아들들 357
이라크 전쟁 357
이라크 침공 352-353, 357, 365, 375
이란 혁명 347, 349
이맘 13, 60, 176, 337, 371, 373, 389, 409

이민자들의 '습격' 326
『이반호』 158
이스마엘 143
이스마엘 파샤 215
이스파한 66, 76
이슬람
   이슬람법 11, 15-16, 27, 54
   이슬람 사회 6
   이슬람의 통일 25
이슬람 부흥 운동 149
이슬람 사회주의 411
『이슬람의 신앙』 175
이슬람의 위기 359
이슬람주의 16, 178, 217, 238, 256, 273, 284, 296, 302, 309, 331, 347-349, 351, 355-357, 364, 368, 371, 375, 378-381, 409, 421
   급진적 이슬람주의 347
   이슬람 근본주의 347, 351
   이슬람 근본주의자 351
   이슬람 예외주의 283
이슬람 혐오 326, 335, 345, 357, 359-362, 364-365, 367, 381, 383, 387, 407-408, 410, 414
이집트 민족주의 216, 274, 303
이집트인을 위한 이집트 146
이크발 202
인노켄티우스 3세 46, 48
인더스 군대 168
인도문관(ICS) 200
인도 반란 25, 112, 137, 164, 170, 339
인도의 별 159
   인도제국 훈령 159
인종관계법 319
인종관계위원회 319

일버트 법안 208
임다드 419
임란 아메드 415
입헌주의 216-217, 225, 231-232

ㅈ

자국어 언론법 208
자글룰 275, 276
자말 알-딘 알-아프가니 216
   자말 알-딘 238
자미아 밀리아 이슬라미아 206
   자미아 밀리아 대학교 207
자민다르 114
자비드 410
자유 장교단 301
자유주의 21, 130, 145, 167, 170, 176, 179, 207, 210, 216, 227, 292, 303, 309, 325, 329, 333, 342, 359, 383, 388, 403
자한기르 66
자히르 샤 350
잭 스트로 370
전사 종족 이론 103
전진 정책 63, 167, 192
정의개발당AKP 309
정책 교환 389
제국충성연맹 326
제임스 1세 63, 74-75, 77, 82, 87
젠킨스Roy Jenkins 319
젠킨슨 62, 72
조던Colin Jordan 327
조로아스터교 4, 200
조르주-피코 250
존스 경 95

존 왕 48
종교개혁 7, 46, 55, 57, 60, 63, 69, 77, 79, 198, 308
종교적 관용 78, 87
주마 413
중동 방위 기구 계획 302
중동조약기구 METO 296
중세주의 56, 157-159, 184, 334
중추적 핵심 8
지식의 사람들 13
지아우딘 사르다르 340
지중해의 열쇠 139
    키프로스 섬 139
지즈야 180
지하드 15, 23, 25, 52, 107, 197, 240, 244, 263, 349, 373-374, 409
    지하드에 대한 변명적 해석 24
지혜의 일곱 기둥』 251
진나 289

ㅊ

차낙 258, 259
차르주의 210
참정권 156, 162, 198, 261, 392
책의 백성 4-5, 24
처칠 189, 190-193, 238-239, 242-244, 246, 253-256, 258, 265-267, 270, 273, 279, 287, 294, 299, 302-304
    『말라칸드 야전군』 190
    『하천 전쟁』 190
처트니 418
청년 오스만 협회 224
    청년 오스만 224
청년 투르크당 225, 227
체임벌린 266-267

친투르크 정책 77, 140

ㅋ

카다피 358, 383
카드르 204
카디스 55, 69
카디자 3
카를 5세 60-61
카스트 16, 30, 93, 115, 315
카이로 회담 253
카이르-우-딘 81
카타리파 50
카피르 205
칼라일 127
칼리페이트 26
칼리프 10, 14, 26, 30, 32-33, 44, 178, 240, 260, 262, 265, 275, 288-289, 301, 348
칼리프 국가 264
    칼리프국 264
칼리프제 260, 301
칼리프 체제 238, 244, 296, 302
칼뱅주의 79
캐닝 경 118, 219
캐머런 330, 348, 352, 356, 358, 363, 365, 374-376, 378, 380, 383, 407, 409, 412
캔터베리 대주교 38, 48, 80, 337
    캐리 337
캘러헌 James Callaghan 319
캠벨 배너맨 217
커즌 경 102, 189, 198, 209, 230, 277
커크패트릭 98
케디브 142-143, 150, 215, 274
    카디브 142

히디브 142
케디브 이스마엘 211
코르도바 8, 31-32, 39, 44
   세계의 장식 32
콘도미니엄 146
   공동통치국 151
콘스탄티노폴리스 29, 31, 44, 47, 52-53, 60, 67, 70, 73-78, 84, 123, 131-134, 138-139, 141-142, 146, 160, 187, 189, 192, 217, 259
콩테 211
쿠다다드 칸 174, 340
쿠르드족 252-254, 273-274, 279
크로머 경 97, 145, 147, 150, 189, 198, 214, 216
   과도한 베어링 147
   베어링 경 145
크림 전쟁 133-134, 136-137, 139, 151, 170
   크리미아 137
   크림반도 124, 129, 133, 135-136, 138, 149, 255
클레르몽 공의회 45
키치너 경 102, 188, 247
   허버트 키치너 경 151
키타르 23
킬라파트 206, 264-265, 288
   킬라파트 캠페인 264

ㅌ

타리크 라마단 404
타운센드 247
   타운센드 장군 247
타지마할 67, 189
탄지마트 개혁 222
탄지마트 223
탄지마트의 사람들 222
   일을 정리하는 사람들 222
탈레반 351-353, 375
탈루크다르 116
『탈리스만』 158
탕헤르 81, 84
터키공화국 289
터키 독립 전쟁 259
테러리스트 331, 353, 357, 365-366, 371-373, 375-376
   극우 테러리스트 366
   무슬림 테러리스트 369
   아일랜드 테러리스트 366
   이슬람 테러리스트 353, 366
   테러리스트 집 379
테러리즘 23, 352-353, 365, 367-370
테러방지법 370
테러와의 전쟁 358
『테르쿠만-이 아발』 223
텔-엘-케비르 전투 146
통합진보위원회CUP 226
투기 111-112, 285, 413
투르크
   투르크 민족주의 219, 223, 256
   투르크 민족주의자 257
   투르크의 머리 71
   투르크제국 65, 245
   『투르크제국사』 65
   『투르크제국의 정책』 69
   투르크족 47, 61, 83, 85, 148, 241, 257
   투르크화 된다 68
튜더 왕조 48, 65
   헨리 2세 45-46
   헨리 8세 48, 54, 59-60

트랜스요르단 255
트럼프 364
트로이 목마 사건 381
티무르 52
티푸 술탄 113

ㅍ

파르시교도 200
파리 조약 137
파리 평화 조약 138
파리 평화 회의 252
파머스턴 경 133
파우드 국왕 276
파월 318, 388, 410, 421
파이살 252, 254-255, 273-274, 294
파이즈-이-후세인 204
파트와 13, 263
판카실라 311, 312
팔레스타인 해방기구PLO 273, 348, 351
페닌슐라 및 오리엔탈 증기 항해 회사 119
페르디난드 54-55, 80
페르디낭 드 레셉스 143
  드 레셉스의 운하 회사 143
페르시아 11, 22, 26, 29, 31, 44, 53, 59, 62, 65-66, 69, 72-74, 76-78, 91, 93, 95-96, 106, 112, 115, 142, 163, 166-168, 170, 175, 178, 187-188, 198-199, 203, 205, 221, 223, 228-232, 237, 241-242, 245, 247, 249, 277, 299
  페르시아제국 28
페샤와르 105, 165, 167-169, 182
페즈 180, 205, 261
평등주의 16, 32, 86, 176
푸긴 157-158
푸아티에 전투 29, 44

풀뿌리 사회운동 356
  풀뿌리 무슬림 운동 354
프랑스-프로이센 전쟁 138
프레어 경 184
프림로즈 연맹 160
플래더 340-341
피셔 246-247
  피셔 제독 246
피우스 2세 40
피트 129
필 경 272

ㅎ

하디스 11, 20-22, 214
하람 349
하렘 6, 98, 174
  하림 6
하르브 23, 25, 108
하마스 273, 310, 330, 348, 351
하맘 67, 96
하본 73
하비불라 187
하비테이션 160
하산 알-반나 276, 301
하셰미트 248, 252
  하셰미트족 248
하이데라바드 98, 106, 117
하즈 38-39
하지 9
『한밤중의 아이들』 328
할랄 393
해링턴 경 258
해이블록 339
향수 정치 320

헌팅턴 359
헤버 주교 108, 111
헤자즈 철도 239, 248
호건 64
호메이니 300, 309, 329
홈룰 리그 264
홉킨스 361, 383
후리 9, 126
후마윤 66-67

후세인 204, 248-252, 254-255, 270, 279, 304, 349, 353, 371, 396-397, 400, 402
   샤리프 후세인 248
훔 56
흑해 조항 138
히즈라 4
히즈브 우트-타흐리르 349, 371
힌두 라지 290

저자소개

마틴 퓨(Martin Pugh)

현 *BBC History Magazine* 이사.
   왕립역사학회 회원

뉴캐슬대학 현대영국사 교수, 리버풀 존 무어스대학교 교수 역임

주요 연구분야
여성참정권, 파시즘, 노동당 외, 19세기~20세기 영국 정치사회사, 여성사

주요 논저
Britain: Unification and Disintegration (Bright Pen)
Speak for Britain!: A New History of the Labour Party (Vintage Books)
'We Danced All Night': A Social History of Britain between the Wars
   (Vintage Books)
The March of the Women: A Revisionist Analysis of the Campaign for
   Women's Suffrage in Britain, 1866-1914 (Oxford University Press)
   외 다수

역자소개

이민경 (minklee@cku.ac.kr)

서울대학교 학사, 인디애나대학교 석사, 존스홉킨스대학교 석사
서강대학교 박사(사학과 서양사 전공)

현 가톨릭관동대학교 Verum 교양대학 교수
   영국사학회 대외협력이사

영국사학회 총무이사, 학술이사
서양사학회『서양사론』편집위원, 부편집위원장, 편집위원장 역임

주요논저

『기억은 역사를 어떻게 재현하는가』(한울, 공저)
『역사학의 역사』(아카넷, 공저)
『자유교육의 전개: 독일편, 교양교육총서 1』(리버럴아츠, 공역)
"19세기 영국에 온 '1848' 프랑스혁명: 낭만주의적 Drama giocoso?."『서양사론』
"광기와 민족주의 사이에서: 19세기 전환기 영국의 극장 폭동."『영국연구』
"오스트레일리아 여성참정권 운동과 여성운동의 정치학."『서양사연구』
"19세기 전반 영제국 식민지 오스트레일리아로의 이민과 이민여정의 사회상."『서양사론』
"뉴질랜드 독립의 변곡점에서 본 시론(時論)의 기억 – 20세기 전환기 연방 오스트레일리아와 뉴질랜드의 분리와 통합."『서양사론』외 다수